창의적 코딩

프로세싱 예제로 쉽게 배우는 프로그래밍

김형준 지음

머리말

프로세싱을 아세요? 몇 년 전 국제학회에 참가했을 때 우연히 옆에 앉았던 교수가 인사차 던진 질문이었다. 연구실로 돌아와 처음 접한 프로세싱의 느낌은 재밌네!였다. 그런데 이걸로 뭘하지? 하는 생각과 함께... 그 이후 모바일 환경에서 많은 앱들이 개발되고 아두이노와 같은 간편한 하드웨어 교육용 기기가 개발되면서 코딩에 대한 대중의 관심이 증가하였다.

프로세싱(Processing)은 그림이나 애니메이션을 쉽게 구현하고 컴퓨터와의 상호작용을 보다 쉽게 만들기 위한 프로그래밍 언어로 MIT 대학의 미디어 연구소에서 케이시 리아스(Casey Reas)와 벤 프라이(Ben Fry)가 2001년에 처음 시작하여 2019년 현재 버전 3.4가 개발 완료되었다. 프로세싱은 누구나 무료로 사용할 수 있는 오픈소스 프로그래밍 언어이고 전 세계의 많은 유저들이 개발에 필요한 툴과 라이브러리를 제공하고 있다. 리아스와 프라이는 프로그래밍 교육은 재미와 상호작용이 중요하다는 생각으로 기존의 프로그래밍 언어에서는 찾아 볼 수 없는 쉽고 편한 방법으로 프로그래밍을 공부할 수 있도록 프로세싱을 개발하였다. 대부분의 프로그래밍 언어는 텍스트로 입력하고, 텍스트로 상호작용하며, 텍스트로 출력되는 형태이지만 프로세싱은 텍스트로 입력하고, 비쥬얼로 출력하며, 키보드와 마우스를 이용하여 상호작용 할 수 있는 재미있는 프로그래밍 언어이다. 프로세싱 공식 사이트에 가보면 얼마나 많은 나라의 사용자들이 프로세싱을 이용하여 프로그램을 공부하고 있는지 확인할 수 있고, 프로세싱 관련 작품과 프로그램들을 볼 수 있는 홈페이지도 있으며 매년 프로세싱으로 개발한 작품의 국제 전시회가 열리고 있다.

대부분의 프로그래밍 언어를 공부하려면 문법과 알고리즘을 배우고 어느 정도 실력이 쌓여야 상호작용이나 애니메이션을 구현할 수 있지만, 프로세싱은 단 한 줄로 원을 화면에 출력할 수 있다. 또한 상호작용과 애니메이션이 가능하여 코딩을 쉽게 배울 수 있고, 재미있는 게임도 만들어 볼 수 있다. 프로세싱은 시각적인 요소를 가지는 프로그램 개발을 위하여 만들어져 이미지, 동영상, 소리 등 멀티미디어 요소 개발에 특화된 언어이다. 이미지, 애니메이션,

머리말

상호작용을 구현하는 소프트웨어를 작성하는데 사용될 수 있어서 프로그램을 배우려는 사용자뿐만 아니라 아티스트, 디자이너, 게임개발자, 전문 프로그래머들도 사용할 수 있는 언어이다. 자신이 개발한 코딩 작품이나 게임 등을 스마트폰에 다운받아 바로 실행시킬 수 있다는 장점도 있다. 지난 30여년 여러 프로그래밍 언어를 강의해오면서 느낀 점은 재미가 없으면 배우기 어렵다는 점이었다. 처음에 생각했던 프로세싱으로 뭘하지? 하는 나의 생각은 코딩 교육에 이만한 언어는 없다는 신념으로 바뀌었다.

이 책에서는 코딩을 처음 접하는 입문자부터 IT 전공자들도 쉽게 접근할 수 있도록 설명하였다. 외국어의 경우와 마찬가지로 하나의 언어를 습득하면 또 다른 언어를 공부하기는 훨씬 수월해지듯이 하나의 프로그래밍 언어를 이해하면 다른 언어는 쉽게 배울 수 있다. 초보자를 위한 스크래치와 같은 레고형 프로그램도 있지만 직접 코딩하기에는 한계가 있고, 대부분 처음 시작하는 프로그램인 C-언어나 파이썬의 경우도 텍스트 기반으로 재미있게 공부할 수 있는 것과는 거리가 있다고 생각하여 프로세싱으로 상호작용을 경험하면서 코딩의 기본적인 기능들을 습득할 수 있도록 설명하였다. 이 책의 예제를 따라하면서 코딩에서 꼭 필요한 기능들을 학습할 수 있고 보다 난이도가 높은 프로그램을 만들 수 있다. 이 후에 전문적인 프로그래밍 언어를 학습할 수도 있다. 탈고 후에 다시 처음부터 읽어보니 부족하다는 생각이 들기도 하지만 외국에 비하여 프로세싱에 대한 국내 서적이 많지 않은 상황에서 빨리 소개하기로 생각하였다. 동화책 Alice in Wonderland(이상한 나라의 앨리스)에서 앨리스가 언니의 책을 보면서 하는 말은 What is the use of a book without pictures?(그림 없는 책이 무슨 재미가 있어?) 였다. 이 책의 목적을 한마디로 앨리스가 정리해 준 느낌이다. 이 책을 만들기 까지 많은 도움을 주신 출판사 관계자 여러분에게 감사드리며 이 책을 선택한 독자들에게도 코딩의 이해에 조금이라도 도움이 되었으면 하는 바람이다. 책의 예제와 관련정보는 출판사 홈페이지를 참조하기 바란다.

김 형 준

차 례

PART 1
창의적 코딩 / 기초편

차 례

차례

차례

PART 2
창의적 코딩 / 고급편

차 례

차례

PART 1
창의적 코딩 / 기초편

Chapter 1
프로세싱 시작하기

C/H/A/P/T/E/R

01 프로세싱 시작하기

이 장에서는 프로세싱을 설치하고 사용법을 익히며 앞으로 프로세싱을 공부하면서 참조할 수 있는 메뉴와 라이브러리를 변경하거나 추가하는 방법을 알아본다. 처음부터 모든 내용을 이해할 필요는 없고 이 책을 이용하여 프로세싱을 공부하면서 참조하는 장으로 사용하면 된다.

1.1 프로세싱?

프로세싱(Processing)은 그림이나 애니메이션을 쉽게 구현하고 컴퓨터와의 상호작용을 보다 쉽게 만들기 위한 프로그래밍 언어이다. 프로세싱은 누구나 무료로 사용할 수 있는 오픈소스(open source) 프로그래밍 언어이자 통합 개발 환경(Integrated Development Environment)으로, MIT 대학 미디어 연구소에서 케이시 리아스(Casey Reas)와 벤 프라이(Ben Fry)가 2001년에 처음 시작하여 2019년 현재 버전 3.4가 개발 완료되었다. 대부분의 프로그래밍 언어는 텍스트(text)로 입력하고, 텍스트로 상호작용(interaction)하며, 텍스트로 출력되는 형태이지만 프로세싱은 텍스트로 입력하고, 비쥬얼(visual)로 출력하며, 마우스(mouse)와 키보드(keyboard)를 이용하여 상호작용 할 수 있는 재미있는 프로그래밍 언어이다. 리아스와 프라이는 프로그래밍 교육은 재미와 상호작용이 중요하다는 생각으로 기존의 프로그래밍 언어에서는 찾아 볼 수 없는 쉽고 편한 방법으로 프로그래밍을 공부할 수 있도록 프로세싱을 개발하였다. 프로세싱 공식 사이트[1]에 가보면 얼마나 많은 나라의 사용자들이 프로세싱을 이용하여 프로그램을 공부하고 있는지 확인할 수 있고, 프로세싱 관련 작품과 스케치 프로그램 소스(source)들을 볼 수 있는 홈페이지[2]도 있다. 프로세싱에서는 프로그램을 스케치(sketch)로 부르고 있다.

1) http://processing.org

2) http://www.openprocessing.org

대부분의 프로그래밍 언어를 공부하려면 문법과 알고리즘을 배우고 어느 정도 실력이 쌓여야 상호작용이나 애니메이션을 구현할 수 있지만, 프로세싱의 경우에는 단 한 줄로 원을 화면에 출력할 수 있다. 또한 상호작용과 애니메이션이 가능하여 코딩을 쉽게 배울 수 있고, 재미있는 게임도 쉽게 만들어 볼 수 있다. 프로세싱은 시각적인 요소를 가지는 프로그램 개발을 위하여 만들어진 오픈 소스 언어로 이미지, 동영상, 소리 등 멀티미디어 요소 개발에 특화된 언어이다. 이미지, 애니메이션, 상호작용을 구현하는 소프트웨어를 작성하는데 사용될 수 있어서 프로그램을 배우려는 사용자뿐만 아니라 아티스트, 디자이너, 게임개발자, 전문 프로그래머들도 사용할 수 있는 언어이다. 이제 프로그램의 설치부터 시작하여 기초부터 하나씩 공부하기로 한다.

1.2 프로세싱 설치하기

프로세싱 프로그램을 설치하기 위하여 먼저 프로세싱 공식 사이트[3]에 접속하여 다음과 같이 Download를 클릭하면 자신의 컴퓨터와 운영체제에 맞는 적절한 프로그램을 설정할 수 있다.

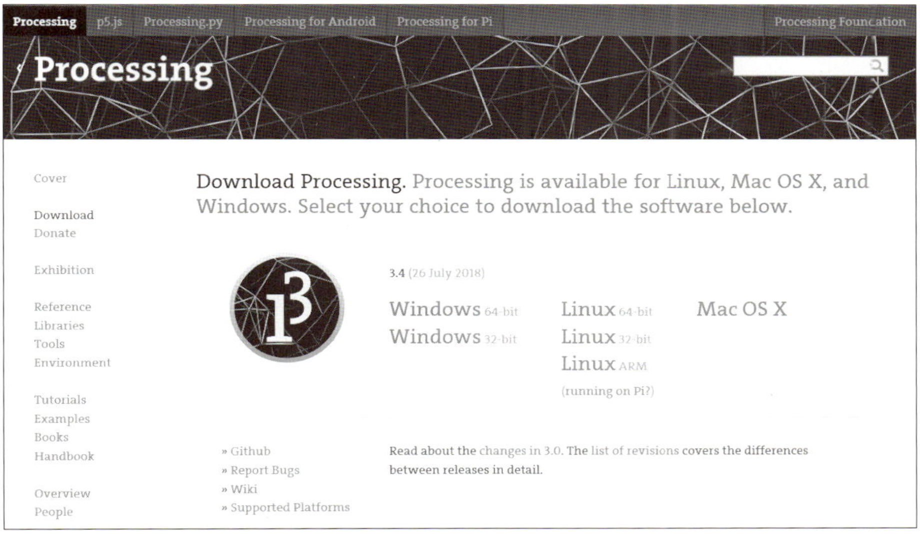

3) http://processing.org

예를 들어, 64-비트 윈도우 운영체제의 컴퓨터에 프로세싱을 설치하려면 Windows 64-bit을 클릭하여 2019년 최신 버전인 processing-3.4-window64.zip을 다운 받은 후, 압축을 풀려는 폴더를 지정하면(보통 Windows의 경우에 C:/Program Files/) 프로세싱이 설치된다. 압축을 풀고 processing-3.4-wondows64/processing-3.4 폴더를 열면 다음과 같은 파일들이 설치된 것을 알 수 있다. Linux나 Mac 운영체제의 경우도 비슷한 방법으로 설치를 한다.

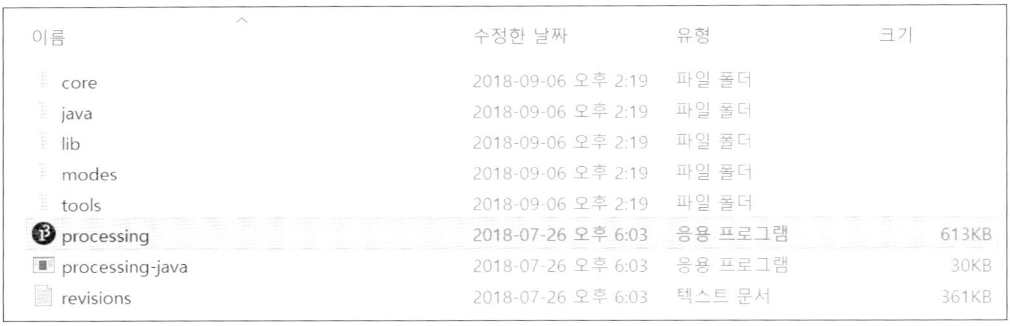

프로세싱을 설치하면 Java SDK가 자동으로 설치되지만, 만약에 사용하는 컴퓨터에 Java가 설치되어 있지 않을 경우에는 구글 사이트[4])에서 java를 검색하여 다음 그림과 같이 Java Software를 다운로드하고 설치한다. 앞으로 우리는 프로세싱으로 손쉽게 프로그램을 하겠지만, 사실 그 프로세싱의 이면에는 우리가 작성한 코드가 자바 컴파일러에서 돌아가기 때문에 Java SDK(Software Development Kit)가 필요하다. 그러므로 프로세싱은 그래픽을 위한 프로세싱 라이브러리도 이용하지만 자바의 라이브러리(API)도 사용한다고 생각하여도 무방하다.

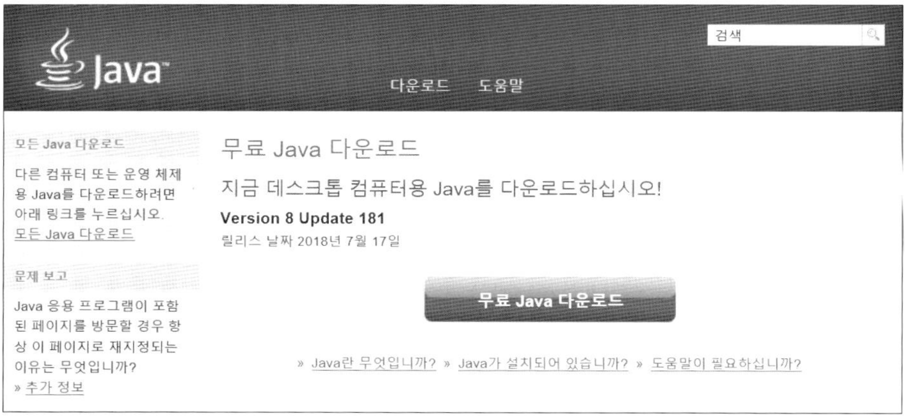

4) http://www.google.com

성공적으로 설치가 완료된 후에 응용 프로그램 processing을 클릭하여 프로세싱을 실행하면 다음과 같이 프로세싱 작업을 할 수 있는 창이 열린다. 프로세싱의 정상적인 작동 여부를 확인하기 위하여 실행버튼 ▶을 클릭하면 오른쪽 그림과 같은 출력창이 나타난다. 프로세싱 창이나 출력 창이 나타나지 않으면 설치과정에 문제가 있는 것이므로 다시 설치해본다.

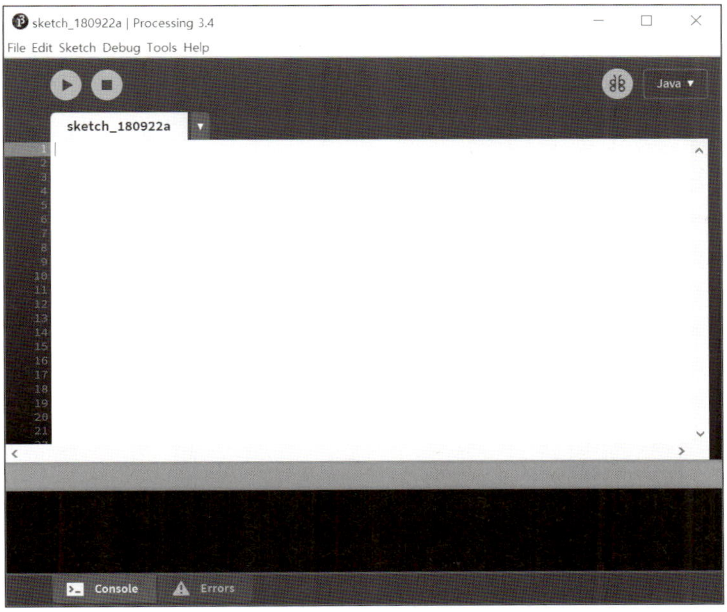

1.3 프로세싱 PDE

프로세싱은 스케치(Sketch)라고 부르는 프로세싱 개발 환경(PDE, Processing Development Environment)을 가지고 있다. 응용 프로그램 processing을 클릭하여 프로세싱을 실행하면 다음과 같은 PDE가 열린다. PDE의 인터페이스는 다른 언어에 비하여 단순한 편이다. 먼저 제일 윗줄에 기본적으로 설정되는 **파일명과 프로세싱의 버전**을 표시한다. 그 아랫줄에는 일반적인 에디터와 유사한 **메뉴**들이 있으며 자세한 설명은 다음 절에서 한다. **툴바**에는 세 개의 버튼이 있는데, 첫 번째 삼각형 ▶은 프로그램을 실행하기 위한 것이고, 두 번째 사각형 ■은 실행 중인 프로그램을 정지시키기 위한 버튼이다. 같은 줄 오른쪽에 있는 ⦿은 디버그(debug)를 위한 버튼이다. 그 아래 하늘색으로 마크된 부분은 제일 윗줄과 같은 기본적인 파일명이다. 일반적으로 sketch_******a로 되어 있는데, 6개의 숫자 부분은 현재의 날짜로 되어 있고, 제일 뒤의 알파벳은 버전을 자동적으로 나타낸다. 여러 개의 파일을 만들면 알파벳순으로 버전이 증가한다. 가장 넓은 흰색의 창은 프로그램 코드를 입력하는 **텍스트 편집기**(text editor)이다. 이 부분에 사용자의 스케치 코드를 입력하게 된다. 텍스트 편집기 아래에 회색영역은 **메시지 영역**으로 오류에 대한 정보를 보여준다. 프로그램의 코드에 오류가 발생하면 이 영역에 오류에 대한 설명이 나온다. 마지막으로 검은색 부분은 **콘솔**(console) 창으로 문자의 출력이나 추가적인 기술적 정보를 제공한다.

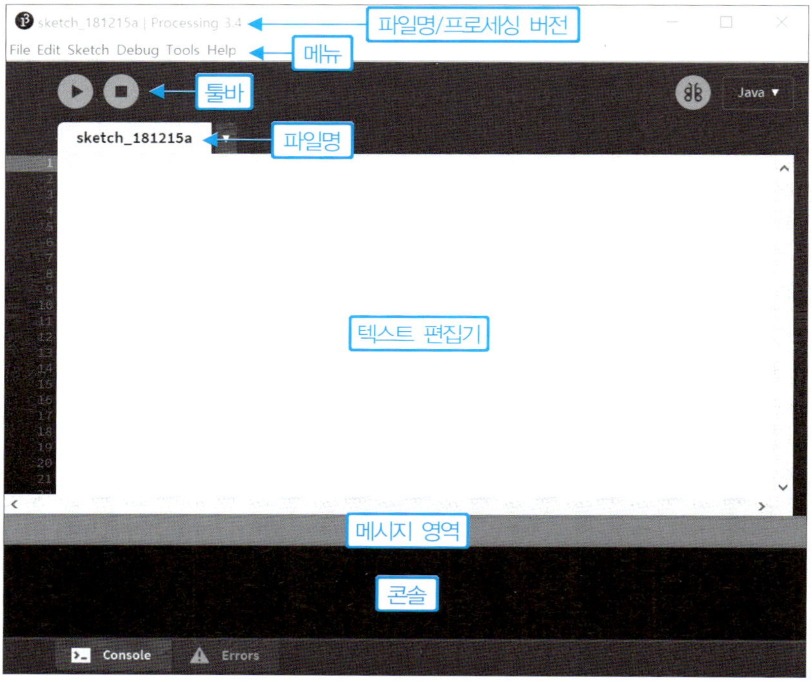

이제 PDE의 텍스트 편집기에 `ellipse(50,50,50,50);`을 입력하고 실행 버튼 ▶을 클릭하여 보면, 버튼이 모양이 녹색의 ▶으로 바뀌면서 새로운 출력창에 다음과 같이 원이 나타나면 일단 스케치가 정상적으로 작동하는 것이다. 다음 장에서부터 명령어들을 설명할 것이기 때문에 지금은 이 명령어의 의미를 몰라도 상관이 없다. 출력창에 다음 예와 같은 원이 나타나지 않으면 명령어를 정확이 입력하고 실행 버튼을 다시 눌러본다.

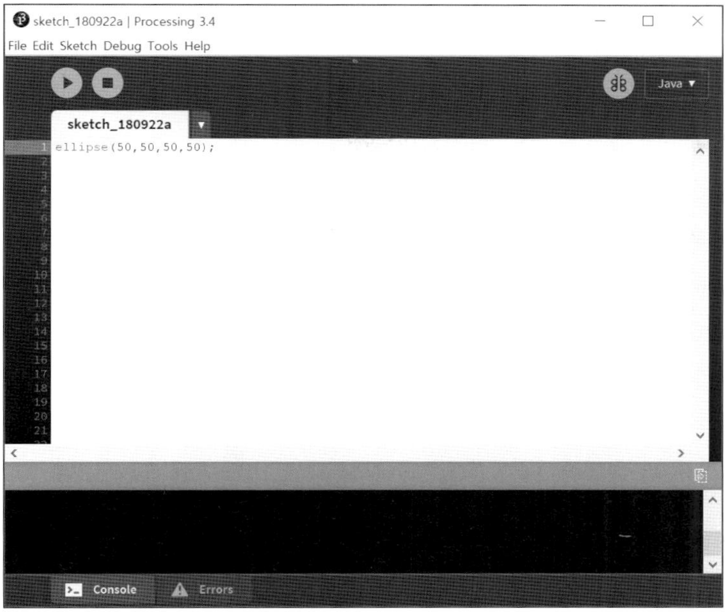

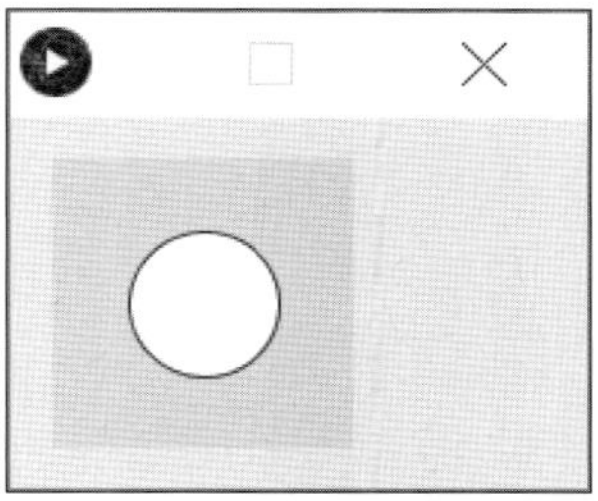

축하합니다! 여러분의 첫 번째 프로세싱 프로그램이 방금 실행되었다. 다른 프로그래밍 언어로 원을 그려보기 위해서는 상당한 수준의 코딩 실력이 필요하지만 프로세싱은 간단히 한 줄로 가능하다. 이와 같이 그래픽을 손쉽게 처리할 수 있다는 점이 프로세싱의 장점이고 프로세싱을 꼭 배워야하는 이유 중에 하나이다.

첫 번째 명령어의 세미콜론(;)을 제거하고 ellipse(50,50,50,50)라고 입력하면 다음과 같이 메시지 영역에 붉은색으로 오류가 생긴 부분을 설명하여 준다. 오류 메시지에 Missing a semicolon ";"이라고 세미콜론이 없는 오류임을 알려준다. ellipse (50,50,50,50); 명령과 달리 몇 가지 오류를 고의적으로 만들어서 오류 메시지를 확인해본다. 대부분의 오류는 오류 메시지만 잘 이해하고 프로그램 코드를 수정하여도 해결해 나갈 수 있다. 단, 스케치는 한줄 씩 해석하며 실행되는 인터프리터(interpreter) 형태의 언어이기 때문에 한 번에 하나의 오류 메시지가 출력된다는 점에 유의한다. 그러므로 여러 줄의 코딩을 할 경우에는 위에서부터 하나씩 오류를 정정하면서 스크래치 프로그램을 완성한다.

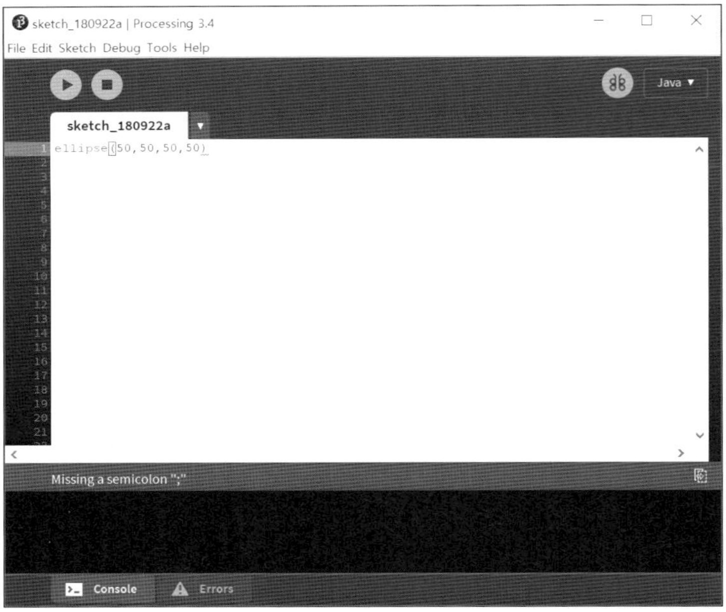

원을 그려 보았으면 이번에는 콘솔에 문자를 출력해보는 예를 실행한다. 원을 그리는 명령어 아래에 두 번째 줄 print("Hello World");를 입력하고 실행버튼을 클릭하면 출력창에는 이전과 같은 원이 출력되고 동시에 콘솔에 Hello World가 출력되는 것을 알 수 있다.

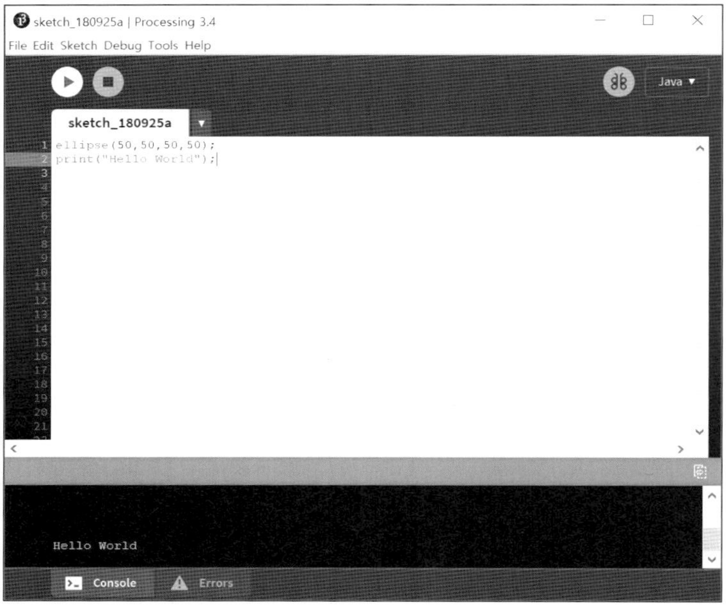

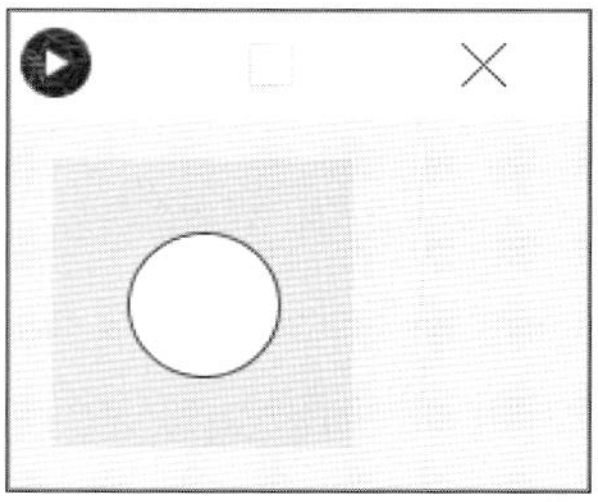

1.4 참조

프로세싱에서 사용하는 함수나 명령어는 참조(reference)를 통하여 정의나 사용법을 확인할 수 있다. 편집 창에서 코딩을 하면서 참조사항을 확인하려면 원하는 명령어나 함수를 더블클릭하거나 단어를 드래그(drag)하여 노란색 배경으로 하이라이트 상태를 만든 후에 오른쪽 마우스를 클릭하여 나타나는 메뉴 중에 Find in Reference(레퍼런스 찾기)를 선택하면 다음과 같은 참조 사이트가 나타난다.

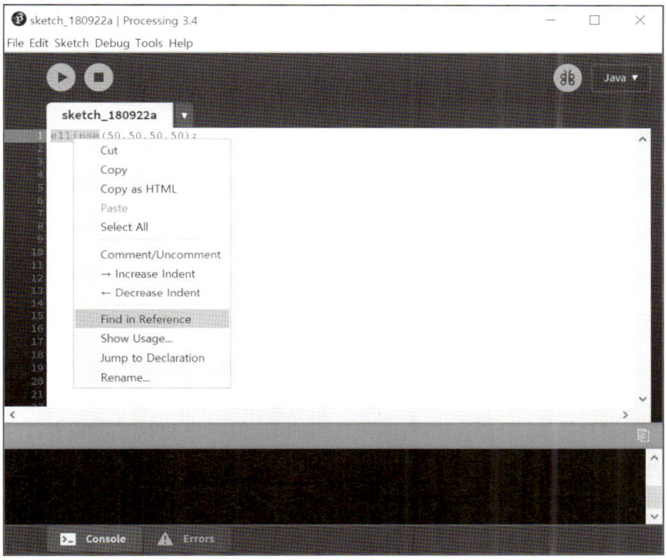

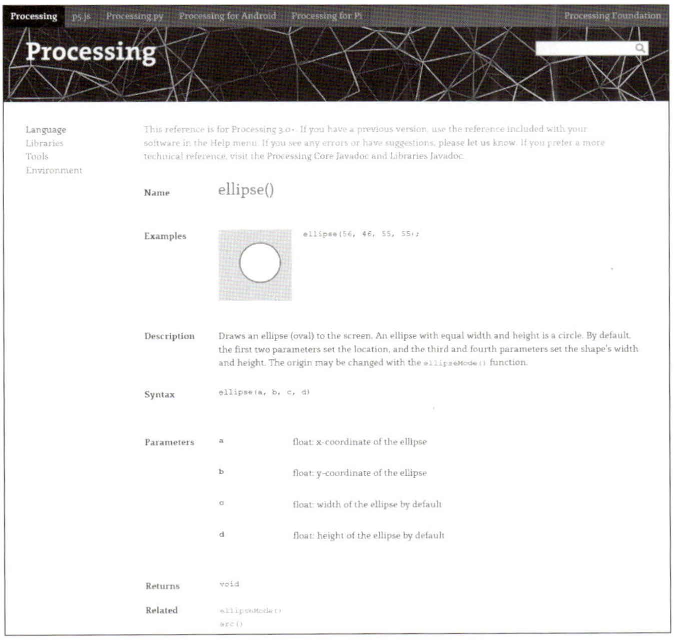

또는 명령어나 함수를 더블클릭하거나 단어를 드래그하여 노랑색 배경으로 하이라이트 상태를 만든 후에 편집 창의 Help(도움말) 메뉴에서 Find in Reference(레퍼런스 찾기)를 선택하여도 같은 참조 사이트가 나타난다. 단어 선택 후에 단축기 `Ctrl+Shift+F`, 즉 콘트롤키와 쉬프트키를 함께 누른 상태에서 `F`키를 누르면 빠르게 참조가 가능하다.

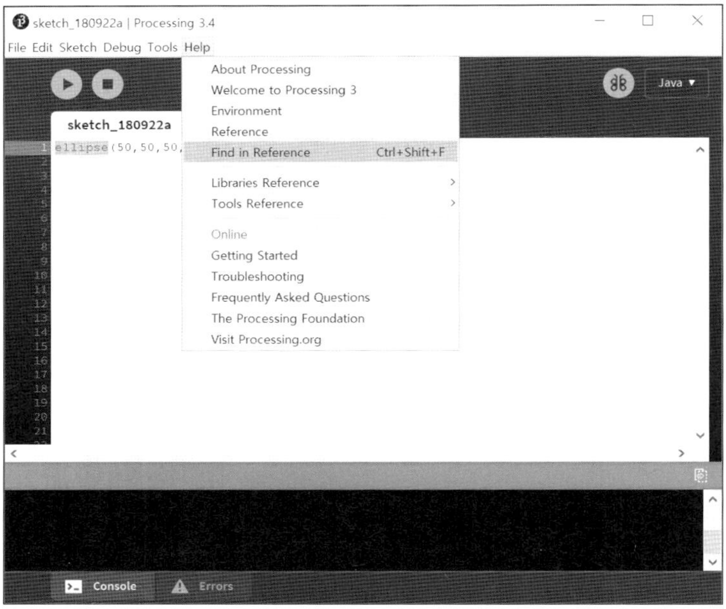

전체적인 내장 함수와 명령어들에 대한 설명이나 사용법은 직접 참조사이트[5]에서 확인이 가능하다.

5) http://www.processing.org/reference

1.5 한글/영문 설정

컴퓨터의 OS 설정에 따라 영문이나 한글로 프로세싱이 설치된다. 한글 환경을 영문으로 변경하거나, 반대로 영문 환경을 한글로 변경하려면 File(파일) > Preferences...(환경 설정...)을 클릭하면 다음과 같은 Preferences(환경설정) 창이 나타난다.

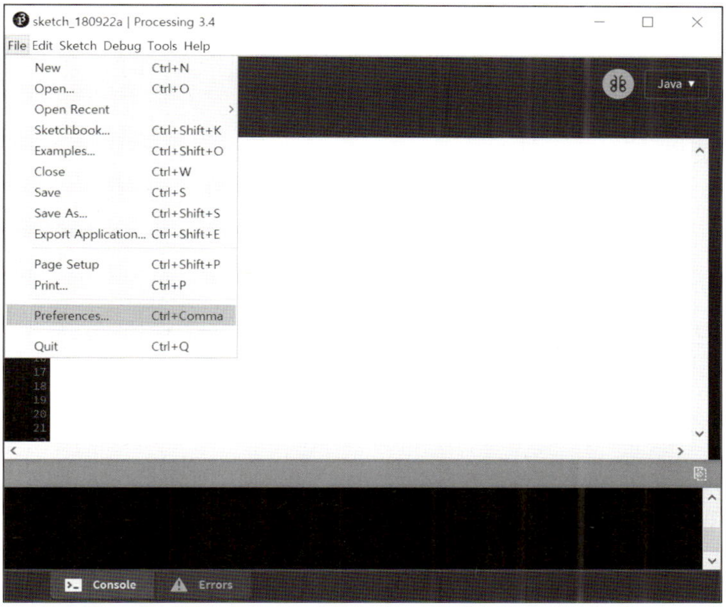

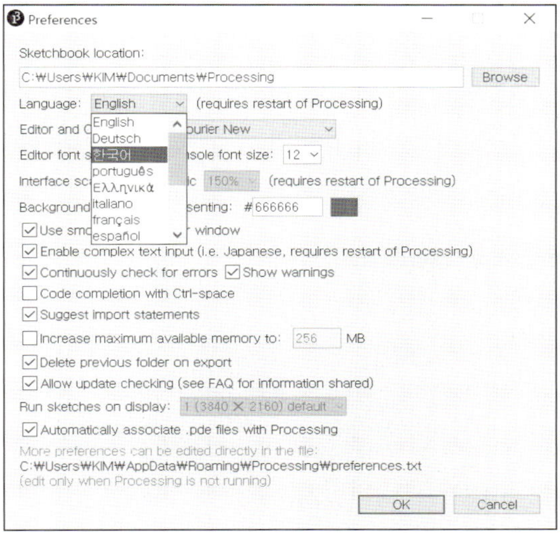

여기서 Language(언어)를 변경한 후에 일단 프로세싱을 종료하고 다시 프로세싱 PDE를 열면 다음과 같이 모든 설정 메뉴가 한글로 변경된 것을 확인할 수 있다. 반대의 경우도 같은 방법으로 변경이 가능하다.

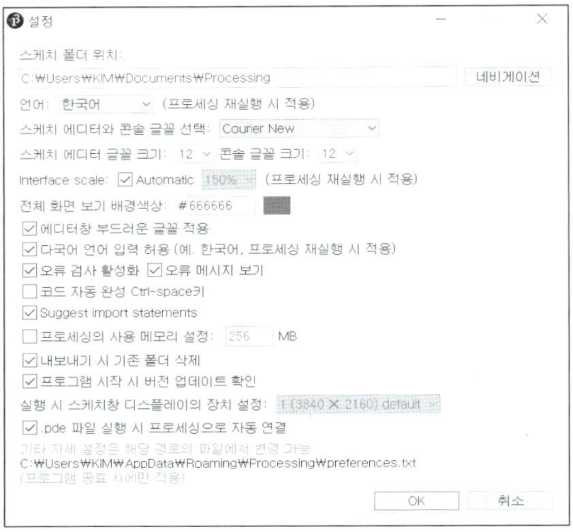

1.6 스케치의 저장/읽기

프로세싱의 프로그램인 스케치는 기본적으로 스케치북에 저장되는데, 스케치북이란 사용자가 작성하여 저장하는 프로그램들을 모아두는 폴더를 지칭한다. 폴더를 특정하게 지정하지 않으면 프로세싱은 설치할 때의 폴더를 기본 저장 폴더로 설정한다. 기본 폴더를 사용하여도 무방하지만, 사용자만의 스케치북 폴더를 설정해 놓은 것이 프로그램의 관리에 유용하다. 사용자만의 프로그램을 저장하기 위한 폴더를 지정하려면, 앞 절에서와 같이 File(파일) > Preferences...(환경 설정...)을 클릭하면 다음과 같은 Preferences(환경설정) 창이 나타난다. 다음 그림과 같이 Sketchbook location을 사용자가 원하는 폴더로 변경하면 된다. 또한 이때에 맨 아래 체크박스인 프로세싱 파일은 모두 확장자가 자동으로 pde라는 항목도 확인해 본다.

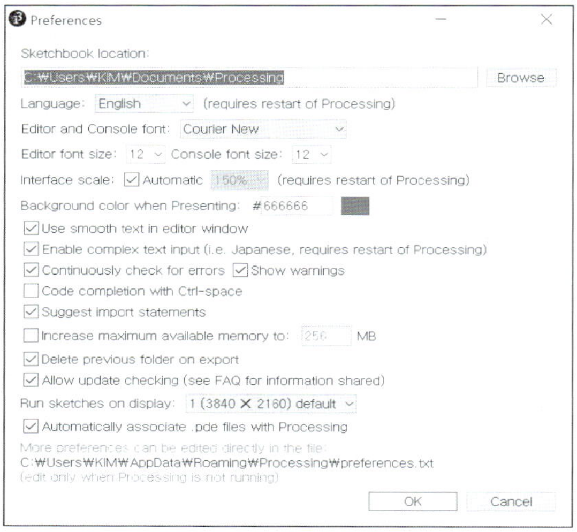

스케치북의 설정을 마쳤으면 다음과 같이 File(파일) > Save(저장)을 선택하여 사용자가 코딩한 스케치를 저장해본다. `sketch_******a`의 형태로 저장하거나, 다른 이름으로 저장하려면 Save As...(다른 이름으로 저장...)을 선택한 후에 적절한 이름으로 저장한다. 프로그램이 간단할 경우에는 작업이 완료된 후에 저장하여도 되지만, 코드를 많이 수정해야 하는 경우에는 자주 스케치 파일을 저장하면서 버전을 관리하는 것이 용이하다. 현재 작업하고 있는 스케치와 다른 스케치를 동시에 진행하려면 File(파일) > New(새 스케치) 또는 File(파일) > Open...(열기...)를 이용하면 된다. 새로 열리는 PDE창은 자동적으로 같은 이름의 파일명에 버전이 알파벳순으로 증가한다.

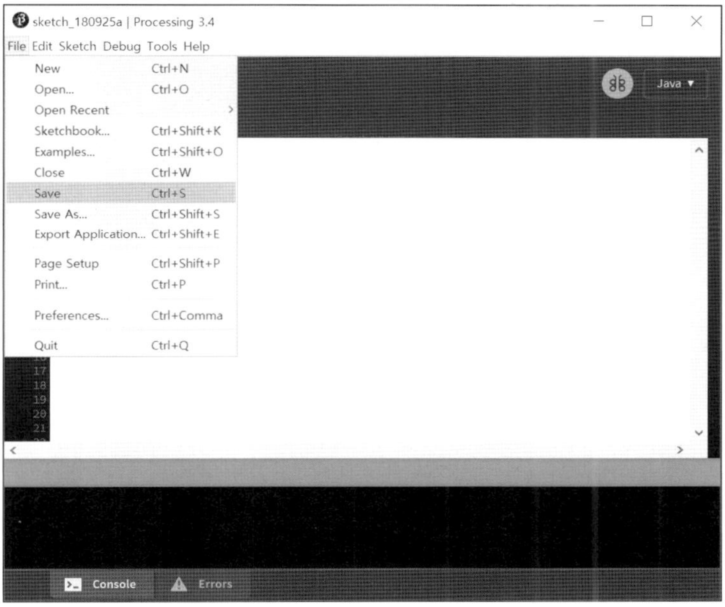

File(파일) > Sketchbook...(스케치북) 메뉴에서 스케치북 디렉터리 내의 스케치 프로젝트들이 나열된다. 저장했던 스케치를 읽어오려면 File(파일) > Sketchbook...(스케치북)을 클릭하여 특정 스케치 파일을 선택한다. 스케치 내에 있지 않은 프로젝트는 File(파일) > Open(열기) 메뉴에서 프로젝트 디렉터리의 `.pde` 파일을 선택하여 가져오면 된다.

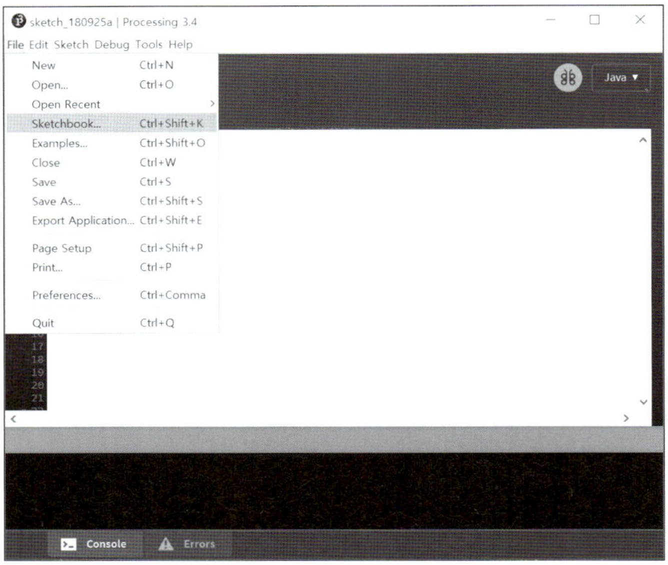

저장했던 스케치를 읽어오는 다른 방법으로 사용자가 지정한 폴더에서 확장자가 `.pde`인 스케치 파일을 직접 더블클릭하여도 무방하다.

1.7 프로세싱의 메뉴

프로세싱을 실행시키면 아래와 같은 프로세싱 개발환경 PDE(Processing Development Environment) 창이 열린다. 다음 그림과 같은 한글버전 또는 영문 버전의 PDE가 생성되면 이제 코딩을 할 준비가 된 것이다.

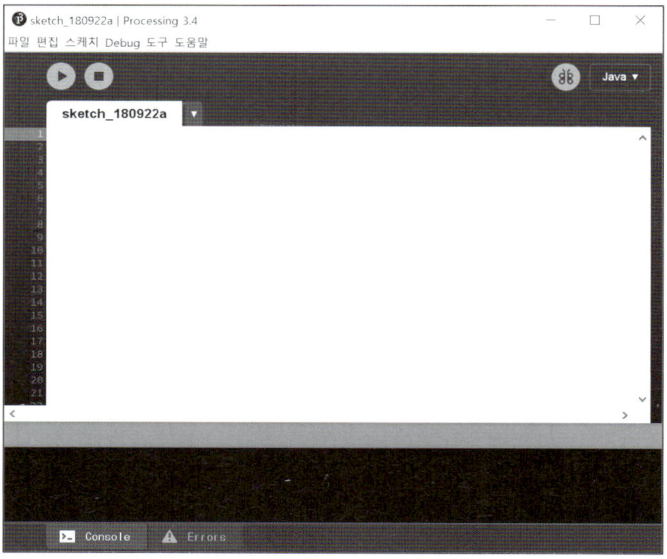

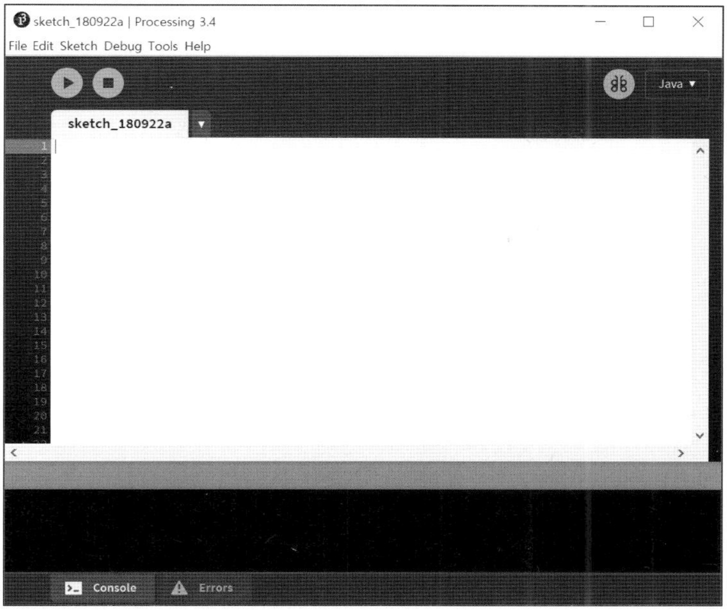

가장 위에 있는 프로세싱 로고 옆에는 생성된 파일명과 프로세싱의 버전 번호가 생성된다. 기본적으로 sketch_xxxxxxa와 같은 파일명이 생성되는데, 여기서 6개의 x는 파일이 생성된 년도와 날짜를 의미하고, 마지막에 a는 버전을 나타낸다. 버전 번호는 파일을 생성할 때마다 알파벳순으로 자동 생성된다.

제일 위에 있는 메뉴를 살펴보면 다음과 같다. 사용자에 따라 선호하는 언어가 있기 때문에 영문판과 한글판의 비교를 위하여 모든 메뉴를 각각 참조해 본다. Debug 메뉴의 경우는 한글 메뉴 없이 영문만을 사용한다. 각각의 메뉴는 필요할 경우에 설명하기로 한다.

File(**파일**)의 메뉴는 다음과 같다.

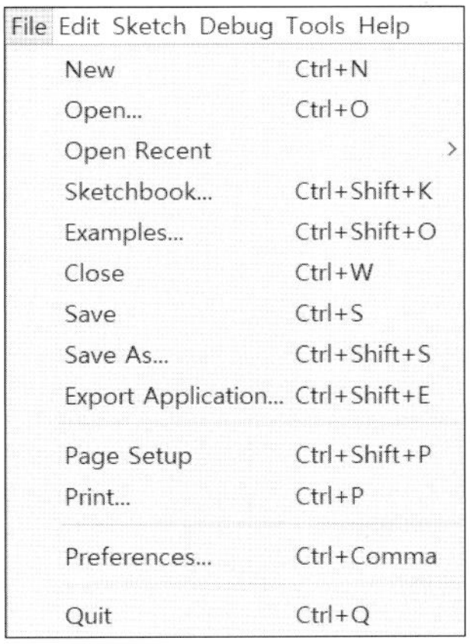

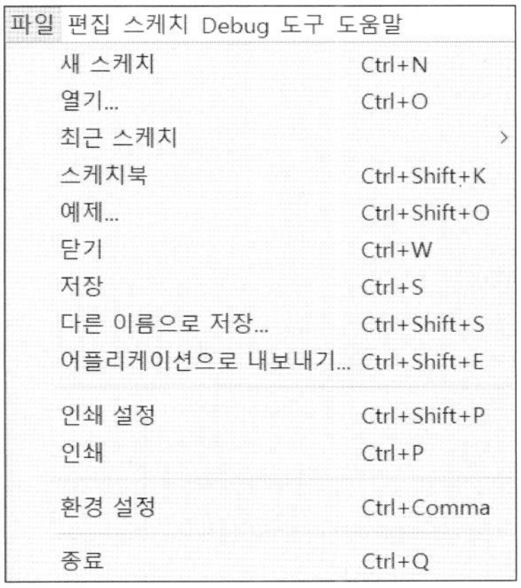

Edit(편집)의 메뉴는 다음과 같다.

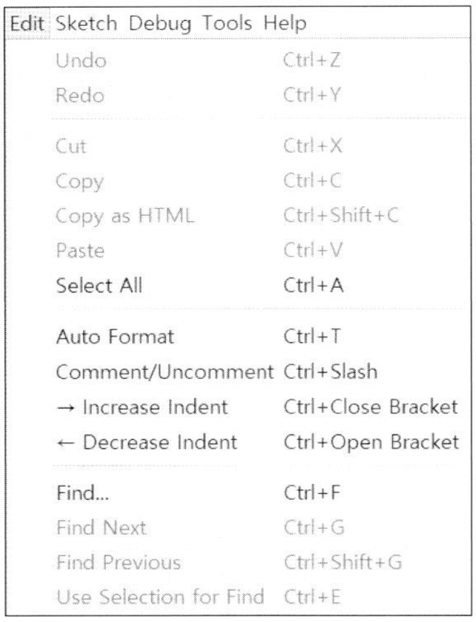

Sketch(스케치)의 메뉴는 다음과 같다.

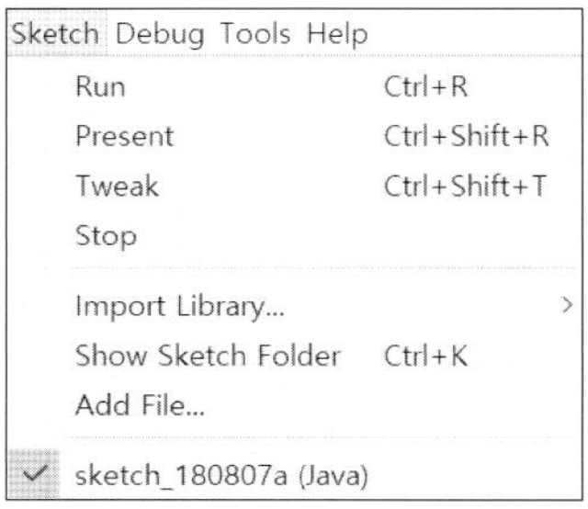

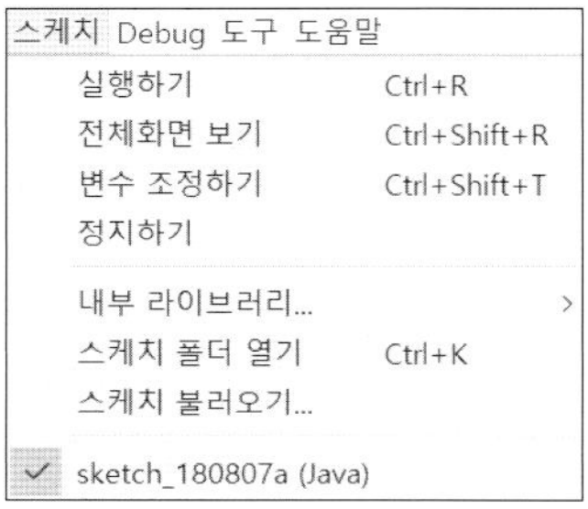

Debug의 메뉴는 다음과 같다.

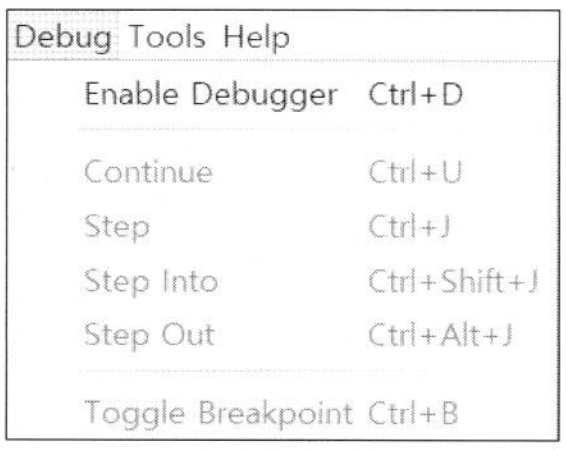

Tools(도구)의 메뉴는 다음과 같다.

Help(**도움말**)의 메뉴는 다음과 같다.

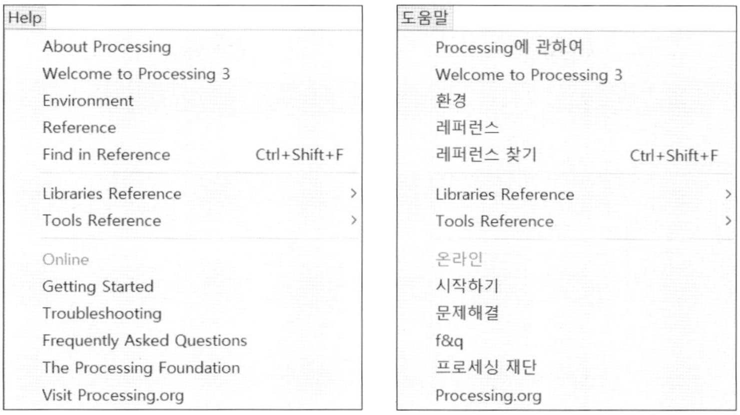

PDE에서 File(파일) > Examples...(예제...)를 클릭하면 프로세싱에서 기본적으로 제공하는 Basic(기본), Topics(주제), Demos(예시), Libraries(라이브러리), Contributed Libraries(제공된 라이브러리)의 예제 파일들을 참조할 수 있다. 이들 예는 특정한 명령이나 알고리즘을 공부할 수 있는 좋은 기회이기 때문에 자주 참조하도록 한다.

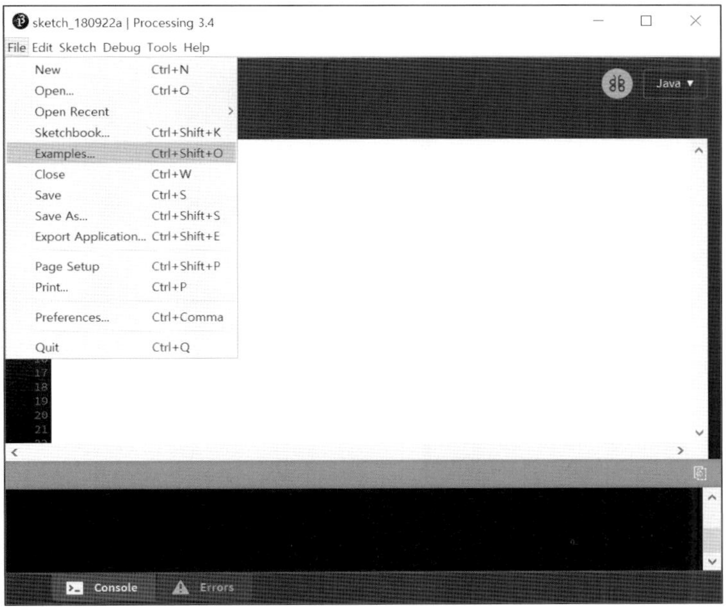

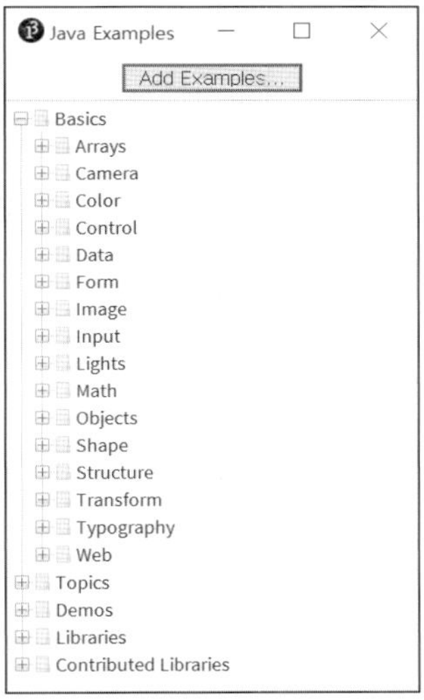

기본적인 예들 외에 Add Examples... 버튼을 클릭하면 다음과 같은 Contribution Manager 창이 뜨는데, 프로세싱을 만든 Reas와 Fry의 Getting Started with Processing 외에 Shiffman의

Learning Processing 등 유명 서적의 예들을 추가할 수 있다. 이들 예들도 추가하여 자주 참조하도록 한다.

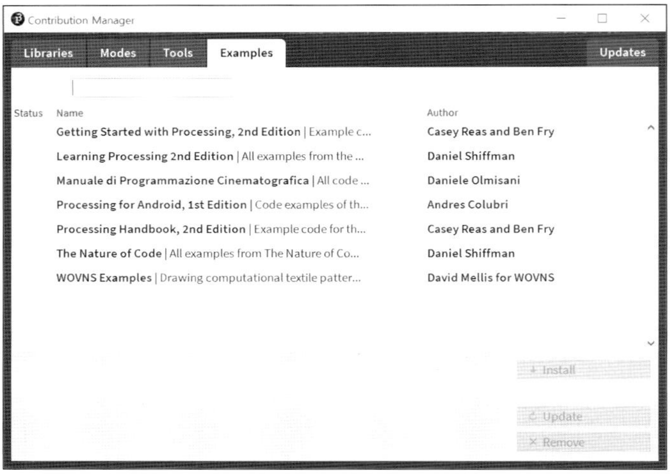

예를 들어, Reas와 Fry의 Getting Started with Processing, 2nd Edition을 선택하고 Install을 클릭하면 다운로드가 시작되고 Contributed Examples가 추가된 것을 알 수 있다.

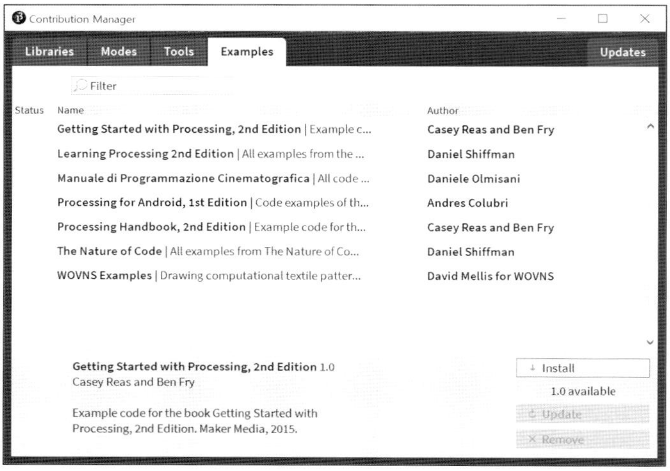

이러한 예들은 프로세싱의 특징이나 장점들을 이용하여 만든 것이기 때문에 사용자가 프로세싱과 보다 친숙해지기 위한 중요한 자료이다. 예들을 실행하면서 스케치 코드를 분석해보도록 한다.

1.8 라이브러리 추가

라이브러리(library)란 다른 프로그램들과 연결할 수 있도록 만든 파일들의 모음을 말한다. 라이브러리는 특정 어플리케이션을 개발할 때 사용자가 편리하게 사용할 수 있도록 기본적인 코드의 재사용을 목적으로 여러 프로그램에서 사용할 수 있는 범용도 있지만 대부분 특별한 용도에 사용할 수 있도록 특화되어 있다. 이 책의 후반부 응용편에서는 몇 가지 라이브러리를 추가하여 사용하는 방법을 설명한다. 이장에서는 특정 라이브러리를 추가하는 방법에 대하여 알아본다.

프로세싱을 PDE에서 Sketch(스케치) > Import Library...(내부 라이브러리...) > Add Library...(라이브러리 추가하기)를 클릭하면 다음과 같이 새로운 라이브러리를 추가 할 수 있도록 Contribution Manager 창이 뜬다.

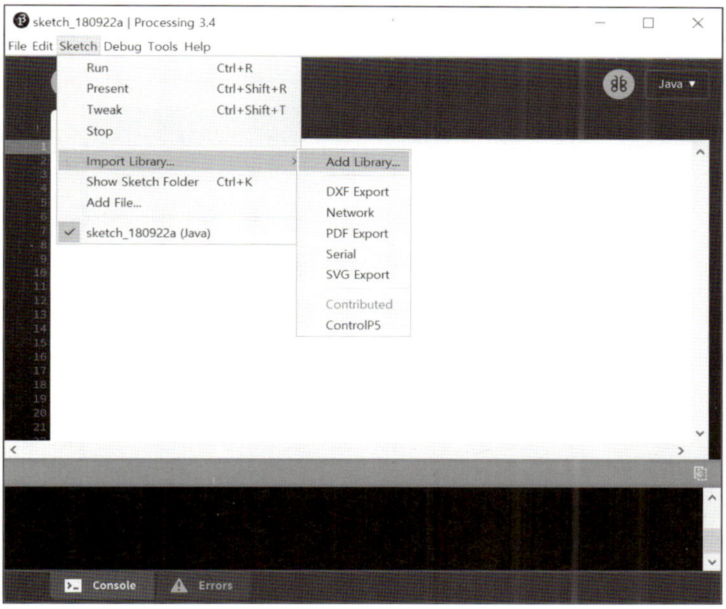

예를 추가할 경우와 같은 방법으로 특정 라이브러리를 선택한 후에 Install 버튼을 클릭하면 새로운 라이브러리가 프로세싱에 추가되어 사용할 수 있게 된다. 다음은 Arduino(아두이노) 라이브러리를 추가하는 예이다.

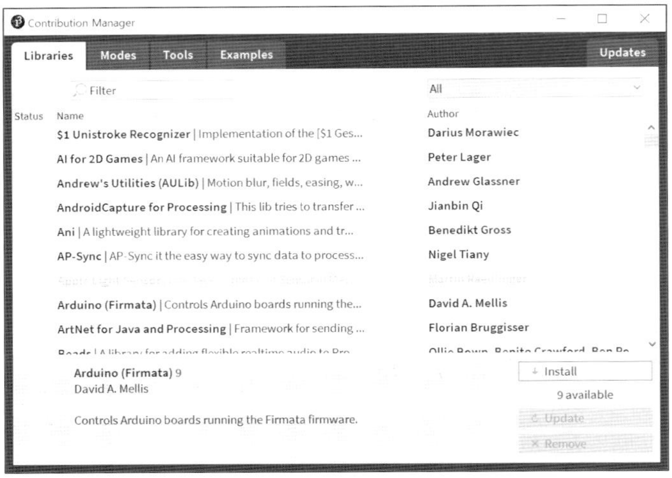

또한, 다른 언어와의 연동을 위한 새로운 모드를 추가하려면 Modes를 선택하여 Install하면 된다. 다음은 Android Mode(안드로이드 모드)를 추가하는 예이다.

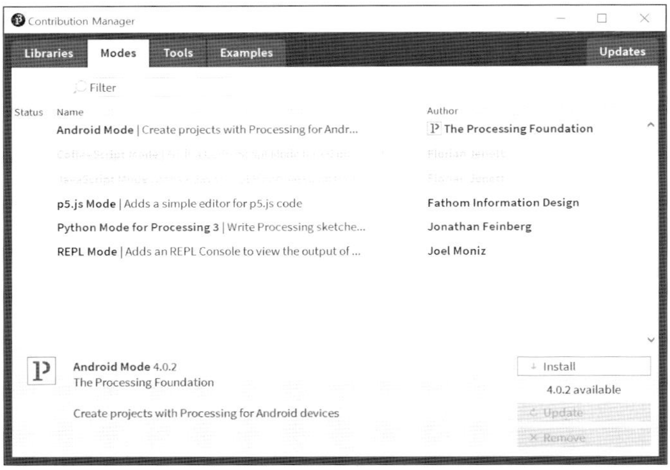

Tools를 추가하려면 같은 방법으로 필요한 Tools를 선택하면 된다.

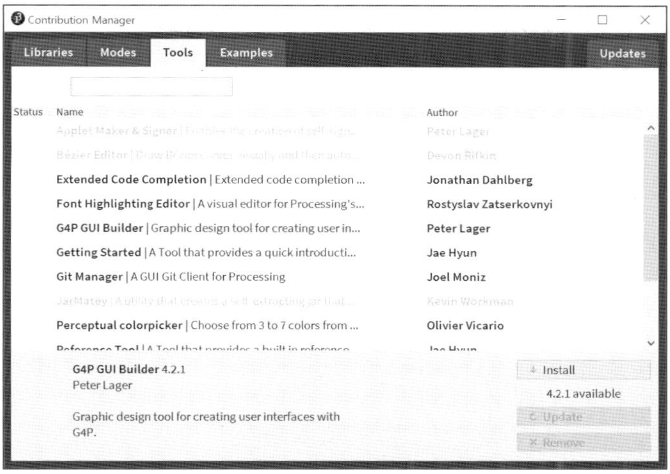

다음과 같이 PDE의 Tools(도구) 메뉴를 선택하여 바로 원하는 Tools을 선택하는 방법도 있다.

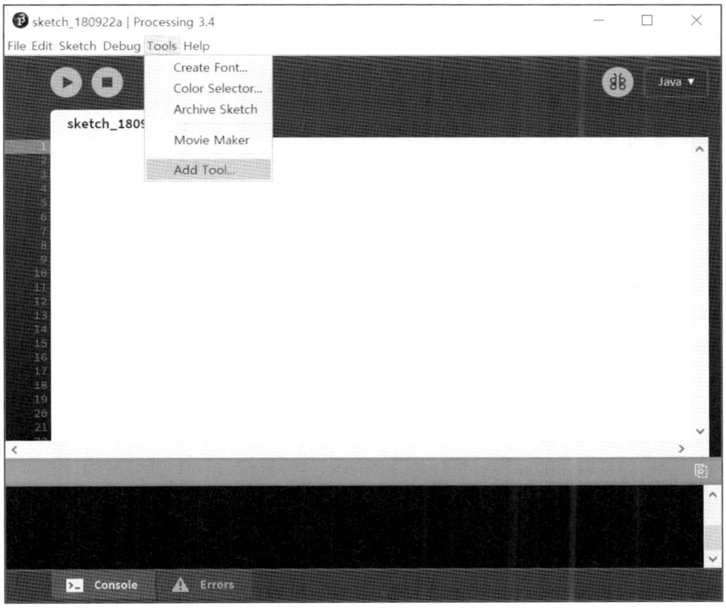

1.9 간단한 변수 값의 변경

프로세싱으로 스케치 작업을 하다 보면 도형의 색상이나 크기가 익숙하지 않아서 매번 변수를 설정하고 결과를 출력창에서 확인한 후에 다시 변수 값을 조절하는 번거로운 작업이 필요할 때가 있다. 이러한 경우에 Tweak(변수 조정하기)를 사용하면 쉽게 진행할 수 있다. 먼저 다음과 같이 편집기에 스케치 코드를 입력하고 실행하면 오른쪽과 같은 원이 출력창에 나타난다.

```
void setup() {
  size(200,200);
}
void draw() {
  fill(128);
  ellipse(100,100,100,100);
}
```

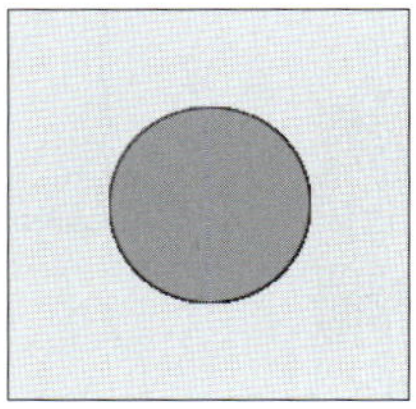

입력한 스케치를 일단 저장하고, 다음과 같이 Sketch(스케치) > Tweak(변수 조정하기)를 설정한다.

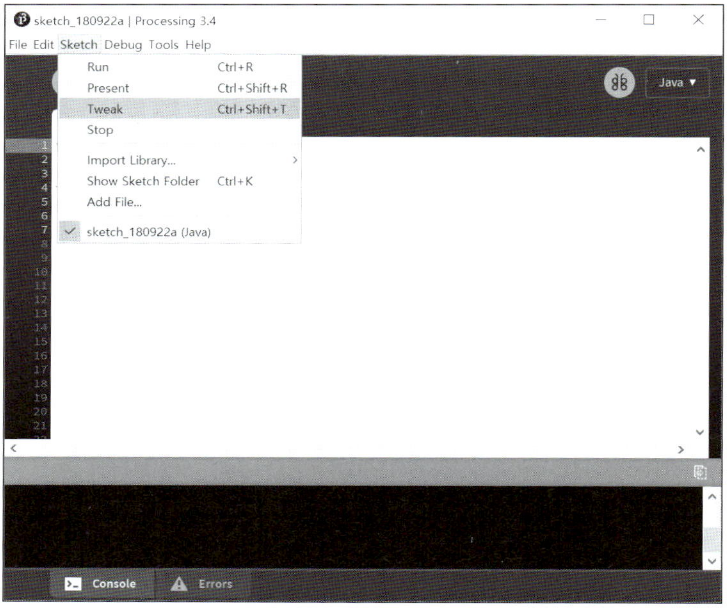

텍스트창의 스케치 코드를 살펴보면, `fill(128)` 옆에 회색 사각형이 새로 만들어져 있고, `ellipse(100,100,100,100)`의 숫자 밑에도 밑줄이 생겨난 것을 알 수 있다. 사각형에 마우스를 가져가면 오른쪽 그림과 같은 흰색부터 검은색의 스크롤바가 생겨나고 이를 위아래로 움직여 원에 채우고자하는 색상을 설정할 수 있다. 또한 밑줄 쳐진 숫자에 마우스를 가져가면 좌우 삼각형이 새로 생겨나고, 마우스를 좌우로 움직이면 설정한 값이 쉽게 변형되면서 출력창의 실시간 변화를 확인할 수 있다.

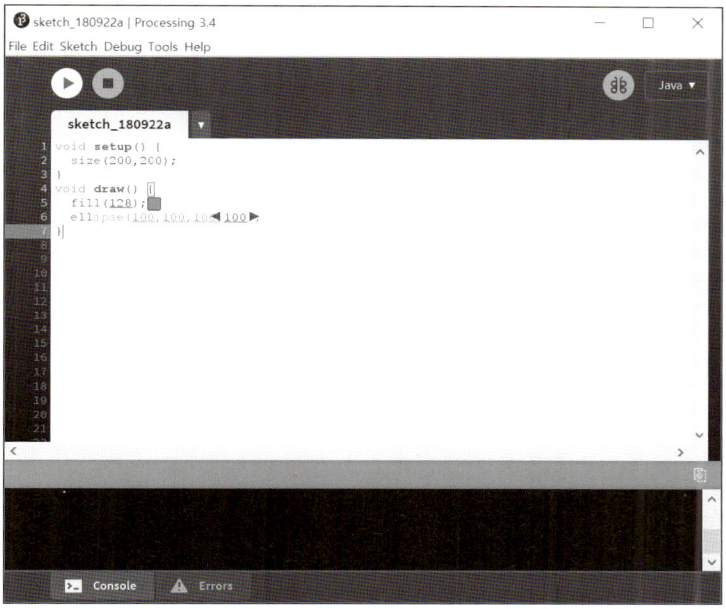

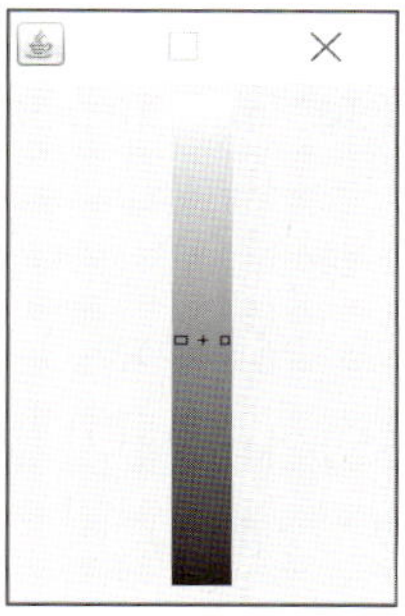

1.10 주석

주석(comment)은 자기 자신이나 다른 사람을 위해 코드에 기입하는 메모로 프로그램의 작동에는 어떠한 영향도 주지 않는다. 주석은 일상적인 언어로 작성되며 코드에 대한 설명이나 프로그램에 대한 정보를 제공하는데 사용된다. 한 행에 주석 처리를 하려면 주석이 시작되는 부분에 두 개의 슬래시(//)를 써넣으면 그 행의 끝부분까지 주석으로 처리된다. 여러 행을 주석으로 처리할 때는 시작되는 부분에 /*를 넣고 끝 부분에 다시 */를 넣는다. 주석으로 처리된 부분은 텍스트의 색이 회색으로 바뀌기 때문에 주석의 범위를 쉽게 알아볼 수 있다.

다음 예는 코드를 설명하기 위하여 주석을 기입한 경우이다. 아직 명령어들의 의미를 알 수 없지만 다음과 같이 주석을 처리하여 본다.

```
fill(255);                    // 흰색 채우기
ellipse(30, 30, 30, 30);
fill(100);                    // 회색 채우기
rect(50, 50, 30, 30);
```

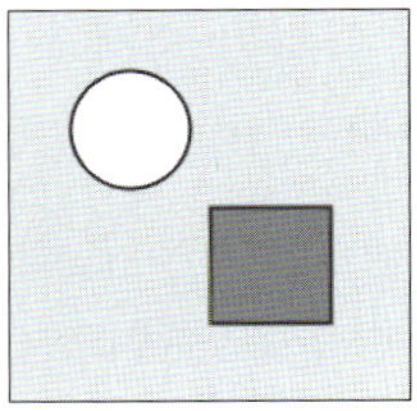

다음 예는 `fill(100)`을 주석으로 처리하여 수행이 되지 않기 때문에 원과 사각형이 모두 `fill(255)`의 흰색으로 채워졌다.

```
fill(255);
ellipse(30, 30, 30, 30);
//fill(100);
rect(50, 50, 30, 30);
```

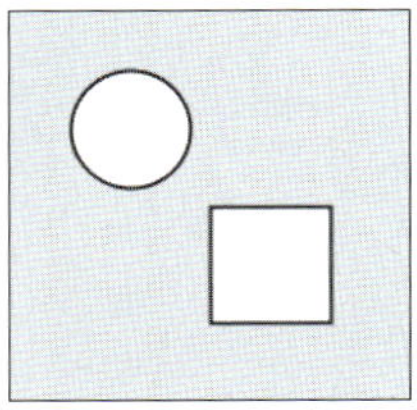

다음 예는 `ellipse()`와 `fill()` 부분이 주석으로 처리되어 수행되지 않았기 때문에 `fill(255)`의 흰색 사각형만이 그려졌다.

```
fill(255);
/*ellipse(30, 30, 30, 30);
fill(100);*/
rect(50, 50, 30, 30);
```

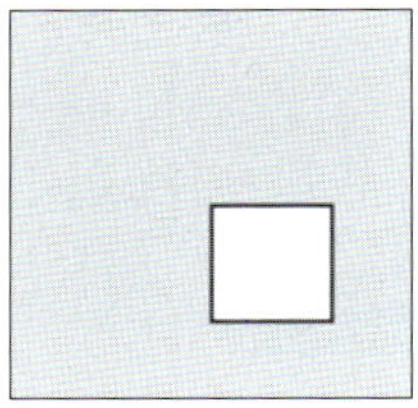

이와 같이 여러 가지의 경우를 실험해보고 싶은 경우 매번 코드를 수정하기 보다는 주석을 적절히 활용하여 활성화와 비활성화를 시행하면 오류 발견도 보다 용이해지고 쉽게 코딩을 할 수 있다.

1.11 프로세싱 앱

Google Play 스토어에서 APDE(Android Processing IDE)를 검색하여 다음과 같은 앱을 설치하면 프로세싱을 스마트폰에서 사용할 수 있다. PC에서 작업한 스케치를 안드로이드 모드로 다운로드하여 실행할 수도 있지만, APDE는 휴대전화나 태블릿에서 프로세싱 스케치를 만들기 위한 통합 개발환경으로 PC나 SDK없이 바로 모바일 환경에서 직접 코딩하고 바로 구

현할 수 있다. 2019년 현재까지는 알파버전이지만 조만간 많은 기능이 추가되어 완전한 모바일 버전 프로세싱이 될 것이다.

연습문제

01 PDE의 텍스트 편집기에서 `ellipse(50,50,50,50);` 명령어에 기호를 바꿔서 오류 메시지를 확인해본다.

02 PDE의 텍스트 편집기에서 `ellipse(50,50,50,50);` 명령어에 고의적으로 대소문자를 바꿔서 오류 메시지를 확인해본다.

03 사용자만의 스케치북 폴더를 만들고 스케치의 저장 및 불러오기를 확인한다.

04 간단한 변수 값의 변경을 Tweak 기능을 이용하여 원의 크기와 색깔을 실시간으로 변경하여 본다.

05 간단한 스케치 코드에 주석의 위치를 바꿔가면서 실행되는 부분과 실행이 안 되는 부분을 확인한다.

PART 1
창의적 코딩 / 기초편

Chapter 2
그리기

2.1 화소
2.2 점과 선
2.3 삼각형과 사각형
2.4 정사각형과 직사각형
2.5 원과 타원
2.6 setup과 draw
연습문제

C/H/A/P/T/E/R

02 그리기

이 장에서는 기본적인 그리기를 통하여 대수학에서 사용하는 좌표계와 프로그램에서 사용하는 좌표계의 차이를 이해하고 프로세싱의 특성과 기능을 알아본다. 여기서는 단순한 그리기를 실습해보고, 다양한 방법으로 도형을 그리는 자세한 설명은 3장 도형그리기에서 다룬다.

2.1 화소

그림을 그려보기 전에 먼저 그림을 그릴 그림판에 대하여 간단히 알아보자. 일반적으로 임의의 위치에 점 하나를 찍으려면 점의 위치를 지정할 좌표계가 필요하다. 일반적으로 대수학에서 배우는 (x, y) 직각좌표계(Cartesian coordinate system)는 다음 그림과 같이 화면의 중심에 원점 (0, 0)이 있고 4개의 분면으로 나뉘어서 좌우로는 x축을 정의하고, 상하로는 y축을 정의한다. x와 y가 모두 증가하는 분면을 1사분면이라 하고 반시계 방향으로 각각 2, 3, 4 분면이라고 정의한다. 원점에서 오른쪽으로 이동하면 x좌표가 양으로 증가하고, 반대로 왼쪽으로 이동하면 x좌표가 음으로 증가하게 된다. 또한, 원점에서 위쪽으로 이동하면 y좌표가 양으로 증가하고, 반대로 아래쪽으로 이동하면 y좌표가 음으로 증가하게 된다. 이 좌표계에 한 점을 그리려면 먼저 x의 값과 y의 값을 지정해야 특정한 위치에 점을 그릴 수 있다.

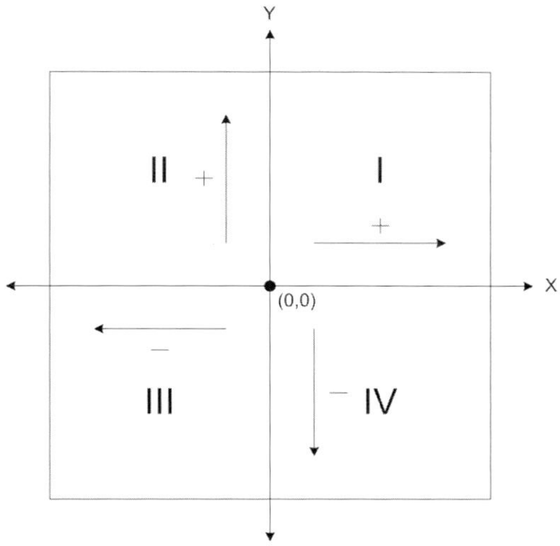

반면에 대부분의 그래픽 프로그램이나 영상처리에서 사용하는 좌표계는 원점이 다음과 같이 왼쪽 위 모서리에 위치한다. 이점을 기준으로 오른쪽으로 이동하면 x좌표가 증가하고 아래쪽으로 이동하면 y좌표가 증가하게 된다.

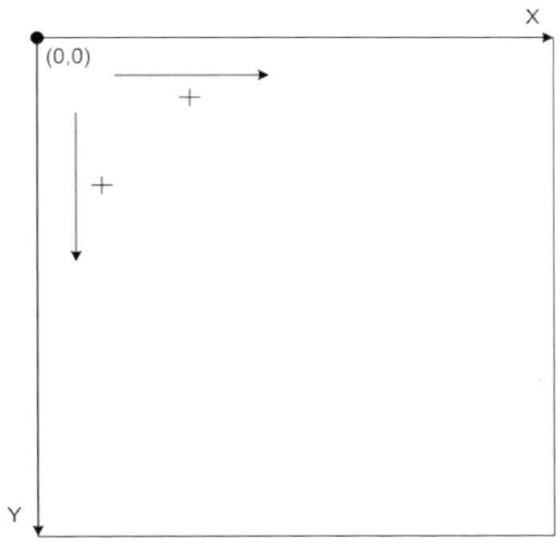

이러한 좌표계에서 점들을 찍을 수 있는 위치를 그림의 원소라 하여 화소(pixel)라고 부른다. 하나의 그림이나 사진은 이러한 화소들에 특정한 밝기의 점들을 찍어 표현하게 된다. 예를 들어 오른쪽으로 10화소 아래로 10화소의 크기를 갖는 화면이 있다고 가정하면 그림을 그릴 수 있는 그림판의 모양은 다음과 같은 격자무늬 형태로 생각할 수 있다. 각각의 네모(화소)에 하나의 점을 그려 넣을 수 있다. 앞으로 이해를 돕기 위하여 다음과 같은 10×10 크기의 모눈종이 화면에 그림 그리기를 먼저 설명하고 프로세싱으로 구현해본다.

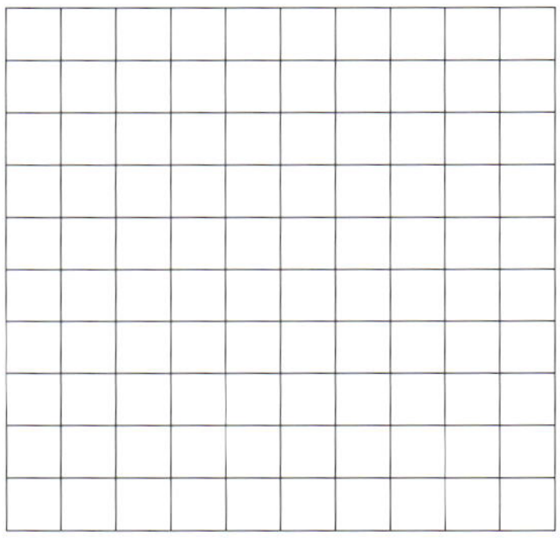

2.2 점과 선

먼저 화소의 개념을 이해하기 위하여 앞에서 정의한 그림판에 점 하나를 그려본다. 점의 위치를 지정하기 위하여 명령어 `point`를 사용하고 x좌표와 y좌표를 지정한다. 다음과 같이 10×10 크기 화면의 특정 위치에 점을 그리려면 x좌표는 4, y좌표는 3으로 지정하여야 한다. 이해를 돕기 위하여 x축과 y축에 각각 0부터 9까지 10개의 위치 표시를 하였다. 프로그램에서는 수를 세기 시작할 때 1이 아닌 0부터 시작한다. 프로세싱을 포함함 대부분의 프로그램에서 위치를 나타내는 값, 즉 색인(index)은 1이 아닌 0부터 시작한다는 점을 유의한다. 이러한 색인(index)의 개념은 나중에 배열을 배울 때 유용하게 사용할 수 있다.

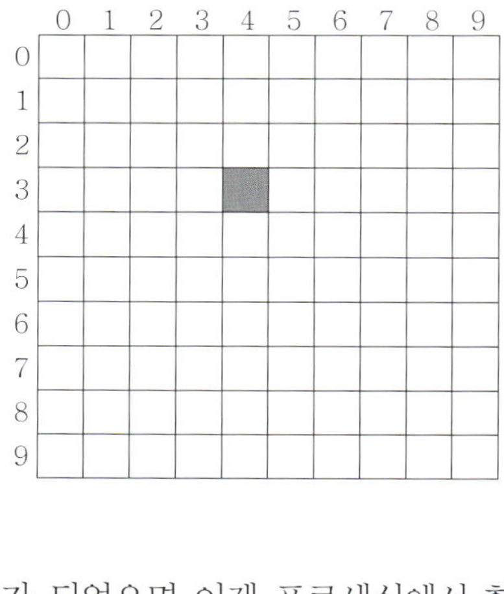

화소의 위치에 대하여 이해가 되었으면 이제 프로세싱에서 한 점을 그려본다. 다음과 같이 PDE의 텍스트 편집기에 `point` 명령을 입력하면 출력창에 점이 그려진다. 점의 위치를 지정하기 위하여 `point(x, y)`와 같이 x좌표와 y좌표를 지정한다. `point` 명령어(사실은 함수로 부르는 것이 정확한 표현이지만, 아직 함수의 개념을 모르기 때문에 당분간은 명령어라 부른다)는 2개의 입력 값으로 각각 점의 x좌표, y좌표를 지정할 수 있다. 크기를 지정하지 않은 출력창의 크기는 100×100이 기본적으로 그려진다. 따라서, 출력창 화면의 가운데에 한 점을 그리려면 `point(50, 50);`을 입력하면 된다. 즉, x축으로 50번째, y축으로 50번째 화소에 점을 그린 것이다. 프로세싱은 대소문자를 별도의 명령어로 인식하기 때문에 만약 소문자 `point`를 대문자 `POINT`로 입력하면 오류가 발생하고, 명령문의 마지막에 세미콜론(;)을 적어줘야 하나의 명령이 종료되었다고 인식한다는 점을 유의한다.

```
point(50, 50);                    // (50,50)의 위치에 점을 그림
```

이제 선을 그려본다. 다음과 같이 10×10 크기 화면의 특정 위치에 선을 그리려면 시작점의 x좌표 2와 y좌표 4, 끝점의 x좌표 7과 y좌표 4를 지정하여야 한다. 시작점과 끝점을 서로 교체하여도 똑 같은 선을 그릴 수 있다. 이 예와 같은 10×10 크기의 화면에 한 점을 그리려면 `line(2, 4, 7, 4);`을 입력하면 된다.

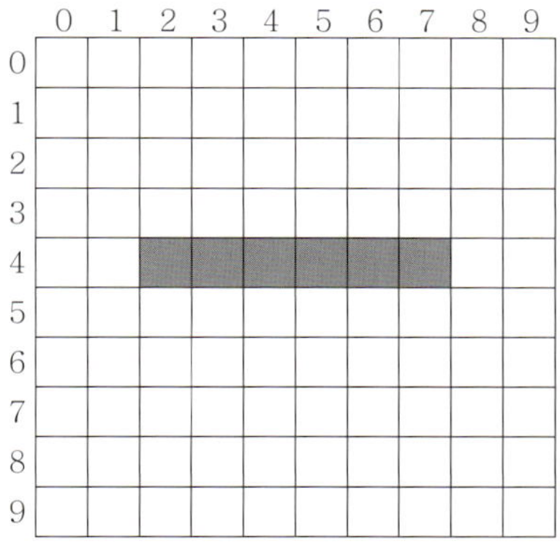

수직선이나 수평선 이외에 사선을 그릴 경우에도 시작점과 끝점의 좌표를 지정하면 같은 방법으로 직선을 그릴 수 있다. 다음과 같이 PDE의 텍스트 편집기에 `line` 명령을 입력하면 출력창에 직선이 그려진다. `line` 명령어는 4개의 입력 값으로 각각 시작점과 끝점의 x좌표, y좌표를 지정할 수 있다. `line(25, 25, 75, 75)`은 x좌표와 y좌표가 (25, 25)인 시작점에서 x좌표와 y좌표가 (75, 75)인 끝점까지 직선을 그린다. 이 예의 경우에도 출력창의 크기를 지정하지 않았기 때문에 크기는 100×100이다.

```
line(25, 25, 75, 75);      // (25,25)에서 (75,75)로 선을 그림
```

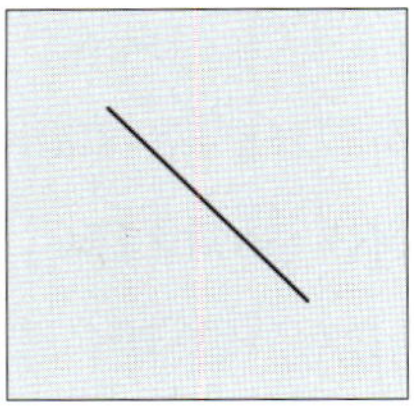

line 명령어를 반복 사용하여 선을 추가할 수도 있다. 다음과 같이 시작점과 끝점의 좌표를 지정하여 여러 직선들을 하나의 화면에 그릴 수 있다.

```
line(25, 25, 75, 75);      // (25,25)에서 (75,75)로 선을 그림
line(75, 25, 25, 75);      // (75,25)에서 (25,75)로 선을 그림
```

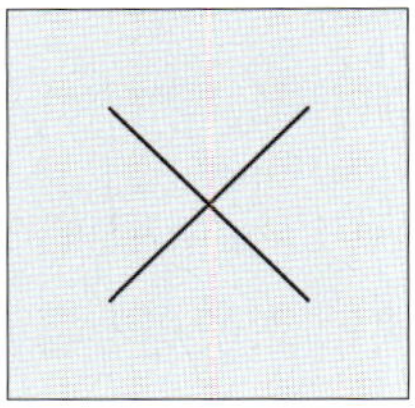

2.3 삼각형과 사각형

직선의 경우와 유사하게 삼각형을 그리기 위해서는 3개의 좌표값들이 필요하다. 프로세싱에는 **triangle** 명령어를 이용하여 삼각형을 그릴 수 있는데, 6개의 입력 값으로 각각 첫 번째 점의 x좌표와 y좌표, 두 번째 점의 x좌표와 y좌표, 세 번째 점의 x좌표와 y좌표가 필요하다. 다음과 같은 **triangle(50, 25, 25, 75, 75, 75);** 명령어는 x좌표와 y좌표가 (50, 25)인 첫 번째 점에서 (25, 75)인 두 번째 점을 지나 (75, 75)인 세 번째 점을 잇는 삼각형을 그린다. 각 변의 길이를 조절하면 다양한 형태의 삼각형을 그릴 수 있다.

```
triangle(50, 25, 25, 75, 75, 75);
                // (50,25),(25,75),(75,75)를 잇는 삼각형
```

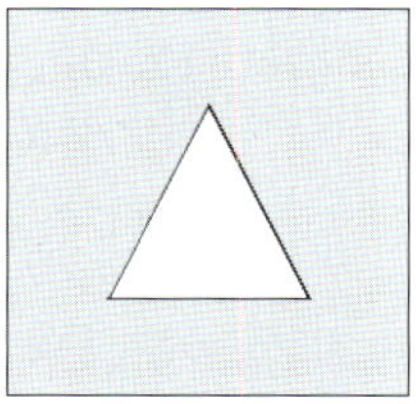

프로세싱에서는 삼각형을 그리는 방법과 유사하게 사각형도 쉽게 그릴 수 있다. quad 명령어를 이용하여 사각형을 그릴 수 있는데, 8개의 입력 값으로 각각 첫 번째 점의 x좌표와 y좌표, 두 번째 점의 x좌표와 y좌표, 세 번째 점의 x좌표와 y좌표, 네 번째 점의 x좌표와 y좌표

가 필요하다. 다음과 같은 quad(25, 25, 75, 25, 75, 75, 25, 75); 명령어는 x좌표와 y좌표가 (25, 25)인 첫 번째 점에서 (75, 25)인 두 번째 점과 (75, 75)인 세 번째 점을 지나 마지막 점 (25, 75)를 잇는 사각형을 그린다. 4개의 꼭짓점의 좌표들은 시계방향으로 입력한다는 점을 유의한다.

```
quad(25, 25, 75, 25, 75, 75, 25, 75);
            // (25,25),(75,25),(75,75),(25,75)의 사각형
```

만약 세 번째와 네 번째 점의 위치를 바꾸면 다음과 같은 나비무늬가 나타난다. quad 명령어는 4개의 꼭짓점의 순서대로 선을 연결하여 사각형을 그리기 때문에 당연한 결과이다.

```
quad(25, 25, 75, 25, 25, 75, 75, 75);
            // (25,25),(75,25),(25,75),(75,75)의 사각형
```

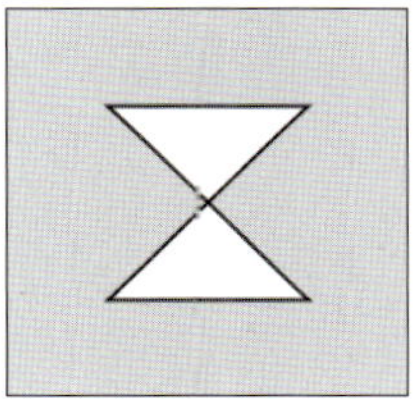

삼각형의 경우와 마찬가지로 각 변의 좌표와 길이를 조절하면 다양한 형태의 사각형을 그릴 수 있다. 4개의 꼭짓점은 그림판 위의 어느 점으로나 설정이 가능하기 때문에 다음과 같은 비뚤어진 사각형도 그릴 수 있다. 점들의 좌표가 출력창의 범위를 벗어나면 그림의 일부분이 화면에 나타나지 않기 때문에 좌표를 지정할 때 유의한다.

```
quad(20, 20, 80, 25, 65, 85, 15, 60);
             // (20,20),(80,25),(65,85),(15,60)의 사각형
```

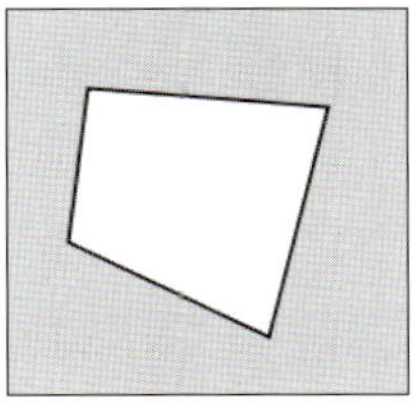

2.4 정사각형과 직사각형

정사각형이나 직사각형을 그리기 위하여 quad를 사용하여 4개의 꼭짓점의 좌표들을 지정하는 것보다 rect를 이용하는 간단한 방법이 있다. 가장 일반적인 방법은 사각형의 왼쪽 위 꼭짓점의 좌표값을 지정하고 폭과 높이를 설정하는 방법이다. 앞의 예와 같은 10×10 크기의 화면에 다음과 같은 사각형을 그리려면 rect(2, 2, 7, 5);을 사용하여 왼쪽 위 꼭짓점의 x좌표와 y좌표가 (2, 2)인 점에서 폭이 7, 높이가 5인 사각형을 그릴 수 있다.

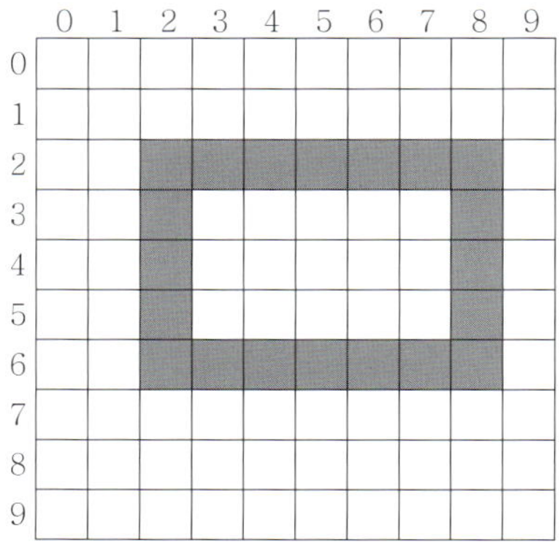

이제 프로세싱에서 사각형을 그려본다. 다음과 같이 PDE의 텍스트 편집기에 rect를 입력하면 출력창에 사각형이 그려진다. rect 명령어는 4개의 입력 값으로 각각 사각형 왼쪽 위 꼭짓점의 x좌표, y좌표, 폭, 높이를 조절할 수 있다. rect(25, 25, 50, 50);은 x좌표와 y좌표가 (25, 25)인 위치에 폭과 높이가 각각 50인 사각형을 그린다.

```
rect(25, 25, 50, 50);
          // (25,25)의 점에서 폭 50, 높이 50의 사각형을 그림
```

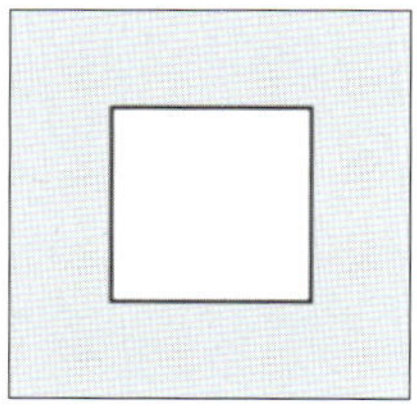

사각형을 그리는 방법은 여러 가지 모드(mode)가 있는데, 위와 같이 사각형을 그리는 방법은 CORNER 모드로 가장 기본적인 방법이다. 모드를 지정하지 않으면 기본 모드인 CORNER 모드가 적용된다. 그러므로 rectMode(CORNER)을 rect 코드의 앞줄에 설정하여도 앞의 예와 같은 결과를 얻는다.

```
rectMode(CORNER);                // 사각형 그리기 CORNER 모드 설정
rect(25, 25, 50, 50);            // (25,25)의 점에서 폭 50, 높이 50의 사각흥을 그림
```

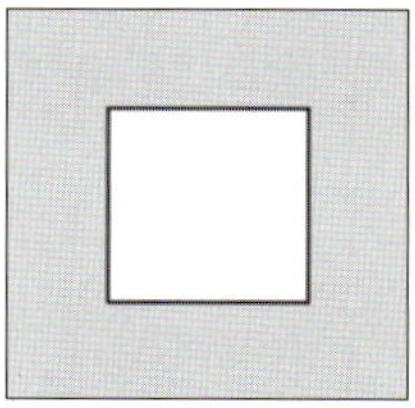

이번에는 사각형의 중심점을 지정하는 모드인 CENTER에 대하여 알아본다. 앞의 예와 같은 10×10 크기의 화면에 다음과 같은 사각형을 그리려면 `rect(5, 4, 7, 5);`을 사용하여 사각형의 중심의 x좌표와 y좌표가 (5, 4)인 중심점에서 폭이 7, 높이가 5인 사각형을 그릴 수 있다.

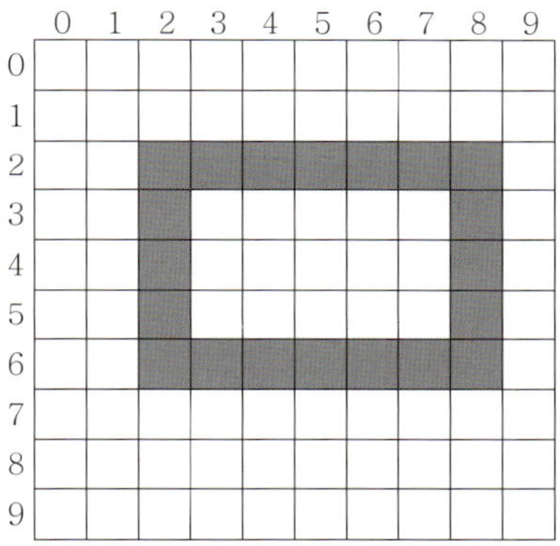

이제 CENTER 모드로 프로세싱에서 사각형을 그려본다. 다음과 같이 PDE의 텍스트 편집기에 `rectMode(CENTER)`를 입력하면 중심점이 지정된 사각형이 그려진다. `rect` 명령어는 4개의 입력 값으로 각각 사각형 중심의 x좌표, y좌표, 폭, 높이를 조절할 수 있다. `rect(50, 50, 50, 50);`은 x좌표와 y좌표가 (50, 50)인 중심에 위치한 폭과 높이가 각각 50인 사각형을 그린다.

```
rectMode(CENTER);                // 사각형 그리기 CORNER 모드 설정
rect(50, 50, 50, 50);            // (50,50)의 중심에 폭 50, 높이 50의 사각형을 그림
```

이번에는 사각형의 시작점과 끝점을 지정하는 모드인 CORNERS에 대하여 알아본다. 앞의 예와 같은 10×10 크기의 화면에 다음과 같은 사각형을 그리려면 `rect(2, 2, 8, 6);`을 사용하여 사각형 왼쪽 위의 x좌표, y좌표가 (2, 2)인 꼭짓점에서 사각형 오른쪽 아래의 x좌표, y좌표가 (8, 6)인 꼭짓점을 포함하는 사각형을 그릴 수 있다.

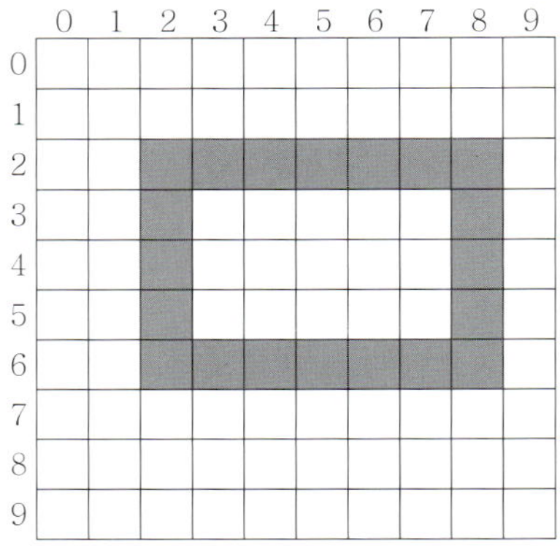

이제 CORNERS 모드로 프로세싱에서 사각형을 그려본다. 다음과 같이 PDE의 텍스트 편집기에 `rectMode(CORNERS)`를 입력하면 두 꼭짓점들이 지정된 사각형이 그려진다. `rect` 명령어는 4개의 입력 값으로 각각 사각형 왼쪽 위 꼭짓점의 x좌표, y좌표와 오른쪽 아래 꼭짓점의 x좌표, y좌표로 사각형의 폭과 높이를 조절할 수 있다. `rect(25, 25, 75, 75);`은 사각형 왼쪽 위의 x좌표, y좌표가 (25, 25)인 꼭짓점에서 사각형 오른쪽 아래의 x좌표, y좌표가 (75, 75)인 꼭짓점을 포함하는 사각형을 그릴 수 있다.

```
rectMode(CORNERS);              // 사각형 그리기 CORNERS 모드 설정
rect(25, 25, 75, 75);           // (25,25)에서 (75,75)로 사각형을 그림
```

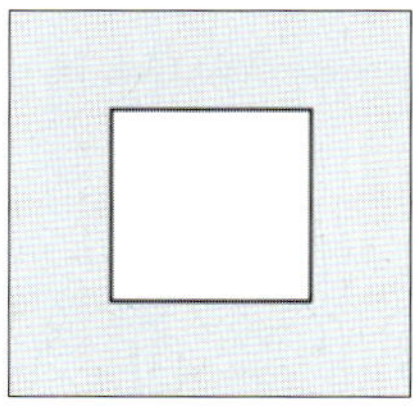

이와 같이 동일한 `rect` 명령어를 사용하여 사각형을 그리더라도 어떤 모드를 사용하는 가에 따라서 다른 위치와 모양의 사각형을 그릴 수 있으므로 유의한다. 사용자 자신이 선호하는 특정 모드를 기억하여 사용하면 편리하다. 설명한 것과 같이 사각형은 CENTER, RADIUS, CORNER, CORNERS 등 여러 가지 모드로 그릴 수 있다. 자세한 내용은 3장 도형그리기에서 알아본다.

2.5 원과 타원

프로세싱에서 원을 그려본다. 다음과 같이 PDE의 텍스트 편집기에 `ellipse`를 입력하면 출력창에 원이 그려진다. `ellipse` 명령어는 4개의 입력 값으로 각각 원 중심의 x좌표, y좌표, 폭, 높이를 조절할 수 있다. `ellipse(50, 50, 50, 50);`은 원 중심의 x좌표와 y좌표가 (50, 50)인 위치에 폭과 높이가 각각 50인, 즉 지름이 50인 원을 그린다.

```
ellipse(50, 50, 50, 50);          // (50,50)의 중심에 폭과 높이 50의 원을 그림
```

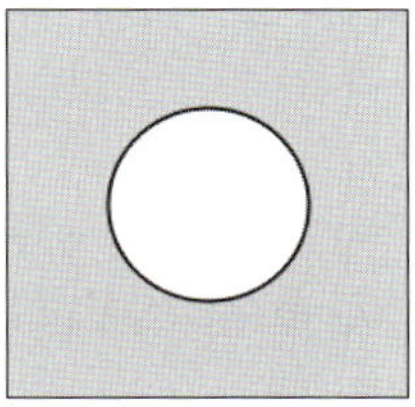

출력화면의 크기를 조절하기 위하여 `size`를 사용한다. 입력 값으로는 폭과 높이의 값을 입력한다. 다음과 같이 `size(100, 100);`은 폭이 100 픽셀이고 높이가 100 픽셀인 출력화면을 만든다. 기본적인 배경색은 회색으로 설정되어 있다. 사용자 컴퓨터 화면의 전체 화면을 출력창으로 사용하려면 `size();` 대신에 `fullScreen();`을 사용하면 된다. 이 경우에 출력창에서 다시 원래의 화면으로 전환하려면 Esc 버튼을 눌러주면 된다.

```
size(100, 100);                   // 출력화면의 크기를 폭 100, 높이 100으로 설정
```

앞의 예에 출력화면의 크기를 조절하는 `size()` 함수를 추가한다. 화면의 크기를 지정하지 않는 경우 기본 값은 폭과 높이가 모두 100으로 설정되어 있다. 그러므로 `size(100, 100)`을 추가하여도 앞의 예와 같은 결과를 만든다.

```
size(100, 100);                  // 출력화면의 크기를 폭 100, 높이 100으로 설정
ellipse(50, 50, 50, 50);         // (50,50)의 중심에 폭과 높이 50의 원을 그림
```

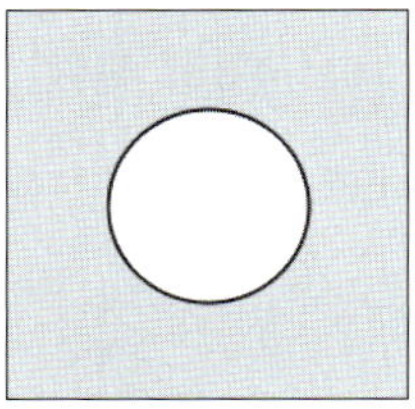

만약, 원의 폭과 높이에 각기 다른 입력값을 설정하면 원이 아닌 타원을 그릴 수 있다. 다음과 같이 폭은 50을 그대로 두고 높이를 25로 변경하여 보자. 옆으로 불룩한 타원을 그릴 수 있다.

```
size(100, 100);                  // 출력화면의 크기를 폭 100, 높이 100으로 설정
ellipse(50, 50, 50, 25);         // (50,50)의 중심에 폭 50, 높이 25의 타원을 그림
```

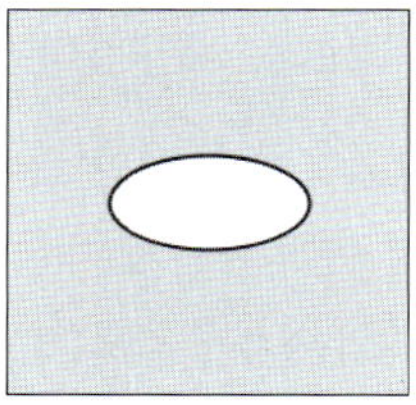

이번에는 높이는 50을 유지하고 폭을 25로 변경하면 다음과 같이 홀쭉한 타원을 그릴 수가 있다.

```
size(100, 100);                  // 출력화면의 크기를 폭 100, 높이 100으로 설정
ellipse(50, 50, 25, 50);         // (50,50)의 중심에 폭 25, 높이 50의 타원을 그림
```

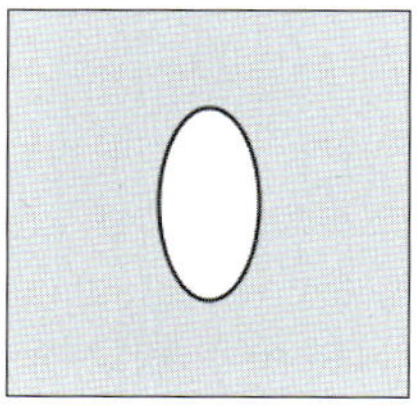

원의 크기는 그대로 두고 화면의 크기를 2배로 키우면 원은 앞의 예와 같이 x좌표와 y좌표가 (50, 50)인 같은 위치에 있지만 출력화면이 2배 커진 것을 확인할 수 있다.

```
size(200, 200);                    // 출력화면의 크기를 폭 200, 높이 200으로 설정
ellipse(50, 50, 50, 50);           // (50,50)의 중심에 폭과 높이 50의 원을 그림
```

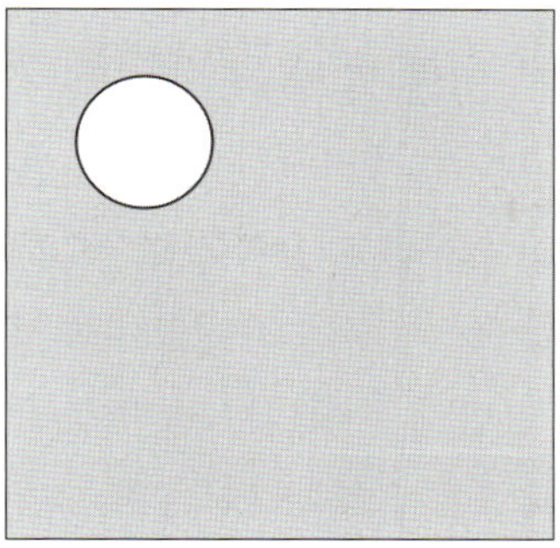

이번에는 원의 크기도 2배로 키우면 출력화면과 원이 첫 예의 2배로 키워진 것을 알 수 있다.

```
size(200, 200);                  // 출력화면의 크기를 폭 200, 높이 200으로 설정
ellipse(100, 100, 100, 100);     // (100,100)의 중심에 폭과 높이 100의 원을 그림
```

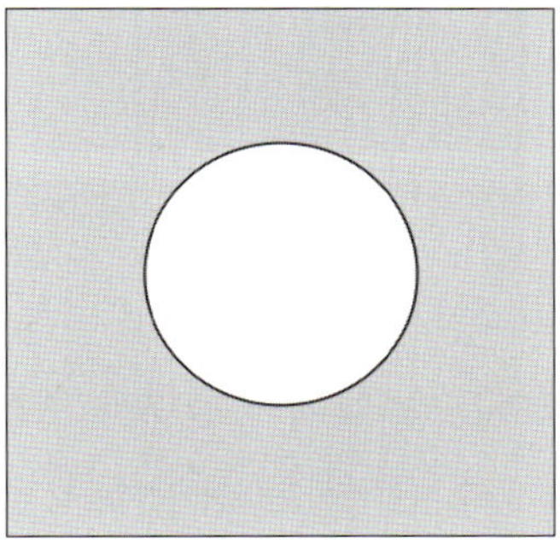

사각형의 경우와 같이 원도 CENTER, RADIUS, CORNER, CORNERS 등 여러 가지 모드로 그릴 수 있다. 이번 장에서 배운 다양한 그리기 명령어들을 요약하면 다음과 같다.

```
point(x,y);                             // 점 그리기
line(x1, y1, x2, y2);                   // 선 그리기
triangle(x1, y1, x2, y2, x3, y3);       // 삼각형 그리기
quad(x1, y1, x2, y2, x3, y3, x4, y4);   // 사각형 그리기
rect(x, y, width, height);              // 직사각형 그리기
ellipse(x, y, width, height)            // 원 그리기
```

이번 장에서 배운 기본 도형의 조합으로도 충분히 복잡한 그림을 그릴 수 있지만 보다 다양한 그리기 명령어들을 공부하기 위하여 자세한 내용은 3장의 도형그리기에서 알아본다.

2.6 setup과 draw

지금까지의 프로세싱 예들은 프로그램을 한번만 수행한 후 종료하는 일종의 정적(static) 프로그램이었지만, 앞으로는 반복적으로 여러 번 같은 작업을 수행하는 동적(dynamic) 프로그램이 필요하다. 이러한 프로그램의 흐름을 제어하기 위하여 프로세싱에서는 두 개의 기본적인 명령어(8장에서 배울 함수)를 제공하는데, `setup()`과 `draw()`이다. 이들 함수 이름에 괄호가 있는 이유는 어떤 값(인자)을 함수로 넘겨주기 위한 일종의 문법이다. 프로그램이 시작되면 다음 그림과 같이 `setup()`은 한번만 실행되는 반면에 `draw()`는 무한 반복하게 된다. 일정한 조건을 만족한 경우에만 `draw()`에서 빠져나와 프로그램이 최종적으로 종료하게 된다.

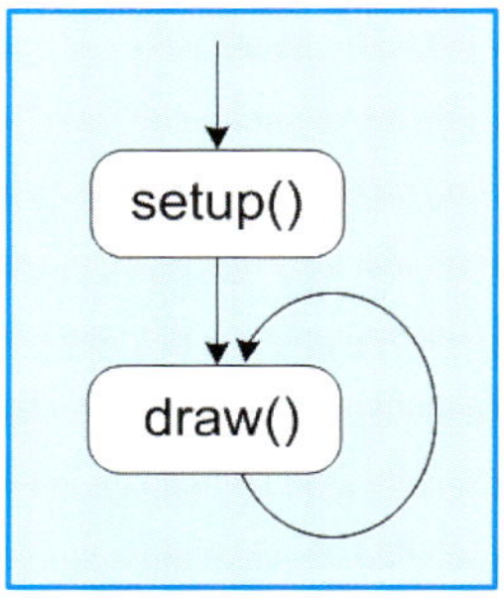

일반적으로 `setup()`에는 한번만 수행하면 되는 명령어들을 모아놓고, `draw()`에는 반복적으로 수행하여야 하는 명령어를 모아둔다. 앞에서 설명한 원을 그리는 예의 경우에 그림판의 크기를 정하는 `size()`는 프로그램을 실행하는 동안에 한번만 설정하면 되기 때문에 다음과 같이 `setup()`에 정의하고, `ellipse()`의 경우는 `draw()`에 정의한다. 여기서, 중괄호 `{ }`는 `setup()`과 `draw()`의 범위를 나타내는 기호로 두 명령어가 영향을 미치는 범위 정도로 생각하면 된다. 함수의 사용법과 `void`의 의미는 8장 함수에서 자세히 설명한다.

```
void setup() {
  size(100, 100);
}
void draw() {
  ellipse(50, 50, 50, 50);
}
```

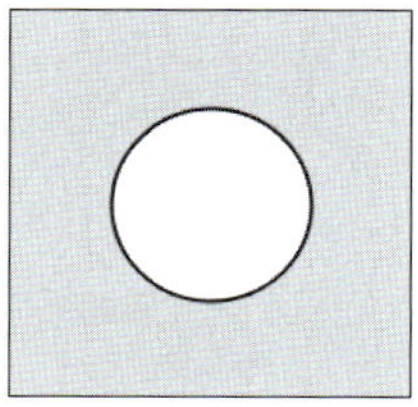

원이 한번만 그려진 것으로 보이지만 사실은 1초에 60번 정도로 반복적으로 그려지고 있다. 여기서는 draw에서 빠져나오는 명령어가 없기 때문에 프로그램이 종료될 때까지 무한 반복적으로 원을 그리고 있는 것이다. 정말 반복되고 있는 것일까? 앞의 예에 다음과 같이 한 줄 print("Hello World ");을 추가해본다. 여기서 print는 콘솔에 글씨를 출력하는 명령어이다.

```
void setup() {
  size(100, 100);
}
void draw() {
  ellipse(50, 50, 50, 50);
  print("Hello World ");
}
```

```
Hello World Hello World Hello World Hello World  Hello World  Hello World
Hello World  Hello World  Hello World
```

콘솔창에 무슨 일이 벌어지고 있는지 확인해보자. 원의 경우에는 같은 자리에 반복적으로 그림을 그리기 때문에 한번만 실행되고 정지되어 있는 것으로 보이지만, Hello World의 경우는 무한 반복을 하면서 출력이 되고 있다. 충분히 확인을 하였으면 정지 버튼 ■을 클릭하여 프로그램을 종료 시킨다. 앞으로 draw() 명령어의 무한 반복성을 이용하여 다양한 프로그램을 실행해보게 된다.

draw() 명령이 무한 반복될 때 처음부터 끝까지 한번 실행되는 과정을 프레임(frame)이라 부른다. 프레임 속도(frame rate)는 1초에 실행되는 프레임의 수를 나타내는데 컴퓨터 사양에 따라 다르지만 기본값은 60이다. 이는 frameRate() 명령으로 변경할 수 있다. 프로세싱에서는 frameCount라는 변수로 현재 프레임의 수를 확인할 수 있다. 여기서 println는 콘솔에 글씨를 한줄 출력하고 새로운 줄로 바꾸는 명령어이다. 다음 예는 1초에 한번 draw 명령을 수행한다. 매 초 마다 콘솔에 프레임의 숫자가 증가하는 것을 알 수 있다. 아래 출력창에는 3까지만 나타냈다.

```
void setup() {
  size(100, 100);
}
void draw() {
  frameRate(1);
  println(frameCount);
}
```

```
1
2
3
```

연습문제

01 line과 ellipse 명령어를 이용하여 size(100, 100)의 출력창에 ×, ±, ÷, ∨, ∧의 기호를 각각 크게 그려본다.

02 triangle 명령어로 다양한 모양의 삼각형을 그려본다.

03 quad 명령어로 다양한 모양의 사각형을 그려본다.

04 여러 가지 모드를 사용하여 rect 명령어로 사각형을 그려본다.

05 ellipse 명령어를 이용하여 다양한 원과 타원을 그려본다.

PART 1
창의적 코딩 / 기초편

Chapter 3
도형 그리기

C/H/A/P/T/E/R

03 도형 그리기

컴퓨터로 그림을 그리는 것은 일반적으로 고도의 프로그래밍 지식이 필요한 작업이다. 특히 그래픽 소프트웨어를 사용하지 않고 일반적인 프로그램 언어로 그림그리기를 구현하기는 쉽지 않다. 하지만 프로세싱은 내장 함수들을 이용하여 매우 쉽게 도형을 그릴 수 있다. 초보자라도 쉽게 도형을 그릴 수 있고, 더욱 발전시켜 애니메이션이나 상호작용에 활용할 수 있다. 이번 장에서는 사각형, 원 등의 기본적인 도형을 그리기 위한 방법을 설명한다. 보다 복잡한 도형의 경우에는 앞으로 다른 장에서 자세히 설명한다.

3.1 사각형 그리기

먼저 기본적인 사각형을 그리기 위한 함수로 `rect()` 함수가 있다. rect는 직사각형을 나타내는 단어 rectangular에서 유래하였다. 또한 원을 그리기 위해서는 타원을 의미하는 `ellipse()` 함수를 사용한다. `rect()` 함수나 `ellipse()` 함수를 이용하여 사각형이나 원을 그릴 경우, 같은 수치를 속성 값으로 지정하더라도 어떠한 그리기 방법을 적용하는가에 따라서 도형의 크기와 위치가 달라진다. 도형 그리기 방법의 설정을 위하여 사각형의 경우에는 `rectMode()` 함수를 사용하고, 원의 경우에는 `ellipseMode()` 함수를 사용한다.

사각형을 그리는 방법을 설정하는 `rectMode()` 함수에는 CORNER, CORNERS, CENTER, RADIUS의 4가지 모드(mode)가 있다. 기본적인 방법은 CORNER로 첫 번째와 두 번째 인수들은 사각형의 왼쪽 위의 꼭짓점을 나타내는 x와 y의 좌표를 나타내고, 세 번째와 네 번째 인수들은 사각형의 폭(width)와 높이(height)를 나타낸다.

```
rectMode(CORNER);
rect(x, y, width, height);
```

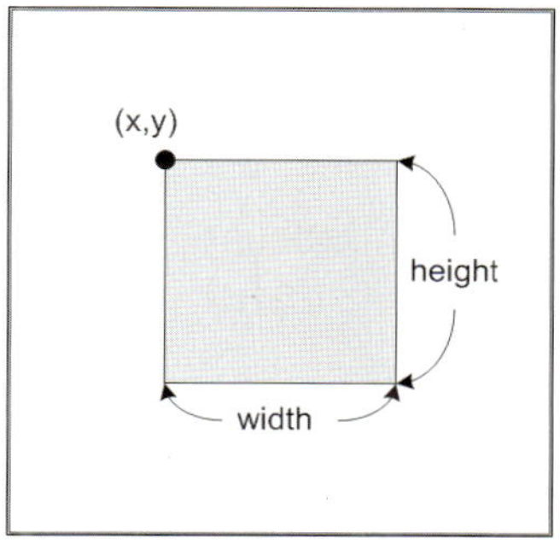

CORNERS의 경우 첫 번째와 두 번째 인수들은 사각형의 왼쪽 위의 꼭짓점을 나타내는 x1과 y1의 좌표를 나타내고, 세 번째와 네 번째 인수들은 오른쪽 아래의 꼭짓점을 나타내는 x2와 y2의 좌표를 나타낸다.

```
rectMode(CORNERS);
rect(x1, y1, x2, y2);
```

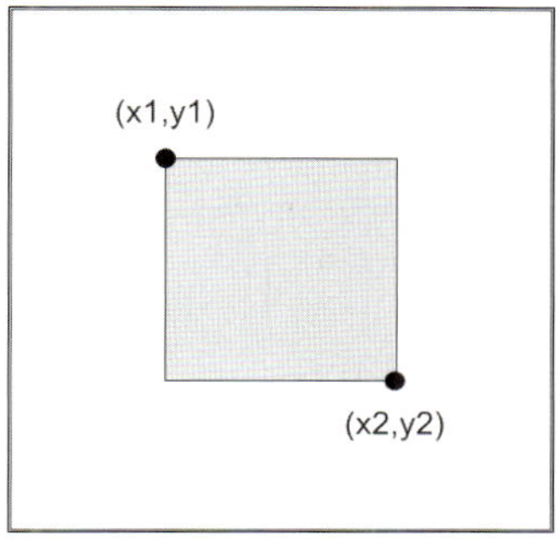

CENTER의 경우 첫 번째와 두 번째 인수들은 사각형의 중심점을 나타내는 x와 y의 좌표를 나타내고, 세 번째와 네 번째 인수들은 사각형의 폭과 높이를 나타낸다.

```
rectMode(CENTER);
rect(x, y, width, height);
```

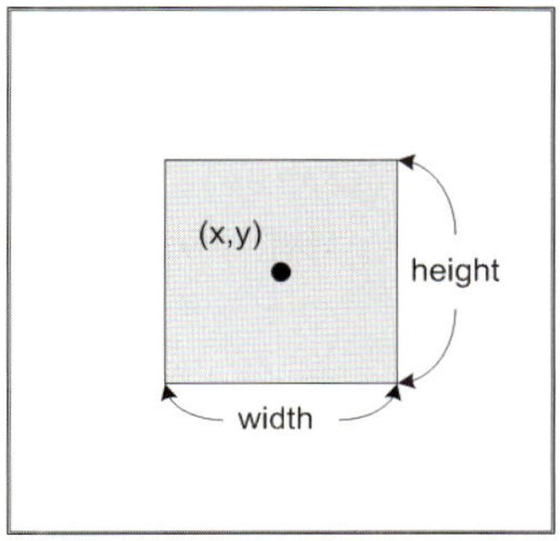

RADIUS의 경우 첫 번째와 두 번째 인수들은 사각형의 중심점을 나타내는 x와 y의 좌표를 나타내고, 세 번째와 네 번째 인수들은 사각형의 폭과 높이 값의 반을 나타낸다. 따라서 CENTER 모드의 경우보다 폭과 높이가 2배 길이로 설정된 사각형을 그릴 수 있다.

```
rectMode(RADIUS);
rect(x, y, width, height);
```

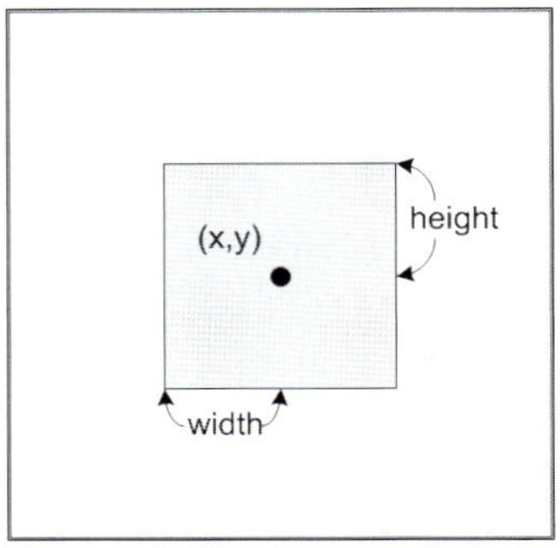

다음 예들을 보면 같은 `rect(100, 100, 50, 50);`일 경우에도 어떤 모드를 선택하는가에 따라 서로 다른 크기와 위치에 사각형이 그려지는 것을 알 수 있다.

```
size(200, 200);
rectMode(CORNER);
rect(100, 100, 50, 50);
```

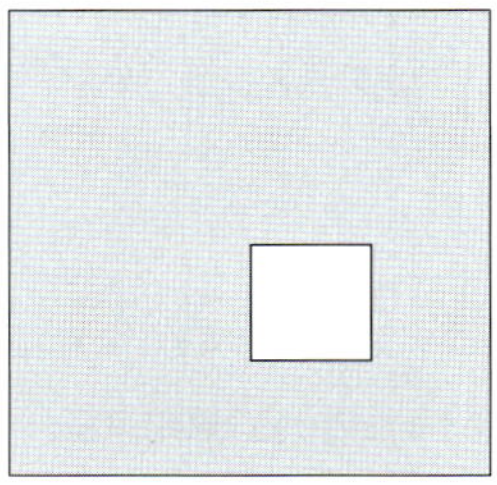

```
size(200, 200);
rectMode(CORNERS);
rect(100, 100, 50, 50);
```

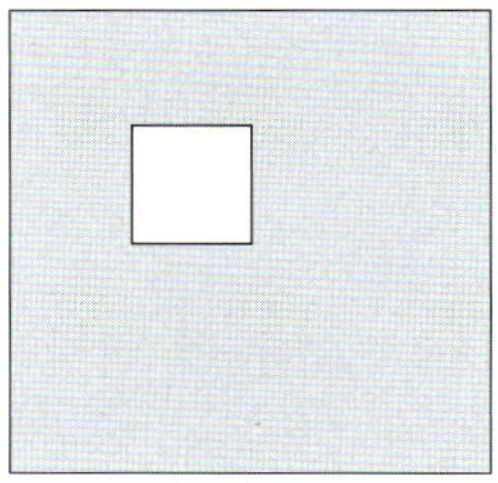

```
size(200, 200);
rectMode(CENTER);
rect(100, 100, 50, 50);
```

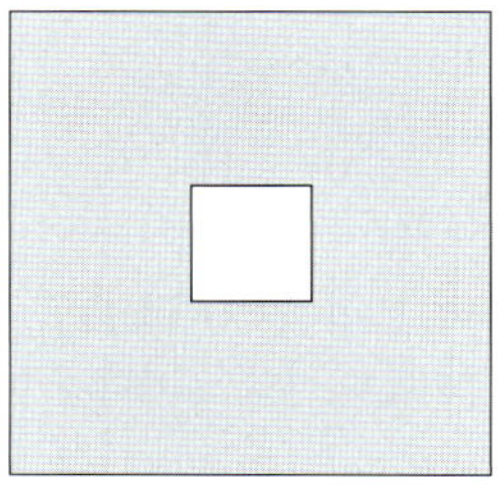

```
size(200, 200);
rectMode(RADIUS);
rect(100, 100, 50, 50);
```

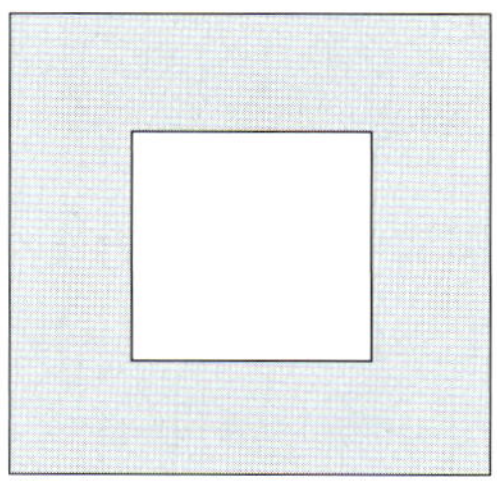

3.2 원 그리기

원을 그리는 방법을 설정하는 `ellipseMode()` 함수에는 `rectMode()` 함수의 경우와 유사하게 CENTER, RADIUS, CORNER, CORNERS의 4가지 모드가 있다. 기본적인 모드는 CENTER로 첫 번째와 두 번째 인수들은 원의 중심을 나타내는 x와 y의 좌표를 나타내고, 세 번째와 네 번째 인수들은 원의 폭과 높이를 나타낸다.

```
ellipseMode(CENTER);
ellipse(x, y, width, height);
```

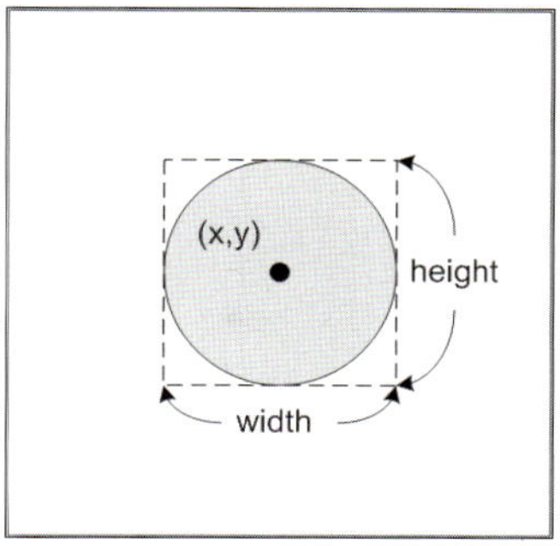

RADIUS의 경우 첫 번째와 두 번째 인수들은 원의 중심을 나타내는 x와 y의 좌표를 나타내고, 세 번째와 네 번째 인수들은 원의 폭과 높이 값의 반을 나타낸다. 따라서 CENTER 모드의 경우보다 폭과 높이가 2배 길이로 설정된 원을 그릴 수 있다.

```
ellipseMode(RADIUS);
ellipse(x, y, width, height);
```

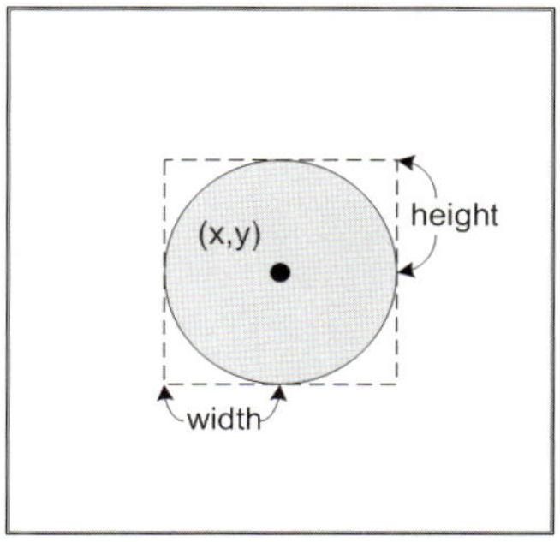

CORNER의 경우 첫 번째와 두 번째 인수들은 원을 포함할 사각형의 왼쪽 위 꼭짓점의 x와 y의 좌표를 나타내고, 이 좌표에서부터 세 번째와 네 번째 인수의 폭과 높이를 갖는 사각형 내부에 원을 그린다.

```
ellipseMode(CORNER);
ellipse(x, y, width, height);
```

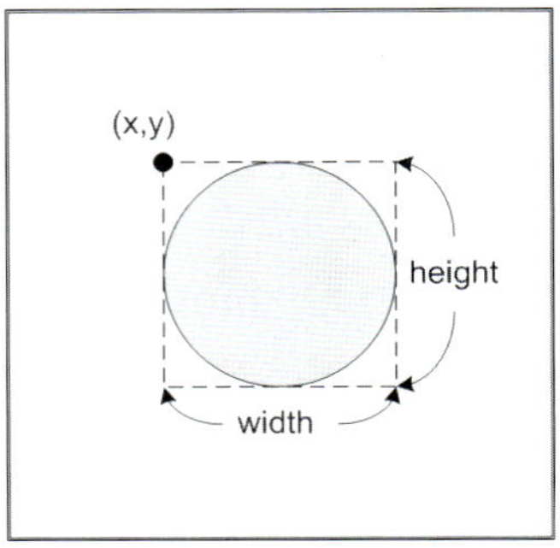

CORNERS의 경우 첫 번째와 두 번째 인수들은 원을 포함할 사각형의 왼쪽 위 꼭짓점의 x1과 y1의 좌표이고, 세 번째와 네 번째 인수들은 오른쪽 아래의 x2와 y2의 좌표를 갖는 사각형의 내부에 원을 그린다.

```
ellipseMode(CORNERS);
ellipse(x1, y1, x2, y2);
```

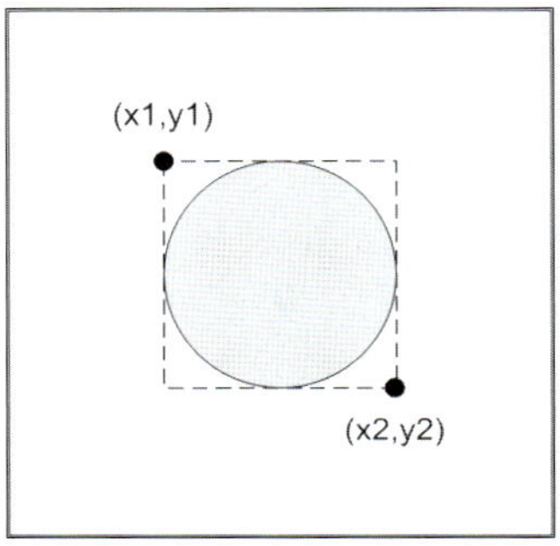

다음 예들을 보면 같은 ellipse(100, 100, 50, 50);이지만 어떤 모드를 선택하는가에 따라 서로 다른 크기와 위치에 원이 그려지는 것을 알 수 있다.

```
size(200, 200);
ellipseMode(CENTER);
ellipse(100, 100, 50, 50);
```

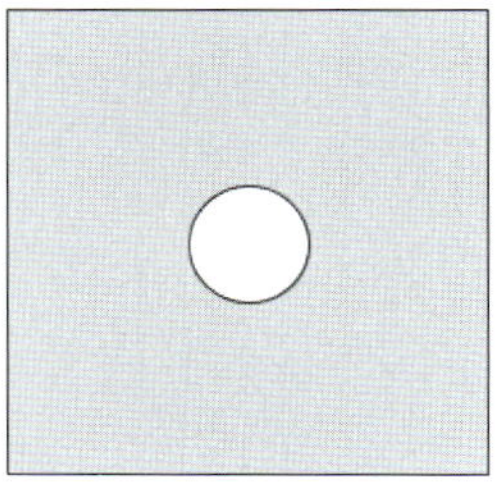

```
size(200, 200);
ellipseMode(RADIUS);
ellipse(100, 100, 50, 50);
```

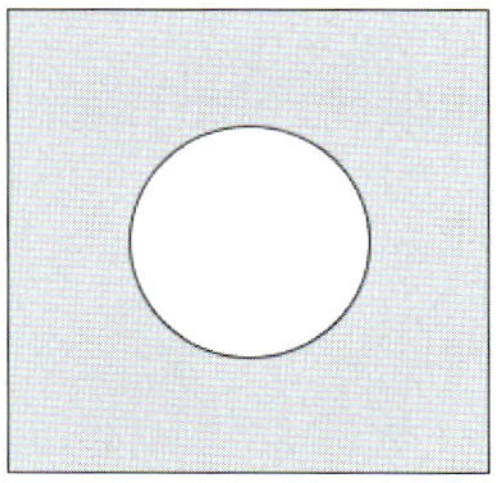

```
size(200, 200);
ellipseMode(CORNER);
ellipse(100, 100, 50, 50);
```

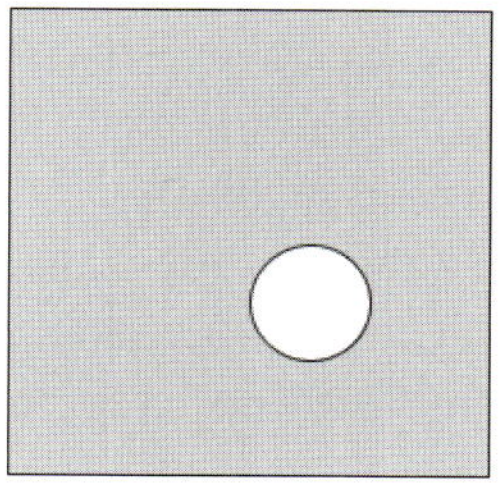

```
size(200, 200);
ellipseMode(CORNERS);
ellipse(100, 100, 50, 50);
```

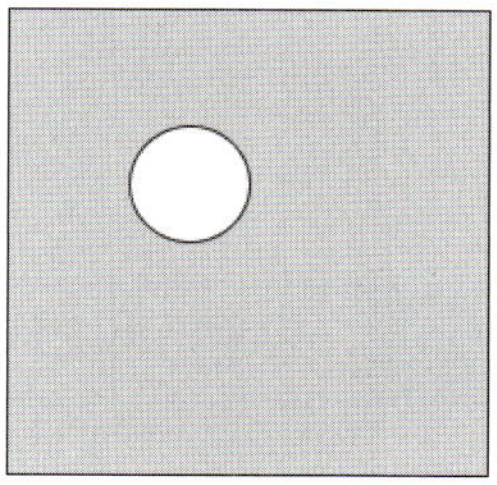

3.3 그리기 순서

프로세싱의 프로그램은 첫 줄부터 마지막 줄까지 한 줄씩 코드가 기록된 순서대로 실행된다. 그러므로 도형을 그리기 위한 스케치의 경우에도 순서에 유의하면서 코딩을 해야 한다. 처음에 작성된 코드의 도형이 그려지고 다음에 작성된 코드의 도형이 그 위에 순차적으로 그려지게 된다. 두 도형이 겹치는 경우에는 나중에 작성된 도형이 먼저 작성된 도형의 위에 위치하게 되어 먼저 그려진 도형의 일부 또는 전체가 가려지게 된다. 다음의 두 예는 같은 스케치 코드로 구성되어 있으나 순서가 바뀐 경우 서로 다른 결과를 보여준다. 첫 번째 예의 경우에는 사각형, 원, 삼각형의 순서로 그려지고, 두 번째 예의 경우에는 삼각형, 원, 사각형의 순서로 그려져서 가려지는 부분이 서로 다르게 표현된다. 그러므로 도형을 그릴 경우에는 항상 그리는 순서를 유의한다.

```
size(300,300);
rect(50, 50, 100, 100);
ellipse(150, 150, 100, 100);
triangle(150, 150, 250, 150, 150, 250);
```

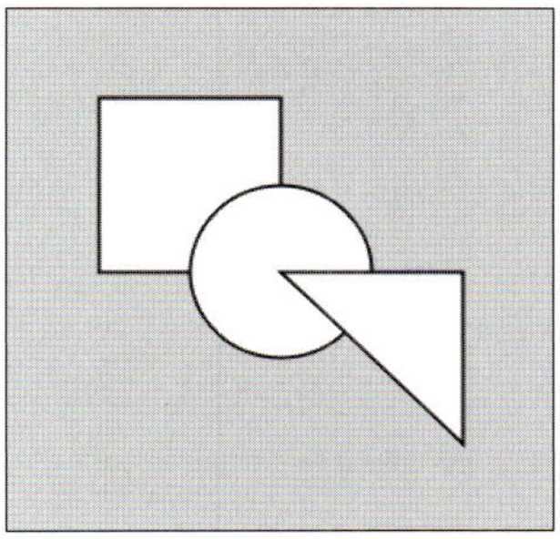

```
size(300,300);
triangle(150, 150, 250, 150, 150, 250);
ellipse(150, 150, 100, 100);
rect(50, 50, 100, 100);
```

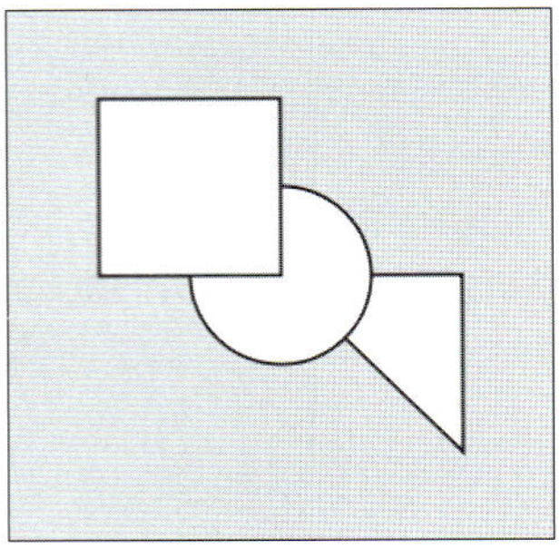

3.4 곡면 처리

디지털 이미지는 특성상 화소(pixel)로 구성되어 있다. 대각선이나 곡선을 표현할 경우에 검정색과 흰색으로 경계를 확연히 분리하면 선명한 대각선이나 곡선으로 보일 것 같으나 오히려 계단 형태로 나타나 부드러운 곡선의 처리가 되지 않는다. 이는 일종의 간섭(aliasing) 현상으로 확대를 하면 이런 현상이 더욱 두드러진다. 이와 같이 대각선이나 곡선의 이미지를 표현할 때 생기는 계단 형태의 간섭을 없애려면 경계 부분을 확연히 분리하는 것보다 배경과 경계선의 색을 적절히 혼합하여 색의 차가 단적으로 나타나는 것을 방지하는 일종의 보간법을 사용하는 안티앨리어싱(anti-aliasing) 경계 처리가 필요하다. 안티앨리어싱을 사용한 경우 경계선이 훨씬 부드럽게 느껴진다. 이를 위하여 스케치에서는 `smooth()` 함수를 사용한다. 도형이나 선을 그릴 경우에 기본적으로 `smooth()`가 설정되어 도형이나 폰트 등의 부드러운 곡선 처리를 해주는데, 이를 원하지 않는 경우에는 `noSmooth()`로 지정하면 된다. `smooth(level)` 함수의 level 값으로는 2, 4, 8을 사용할 수 있는데, 기본 값인 `smooth(2)`는 bilinear 보간법을 사용하고, `smooth(4)`는 bicubic 보간법을 사용한다. 이들 보간법의 구체적인 방법은 이 책에서는 생략한다. `smooth(0)`의 경우는 `noSmooth()`와 같은 결과를 보인다. 아래의 예는 `noSmooth()` 함수와 `smooth()` 함수를 각각 적용한 결과를 보여준다.

```
size(200, 200);
background(255);
noSmooth();
ellipse(100, 100, 100, 100);
```

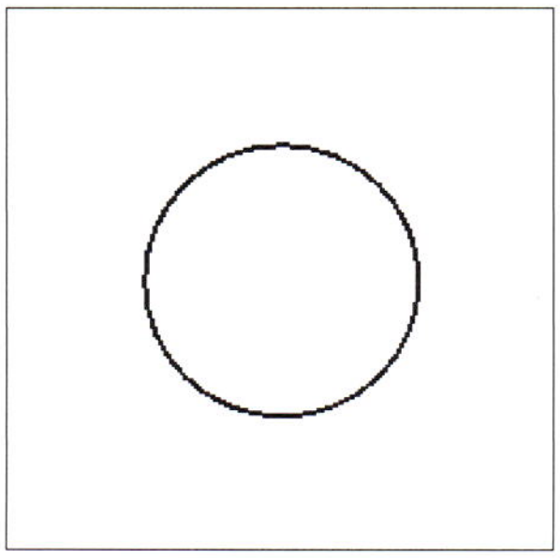

```
size(200, 200);
background(255);
smooth();
ellipse(100, 100, 100, 100);
```

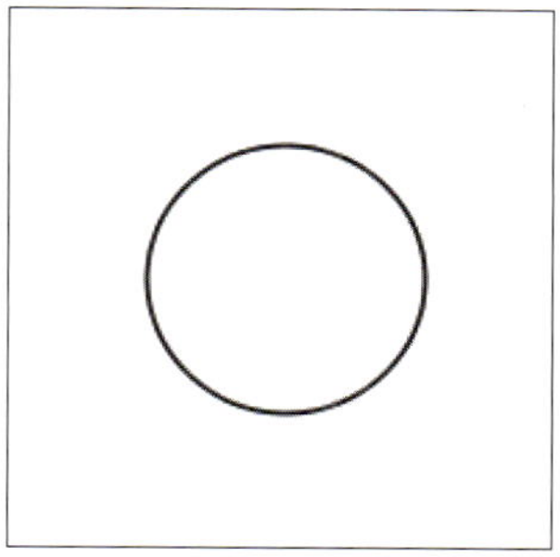

3.5 선의 두께

도형을 그릴 경우에 1 화소 두께의 선이 기본적으로 설정된다. 선의 두께를 조절하려면 strokeWeight() 함수를 사용한다. 또한, 선이 없이 면만 있는 도형을 그릴 때는 noStroke() 함수를 사용한다. 아래의 예는 선이 없이 도형의 면만 있는 경우, 기본 값인 두께 1 화소의 경우, 두께가 5 화소인 경우, 10 화소인 경우를 보여준다.

line_width.pde

```
size(450, 140);
smooth();
noStroke();                    // 선이 없는 경우
ellipse(70, 70, 80, 80);
stroke(0);                     // 선을 검정색(0)으로 지정
ellipse(170, 70, 80, 80);      // 기본값의 경우
strokeWeight(5);               // 선의 두께 5 인 경우
ellipse(270, 70, 80, 80);
strokeWeight(10);              // 선의 두께 10 인 경우
ellipse(380, 70, 80, 80);
```

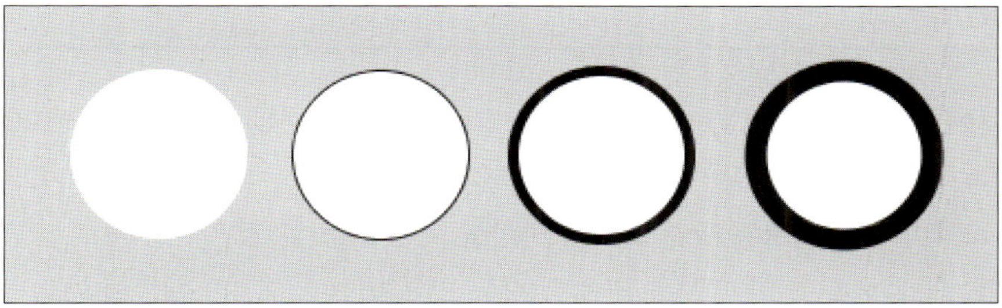

3.6 선의 모양

strokeCap() 함수를 사용하여 선의 양쪽 끝 모양을 설정할 수 있다. 속성 값으로 ROUND, SQUARE, PROJECT를 지정할 수 있는데, ROUND는 끝이 둥근 모양이고, SQUARE는 각진 모양이며, PROJECT는 ROUND의 길이만큼 연장된 각진 모양을 가진다. 기본 값은 ROUND로 둥근 선으로 처리된다. 아래 예는 선의 길이를 같게 설정한 경우 기본 값과 ROUND, SQUARE, PROJECT의 경우를 보여준다.

line_shape.pde

```
size(400, 200);
strokeWeight(20);
line(50, 50, 50, 150);                // 기본값으로 끝이 둥근 선 처리
strokeCap(ROUND);                     // ROUND로 끝이 둥근 선 처리
line(150, 50, 150, 150);
strokeCap(SQUARE);                    // SQUARE로 끝이 각진 선 처리
line(250, 50, 250, 150);
strokeCap(PROJECT);                   // PROJECT로 끝이 각진 선 처리
line(350, 50, 350, 150);
```

3.7 모서리의 모양

strokeJoin() 함수를 사용하여 도형의 모서리 모양을 설정할 수 있다. 속성 값으로 ROUND, BEVEL, MITER를 지정할 수 있는데, ROUND는 연결부위가 둥근 모양이고, BEVEL은 기울게 각진 모양이며, MITER는 각진 모서리 모양을 가진다. 기본 값은 MITER로 각진 모서리로 처리된다. 아래 예는 선의 길이를 같게 설정한 경우 기본 값과 ROUND, BEVEL, MITER의 경우를 보여준다.

line_box.pde

```
size(650, 200);
strokeWeight(20);
rect(50, 50, 100, 100);                    // 기본값으로 각진 모서리 처리
strokeJoin(ROUND);                         // ROUND로 둥근 모서리 처리
rect(200, 50, 100, 100);
strokeJoin(BEVEL);                         // BEVEL로 기울게 각진 모서리 처리
rect(350, 50, 100, 100);
strokeJoin(MITER);                         // MITER로 각진 모서리 처리
rect(500, 50, 100, 100);
```

3.8 원호 그리기

일반적으로 각도를 표현하려면 도(degree)가 익숙하지만 과학 분야에서는 라디안(radian)을 주로 사용한다. 라디안은 원주율 파이(π) 값에 기반을 두고 있는 각도 표기법이다. 아래 그림에 도와 라디안의 관계를 나타냈다. 프로세싱에서는 3시 방향을 각도의 기준 0(0°)으로 정하고 시계방향으로 각도가 증가한다. 6시 방향 90°의 경우는 $\pi/2$, 9시 방향은 180°의 경우는 π, 12시 방향 270°의 경우는 $3\pi/2$이고, 한 바퀴 돌아서 다시 3시 방향 360°의 경우에는 2π가 된다.

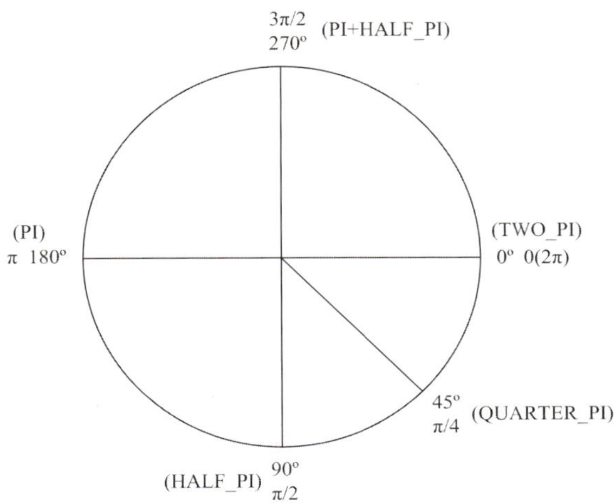

특히 라디안의 특별한 값은 자주 사용되기 때문에 프로세싱에서는 내장변수 이름을 지정하였다. 45°, 90°, 180°, 360°의 경우 각각 QUARTER_PI, HALF_PI, PI, TWO_PI를 사용한다. 또한 360°의 경우에 TWO_PI, TAU 모두 사용이 가능하다. 이들의 조합도 가능한데 예를 들어 270°의 경우는 180°+90°로 생각할 수 있기 때문에 프로세싱에서는 PI+HALF_PI로 사용할 수 있다. 이들을 정리하면 다음 표와 같다.

도(degree)	45°	90°	180°	270°	360°
라디안(radian)	$\pi/4$	$\pi/2$	π	$3\pi/2$	2π
프로세싱 변수	QUARTER_PI	HALF_PI	PI	PI+HALF_PI	TWO_PI

각도와 라디안은 다음과 같은 관계식을 이용하여 쉽게 변환이 가능하다.

$$\text{각도} \times \frac{\pi}{180°} = \text{라디안}$$

도 단위를 선호할 경우에는 radians() 함수를 이용하여 도의 각도를 라디안 값으로 변환할 수 있다. radians() 함수는 도의 각도를 라디안 값으로 바꿔준다. 예를 들어, radians(180)은 파이($\pi = 3.1415927$)로 변환된다.

원의 일부를 그리기 위해서는 다음과 같은 arc() 함수를 사용하며 매개변수는 중심좌표(x, y), 원을 포함하는 폭과 높이(width, height), 피자 조각과 같은 부분을 나타내는 시작 각도와 종결 각도(start, stop)이다.

```
arc(x, y, width, height, start, stop)
```

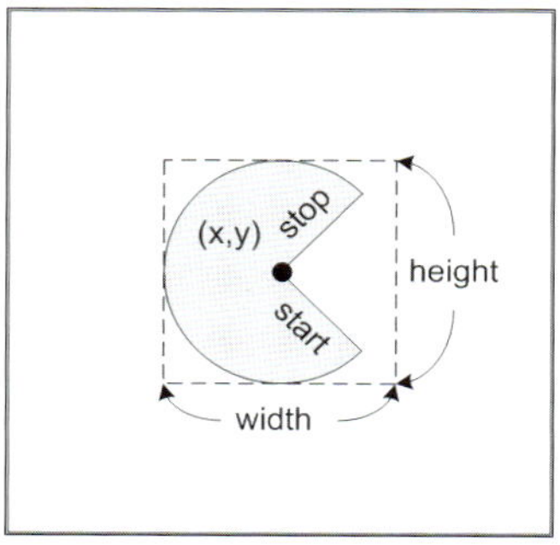

위에서 정의한 arc() 함수를 이용하여 다음과 같은 몇 가지 모양의 호들을 그려본다. 여기서 2π를 나타내기 위하여 2*PI, TWO_PI, TAU, 2*3.14 중에 어느 것을 사용하여도 무방하다.

```
arc_1.pde

size(500, 100);
arc(50, 50, 60, 60, 0, HALF_PI);                           // 0에서 π/2의 호
arc(150, 50, 60, 60, QUARTER_PI, PI+QUARTER_PI);           // π/4에서 5π/4의 호
arc(230, 50, 60, 60, 0, PI+HALF_PI);                       // 0에서 3π/2의 호
arc(320, 50, 60, 60, PI, TAU+HALF_PI);                     // π에서 5π/2의 호
arc(410, 50, 60, 60, PI+QUARTER_PI, 3*PI-QUARTER_PI);  // 5π/4에서 11π/4의 호
```

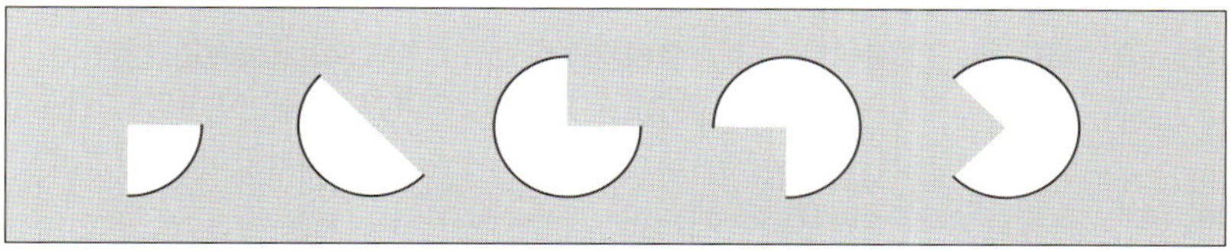

radians() 내장함수를 이용하여 각도를 라디안으로 변환할 수 있다. 위의 예를 다음과 같이 각도 값으로 입력하여도 라디안으로 변환되어 동일한 결과를 얻을 수 있다.

```
arc_2.pde

size(500, 100);
arc(50, 50, 60, 60, radians(0), radians(90));           // 0도에서 90도까지의 호
arc(150, 50, 60, 60, radians(45), radians(225));        // 45도에서 225도까지의 호
arc(230, 50, 60, 60, radians(0), radians(270));         // 0도에서 270도까지의 호
arc(320, 50, 60, 60, radians(180), radians(450));       // 180도에서 450도까지의 호
arc(410, 50, 60, 60, radians(225), radians(495));       // 225도에서 495도까지의 호
```

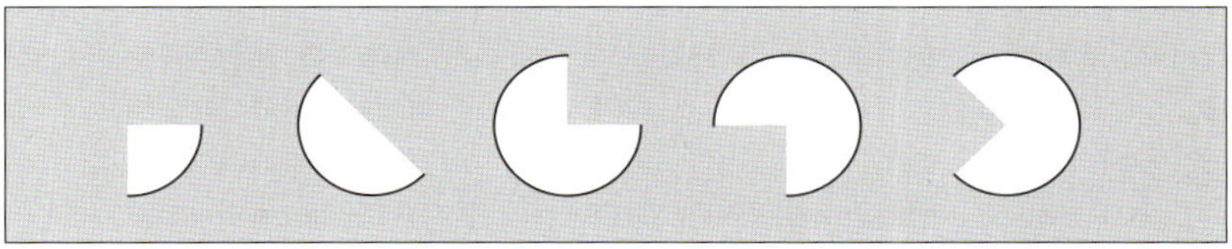

같은 원을 그리더라도 설정 모드에 따라서 그 모양이 다른 것과 같이 호의 경우에도 모드 설정에 따라 다른 모양의 호가 생성된다는 점을 유의한다. 예를 들어, 모드를 지정하지 않은 경우에는 호의 시작점에서 끝점을 선의 연결없이 원의 중심을 거쳐서 배경만을 채운다. OPEN 모드의 경우에는 호의 시작점과 끝점을 일직선으로 연결하지만 선을 연결하지는 않는다. CHORD 모드의 경우에는 OPEN 모드와 유사하지만 시작점과 끝점을 직선으로 연결한다는 차이점이 있다. PIE 모드의 경우에는 모드를 지정하지 않는 것과 유사하나 시작점과 끝점이

원의 중심을 포함하여 선으로 연결된다는 점이 다르다. 또한, noFill() 함수를 이용하여 채우기를 하지 않는 경우에도 PIE 모드 경우에는 시작점과 끝점이 원의 중심을 포함하여 선으로 연결된다.

arc_3.pde

```
size(550, 100);
arc(50, 50, 60, 60, 0, PI+HALF_PI);            // mode를 지정하지 않은 경우
arc(140, 50, 60, 60, 0, PI+HALF_PI, OPEN);     // OPEN mode의 경우
arc(230, 50, 60, 60, 0, PI+HALF_PI, CHORD);    // CHORD mode의 경우
arc(320, 50, 60, 60, 0, PI+HALF_PI, PIE);      // PIE mode의 경우
noFill();                                      // 도형 내부없이 호만그리기
arc(410, 50, 60, 60, 0, PI+HALF_PI);
arc(500, 50, 60, 60, 0, PI+HALF_PI, PIE);
```

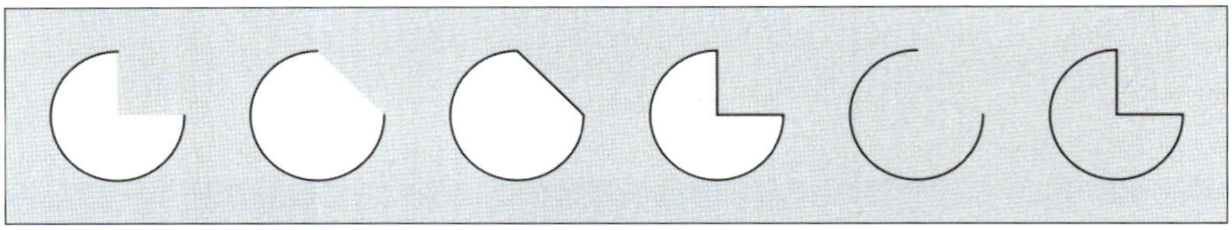

위의 예를 아래와 같이 radians()를 이용해 각도로 표현할 경우에도 위의 경우와 같은 결과를 얻는다.

arc_4.pde

```
size(550, 100);
arc(50, 50, 60, 60, 0, radians(270));          // mode를 지정하지 않은 경우
arc(140, 50, 60, 60, 0, radians(270), OPEN);   // OPEN mode의 경우
arc(230, 50, 60, 60, 0, radians(270), CHORD);  // CHORD mode의 경우
arc(320, 50, 60, 60, 0, radians(270), PIE);    // PIE mode의 경우
noFill();                                      // 도형 내부없이 호만그리기
arc(410, 50, 60, 60, 0, radians(270));
arc(500, 50, 60, 60, 0, radians(270), PIE);
```

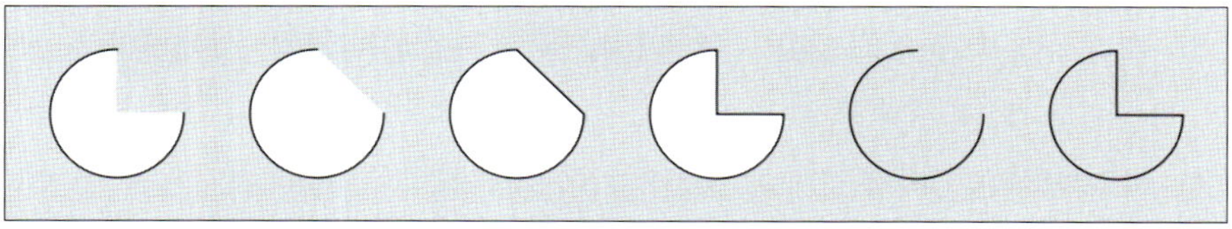

3.9 색칠하기

지금까지는 무채색으로 그림을 그렸으나 이번 절에서는 유채색 색상을 지정하고 그림을 그려본다. 프로세싱에서는 `background()` 함수로 배경색을, `fill()` 함수로 도형의 색을, `stroke()` 함수로 선의 색을 바꿀 수 있다. 검정색에서부터 흰색까지의 무채색을 지정할 때는 하나의 매개변수로 검은색 0으로부터 흰색 255의 값을 지정할 수 있다. 8 비트로 나타낼 수 있는 무채색의 색상은 256(=2^8)개 이므로 가장 작은 값 0은 검정색을 나타내고, 가장 큰 값 255는 흰색을 나타낸다. 따라서 0에 가까울수록 어두운 색이 되고 255에 가까울수록 밝은 색이 된다. 아래 그림에 0부터 255까지 무채색의 색상변화를 보였다. 이러한 0부터 255까지 색의 변화 개념은 앞으로 설명할 유채색의 경우에도 똑같이 적용된다.

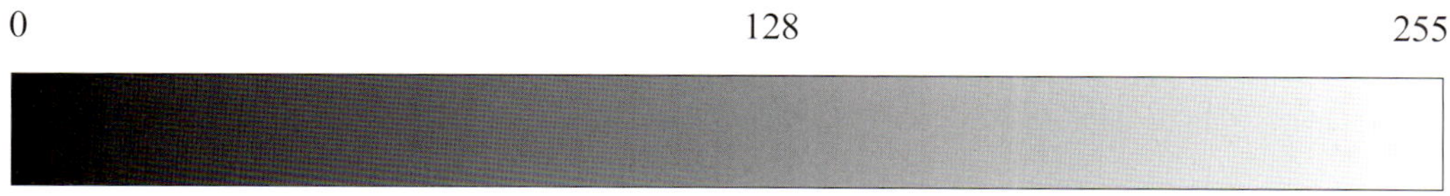

먼저 아래의 예는 배경을 흰색 255로 지정하고 세 개의 원을 각각 150, 100, 50의 값을 지정한 결과를 보여준다.

```
size(200, 200);
smooth();
background(255);                    // 흰색 배경
fill(150);                          // 밝은 회색
ellipse(100, 70, 90, 90);
fill(100);                          // 중간 회색
ellipse(70, 120, 90, 90);
fill(50);                           // 어두운 회색
ellipse(130, 120, 90, 90);
```

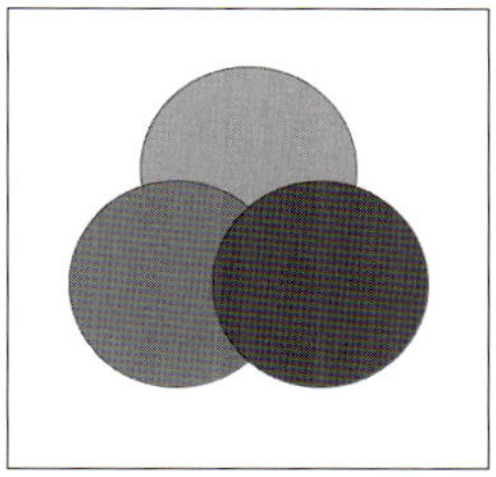

아래의 예는 앞의 예를 조금 수정하여 두 번째 원을 `noFill()` 함수를 이용하여 채우기를 없애고 세 번째 원의 경계선을 없앤 결과를 보여준다. `noStroke()` 함수 다음에 `fill()`을 다시 지정하지 않으면 `noFill()`과 `noStroke()`이 함께 계속 적용되어 세 번째 원은 사라지게 된다.

```
size(200, 200);
smooth();
background(255);                    // 흰색 배경
fill(150);                          // 밝은 회색
ellipse(100, 70, 90, 90);
noFill();                           // 채우기 없음
ellipse(70, 120, 90, 90);
noStroke();                         // 선 없음
fill(50);                           // 어두운 회색
ellipse(130, 120, 90, 90);
```

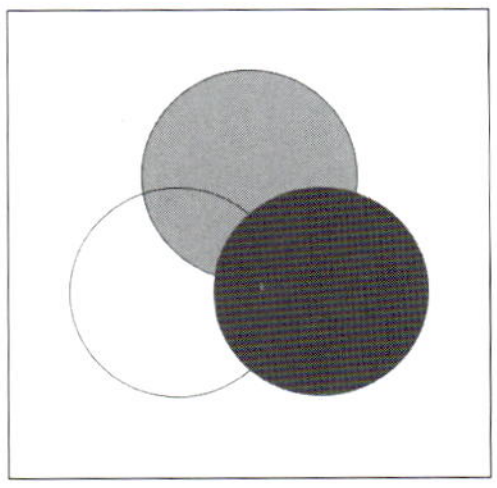

fill() 이나 stroke()의 매개변수가 무채색의 경우 2개이면 마지막 값은 투명도를 나타내는 알파(alpha) 값이라 하여 0부터 255까지의 범위에서 투명도의 양을 나타낸다. 0의 값은 색채를 완전히 투명하게 만들고, 255는 색채를 완전히 불투명하게 만든다. 0과 255 사이의 값을 지정하면 겹치는 부분에서는 혼합된 중간색을 만들어 준다. 아래의 예에서는 원들의 투명도를 100으로 설정하여 뒤에 있는 원이 보이며 겹치는 부분은 두 색상이 합쳐져서 어둡게 보인다.

```
size(200, 200);
smooth();
background(255);                    // 흰색 배경
fill(150, 100);                     // 밝은 회색
ellipse(100, 70, 90, 90);
noFill();                           // 채우기 없음
ellipse(70, 120, 90, 90);
noStroke();                         // 선 없음
fill(50, 100);                      // 어두운 회색
ellipse(130, 120, 90, 90);
```

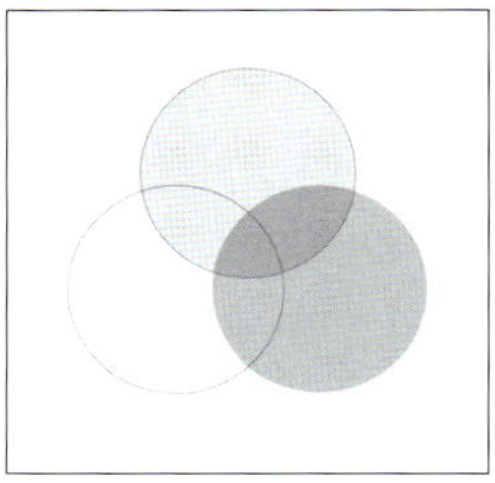

유채색의 경우는 세 개의 매개변수를 이용하여 빨강색(R), 녹색(G), 파랑색(B)을 지정할 수 있다. 무채색의 경우와 같이 각각 0부터 255의 값을 이용하여 여러 가지 색을 만들어 낼 수 있다. 프로세싱 PDE의 Tools(도구) > Color Selector...(색상선택)을 클릭하면 다음 그림과 같은 색상 선택을 위한 팝업 창 Color Selector가 나타난다.

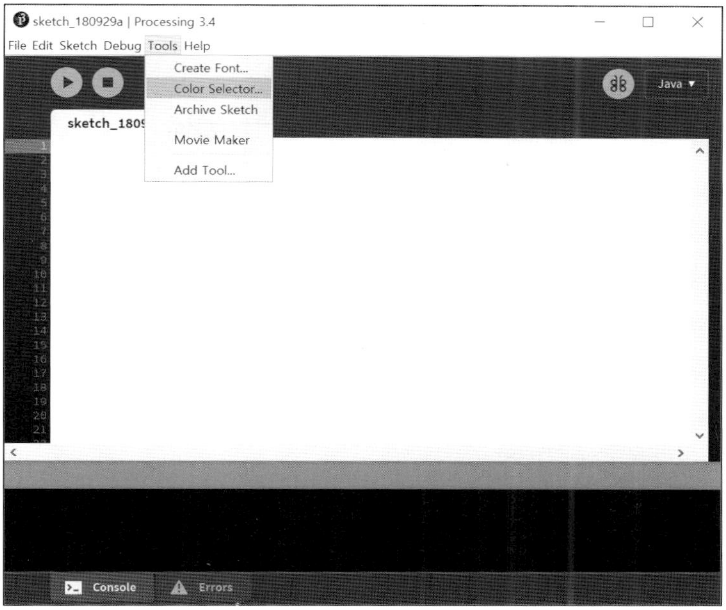

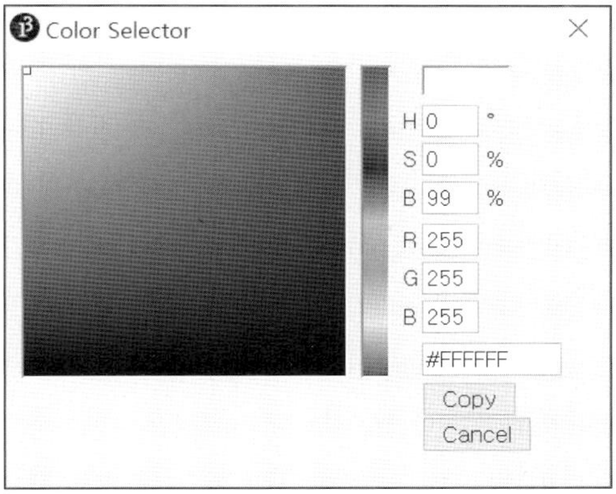

Color Selector의 왼쪽에 있는 정사각형의 색상분포도 위에서 마우스를 움직이면 특정 위치에 있는 색상의 정보가 오른쪽 HSB(Hue/Saturation/Brightness)와 RGB(Red/Green/Blue) 값으로 나타난다. 또한, 특정색의 코드로도 표현된다. 이 코드는 `#RRGGBB` 값을 나타내는데, `#000000`(검정색)부터 `#FFFFFF`(흰색) 값을 가질 수 있다. 여기서 F는 16진수를 나타내는데, FF의 경우 10진수 255를 의미한다. RRGGBB에서 RR, GG, BB 값을 같은 크기로 지정하면 항상 무채색이 선택되어 진다. 이는 RGB 값이 같은 비율로 섞이면 무채색이 나타나는 것과 같은 이유이다. 프로세싱에서는 `colorMode()` 함수를 이용하여 `colorMode(HSB)`나 `colorMode(RGB)`의 특정 색상계를 설정할 수 있다.

아래 예와 같이 특정한 색의 HSB나 RGB값을 오른쪽 창에 직접 지정하여 색상을 선택할 수 있고, 색상 판의 특정 색상을 마우스로 선택한 후 그 지점을 해당하는 칼라 값이나 코드를 오른쪽 창에서 구할 수도 있다. 여기서는 `(H, S, B)=(305, 87, 90)`이나 `(R, G, B)= (232, 28, 212)`를 사용할 수도 있고, 특정 색상의 코드 **`#E81CD4`**를 지정할 수 있다.

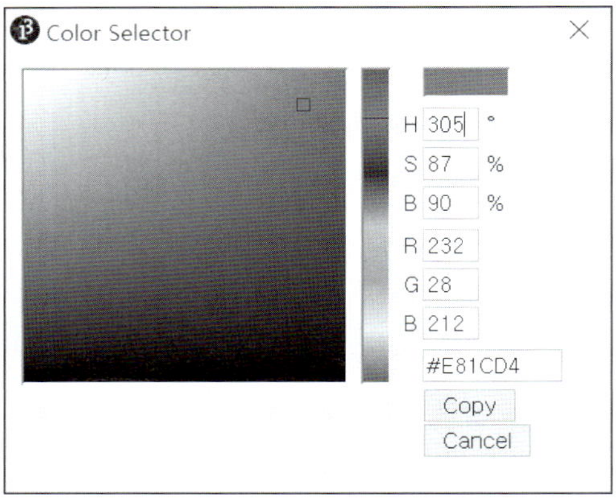

빨강색의 경우에는 RGB의 값 중에 첫 번째 R값 만을 최대값 255로 설정하고 나머지 G와 B는 최소값 0으로 설정하면 된다. 녹색의 경우는 G의 값만을 최대값 255로 설정하고, 파랑색의 경우에는 B의 값만을 최대값 255로 설정한다. 예를 들어 보라색을 만들기 위해서는 G와 B 값들을 최대값 255로 설정하면 된다. R, G, B 값들을 적절히 배열하면 다양한 칼라를 만들 수 있다. 이론적으로는 R, G, B는 각각 256개의 색상, 즉 256×256×256(=$2^8 \times 2^8 \times 2^8$) 가지의 색상이 가능하다. 아래의 예는 `background(200, 250, 250)`을 이용하여 하늘색 배경을 지정하고, 세 개의 원에 각각 빨강색, 녹색, 파랑색을 지정한 결과이다.

```
size(200, 200);
smooth();
background(200, 250, 250);          // 하늘색 배경
fill(255, 0, 0);                    // 빨강색
ellipse(100, 70, 90, 90);
fill(0, 255, 0);                    // 녹색
ellipse(70, 120, 90, 90);
fill(0, 0, 255);                    // 파랑색
ellipse(130, 120, 90, 90);
```

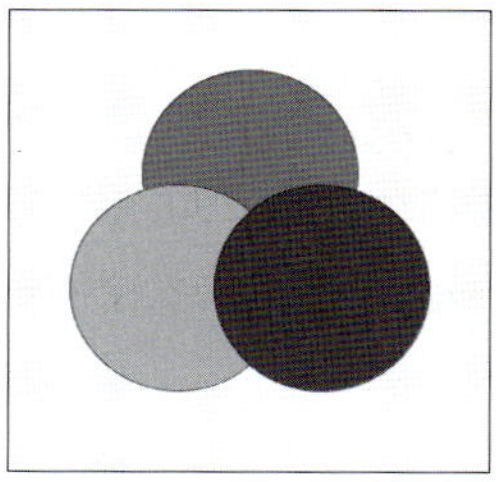

유채색의 경우에도 무채색의 경우와 같은 방법으로 선을 없앨 수도 있고, 선에 다른 색을 지정할 수도 있다. 아래의 예는 위의 예에서 선을 없앤 결과를 보여준다.

```
size(200, 200);
smooth();
noStroke();                         // 선 없음
background(200, 250, 250);          // 하늘색 배경
fill(255, 0, 0);                    // 빨강색
ellipse(100, 70, 90, 90);
fill(0, 255, 0);                    // 녹색
ellipse(70, 120, 90, 90);
fill(0, 0, 255);                    // 파랑색
ellipse(130, 120, 90, 90);
```

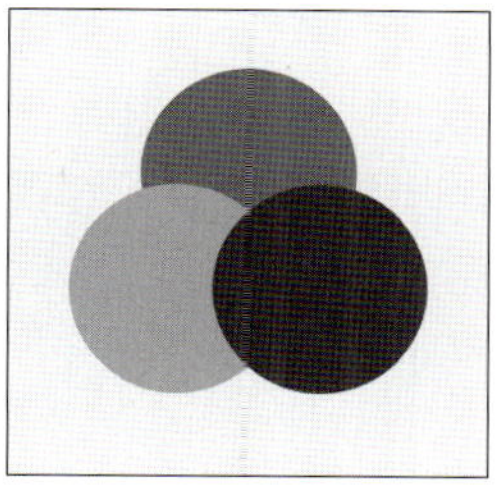

fill() 이나 stroke()의 매개변수가 유채색의 경우 4개이면 마지막 값은 투명도를 나타내는 알파(alpha) 값이라 하여 0부터 255까지의 범위에서 투명도의 양을 나타낸다. 0의 값은 색채를 완전히 투명하게 만들고, 255는 색채를 완전히 불투명하게 만든다. 0과 255 사이의 값을 지정하면 겹치는 부분에서는 혼합된 중간색을 만들어 준다. 아래의 예는 빨강색, 녹색, 파랑색에 모두 150의 투명도 값을 지정한 결과를 보여준다. 색이 겹쳐지는 부분에 혼합된 새로운 색이 나타난 것을 알 수 있다.

```
size(200, 200);
smooth();
noStroke();                         // 선 없음
background(200, 250, 250);          // 하늘색 배경
fill(255, 0, 0, 150);               // 빨강색
ellipse(100, 70, 90, 90);
fill(0, 255, 0, 150);               // 녹색
ellipse(70, 120, 90, 90);
fill(0, 0, 255, 150);               // 파랑색
ellipse(130, 120, 90, 90);
```

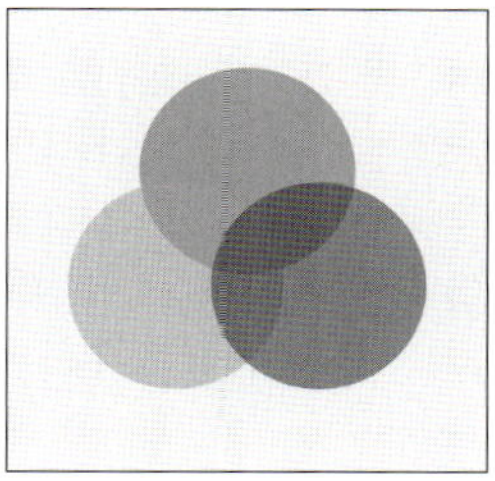

이번 장에서 설명한 그리기를 이용하여 단순한 기하학적 도형만을 그릴 수 있는 것이 아니다. 다음 작품들은 프로세싱을 이용하여 다양한 캐릭터를 그린 예이다. 이러한 캐릭터를 그려보면서 프로세싱의 명령어와 작동방법을 익히는 것도 좋은 학습법이다.

연습문제

01 동심원의 크기를 점점 증가 또는 감소시키면서 그려보고 차이점을 비교한다.

02 호 그리기를 응용하여 게임 캐릭터인 팩맨(Pac-Man)을 그려본다.

03 특정색의 R, G, B 값을 입력하거나 컬러 코드를 입력하여 유채색의 원을 그려본다.

04 빨강색, 녹색, 파랑색으로 겹치는 원들의 투명도를 조절하여 각각의 중간색이 나타나게 한다.

05 도형그리기 함수들을 이용하여 유명 이모티콘 캐릭터를 그려본다.

PART 1
창의적 코딩 / 기초편

Chapter 4
변수, 조건, 반복

C/H/A/P/T/E/R

04 변수, 조건, 반복

이번 장에서는 컴퓨터에서 사용하는 변수의 의미와 사용법, 조건문과 반복문의 종류와 사용법을 공부한다. 처음 프로그램을 공부한다면 자주 사용하는 중요한 내용이기 때문에 이장에서 정의와 사용법을 충분히 이해하도록 한다. 어느 정도 프로그램에 대한 지식이 있으면 이번 장을 생략하여도 무방하다.

4.1 변수

컴퓨터의 특정한 위치에 원하는 값을 저장하기 위하여 변수(variable)를 정의하고 사용한다. 변수는 사용자가 컴퓨터에 데이터를 저장하기 위한 일종의 그릇이라고 할 수 있다. 그릇에 담는 물건에 따라서 편리한 모양의 그릇이 따로 있듯이 프로그램에서 변수를 정의할 때도 저장하는 변수의 형태(type)에 따라 각기 다른 형태의 변수를 사용한다. 변수에 특정한 값을 저장하고 읽어올 수 있으며 프로그램이 실행되는 동안 수정도 가능하다. 변수를 사용하면 코드를 작성할 때 수정이 수월하고 프로그램 코드의 가독성도 높아진다.

4.1.1 자료형

대수학에서 정수와 실수가 다른 의미인 것과 같이 프로세싱에서도 서로 다른 형태의 자료는 해당 자료형(data type)으로 정의하고 저장하여야 한다. 다음 표에 프로세싱에서 자주 사용하는 각각의 자료형과 나타낼 수 있는 값의 범위를 정리하였다.

자료형	의미	저장 byte	값의 범위
byte	정수	1	−128 ~ 127
short	정수	2	−32768 ~ 32767
int	정수	4	−2147483648 ~ 2147483647
long	정수	8	$-2^{63} \sim 2^{63}-1$
float	실수	4	$-3.40282347\times10^{38} \sim 3.40282347\times10^{38}$
double	실수	8	$-1.79769313\times10^{308} \sim 1.79769313\times10^{308}$
boolean	논리 값	1(bit)	true, false
char	한 글자	2	A ~ z, 0 ~ 9, 기호
String	여러 글자		
PFont	글꼴		
PShape	그래픽		
PImage	이미지		

정수형의 변수를 정의할 경우에는 int로 선언을 하여야 하고 정의된 변수의 값은 컴퓨터에 4 바이트(byte)의 크기로 저장된다. 실수형의 변수를 정의할 경우에는 float로 선언하고 4 바이트로 저장된다. 0과 1 또는 참(true)과 거짓(false) 두 가지 상태만을 가질 경우에는 boolean으로 선언하고 1 비트(bit)로 저장된다. 하나의 글자만을 저장하기 위해서는 char로 선언하고 초기값으로 알파벳의 앞뒤를 하나의 따옴표(single quote)로 묶는다. 여러 글자나 문장을 저장하기 위해서는 String으로 선언한고 초기값으로 글자의 앞뒤를 이중 따옴표(double quotes)로 묶는다. 글꼴을 정의할 때는 PFont, 그래픽 변수를 사용할 때는 PShape, 영상을 위한 이미지를 사용할 경우에는 PImage로 선언한다.

다른 프로그램과 마찬가지로 프로세싱에서도 사용자가 필요한 변수를 직접 만들어 사용할 수 있다. 변수를 정의하기 위하여 먼저 자료형(data type)을 선언하고, 변수명과 초기값을 할당한다. 변수명은 변수의 이름인데 간단한 알파벳을 사용하는 것 보다는 대소문자의 조합(camel hump notation)으로 만들어 변수명을 보기만 하여도 무엇을 위한 변수인지 짐작이 가도록 작명하는 것이 프로그램의 가독성을 높이는데 좋다. 예를 들어, 원의 중심을 나타내는 변수를 지정할 경우에 x와 y 보다는 centerX와 centerY로 정의하면 변수명으로도 충분히 무엇을 나타내는 변수인지 추측이 가능해진다.

이제 변수를 선언하고 데이터를 저장하여 보자. 다음은 변수형을 int로 선언한 후에 초기값 10을 할당하는 예이다. 먼저 자료형을 선언하고 변수명에 초기값을 저장하는 것을 초기화(initialization)라고 한다. 여기서 x = 10은 **x와 10이 같다**라는 의미가 아니라 **x라는 변수에 10을 저장(할당)한다**라는 의미이다.

```
int x;                    // 변수 x를 int 형으로 선언
x = 10;                   // x에 10을 할당
```

앞의 예와 같이 변수의 자료형을 선언한 후에 변수에 초기값을 할당하여도 되지만, 다음과 같이 변수의 자료형을 선언하면서 동시에 초기값을 할당하여도 되고, 초기값이 없을 경우에는 변수명만 선언해도 무방하다.

```
int x = 10;               // 변수 x를 int 형으로 선언하면서 10을 할당
```

자료형의 이름은 변수와 같은 줄에 있어야하고 변수를 처음 선언할 때 한번만 시행한다. 변수명에 자료형을 할당하면 컴퓨터는 새로운 변수를 선언한 것으로 이해하기 때문에 프로그램 내에서는 동일한 이름의 변수를 한번 이상 선언하면 오류가 발생한다. 사용하려는 변수의 자료형을 변수의 형태에 맞게 선언하지 않으면 원하지 않는 결과를 얻을 수 있으므로 주의한다. 예를 들어 `int x = 10.0`의 경우 정수 x에 실수를 저장하였기 때문에 오류가 발생한다. 또한 `float x = 10`의 경우에는 실수 x에 정수 10을 할당하였는데, 실수의 집합은 정수의 집합을 포함하기 때문에 오류가 발생하지는 않지만 사용자는 정수 10을 x에 저장하기를 의도했으나 실질적으로는 컴퓨터에는 `10.0`이 저장된다.

```
int x = 10.0;             // x를 int 형으로 선언하면서 실수 10.0을 할당하여 오류
```

```
float x = 10;             // x를 float 형으로 선언하면서 정수 10을 할당하여 실수로 저장됨
```

다음과 같이 하나의 글자 a를 저장하기 위해서는 `char`로 선언하고 초기값으로 a의 앞뒤를 하나의 따옴표(single quote)로 묶는다. 여러 알파벳 문자의 조합인 Kim을 저장하기 위해서는 `String`으로 선언하고 초기값으로 글자의 앞뒤를 이중 따옴표(double quotes)로 묶는다.

```
char letter = ‘a’         // letter를 char 형으로 선언하면서 a를 저장함
String name = “Kim”       // name을 String 형으로 선언하면서 Kim을 저장함
```

4.1.2 변수의 사용 이유

변수를 사용하는 이유를 다음 예를 이용하여 설명한다. 3개의 원을 그릴 때 `ellipse` 명령어에 각각 원의 x좌표, y좌표, 폭, 높이를 지정한다. x좌표는 50, 125, 200으로 변하였지만 y좌표, 폭, 높이는 50, 75, 75를 반복적으로 사용하고 있다. 또한 x좌표도 일정한 크기로 증가하는 것을 알 수 있다.

variable_1.pde

```
void setup() {
  size(300,100);
}
void draw() {
  ellipse(50, 50, 75, 75);
  ellipse(125, 50, 75, 75);
  ellipse(200, 50, 75, 75);
}
```

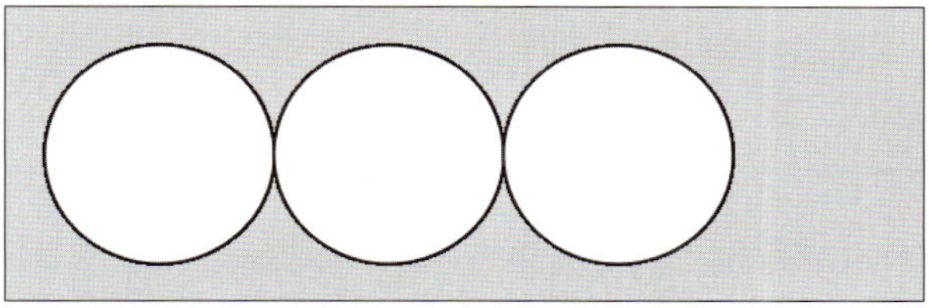

같은 숫자를 반복 사용해야 하는 경우나 일정한 값으로 변화하는 경우에 이를 변수로 정의하고 값을 할당하면 코드를 작성하고 수정하기가 훨씬 편해진다. 앞의 예를 다음과 같이 변수를 정의하고 값을 할당하여 수정한다. `ellipse` 명령어의 x좌표, y좌표, 폭, 높이의 규칙이 앞의 예보다 쉽게 이해가 되고, 이들 값들을 다른 값으로 변환하고자 할 경우에도 변수에 할당된 값 `x`, `y`, `d`를 수정하면 간단히 해결된다. 예를 들어, 원의 위치와 크기를 수정하려면 변수를 사용하지 않은 앞의 예의 경우에는 12번이나 값을 수정해야 하지만, 변수를 사용한 경우에는 초기에 할당된 `x`, `y`, `d`의 3개 값만을 수정하면 간단히 변환이 가능해진다. 처음에는 스케치 코드의 길이가 훨씬 길어지고 복잡해진 것으로 보이지만 수정이 용이하고 가독성이 높아져 코드의 해석에 도움이 된다.

```
variable_2.pde
int x = 50;                                    // x좌표 변수
int y = 50;                                    // y좌표 변수
int d = 75;                                    // 폭, 높이 변수
void setup() {
  size(300,100);
}
void draw() {
  ellipse(x, y, d, d);
  ellipse(x+d, y, d, d);
  ellipse(x+2*d, y, d, d);
}
```

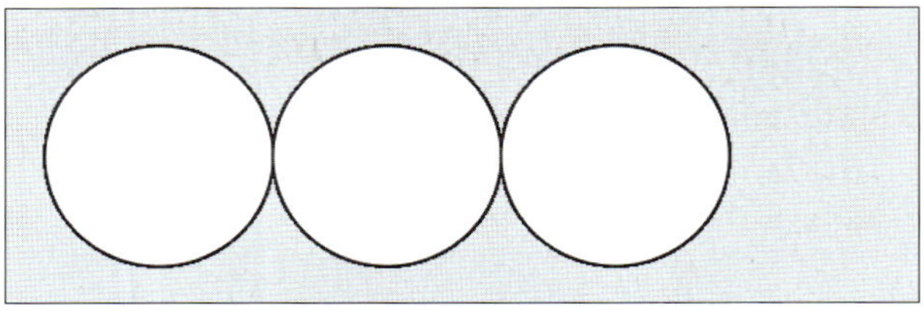

4.1.3 수학 연산자

프로그램 코드에서 더하기, 빼기, 곱하기, 나누기를 나타내는 연산기호를 수학 연산자(math operator)라고 부른다. 대수학의 4칙 연산과 같이 프로세싱에서도 4칙 연산을 위하여 다음 표와 같은 연산자를 사용한다.

기호	의미
+	더하기
-	빼기
*	곱하기
/	나누기
%	나머지
=	할당

더하기, 빼기, 곱하기, 나누기의 경우는 일반적인 대수학에서 사용하는 연산과 동일하다. 나머지(modulo) 연산자 %의 경우는 어떤 수를 나누고 남은 나머지를 계산한다. 예를 들어, `10 % 2`의 의미는 10을 2로 나눈 후 나머지로 결과는 0이 되고, `11 % 3`의 결과는 의미는 11을 3으로 나눈 후 나머지로 결과는 2가 된다. 한 가지 유의할 점은 대수학에서는 = 기호는 왼쪽과 오른

쪽이 같다는 것을 의미하지만, 프로그램에서는 오른쪽의 값을 왼쪽의 변수에 할당(assignment)하다는 의미이다. 예를 들어 `x = 10`이라는 의미는 x와 10이 같다는 의미가 아니라, `x`라는 변수에 `10`이라는 값을 할당하라는 의미이다.

4.1.4 관계 연산자

대수학의 크기 비교와 같이 프로세싱에서도 크기를 비교하는 관계 연산자(comparator)를 사용한다. 프로세싱에서 자주 사용하는 비교식은 다음과 같다. 검사하는 구문은 항상 관계연산자로 두 값을 비교하는 관계 표현식이어야 한다. 대부분의 연산자는 대수학의 경우와 같지만 등호의 경우 프로세싱을 포함한 모든 프로그램언어에서는 `==`를 사용하고 `=`은 변수에 데이터를 할당하는 기호임을 유의한다. 즉, `==` 기호는 이 연산자의 왼쪽에 있는 값과 오른쪽에 있는 값을 비교해서 서로 같은가를 평가한다.

기호	의미
>	큰(greater than)
<	작은(less than)
>=	크거나 같은(greater than or equal to)
<=	작거나 같은(less than or equal to)
==	같은(equality)
!=	같지 않은(inequality)

관계 표현식은 언제나 참(true) 또는 거짓(false)으로 판명난다. 예를 들어, 2 > 1은 참이다. 이 표현은 2가 1보다 큰가?라는 질문에 해당하고 답은 맞다이므로 관계표현식은 참으로 판명할 수 있다. 반면에 2 < 1은 거짓이다. 이 표현은 2가 1보다 작은가?라는 질문에 해당하고 답은 아니다이므로 관계표현식은 거짓으로 판명할 수 있다. 이러한 관계표현식은 앞으로 다루게 될 조건문이나 반복문에서 어떠한 조건의 참 또는 거짓을 판단하여 해당 문단을 수행하는데 중요한 역할을 한다. 프로그램에서는 실질적으로 참과 거짓이라는 단어로 논리식을 표현하지 않고 참이면 1로, 거짓이면 0으로 표현한다. 즉, 2 > 1의 답은 참이므로 1이 되고, 2 < 1의 답은 거짓이므로 0으로 처리된다는 점을 유의한다.

4.1.5 논리 연산자

논리 연산자(logical operator)는 부울 대수학(Boolean algebra)에서 사용하는 연산으로 다음과 같이 AND(&&), OR(||), NOT(!)이 있다.

기호	의미
&&	논리 AND
||	논리 OR
!	논리 NOT

논리연산자 AND의 작동법은 다음과 같다. 논리 AND의 경우 두 입력값 A와 B가 모두 1(참)인 경우에만 출력값이 1(참)이 된다. 예를 들어, 2 > 1 && 3 > 2인 경우에 2가 1보다 크기 때문에 참이고, 3도 2보다 크기 때문에 참이어서 두 개의 조건이 모두 참이기 때문에 논리 AND의 정의에 의하여 이 표현식은 참으로 판명할 수 있다. 2 > 1 && 3 < 2인 경우에 2가 1보다 크기 때문에 참이지만, 3이 2보다 작지 않기 때문에 거짓이어서 두 개의 조건이 하나는 참이고 하나는 거짓이기 때문에 논리 AND의 정의에 의하여 이 표현식은 거짓으로 판명할 수 있다. 다음 표와 같이 논리연산자 AND(&&)의 입력 대비 출력을 정리할 수 있다.

A	B	AND(&&)
0	0	0
0	1	0
1	0	0
1	1	1

논리연산자 OR의 작동법은 다음과 같다. 논리 OR의 경우 두 입력값 A와 B 중에 하나라도 1(참)인 경우에는 출력값이 1(참)이 된다. 즉, 두 입력값이 모두 0(거짓)인 경우에만 출력값이 0(거짓)이다. 예를 들어, 2 < 1 || 3 < 2인 경우에 2가 1보다 작지 않기 때문에 거짓이고, 3도 2보다 작지 않기 때문에 거짓이어서 두 개의 조건이 모두 거짓이기 때문에 논리 OR의 정의에 의하여 이 표현식은 거짓으로 판명할 수 있다. 2 > 1 || 3 < 2인 경우에 2가 1보다 크기 때문에 참이지만, 3이 2보다 작지 않기 때문에 거짓이어서 두 개의 조건이 하나는 참이고 하나는 거짓이기 때문에 논리 OR의 정의에 의하여 이 표현식은 참으로 판명할 수 있다. 다음 표와 같이 논리연산자 OR(||)의 입력 대비 출력을 정리할 수 있다.

A	B	OR(||)
0	0	0
0	1	1
1	0	1
1	1	1

논리연산자 NOT의 작동법은 다음과 같다. 논리 NOT의 경우 입력값이 1(참)이면 출력값은 0(거짓)이고, 입력값이 0(거짓)이면 출력값은 1(참)이다. 다음 표와 같이 논리연산자 NOT(!)의 입력 대비 출력을 정리할 수 있다.

A	NOT(!)
0	1
1	0

4.1.6 비트 연산자

우리는 10진법(decimal number system)을 사용하지만 컴퓨터는 0과 1의 조합인 2진법(binary number system)으로 정보를 처리한다. 비트(bit) 연산자는 10진수를 2진수로 바꾸어 처리하는 연산이다. 먼저 bitwise AND(&) 연산자는 10진수를 2진수로 바꿔 비교하는 두 비트가 모두 1인 경우에만 1을 출력하고 나머지 경우에는 0을 출력한다. bitwise OR(|) 연산자는 비교하는 두 비트가 모두 0인 경우에만 0을 출력하고 나머지 경우에는 1을 출력한다. 이동(shift) 연산자인 <<는 2진수를 1 비트씩 왼쪽으로 이동하는 것이고, >> 연산자는 1 비트씩 오른쪽으로 이동하는 것이다. << 1 연산의 경우는 1 비트씩 왼쪽으로 이동하면 가장 오른쪽 비트(LSB: least significant bit)는 0으로 채워지고, 가장 왼쪽 비트(MSB: most significant bit)는 없어져서 변수값의 크기가 2배가 된다. 2 비트를 이동하는 << 2 연산의 경우는 기존 변수값의 4배가 된다. 반대로 >> 1 연산의 경우는 1 비트씩 오른쪽으로 이동하면 가장 왼쪽 비트(MSB)는 0으로 채워지고, 가장 오른쪽 비트(LSB)는 없어져서 값의 크기가 반으로 줄어든다. 짝수의 경우에는 정확히 반으로 줄어들지만, 비트 이동하기 전의 숫자가 홀수인 경우에는 마지막 없어지는 비트가 1이기 때문에 정확히 1/2로 변하지는 않는다는 점을 유의한다. 2 비트를 이동하는 >> 2 연산의 경우는 기존 변수값의 1/4배가 된다. 다음 표에 비트 연산자를 정의하였다.

연산자	의미
&	bitwise AND
<<	left shift
>>	right shift
|	bitwise OR

예를 들어, 123과 234를 2진수로 변환하면 각각 01111011과 11101010이 된다. 다음 표와 같이 bitwise AND 연산 123 & 234의 결과는 2진수 01101010이 되고 10진수로 변환하면 106이 된다.

10진수	2진수							
123	0	1	1	1	1	0	1	1
234	1	1	1	0	1	0	1	0
&	0	1	1	0	1	0	1	0

다음 표와 같이 bitwise OR 연산 `123 | 234`의 결과는 2진수 11111011이 되고 10진수로 변환하면 251이 된다.

<table>
<tr><th>10진수</th><th colspan="8">2진수</th></tr>
<tr><td>123</td><td>0</td><td>1</td><td>1</td><td>1</td><td>1</td><td>0</td><td>1</td><td>1</td></tr>
<tr><td>234</td><td>1</td><td>1</td><td>1</td><td>0</td><td>1</td><td>0</td><td>1</td><td>0</td></tr>
<tr><td>|</td><td>1</td><td>1</td><td>1</td><td>1</td><td>1</td><td>0</td><td>1</td><td>1</td></tr>
</table>

다음 표와 같이 1 비트 right shift 연산 `123 >> 1`의 결과는 2진수 00111101이 되고 10진수로 변환하면 61이 된다. 여기서 최하위 비트(LSB) 1은 없어지고 최상위 비트(MSB)는 0으로 채워졌다.

10진수	2진수							
123	0	1	1	1	1	0	1	1
	↘	↘	↘	↘	↘	↘	↘	↘
>>	**0**	0	1	1	1	1	0	1

다음 표와 같이 1 비트 left shift 연산 `123 << 1`의 결과는 2진수 11110110이 되고 10진수로는 246이 된다. 여기서 최상위 비트(MSB) 0은 없어지고 최하위 비트(LSB)는 0으로 채워졌다.

10진수	2진수							
123	0	1	1	1	1	0	1	1
	↙	↙	↙	↙	↙	↙	↙	↙
<<	1	1	1	1	0	1	1	**0**

앞에서 설명한 bitwise 연산의 결과들을 프로세싱으로 확인하면 다음과 같이 동일한 결과가 나오는 것을 알 수 있다. `123 >> 1`의 경우 홀수이기 때문에 정확히 반이 아닌 61이 되었고 `123 << 1`의 경우 2배인 246이 되었음을 알 수 있다.

```
println(123 & 234);
println(123 | 234);
println(123 >> 1);
println(123 << 1);
```

```
106
251
61
246
```

4.1.7 연산의 우선순위

일반적인 대수학에서 연산을 우선순위에 따라 순차적으로 처리하는 것과 같이 프로그램에서도 연산의 우선순위가 있다. 다음은 연산의 우선순위에 따라 연산자를 정리한 표이다. 위의 연산자가 아래의 연산자보다 우선순위가 높다. 따라서 괄호 안의 연산이 가장 우선순위가 높고 할당 연산이 우선순위가 가장 낮다.

기호	연산자
()	괄호
++ - - !	증가, 감소, NOT
* / %	곱셈, 나눗셈, 나머지
+ -	덧셈, 뺄셈
> < >= <=	부등호 관계식
== !=	등호
&&	AND
||	OR
=	할당

예를 들어, 변수를 선언할 때 특정값을 지정하지 않고 연산의 형태로 할당하여도 무방하다. 연산의 형태로 변수의 값을 지정할 때는 연산의 우선순위에 유의한다.

```
int x = 1 + 2 * 3;            // 변수 x에는 7이 할당됨
int y = (1 + 2) * 3;          // 변수 y에는 9가 할당됨
```

더하기, 빼기, 곱하기, 나누기의 연산자에 =을 붙이면 대수학에서는 없는 연산기호이지만 프로그램 코딩에서는 다음과 같은 의미로 해석된다. 즉, a+=1의 경우는 a=a+1과 같은 의미이다. 특히 코딩에서는 반복문을 수행할 경우에 1 만큼 증가하거나 감소하는 연산을 많이 사용하기 때문에 a++는 a=a+1을 의미하고, a--는 a=a-1을 의미한다.

연산자	의미
+=	a+=b는 a=a+b을 의미
-=	a-=b는 a=a-b을 의미
*=	a*=b는 a=a*b을 의미
/=	a/=b는 a=a/b을 의미
%=	a%=b는 a=a%b을 의미
++	a++는 a=a+1을 의미
--	a--는 a=a-1을 의미

4.1.8 형변환

프로그램을 실행하는 가운데 변수의 자료형을 변경해야 할 경우에 변경하고자 하는 변수 앞에 특정 자료형을 소괄호에 정의해주면 쉽게 데이터의 형변환(casting)이 가능하다. 정수를 실수로 형변환할 경우에는 소숫점과 0을 붙여주기 때문에 문제가 없으나, 실수를 정수로 형변환할 경우에는 소숫점 이하 부분의 정보를 잃어버린다는 점을 유의한다. 아래 예는 실수 a와 정수 x를 각각 정수 y와 실수 b로 형변환한다. 정수 10은 10.0으로, 5.6은 5로 형변환되었다.

```
float a = 5.6;
float b;
int x = 10;
int y;
println(a);
println(x);
y = (int) a;
b = (float) x;
println(y);
println(b);
```

```
5.6
10
5
10.0
```

4.1.9 내장변수

프로세싱은 프로그램이 실행되는 동안에 사용자가 지정하지 않아도 몇 개의 특수한 변수에 프로그램의 상태나 동작에 대한 정보를 저장한다. 이러한 변수를 시스템 변수 또는 내장변수라고 한다. 예를 들어, 출력창의 가로와 세로의 정보를 width와 height에 각각 저장하고, 마우스의 현재 좌표를 mouseX와 mouseY에 저장한다. 이러한 변수를 이용하면 여러 가지 상태에 대한 정보의 이용이 가능해진다. 내장변수에 대해서는 앞으로 사용하면서 하나 둘 설명하도록 한다. 이와 같은 내장변수들은 지정 단어(reserved words)로서 프로세싱 시스템에서 사용하기 때문에 사용자가 변수명으로 사용하면 오류가 발생한다는 점을 유의한다. 프로세싱에는 다양한 내장변수가 있는데 프로세싱 공식사이트를 참조한다.

4.1.10 전역변수, 지역변수

변수를 선언할 경우에 어디에서 선언하는가도 중요한 문제이다. 프로세싱에서는 중괄호로 묶어서 setup()과 draw()가 실행된다. 아래의 예와 같이 int형 변수 num을 setup() 내부에서 선언하면 이 변수는 setup() 내부에서만 정의되고 사용이 가능하다. 이와 같이 중괄호 { } 내부에서만 사용가능한 변수를 지역적 변수라 하여 지역변수(local variable)이라고 부른다. 아래의 예에서 draw() 내부에서도 num을 프린트하는 명령이 있지만 draw() 내부에서는 num 변수가 정의되어 있지 않기 때문에 오류가 발생한다. 반대로 draw() 내부에서만 num 변수를 정의하였을 경우에도 setup() 내부에서는 이 변수를 사용할 수 없다.

variable_3.pde

```
void setup() {
  int num = 10;                         // int 형 지역변수 num에 10을 할당
  print(num);
}
void draw() {
  print(num);
}
```

이제 앞의 예에서 int형 변수 num을 setup()과 draw()의 밖에서 정의하는 것으로 바꿔본다. 이렇게 하면 int형 변수 num은 setup()과 draw() 내부에서 모두 사용할 수 있는 변수가 된다. 따라서 다음 예와 같이 setup() 내부에서 num에 할당된 10을 한번 프린트하고 draw() 내부에서 10을 무한히 프린트 하게 된다. 이와 같이 프로세싱 전반에 다 영향을 주는 변수를 전체적인 변수라 하여 전역변수(global variable)라고 부른다.

variable_4.pde

```
int num = 10;                                  // int 형 전역변수 num에 10을 할당
void setup() {
  print(num);
}
void draw() {
  print(num);
}
```

```
101010101010101010101010101010
```

이제 전역변수를 이용하여 원이 왼쪽에서 오른쪽으로 움직이는 프로그램을 만들어보자. 다음 예와 같이 원의 중심좌표를 위한 centerX와 centerY라는 int형 변수를 전역변수로 선언하고 draw()의 내부에서 이를 사용한다. 매 프레임마다 centerX의 값이 1 씩 증가하기 때문에 원이 오른쪽으로 움직이는 것으로 보인다.

variable_5.pde

```
int centerX = 0;                        // 원의 중심의 x좌표에 0을 할당
int centerY = 100;                      // 원의 중심의 y좌표에 100을 할당
void setup() {
  size(200, 200);
}
void draw() {
  background(255);
  stroke(0);
  fill(128);
  ellipse(centerX, centerY, 50, 50);    // 원을 그림
  centerX = centerX+1;                  // 원의 중심의 x좌표를 1 증가시킴
}
```

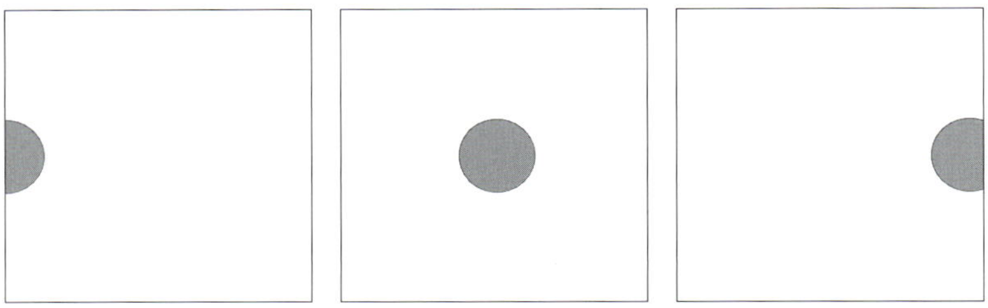

4.2 조건

컴퓨터 프로그램에서 가장 많이 사용하는 테스트는 부울 검사(boolean test)이다. 부울 검사는 수학자 조지 부울(George Boole)의 이름을 따서 어떤 테스트가 참(true)과 거짓(false)으로 구분되는 부울 수학(Boolean algebra)이라는 대수학의 한 분야이다. 프로세싱에서도 어떠한 조건을 검사하고 참(1)과 거짓(0)의 결과에 따라 정의된 동작을 수행하기도 하고 안하기도 하는데 사용한다.

4.2.1 if 조건

조건을 검사하기 위한 명령어는 `if`를 사용한다. `if`는 만약에 ~이라면의 의미이기 때문에 적절한 명령어라 할 수 있다. 예를 들어, 만약 65세 이상의 사용자는 경로우대를 적용한다는 조건을 검토하는 문제의 경우, 나이를 검사하여 65세 이상인 조건이 참이면 경로우대를 적용하고, 65세 이하라면 거짓으로 경로우대를 적용하지 않는다. 즉, `if (나이>65) 경로우대`로 표현할 수 있다. `if` 조건문을 다음과 같이 흐름도로 요약하였고, 조건문의 문법을 정의할 수 있다. `if`를 사용하여 어떠한 조건을 검사하고 참이면 지정한 동작을 수행하고, 거짓이면 지정한 동작을 수행하지 않는다. `if` 조건문에서 조건과 동작은 하나일 수도 있고, 여러 개를 논리 연산자 또는 중괄호 { }로 묶어서 처리할 수도 있다.

```
if (조건) {
  동작;
}
```

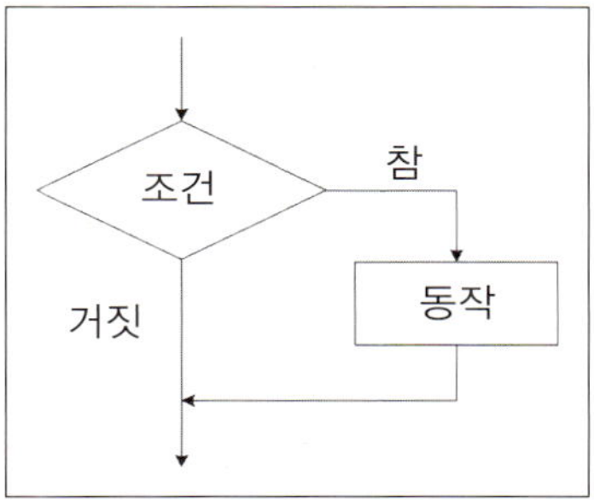

다음 예와 같이 출력창을 좌우 반으로 나누어 마우스가 왼쪽에 위치하면 흰색 배경을 검은색으로 바꾸는 문제의 경우에 `if` 조건문의 조건으로 `mouseX`의 위치와 화면의 왼쪽 반을 비교하여 참이면 if 조건문의 동작을 수행하고, 거짓이면 아무런 동작을 취하지 않는다.

If_1.pde

```
void setup() {
  size(100, 100);
}
void draw() {
  background(255);
  stroke(0);
  line(width/2, 0, width/2, height);      // 가운데 경계선을 그림
  fill(0);                                // 검은색을 설정
  if (mouseX < width/2) {                 // 만약 마우스의 위치가 왼쪽 반에 있다면
    rect(0, 0, width/2, height);          // 왼쪽 반에 검은색 사각형을 그림
  }
}
```

4.2.2 if else 조건

if 조건문의 경우에 조건을 만족하면 어떠한 동작을 수행하지만, 거짓인 경우에는 조건문에서 아무런 동작을 취하지 않고 빠져나온다. 거짓일 경우에도 어떠한 동작을 수행하려고 한다면 **if** 조건문 대신에 **if else** 조건문을 사용한다. **if else** 조건문을 다음과 같이 흐름도로 요약하고, 조건문의 문법을 정의할 수 있다. 먼저 **if**를 사용하여 어떠한 조건을 검사하고 참이면 지정한 동작1을 수행하고, 거짓이면 따로 지정한 동작2를 수행한다. **if** 조건문의 경우와 같이 **if else** 조건문에서도 조건과 동작들은 하나일 수도 있고, 여러 개를 논리 연산자 또는 중괄호{ }로 묶어서 처리할 수도 있다.

```
if (조건) {
  동작1;
} else {
  동작2;
}
```

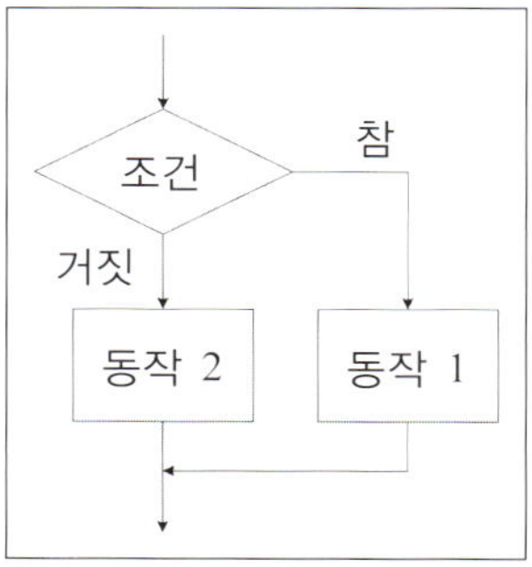

앞의 예와 같이 출력창을 좌우 반으로 나누어 마우스가 왼쪽에 위치하면 왼쪽 반의 흰색 배경을 검은색으로 바꾸고, 오른쪽에 위치하면 오른쪽 반의 흰색 배경을 검은색으로 바꾸는 문제를 생각한다. 이 예의 경우에 `if`문의 조건으로 `mouseX`의 위치와 화면의 왼쪽 반을 비교하여 참이면 `if`문 안의 동작을 수행하여 왼쪽 반을 검은색으로 바꾸고, 거짓이면 `else`문 안의 동작을 수행하여 오른쪽 반을 검은색으로 바꾼다.

If_2.pde

```
void setup() {
  size(100, 100);
}
void draw() {
  background(255);
  stroke(0);
  line(width/2, 0, width/2, height);      // 좌우 구분을 위한 경계선
  fill(0);                                // 검은색을 설정
  if (mouseX < width/2) {                 // 마우스의 위치가 왼쪽 반에 있으면
    rect(0, 0, width/2, height);          // 왼쪽 반에 검은색 사각형을 그림
  } else {                                // 마우스의 위치가 오른쪽 반에 있으면
    rect(width/2, 0, width/2, height);    // 오른쪽 반에 검은색 사각형을 그림
  }
}
```

4.2.3 else if 조건

`if` 조건문이난 `if else` 조건문 외에 추가적인 조건을 더할 수 있는 `else if` 조건문이 있다. `else if` 조건문을 다음과 같이 흐름도로 요약하고, 조건문의 문법을 정의할 수 있다. 먼저 `if`를 사용하여 어떠한 조건1을 검사하고 참이면 지정한 동작1을 수행한다. 거짓이면 다시 `else if`를 사용하여 어떠한 조건2을 검사하고 참이면 지정한 동작2을 수행한다. 조건1과 조건2가 모두 거짓이면 동작3을 수행한다. `if` 조건문의 경우에 같이 `else if` 조건문에서도 조건과 동작들은 하나일 수도 있고, 여러 개를 논리 연산자 또는 중괄호 { }로 묶어서 처리할

수도 있다.

```
if (조건1) {
  동작1;
} else if (조건2) {
  동작2;
} else {
  동작3;
}
```

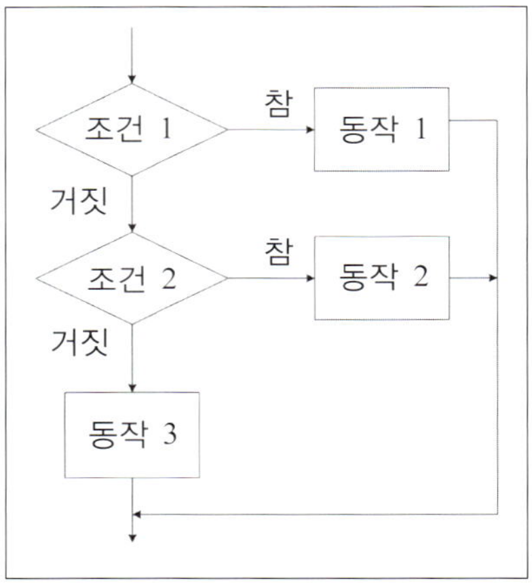

앞의 예와 유사하게 출력창을 세부분으로 나누어 마우스가 왼쪽 부분에 위치하면 배경을 흰색으로 바꾸고, 가운데 부분에 위치하면 회색으로, 오른쪽 부분에 위치하면 검은색으로 바꾸는 문제를 생각한다. 이 경우에 **if** 조건문의 조건으로 **mouseX**의 위치와 화면의 왼쪽 영역을 비교하여 참이면 **if** 조건문 안의 동작을 수행하여 배경을 흰색으로 바꾼다. 거짓이면 **else if** 조건문의 두 번째 조건인 **mouseX**의 위치를 가운데 부분과 비교하여 참이면 **else if** 조건문 안의 동작을 수행하여 배경을 회색으로 바꾼다. 앞의 두 조건에서 모두 거짓이면 **mouseX**의 위치는 오른쪽 부분에 있는 것이기 때문에 배경색을 검은색으로 바꾸게 된다.

If_3.pde

```
void setup() {
  size(100, 100);
}
void draw() {
  if (mouseX < width/3) {                  // 마우스가 화면의 왼쪽 1/3에 있을 경우
    background(255);                       // 흰색 배경
  } else if (mouseX < 2*width/3) {         // 마우스가 화면의 가운데 1/3에 있을 경우
    background(127);                       // 회색 배경
  } else {                                 // 마우스가 화면의 오른쪽 1/3에 있을 경우
    background(0);                         // 검은색 배경
  }
  stroke(200);                             // 회색의 줄
  line(width/3, 0, width/3, height);       // 첫 번째 경계선 표시
  line(2*width/3, 0, 2*width/3, height);   // 두 번째 경계선 표시
}
```

4.2.4 다중 else if 조건

else if 조건문은 여러 번 연속적으로 사용할 수도 있다. 다중 else if 조건문을 다음과 같이 흐름도로 요약하고, 조건문의 문법을 정의할 수 있다. 먼저 if를 사용하여 어떠한 조건1을 검사하고 참이면 지정한 동작1을 수행한다. 거짓이면 다시 else if를 사용하여 어떠한 조건2을 검사하고 참이면 지정한 동작2을 수행한다. 다시 거짓이면 다시 else if를 사용하여 어떠한 조건3을 검사하고 참이면 지정한 동작3을 수행한다. 마지막에 else를 추가하여 조건1, 조건2, 조건3이 모두 거짓이면 추가적으로 동작4를 수행하도록 수정할 수도 있다.

```
if (조건1) {
  동작1;
} else if (조건2) {
  동작2;
} else if (조건3) {
  동작3;
}
```

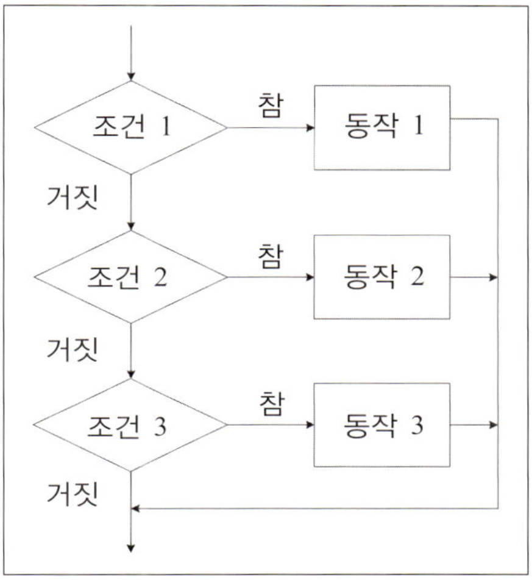

다음 예는 출력창을 4사분면으로 나누어 마우스가 위치한 영역을 검은색으로 바꾸는 문제이다. 다중 else if 조건문을 사용하여 마우스의 위치를 확인하고 해당 영역을 검은색으로 바꾸었다. mouseX와 mouseY의 위치를 동시에 검토하기 위하여 논리 AND 연산자 (&&)을 사용하여 두 개의 조건을 확인한다. 마지막에 있는 else if 조건문을 else로 수정하여도 동일한 결과를 보여준다.

If_4.pde

```
void setup() {
  size(100, 100);
}
void draw() {
  background(255);
  stroke(0);
  line(width/2, 0, width/2, height);                    // 세로 경계선
  line(0, height/2, width, height/2);                   // 가로 경계선
  fill(0);
  if (mouseX < width/2 && mouseY < height/2) {          // 왼쪽 위에 위치
    rect(0, 0, width/2, height/2);                      // 2사분면에 정사각형
  } else if (mouseX > width/2 && mouseY < height/2) {   // 오른쪽 위에 위치
    rect(width/2, 0, width/2, height/2);                // 1사분면에 정사각형
  } else if (mouseX < width/2 && mouseY > height/2) {   // 왼쪽 아래에 위치
    rect(0, height/2, width/2, height/2);               // 3사분면에 정사각형
  } else if (mouseX > width/2 && mouseY > height/2) {   // 오른쪽 아래에 위치
    rect(width/2, height/2, width/2, height/2);         // 4사분면에 정사각형
  }
}
```

4.2.5 swich 조건

앞에서 설명한 if-else-if의 방법과 유사한 조건문으로 switch가 있다. 아래 흐름도에서 보듯이 switch 조건문은 먼저 조건을 검토하고 그 결과에 해당하는 경우(case)에 따라서 각기 다른 동작을 수행한 후에 조건문을 빠져(break) 나온다. 여기서 경우(case)는 switch의 조건에서 발생되는 경우의 숫자만큼 만들 수 있고 동작이 하나의 문장이 아니고 여러 개의 문장을 지정하여도 무방하다.

```
switch (조건) {
  case 경우1:
    동작1;
    break;
  case 경우2:
    동작2;
    break;
  default:
    동작3;
    break;
}
```

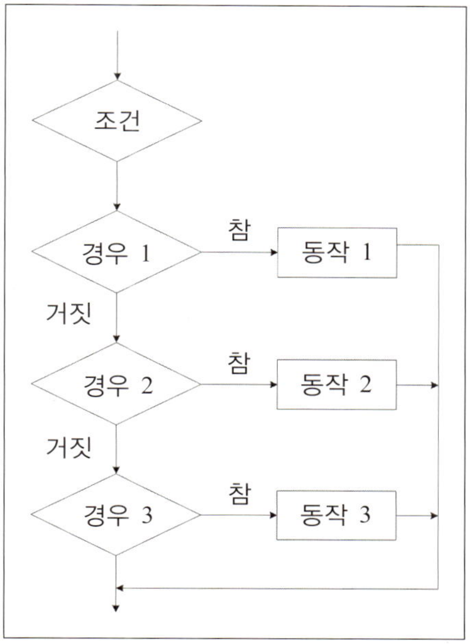

다음 예는 switch 문과 random() 함수를 이용하여 임의의 숫자를 생성시키고, 그 경우에 따라서 영문으로 콘솔에 출력하는 문제이다. 즉, random(1,5) 함수로 매 프레임마다 1부터 4까지의 숫자를 생성하고, 만일 임의의 수로 1이 만들어지면, case 1에 해당되어 one을 콘솔에 출력한다. 비슷한 방법으로 만일 임의의 수로 2가 만들어지면, case 2에 해당되어 two를 콘솔에 출력한다. 임의로 만들어진 숫자가 4인 경우에는 case 1, case 2, case 3이 모두 아니므로 default에 해당되고, four를 출력하게 된다. default 대신에 case 4를 적용하여도 같은 결과를 얻는다.

Swich_1.pde

```
int num;
void setup() {
  size(100, 100);
}
void draw() {
  num = (int) random(1,5);              // 임의의 숫자를 발생시킴
  switch (num) {                        // num 변수에 따라 분리
    case 1:                             // 1인 경우
      println("one");                   // one을 출력
      break;                            // switch 조건문에서 나감
    case 2:                             // 2인 경우
      println("two");                   // two를 출력
```

```
    break;                         // switch 조건문에서 나감
    println("two");                // two를 출력
    break;                         // switch 조건문에서 나감
  case 3:                          // 3인 경우
    println("three");              // three를 출력
    break;                         // switch 조건문에서 나감
  default:                         // 4인 경우
    println("four");               // four를 출력
    break;                         // switch 조건문에서 나감
  }
}
```

```
one
four
three
one
two
```

다음 예는 출력창을 4사분면으로 나누어 임의의 영역을 검은색으로 바꾸는 문제이다. 1부터 99 사이에서 임의의 숫자를 생성하고, 이 수를 4로 나누는 switch 조건문을 사용하여 나머지가 각각 0, 1, 2, 3인 경우에 따라 위치를 확인하고 해당 영역을 검은색으로 바꾼다.

Swich_2.pde

```
int num;
void setup() {
  size(100, 100);
  frameRate(2);                             // 1초에 2 프레임을 표현
}
void draw() {
  background(255);
  fill(0);
  line(width/2, 0, width/2, height);        // 세로선
  line(0, height/2, width, height/2);       // 가로선
  num = (int) random(100);                  // 임의의 숫자를 발생시킴
  switch (num % 4) {                        // modulo(%)로 나머지를 계산
    case 0:                                 // 나머지가 0인 경우
      print(0);
```

```
      rect(0, 0, width/2, height/2);                // 2사분면에 정사각형
      break;
    case 1:                                         // 나머지가 1인 경우
      print(1);
      rect(width/2, 0, width/2, height/2);          // 1사분면에 정사각형
      break;
    case 2:                                         // 나머지가 2인 경우
      print(2);
      rect(0, height/2, width/2, height/2);         // 3사분면에 정사각형
      break;
    case 3:                                         // 나머지가 3인 경우
      print(3);
      rect(width/2, height/2, width/2, height/2);  // 4사분면에 정사각형
      break;
  }
}
```

```
21031200331
```

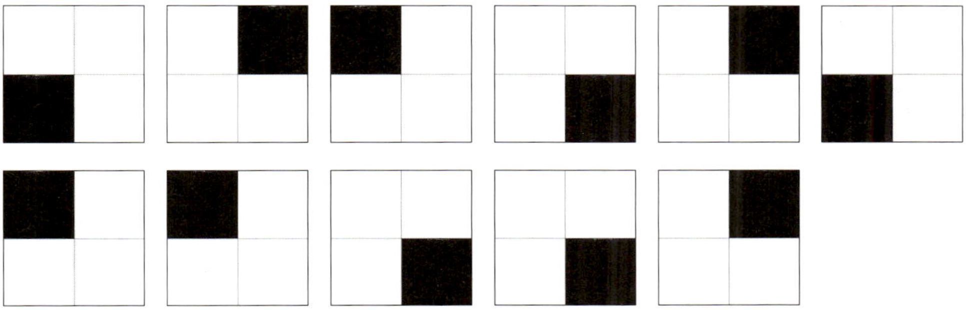

4.3 반복

반복적 수행은 컴퓨터가 가장 잘하는 작업 중 하나이다. 이전 장에서 이미 draw() 함수의 반복성에 대하여 배웠다. 이 절에서는 이러한 반복성을 이용하여 간단한 도형의 움직임을 만드는 방법을 알아본다. draw() 함수 외에도 동일한 동작을 반복하기 위하여 프로세싱에서는 다른 프로그래밍 언어와 같이 while과 for 명령어를 주로 사용한다.

4.3.1 draw() 반복문

draw() 함수는 프로그램이 종료될 때까지 무한 반복을 수행하기 때문에 이를 이용하여 다음 예와 같이 움직이는 도형을 만들 수 있다. 삼각형의 x좌표를 변수로 정의하고, draw() 함수의 무한 반복성을 이용하여 매 프레임마다 x좌표를 1씩 증가시키면 삼각형의 x좌표 위치가 1씩 증가하게 되어 마치 삼각형이 오른쪽으로 이동하는 것처럼 보인다.

Move_Shape2_1.pde

```
int x = -65;                              // x의 초기 위치
void setup () {
  size(300, 150);
  fill(0);
}
void draw() {
  background(255);
  x += 1;                                 // 매번 x 좌표에 1을 추가하여 오른쪽으로 이동
  triangle(x, 30, x, 120, x+65, 75);      // 삼각형을 그림
}
```

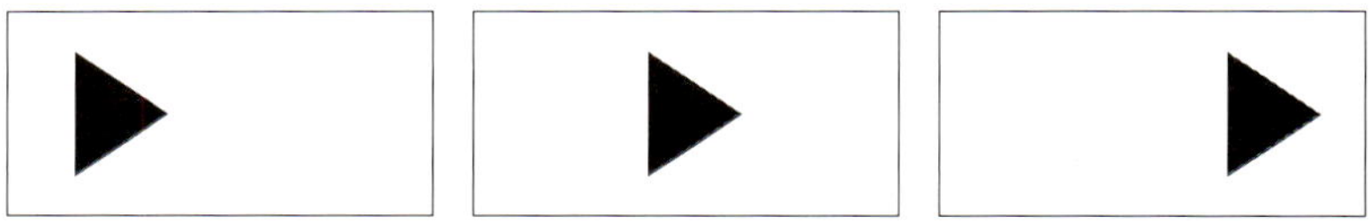

앞의 예는 x값이 무한이 증가하기 때문에 삼각형은 프로그램이 종료될 때까지 계속 오른쪽으로 이동하다가 출력창의 범위를 벗어나면 아무런 변화가 없는 것으로 보인다. 출력창에는 아무런 변화가 없이 보이지만 사실은 x값이 무한히 증가하고 있는 것이다. x값을 콘솔에 출력해보면 무한히 증가하는 것을 확인할 수 있다.

이번에는 삼각형이 출력창을 벗어나면 다시 왼쪽에서 나타나도록 다음 예와 같이 수정하여 보자. x값을 계속 증가시키다가 출력창의 폭보다 증가하게 되면, 다시 x값을 초기값으로 재설정한다. 따라서 삼각형은 출력창을 벗어나자마자 다시 왼쪽에서 나타나 오른쪽으로 계속 움직이는 동작을 반복한다.

Move_Shape2_2.pde

```
int x = -65;
void setup () {
  size(300, 150);
  fill(0);
}
void draw() {
  background(255);
  x += 1;                              // 매번 x 좌표에 1을 추가하여 오른쪽으로 이동
  if (x > width+65) {                  // 출력창의 범위를 벗어남
    x = -65;                           // 초기값으로 재설정
  }
  triangle(x, 30, x, 120, x+65, 75);   // 삼각형을 그림
}
```

이번에는 삼각형이 계속적으로 오른쪽으로 이동하는 것이 아니라, 좌우로 왕복하도록 변경하여 보자. 진행방향을 바꿔주기 위하여 추가적인 방향 변수 d를 사용하여 삼각형이 출력창의 오른쪽으로 벗어나면 삼각형의 모양을 뒤집은 후에 x값을 감소시키고, 왼쪽으로 벗어나면 삼각형의 모양을 뒤집은 후에 x값을 증가시켜 주기적으로 왕복운동을 하도록 만들었다.

Move_Shape2_3.pde

```
int x = 100;
int d = 1;
void setup () {
  size(300, 150);
  fill(0);
}
void draw() {
  background(255);
  x += 1*d;                              // x값이 증가하거나 감소
  if ((x > width-65) || (x < 65)) {      // 출력창을 벗어나는가 확인
    d = -d;                              // 진행 방향 바꾸기
  }
  if (d == 1) {                          // 오른쪽 방향
    triangle(x, 30, x, 120, x+65, 75);   // 오른쪽으로 향하는 삼각형
```

```
    triangle(x, 30, x, 120, x+65, 75);      // 오른쪽으로 향하는 삼각형
  }
  else {                                    // 왼쪽 방향
    triangle(x, 30, x, 120, x-65, 75);      // 왼쪽으로 향하는 삼각형
  }
}
```

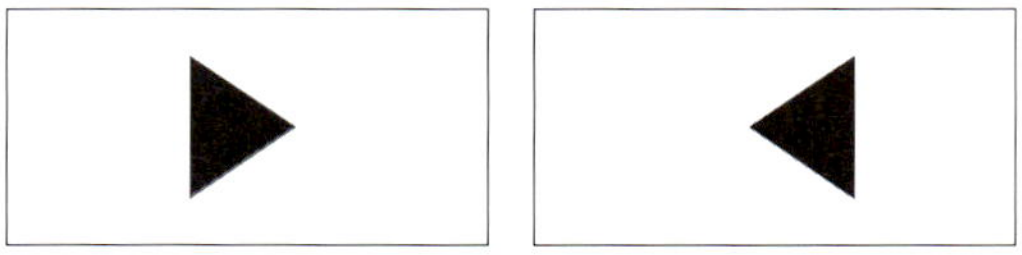

4.3.2 while 반복문

기본적인 draw() 함수의 반복성 외에 어떠한 특정 동작을 반복하도록 하는 명령어를 알아본다. 먼저 왜 반복문이 필요한 것인지 알아본다. 다음 예와 같이 7개의 선분을 일정한 간격으로 그린다고 가정하자, 앞에서 배운 line() 명령어를 사용하여 시작점과 끝점을 지정하면 사용자가 원하는 개수의 선분을 그릴 수가 있다. 다만 매번 시작점과 끝점의 위치를 계산하고 입력해야하는 매우 성가신 작업이다.

Loop_1.pde

```
void setup() {
  size(200, 200);
  background(255);
  stroke(0);
}
void draw() {
  line(25, 50, 25, 150);              // 1 번째 선분
  line(50, 50, 50, 150);              // 2 번째 선분
  line(75, 50, 75, 150);              // 3 번째 선분
  line(100, 50, 100, 150);            // 4 번째 선분
  line(125, 50, 125, 150);            // 5 번째 선분
  line(150, 50, 150, 150);            // 6 번째 선분
  line(175, 50, 175, 150);            // 7 번째 선분
}
```

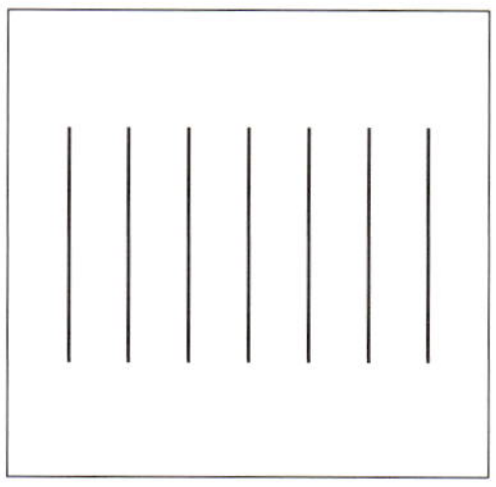

그런데, 이 경우는 x좌표는 25에서 시작하여 175까지 25만큼씩 증가하지만, y좌표는 언제나 시작점은 50이고 끝점은 150이다. 이 점을 이용하여 앞에서 배운 변수를 적용하면 다음과 같이 변환이 가능하다. 즉, x좌표는 시작점이 25이고 (`x=25`), 매번 25만큼씩 증가하게 되며 (`spacing=25`), y좌표도 시작점은 50이고 (`y=50`), 길이를 100으로 설정할 수 있다(`len=100`). 결과는 앞의 예와 동일하다. 그런데, 이 예에서는 반복적으로 똑 같은 코드가 사용되고 있다는 것을 알 수 있다. 이와 같이 동일한 코드가 반복되는 것을 `while` 명령어를 사용하여 간단하게 변형할 수 있다.

Loop_2.pde

```
int x = 25;                          // x좌표의 초기값
int spacing = 25;                    // x좌표의 증가분
int y = 50;                          // y좌표의 초기값
int len = 100;                       // 선분의 길이
void setup() {
  size(200, 200);
  background(255);
  stroke(0);
}
void draw() {
  line(x, y, x, y+len);              // (x,y)에서 (x,y+len)까지 선분 그리기
  x = x+spacing;                     // x좌표를 spacing만큼 증가시키기
  line(x, y, x, y+len);
  x = x+spacing;
  line(x, y, x, y+len);
  x = x+spacing;
  line(x, y, x, y+len);
  x = x+spacing;
  line(x, y, x, y+len);
  x = x+spacing;
  line(x, y, x, y+len);
  x = x+spacing;
```

```
  line(x, y, x, y+len);
  x = x+spacing;
}
```

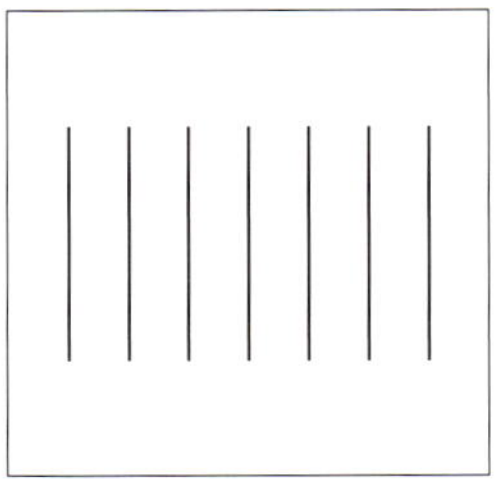

while 반복문을 다음과 같이 흐름도로 요약하고, 반복문의 문법을 정의할 수 있다. while 명령어의 사용법은 아래 흐름도와 같이 일단 증감하는 변수의 초기값을 설정하고, 조건을 검사하면서 중괄호 내부의 동작을 수행한다. 이때 while의 내부에서 변수를 증감하며 다음 반복과정에서 다시 조건을 검사하기를 계속한다. 특정 조건을 비교하여 참이면 계속적으로 반복을 수행하고, 거짓이면 반복을 멈추고 while 명령어의 밖으로 빠져나와 반복을 종료한다.

```
초기화;
while (조건) {
  동작;
  증감;
}
```

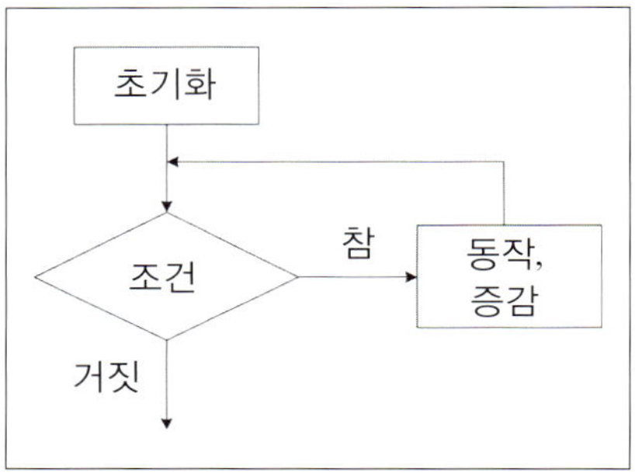

앞의 예에서 반복적으로 수행하는 동작을 while 명령어로 바꾸면, 먼저 변수 x를 초기값 25로 지정하고, x가 최종값 175가 될 때까지 조건(x <= end)을 확인하면서 line 명령어를 사용하여 선분을 그려나간다. while 반복문을 빠져나오기 전에 변수 x값을 spacing 만큼 증가시키고 다음 반복문을 수행할 때 다시 조건을 확인하다. x값이 매번 25씩 증가하면서 최종값 175보다 작거나 같으면, 조건의 결과는 참으로 반복문을 계속 수행하게 되고, 175보다 큰 값으로 바뀌는 순간 조건의 결과가 거짓으로 바뀌면서 반복문에서 빠져나온다.

Loop_3.pde

```
int x = 25;                        // x좌표의 초기값
int spacing = 25;                  // x좌표의 증가분
int y = 50;                        // y좌표의 초기값
int len = 100;                     // 선분의 길이
int end = 175;                     // x좌표의 최종값
void setup() {
  size(200, 200);
  background(255);
  stroke(0);
}
void draw() {
  while ( x <= end ) {             // 조건 검사
    line(x, y, x, y+len);          // (x,y)에서 (x,y+len)까지 선분 그리기
    x = x+spacing;                 // x좌표를 spacing만큼 증가시키기
  }
}
```

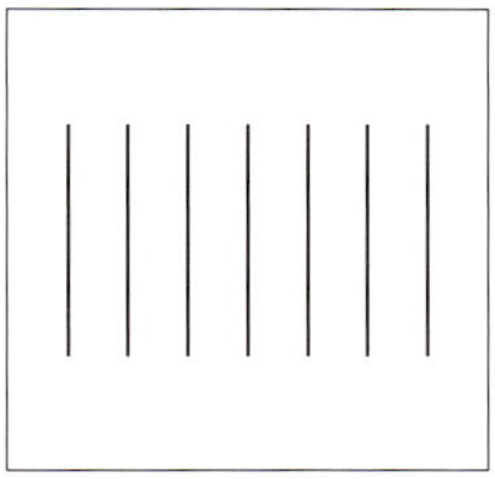

이번에는 다음 예와 같이 반복문 **while**을 사용하여 여러 개의 동심원을 그려보자. 원의 지름인 w변수가 초기값 200에서 매번 20씩 감소하다가 0보다 작아지게 되면 반복문을 종료한다.

Loop_4.pde

```
int w = 200;                                 // 초기 지름 w를 200으로 설정
void setup() {
  size(200, 200);
  background(255);
  stroke(0);
}
void draw() {
  while ( w > 0 ) {                          // 조건 검사
    fill(w);                                 // 원의 색깔을 w로 설정
    ellipse(width/2, height/2, w, w);        // 출력창의 중심에 지름 w인 원
```

```
    w = w-20;                                    // 지름 w를 20 감소시킴
  }
}
```

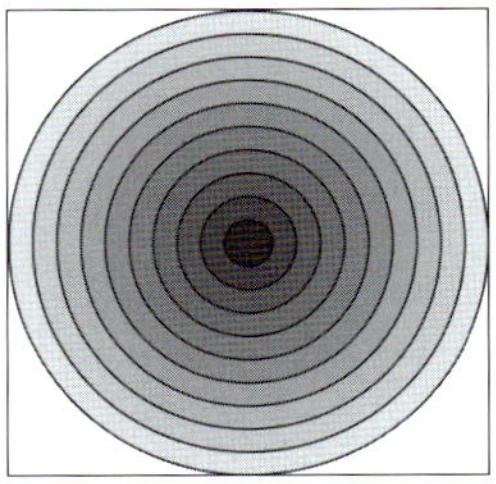

4.3.3 for 반복문

가장 많이 사용하는 반복문으로 for 명령어가 있다. for 반복문을 다음과 같이 흐름도로 요약하고, 반복문의 문법을 정의할 수 있다. for 명령어의 사용법은 아래 그림과 같이 for 명령어 안에서 증감하는 변수의 초기값을 설정하고, 조건을 검사하면서 중괄호 내부의 동작을 수행한다. 한번 반복문의 수행이 종료되면 for의 내부에서 변수를 증감하며 다음 반복과정에서 다시 조건을 검사하기를 계속한다. 특정 조건을 비교하여 참이면 계속적으로 반복을 수행하고, 거짓이면 반복을 종료하고 for 명령어의 밖으로 빠져나오게 된다.

```
for (초기화; 조건; 증감) {
  동작;
}
```

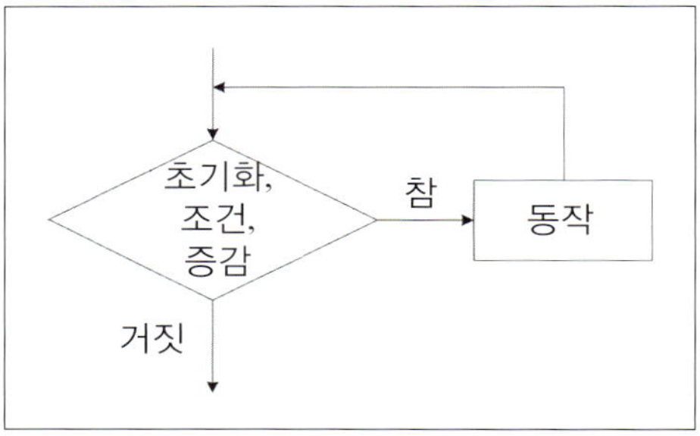

앞에서 while을 사용하였던 선분그리기 예를 이번에는 for를 사용하여 그려보면 다음 예와 같이 변환이 가능하다. for 명령어 안에서 x변수를 25로 초기화하고, 조건(x<=end)가 참일 때 까지 계속해서 중괄호 내부의 명령어를 수행하면서 변수 x를 증가분(spaing) 만큼씩 증가시키다가 조건이 거짓으로 판정되는 순간(즉, 175이상으로 될 때)에 for 명령어 밖으로 나와서 종료하게 된다.

For_3.pde

```
int spacing = 25;                                  // x좌표의 증가분
int y = 50;                                        // y좌표의 초기값
int len = 100;                                     // 선분의 길이
int end = 175;                                     // x좌표의 최종값
void setup() {
  size(200, 200);
  background(255);
  stroke(0);
}
void draw() {
  for ( int x=25; x<=end; x=x+spacing ) { // 변수 초기화, 조건 검사, 변수 증감
    line(x, y, x, y+len);                          // (x,y)에서 (x,y+len)까지 선분 그리기
  }
}
```

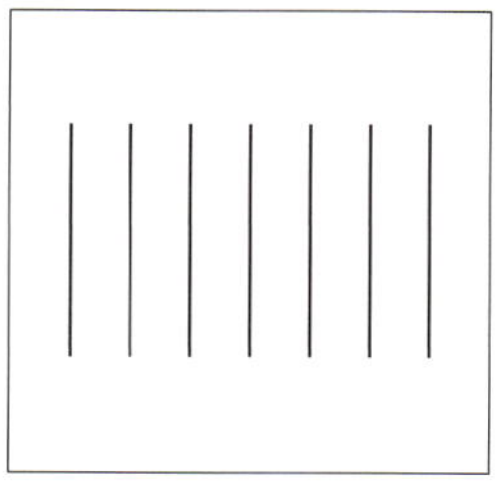

이번에는 앞에서 while을 사용하여 그렸던 동심원 예를 for를 사용하여 그려보면 다음 예와 같이 변환이 가능하다.

For_4.pde

```
void setup() {
  size(200, 200);
  background(255);
  stroke(0);
}
void draw() {
  for (int w=200; w>0; w-=20) {             // 조건 검사
    fill(w);                                // 원의 색깔을 w로 설정
    ellipse(width/2, height/2, w, w);       // 출력창의 중심에 지름 w인 원
  }
}
```

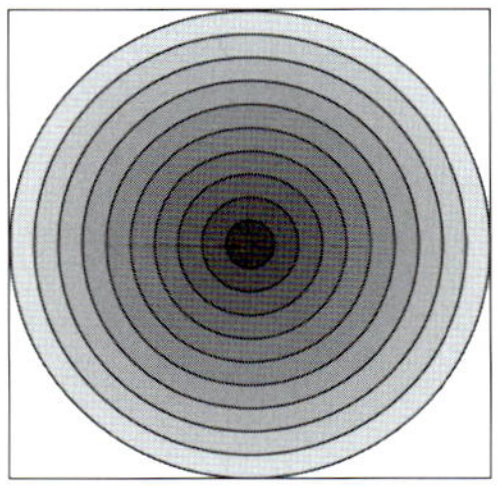

4.3.4 다중 for 반복문

for 반복문 내부에 또 다른 for 반복문을 넣어 이중으로 반복문을 만들 수 있다. 외부의 for 반복문이 한번 수행될 동안에 내부의 for 반복문은 지정한 숫자만큼 반복적으로 수행한다. 따라서, 이중 반복문의 실행이 완료되면, 두 반복문 변수의 최종값들의 곱만큼 반복 수행하는 결과가 된다. 물론 더 많은 반복문이 필요할 경우에는 추가적인 for 반복문을 적용하면 된다. 사용자가 원하는 만큼 얼마든지 다중으로 for 반복문을 만들 수 있지만, 2중이나 3중 반복문보다 고차원의 반복문은 프로그램의 속도를 고려하여 하지 않는 편이 좋다.

다음 예와 같이 for 반복문 내부에 또 하나의 for 반복문을 넣어 2차원의 반복문을 만들 수 있다. x 변수를 이용하여 출력창의 폭만큼 10씩 증가하면서 반복문을 수행하고, 그 내부에서는 y 변수를 이용하여 출력창의 높이만큼 10씩 증가하면서 반복문을 수행한다. 이와 같은 2중 반복문은 영상이나 그래픽 처리와 같은 2차원 문제에 자주 사용하는 방법이다.

For_5.pde

```
void setup() {
  size(200, 200);
}
void draw() {
  for (int x=0; x<width; x+=10) {            // x를 폭까지 10씩 증가시킴
    for (int y=0; y<height; y+=10) {         // y를 높이까지 10씩 증가시킴
      noStroke();
      fill(random(255));                     // 임의의 무채색 생성
      rect(x, y, 10, 10);                    // (x,y) 위치에 폭과 높이 10인 사각형
    }
  }
}
```

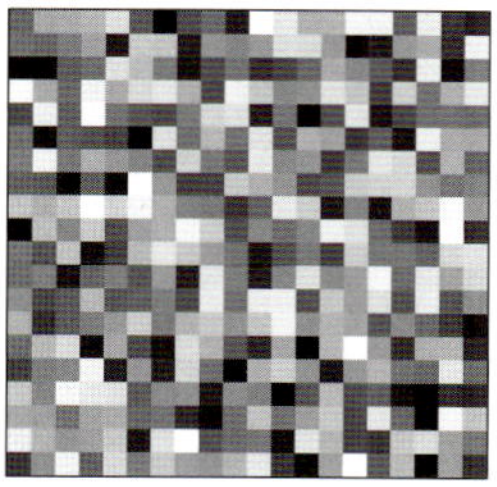

연습문제

01 변수의 예에서 x, y, d 값을 변경하여 본문의 예와 다른 결과물을 만들어 본다.

02 10진수 135와 246을 사용하여 4가지 bitwise 연산을 실행한다.

03 다중 `else if` 조건문을 사용하여 학생의 성적이 90점 이상이면 A, 80점 이상이면 B, 70점 이상이면 C, 60점 이상이면 D, 60점 이하이면 F를 출력하는 프로그램을 만든다.

04 2개의 `for` 반복문을 이용하여 출력창에 일정한 간격으로 위에서부터 아래로 가로선을 그리고 다시 왼쪽에서 오른쪽으로 세로선을 그려서 격자무늬를 만드는 프로그램을 만든다.

05 반복문 예에서 원의 지름을 나타내는 변수 w가 초기값에서 매번 20씩 감소하는 대신 증가하게 되면 발생하는 문제점을 설명하라.

PART 1
창의적 코딩 / 기초편

Chapter 5
상호작용

C/H/A/P/T/E/R

05 상호작용

프로세싱에는 마우스와 키보드 등의 입력을 인식하고 사용자의 동작에 반응하기 위하여 몇 가지 변수와 함수들이 내장되어 있는데, 이들을 각각 내장변수(reserved variable)와 내장함수(reserved function)라고 말한다. 함수는 특정한 작업을 수행하는 독립적인 프로그램인데 프로세싱에 이미 만들어져 있는 내장함수와 사용자가 만들어 사용할 수 있는 함수가 있으며 자세한 내용은 8장에서 다룬다. 이번 장에서는 이들 변수와 함수들을 이용하여 간단한 사용법을 배워보기로 한다. 이들 변수나 함수들에 익숙해지면 컴퓨터와 사용자 간에 다양한 상호작용(interaction)이 가능한 프로그램을 만들 수 있다.

5.1 mousePressed, mouseButton 변수

마우스가 눌려졌는지 알 수 있는 `mousePressed` 내장변수를 사용하여 다음과 같이 마우스 버튼을 누르고 있는 동안은 숫자가 증가하는 프로그램을 작성한다. 출력창에 마우스의 커서를 올려놓고, 왼쪽이나 오른쪽 마우스 버튼을 누르고 있는 동안에만 콘솔에 숫자가 증가하는 것을 알 수 있다. 즉, 마우스의 버튼을 클릭하면 `mosuePressed` 변수의 조건문 값이 참이 되어 콘솔에 숫자가 증가하는 것을 알 수 있고, 버튼을 클릭하지 않으면 조건문의 값이 거짓이 되어 콘솔에 숫자가 증가하지 않는다. 여기서 if 구문의 `mousePressed`와 같은 boolean 자료형 변수는 참이거나 거짓 값만을 저장할 수 있기 때문에 굳이 등호(==) 연산자로 명시적인 관계를 작성하지 않아도 된다. 물론 (`mousePressed == true`)을 사용하여도 무방하다. 콘솔에 출력되는 결과는 얼마나 오랫동안 누르고 있는가에 따라 달라지기 때문에 이장에서 보여주는 결과들은 하나의 실행 예를 보여주기 위한 것으로 사용자에 따라 달라질 수 있음을 유의한다.

mouseEvent_0.pde

```
int i = 0;
void setup() {
  size(100, 100);
}
void draw() {
  if (mousePressed) {
    i++;
    println(i);
  }
}
```

```
10
11
12
```

앞의 예에서는 왼쪽 버튼이나 오른쪽 버튼이 눌려진 상태이면 출력되는 숫자가 증가하였다. 이번에는 마우스의 왼쪽 버튼을 클릭하면 콘솔에 표시되는 숫자가 증가하고, 오른쪽 버튼을 클릭하면 숫자가 증가되는 것이 멈춰지도록 한다. 다음과 같이 마우스의 왼쪽이나 오른쪽 버튼을 구별하기 위하여 내장 변수 mouseButton을 이용하여 왼쪽일 경우에는 LEFT, 오른쪽일 경우에는 RIGHT와 비교한다. 마우스의 왼쪽 버튼을 클릭하면 조건문의 값이 참이 되어 콘솔에 숫자가 증가하는 것을 알 수 있고, 오른쪽 버튼을 클릭하면 조건문의 값이 거짓이 되어 콘솔에 숫자가 증가하지 않는다.

mouseEvent_1.pde

```
int i = 0;
void setup() {
  size(100, 100);
}
void draw() {
  if (mouseButton == LEFT) {
    i++;
    println(i);
  }
}
```

```
113
114
115
```

이번에는 mousePressed 변수를 출력창과 연동하여 본다. 출력창에 128의 그레이 값을 갖는 정사각형을 그린 후에 마우스를 누를 때마다 그레이 값 0인 검은색으로 정사각형이 변하는 예이다.

mousePressed_0.pde

```
void setup() {
  size(100, 100);
}
void draw() {
  rect(25, 25, 50, 50);
  fill(128);
  if (mousePressed == true) {          // 마우스를 누르면 검은색 정사각형을 변함
    fill(0);
  }
}
```

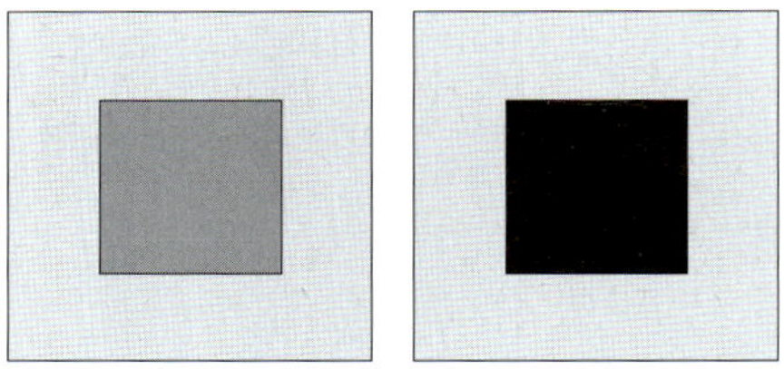

앞의 예를 조금 변형하여 마우스의 왼쪽 버튼을 누르면 검은색 사각형으로 변하고, 오른쪽 버튼을 누르면 흰색 사각형으로 변하게 만들어 본다. 여기서 조건문에는 mousePressed가 참이고 mouseButton이 왼쪽인 경우와 mousePressed가 참이고 mouseButton이 오른쪽인 경우를 분리하여 처리하였다. &&은 양쪽의 조건을 동시에 만족하는 AND의 의미이다. 즉, 마우스가 눌려지고 왼쪽 버튼이거나 마우스가 눌려지고 오른쪽 버튼인지 여부를 확인한다.

mousePressed_1.pde

```
void setup() {
  size(10a0, 100);
}
void draw() {
  rect(25, 25, 50, 50);
  fill(128);
  if (mousePressed && (mouseButton == LEFT)) {          // 왼쪽 버튼 눌려짐
    fill(0);
  } else if (mousePressed && (mouseButton == RIGHT)) {   // 오른쪽 버튼 눌려짐
    fill(255);
  }
}
```

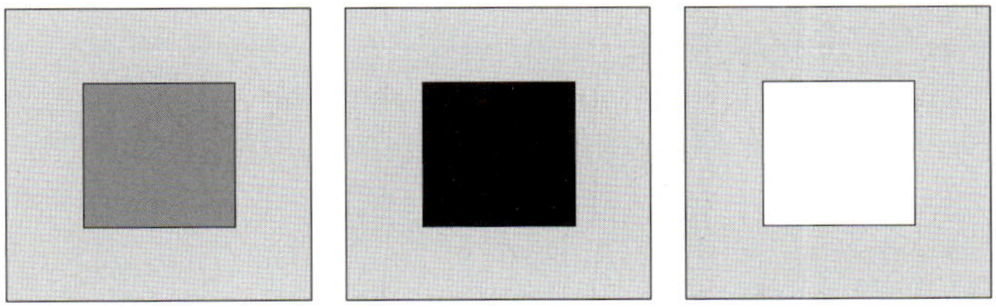

앞의 예에서 조건문 안에 **mousePressed**가 중복적으로 사용되었기 때문에 이를 다음 예와 같이 중첩 조건문으로 분리하면 가독성이 좋은 프로그램이 된다. 즉, 마우스의 버튼이 눌려졌는지 여부를 먼저 확인하고, 눌려졌으면 다음으로 왼쪽 버튼이 눌려졌는지를 확인한다. 마우스의 버튼이 눌려졌는데, 왼쪽이 아니라면 오른쪽이 눌려진 것이기 때문에 자동으로 오른쪽이 눌려졌을 때의 명령을 수행하면 된다.

mousePressed_2.pde

```
void setup() {
  size(100, 100);
}
void draw() {
  rect(25, 25, 50, 50);
  fill(128);
  if (mousePressed) {                     // 마우스 버튼이 눌려짐
    if (mouseButton == LEFT) {            // 왼쪽 버튼 눌려짐
      fill(0);
     } else {                             // 오른쪽 버튼 눌려짐
      fill(255);
```

```
    }
  }
}
```

5.2 마우스 변수

출력창 화면에서 마우스의 위치에 대한 정보를 알 수 있는 마우스 내장변수들에 대하여 알아보자.

5.2.1 mouseX, mouseY 변수

프로세싱에는 출력창 화면에서 사용자가 가리키는 현재 마우스의 위치를 알려주는 mouseX와 mouseY 변수들이 있다. mouseX는 마우스의 x좌표를 나타내고, mouseY는 마우스의 y좌표를 나타낸다. 마우스가 움직이면 이들 변수들도 현재의 위치 정보로 계속 업데이트 된다. 이들 변수를 이용하여 다음과 같이 화면에서 사용자 마우스의 현재 위치를 정사각형이 따라 다니는 예를 만들 수 있다. 콘솔에는 마우스의 현재 위치 좌표가 출력되고, 출력창에는 마우스가 가리키는 현재 위치에 정사각형이 그려진다. 이 예에서는 무한 반복하는 draw() 함수 안에서 background(255)를 실행하기 때문에 매번 하나의 정사각형이 사용자의 마우스를 따라 움직이는 것으로 보인다.

mouse_1.pde

```
void setup () {
  size(400, 400);
}
void draw() {
  background(255);
  rectMode(CENTER);                        // 사각형의 모드 설정
```

```
  rect(mouseX, mouseY, 50, 50);            // 마우스의 현재 위치에 정사각형 그리기
  println(mouseX, mouseY);                 // 콘솔에 마우스의 현재 위치 출력
}
```

```
98 92
200 118
315 102
```

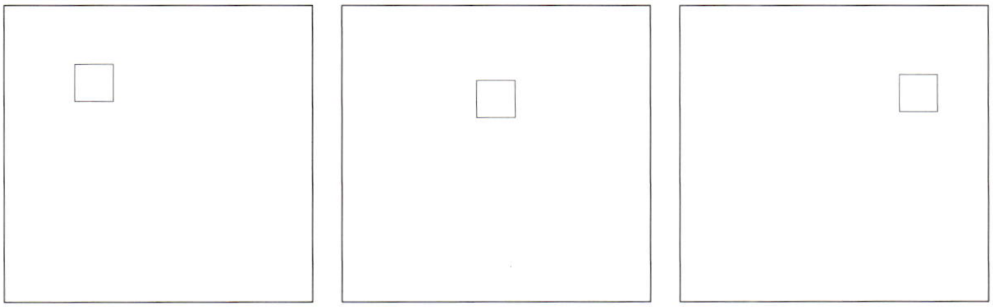

앞의 예를 다음과 같이 조금 변형하여 본다. 마우스를 움직이면 마우스를 따라서 원들이 그려지는데 **draw()** 함수 내에 배경의 업데이트 명령이 없기 때문에 마우스의 궤적을 따라 그려졌던 모든 원들이 출력창에 남아있게 된다.

mouse_2.pde

```
void setup () {
  size(400, 400);
}
void draw() {
  ellipse(mouseX, mouseY, 50, 50);
}
```

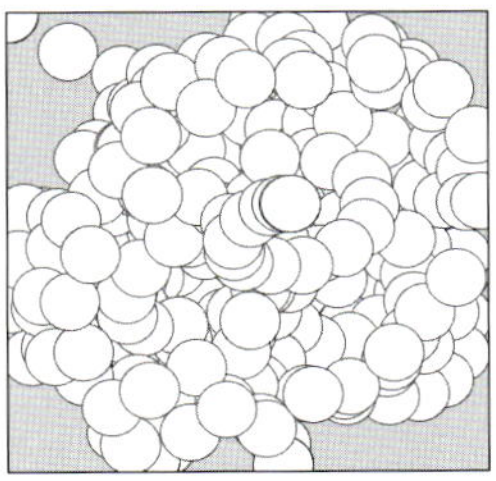

이번에는 출력창 화면의 중심에서 움직이는 마우스의 현재 위치로 직선을 그리는 방법을 알아본다. 다음 예와 같이 매 프레임마다 배경을 255로 업데이트 한 후에 마우스의 현재 위치에서부터 화면의 중심으로 선을 `line()` 함수를 이용하여 그린다. 출력창의 크기가 (200, 200) 이기 때문에 중심점은 (100, 100)이 된다.

mouse_3.pde

```
void setup() {
  size(200, 200);
}
void draw() {
  background(255);
  line(mouseX, mouseY, 100, 100);    // 마우스의 위치에서 화면의 중심으로 선긋기
}
```

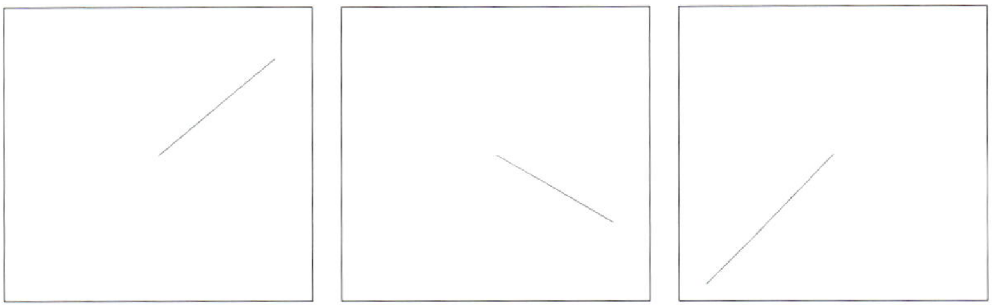

출력창의 크기를 `size()` 함수로 설정한 후에 중심점을 수치로 지정하는 것 보다는 프로세싱이 가지고 있는 `width`와 `height` 내장변수를 이용하여 자동으로 출력창의 폭과 높이 정보를 읽어 들일 수 있다. 다음 예와 같이 화면의 중심을 `width/2`와 `height/2`로 설정하면 `size()` 함수 내의 출력창의 크기가 변하더라도 언제나 출력창의 중심 위치를 지정할 수 있다. 앞의 예와 다르게 `background(255)`를 `setup()` 함수에서 한번 만 설정하였기 때문에 중심으로부터 그려진 직선들이 모두 출력창에 남게 되어 원의 중심에서 방사형으로 뻗어 나가는 선들로 보인다.

mouse_4.pde

```
void setup() {
  size(200, 200);
  background(255);
}
void draw() {
```

```
  line(mouseX, mouseY, width/2, height/2);       // 마우스의 위치에서 중심으로 선긋기
}
```

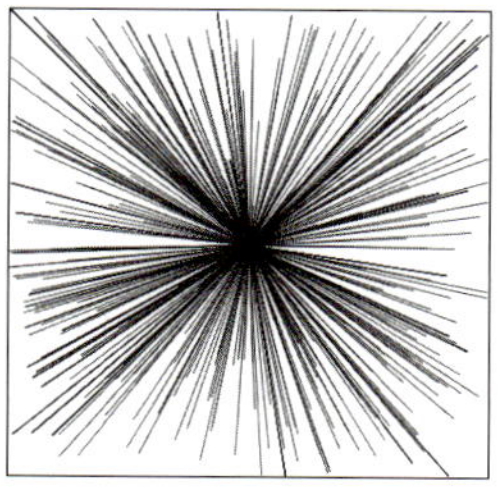

5.2.2 pmouseX, pmouseY 변수

프로세싱에는 출력창에서 이전 프레임의 마우스의 위치를 알려주는 pmouseX와 pmouseY 내장변수들이 있다. 여기서 p는 이전(previous)의 약자이다. pmouseX는 이전 프레임의 마우스의 x좌표를 나타내고, pmouseY는 이전 프레임의 마우스의 y좌표를 나타낸다. 마우스가 움직이면 mouseX와 mouseY 변수값들이 업데이트되면서 현재의 위치 정보도 pmouseX와 pmouseY로 계속 업데이트 된다. 예를 들어, 현재 프레임에서 마우스의 위치 좌표 mouseX와 mouseY가 (100, 100)이고 다음 프레임에서 (101, 101)로 이동하였다면, 마우스의 위치 좌표 mouseX와 mouseY는 (101, 101)로 업데이트되고, 마우스의 이전 프레임의 위치 좌표 pmouseX와 pmouseY는 (100, 100)이 된다. 이와 같은 특성을 이용하여 다음 예와 같이 마우스를 따라 다니면서 선을 그릴 수가 있다. line 명령어는 시작점의 x와 y 좌표와 끝점의 x와 y 좌표가 필요한데, 시작점을 pmouseX와 pmouseY로 정하고, 끝점을 mouseX와 mouseY로 지정하면, 프레임마다 마우스의 현재 위치좌표가 업데이트되면서 선이 연결되어 마우스의 움직임을 따라 선이 그려지는 것으로 보인다.

pmouse_1.pde

```
void setup () {
  size(400, 400);
}
void draw() {
  line(pmouseX, pmouseY, mouseX, mouseY);       // 마우스의 이전 위치에서
}                                               // 현재 위치로 선긋기
```

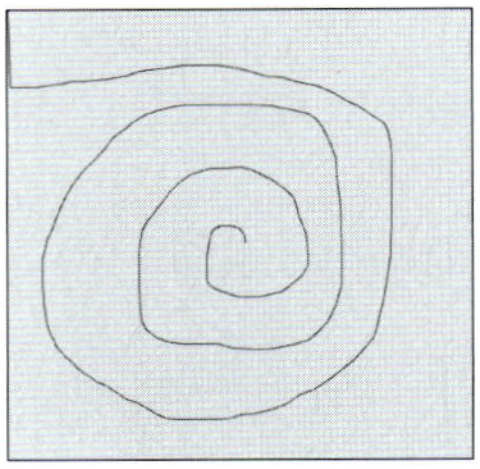

프로세싱의 내장 함수인 dist() 함수는 두 점의 좌표를 넣어주면 이 두 점사이의 거리를 계산해준다. 이를 이용하여 앞의 예에 재미를 더해주는 프로그램을 만든다. 마우스의 이전 위치와 현재 위치의 차를 이용하여 거리 값을 계산하므로, 마우스를 빠르게 움직일수록 speed 값이 커지게 된다. 이 정보를 이용하여 선의 굵기와 원의 크기를 연동시킨다. 마우스를 빠르게 움직이면 원이 굵고 크게 그려지고, 반대로 천천히 움직이면 원이 작고 엷게 그려지게 된다.

pmouse_2.pde

```
void setup () {
  size(400, 400);
}
void draw() {
  float speed = dist(mouseX, mouseY, pmouseX, pmouseY);
  stroke(speed);
  ellipse(mouseX, mouseY, speed, speed);
}
```

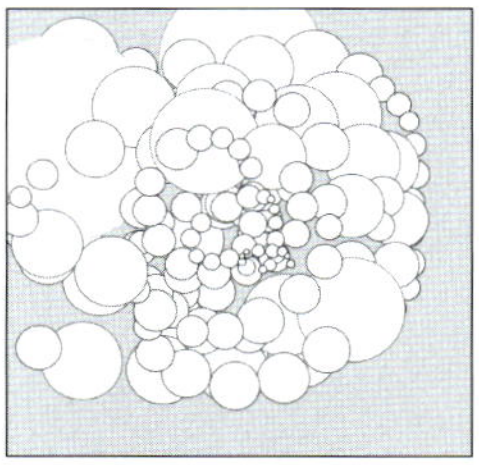

5.3 마우스 이벤트 함수들

사용자가 마우스에 어떠한 동작을 취했을 때, 이에 대한 정보를 제공하는 프로세싱의 마우스와 관련된 내장함수들을 알아본다.

5.3.1 mousePressed() 함수

마우스를 눌렀을 때 어떠한 동작을 하도록 만드는 내장함수로 mousePressed() 함수가 있다. 다음 예와 같이 마우스를 누르면 mousePressed() 함수가 호출되어 mousePressed라는 출력을 콘솔에 프린트한다. 앞에서 배운 mousePressed 변수와 mousePressed() 함수가 같아 보이지만, mousePressed 변수는 boolean 형태로 변수가 참과 거짓에 따라서 수행하는 것이고, mousePressed() 함수의 경우에는 마우스가 눌려졌을 때 이 함수를 호출하여 함수 내부의 동작을 수행하는 것이 다르다.

mouseEvent_1.pde

```
void setup() {
  size(100, 100);
}
void draw() {                          // 아무런 동작을 안 함
}
void mousePressed() {                  // 마우스의 버튼을 누를 경우
  println("mousePressed");
}
```

```
mousePressed
mousePressed
mousePressed
```

마우스를 눌렀을 때 왼쪽 버튼과 오른쪽 버튼을 구분하기 위하여 앞의 예와 같이 mouseButton 변수를 사용한다. 다음 예와 같이 마우스의 버튼이 눌려지면 mousePressed() 함수가 불려지고, mouseButton 변수와 조건문을 이용하여 왼쪽 버튼이 눌려졌는지를 확인하고 참인 경우에는 LEFT를 콘솔에 출력한다. 만약 거짓이라면 다시 조건문을 이용하여 오른쪽 버튼이 눌려졌는지를 확인하고 참인 경우에는 RIGHT를 콘솔에 출력한다.

mouseEvent_2.pde

```
void setup() {
  size(100, 100);
}
void draw() {                                 // 아무런 동작을 안 함
}
void mousePressed() {                         // 마우스의 버튼을 누를 경우
  if (mouseButton == LEFT) {                  // 왼쪽 버튼일 경우
     println("LEFT");
  } else if (mouseButton == RIGHT) {          // 오른쪽 버튼일 경우
     println("RIGHT");
  }
}
```

```
LEFT
RIGHT
LEFT
```

이제 출력창에 검은색 정사각형을 그린 후에 마우스를 클릭할 때마다 mousePressed() 함수를 이용하여 정사각형의 색깔을 흰색으로 바꾸는 예를 만들어 본다. 초기 상태는 출력창에 검은색 정사각형이 표시되고, 마우스를 누를 때마다 흰색과 검은색 정사각형으로 번갈아 색깔이 변한다.

mouseEvent_3.pde

```
int value = 0;
void setup() {
  size(100, 100);
}
void draw() {
  fill(value);
  rect(25, 25, 50, 50);
}
void mousePressed() {                         // 마우스의 버튼을 누를 경우
  if (value == 0) {                           // 검은색이면 흰색으로 변경
    value = 255;
  } else {                                    // 흰색이면 검은색으로 변경
```

```
    value = 0;
  }
}
```

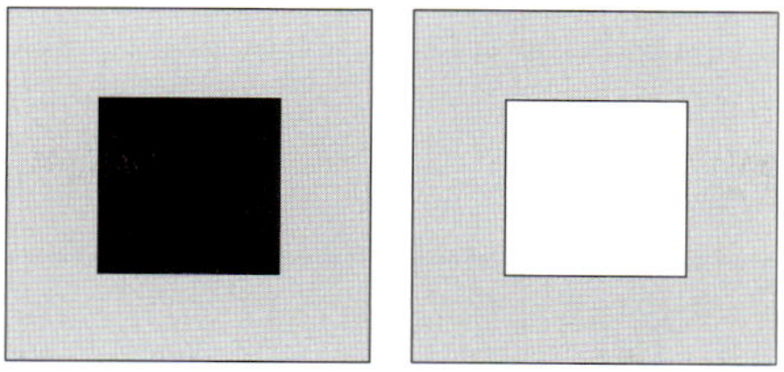

5.3.2 mouseReleased() 함수

마우스를 눌렀다가 떼는 순간에 어떠한 동작을 하도록 만드는 내장함수로 mouseReleased() 함수가 있다. 앞의 예에서 mousePressed()를 mouseReleased() 함수로 바꾸면 마우스 버튼을 누르는 순간에는 정사각형에 아무런 변화가 없다가 버튼을 놓는 순간 정사각형의 색깔이 변하는 것을 알 수 있다.

mouseEvent_4.pde

```
int value = 0;
void setup() {
  size(100, 100);
}
void draw() {
  fill(value);
  rect(25, 25, 50, 50);
}
void mouseReleased() {              // 마우스의 버튼을 눌렀다가 놓을 경우
  if (value == 0) {                 // 검은색이면 흰색으로 변경
    value = 255;
  } else {                          // 흰색이면 검은색으로 변경
    value = 0;
  }
}
```

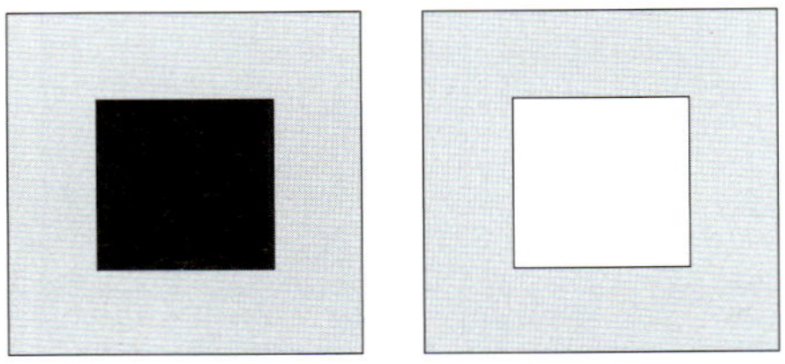

5.3.3 mouseClicked() 함수

마우스를 클릭할 때 어떠한 동작을 하도록 만드는 내장함수로 mouseClicked() 함수가 있다. 앞의 예에서 mouseReleased()를 mouseClicked() 함수로 바꾸면 마우스를 클릭하는 순간에 정사각형의 색깔이 변하는 것을 알 수 있다. 클릭을 천천히 해보면 버튼을 누르는 순간에는 변화가 없다가 떼는 순간에 색깔이 변하는 것으로 거의 mouseReleased() 함수와 같은 동작을 한다.

mouseEvent_5.pde

```
int value = 0;
void setup() {
  size(100, 100);
}
void draw() {
  fill(value);
  rect(25, 25, 50, 50);
}
void mouseClicked() {                    // 마우스의 버튼을 클릭할 경우
  if (value == 0) {                      // 검은색이면 흰색으로 변경
    value = 255;
  } else {                               // 흰색이면 검은색으로 변경
    value = 0;
  }
}
```

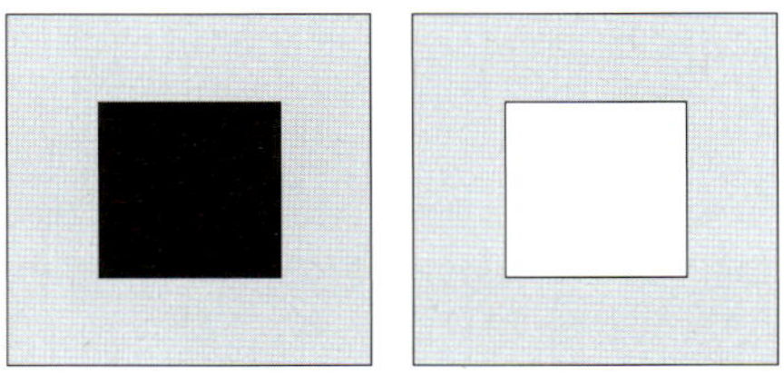

5.3.4 mouseMoved() 함수

마우스를 움직일 때 어떠한 동작을 하도록 만드는 내장함수로 mouseMoved() 함수가 있다. 다음 예와 같이 마우스를 움직일 경우에 검은색으로부터 흰색으로 점차 변해가는 것을 알 수 있다.

mouseEvent_6.pde

```
int value = 0;
void setup() {
  size(100, 100);
}
void draw() {
  fill(value);
  rect(25, 25, 50, 50);
}
void mouseMoved() {                      // 마우스를 움직일 경우
  value++;
}
```

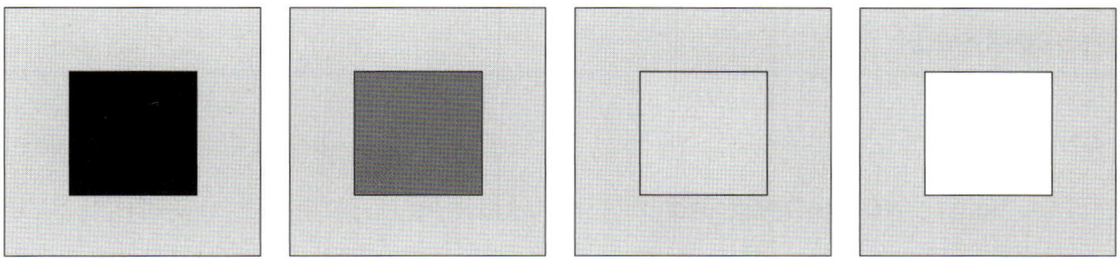

5.3.5 mouseDragged( ) 함수

마우스의 버튼을 누르면서 움직이면 어떠한 동작을 하도록 만드는 내장함수로 mouseDragged() 함수가 있다. 앞의 예에서 mouseMoved()를 mouseDragged() 함수로 바꾸면 마우스 버튼을 누른 상태에서 마우스를 움직이면 정사각형이 검은색으로부터 점차 흰색으로 변해가는 것을 알 수 있다.

mouseEvent_7.pde

```
int value = 0;
void setup() {
  size(100, 100);
}
void draw() {
  fill(value);
  rect(25, 25, 50, 50);
}
void mouseDragged() {                    // 마우스 버튼을 누르면서 움직일 경우
  value++;
}
```

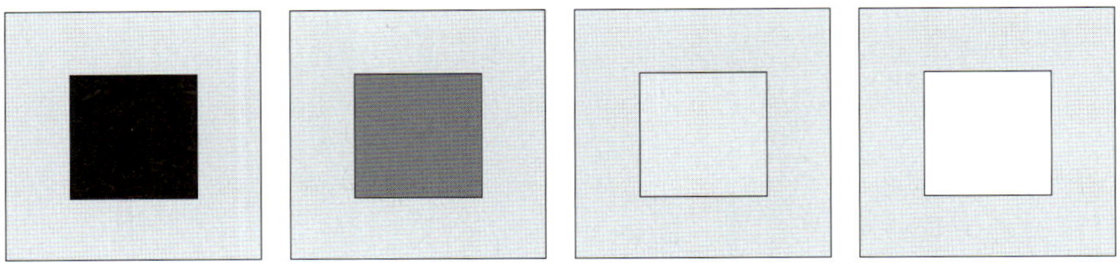

5.3.6 mouseWheel( ) 함수

마우스의 휠(wheel)을 돌릴 때 어떠한 동작을 하도록 만드는 내장함수로 mouseWheel() 함수가 있다. 앞의 예에서 mouseDragged()를 mouseWheel() 함수로 바꾸면 마우스의 휠을 움직이면 정사각형이 검은색으로부터 점차 흰색으로 변해가는 것을 알 수 있다.

mouseEvent_8.pde

```
int value = 0;
void setup() {
  size(100, 100);
}
void draw() {
  fill(value);
  rect(25, 25, 50, 50);
}
void mouseWheel() {                      // 마우스의 휠을 돌릴 경우
  value++;
}
```

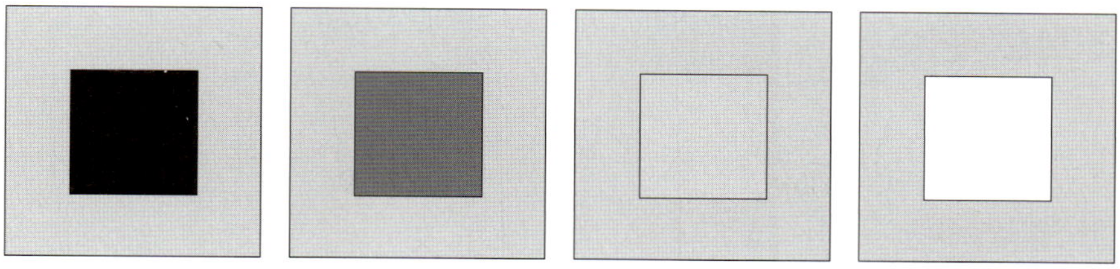

지금까지 공부한 마우스 이벤트 함수들을 모두 사용하여 다음과 같이 마우스의 움직임을 콘솔에 프린트하는 예를 만들어보자.

mouseEvent_9.pde

```
void setup() {
  size(100, 100);
}
void draw() {                    // 아무런 동작을 안 함
}
void mousePressed() {            // 마우스의 버튼을 누를 경우
  println("mousePressed");
}
void mouseReleased() {           // 마우스의 버튼을 눌렀다가 놓을 경우
  println("mouseReleased");
}
void mouseClicked() {            // 마우스의 버튼을 클릭할 경우
  println("mouseClicked");
}
void mouseMoved() {              // 마우스를 움직일 경우
  println("mouseMoved");
}
void mouseDragged() {            // 마우스 버튼을 누르면서 움직일 경우
  println("mouseDragged");
}
void mouseWheel() {              // 마우스의 휠을 돌릴 경우
  println("mouseWheel");
}
```

```
mousePressed
mouseReleased
mouseClicked
mouseMoved
mouseDragged
mouseWheel
```

5.4 키보드 변수

키보드에서 사용자가 입력하는 키(key)들의 정보를 알 수 있는 키보드 내장변수와 내장함수들에 대하여 알아보자.

5.4.1 keyPressed 변수와 keyPressed( ) 함수

프로세싱에서 keyPressed 변수는 mousePressed 변수와 유사하게 키보드가 눌렸는지 여부를 알려주는 내장된 변수이다. keyPressed 변수는 키보드의 키를 누르면 참으로 값이 바뀌고 아무런 키도 누르지 않을 경우에는 거짓으로 바뀐다. 다음 예는 앞에서 설명한 mousePressed 예와 유사하게 키보드의 아무 키나 눌려지면 숫자가 계속 증가하고, 눌렀던 키를 놓으면 증가되던 숫자가 멈춘다.

keyEvent_1.pde

```
int i = 0;
void setup() {
  size(100, 100);
}
void draw() {
  if (keyPressed) {              // 키가 눌려지는 것이 참이면
    i++;
    println(i);
  }
}
```

```
121
122
123
```

keyPressed()는 키보드가 눌리면 실행되는 함수이다. keyPressed 변수와 keyPressed() 함수의 역할이 동일한 것으로 보이지만, keyPressed 변수의 경우는 어떤 키가 눌려졌는지 여부의 참과 거짓을 판별하는 것이고, keyPressed() 함수의 경우는 어떤 키가 눌려졌을 때 어떠한 동작을 취하는 것을 정의한다는 점에서 큰 차이가 있다. 또한, 유의할 점은 mousePressed() 함수는 마우스를 누르고 있어도 한번만 호출이 되지만 keyPressed() 함수는 키를 누르고 있으면 계속적으로 호출된다. 다음 예의 경우에 특정 키를 누르고 있는 동안에 콘솔에 계속적으로 keyPressed라는 결과가 출력이 된다.

keyEvent_2.pde

```
void setup() {
  size(100, 100);
}
void draw() {
}
void keyPressed() {                    // 키가 눌려지면
  println("keyPressed");
}
```

```
keyPressed
keyPressed
keyPressed
```

5.4.2 keyCode 변수와 keyReleased( ) 함수

프로세싱은 사용자가 키보드의 키를 눌렀는지 여부뿐만 아니라 누른 키가 어떤 키인지도 파악이 가능하다. key는 키보드에서 눌려진 키의 문자 종류를 나타내는 내장된 변수이고, keyCode는 눌려진 키의 ASCII(American Standard Code for Information Interchange: 미국 정보 교환용 표준 부호값) 코드를 나타내는 내장된 변수이다. ASCII 코드는 사용자가 키보드의 키를 누를 때 컴퓨터에 입력되는 7비트(0~127) 숫자 정보이다. 또한, keyReleased() 함수는 키보드가 눌려졌다가 띄어지면 실행되는 함수이다. 다음 예는 키보드의 특정 키가 눌려지면 키의 값과 ASCII 코드를 출력하고, 키보드의 특정 키를 누르다가 놓으면 keyReleased가 출력되는 결과를 보여준다.

keyEvent_3.pde

```
void setup() {
  size(100, 100);
}
void draw() {
}
void keyPressed() {                    // 키가 눌려지면
  println(key);
  println(keyCode);
}
void keyReleased() {                   // 키를 놓으면
```

```
  println("keyReleased");
}
```

```
a
65
keyReleased
b
66
keyReleased
```

이번 장에서 배운 mousePressed()와 keyPressed() 함수를 이용하여 마우스를 누르면 계속해서 원이 그려지고, 키를 누르면 화면이 초기화되는 다음과 같은 예를 만들어 본다. 마우스가 가리키는 위치에서 클릭을 하면 원이 계속해서 생겨나고, 키보드의 키 중에서 아무 키나 누르면 화면이 흰색으로 초기화된다.

keyEvent_4.pde

```
void setup() {
  size(400, 400);
  background(255);                    // 배경을 흰색으로 채움
}
void draw() {                         // 아무런 동작을 안 함
}
void mousePressed() {                 // 마우스가 눌려지면
  stroke(0);                          // 선의 색을 검정색으로 정함
  fill(128);                          // 원의 내부 색을 128로 정함
  ellipse(mouseX, mouseY, 50, 50);    // 마우스의 위치에 원을 그림
}
void keyPressed() {                   // 키가 눌려지면
  background(255);                    // 배경을 흰색으로 초기화시킴
}
```

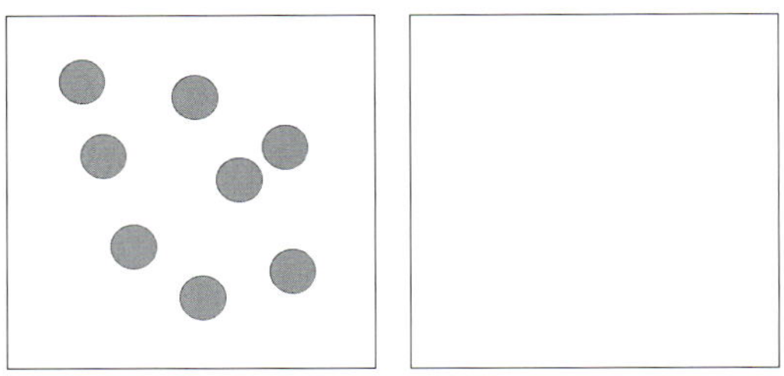

5.5 잔상효과

다음의 예와 같이 배경을 background(0)으로 정하면, 프레임마다 검은 화면에 매번 새로운 흰색 점 하나를 임의의 위치에 빠르게 그린다. 원이 임의의 위치에 나타내기 위하여, 앞으로 배우게 되는 random() 함수를 사용하여 0과 width, 0과 height 사이의 임의의 숫자를 만들어 원의 x, y 좌표를 지정하고 지름이 3인 원을 그린다.

starts_night.pde

```
void setup() {
  size(100,100);
  noStroke();                    // 경계선을 그리지 않음
}
void draw() {
  background(0);
  fill(255);
  ellipse(random(width), random(height), 3, 3);
}
```

앞의 예에 밤하늘에 반짝이는 별과 같은 효과를 주려면 fill() 함수에서 불투명도(opacity)를 지정하면 된다. fill() 함수에는 불투명도를 조절하는 alpha값이 있는데, 무채색의 경우에는 무채색값에 이어 두 번째 인자이고, 칼라 색상의 경우에는 R, G, B값에 이어 네 번째 인자이다. alpha값 0은 완전한 투명을 나타내고 255는 완전한 불투명을 나타낸다. 그러므로 background(0)은 fill(0,255), rect(0, 0, width, height)와 같은 결과를 만든다. 만약 background(0)을 fill(0,5)와 rect(0, 0, width, height)로 대체하면 잠시 반짝이다가 사라지는 별의 효과를 만들 수 있다. 사실은 매번 5정도의 투명도를 갖는 검은색 배경을 흰색 원 위에 덧씌우는 작업이다. 흰색의 원은 투명도 5의 검은색 배경이 많아질수록 점점 사라지게 되어 별이 반짝이는 것처럼 보인다.

starts_night_2.pde

```
void setup() {
  size(100,100);
  noStroke();
}
void draw() {
  fill(0, 5);                          // 투명도를 5로 지정
  rect(0, 0, width, height);           // 화면에 같은 크기의 사각형을 그림
  fill(255);
  ellipse(random(width), random(height), 3, 3);
}
```

이번에는 유성이 날아가는 것과 같이 움직이는 원의 꼬리에 잔상을 남기는 효과를 주려면 위와 같이 fill() 함수에서 불투명도를 지정하면 된다. 배경을 fill(0,255)로 완전히 새로 업데이트 하지 않고, fill(0,20)으로 불투명도 20을 지정하면 잔상을 만들 수 있다. 이때 원의 외곽선을 noStroke() 함수를 이용하여 없애야만 깨끗한 잔상을 만들 수 있다. 불투명도 값이 클수록 배경이 빨리 덧씌워지므로 짧은 잔상효과를 보인다. 아래의 예는 결과는 각각 fill(0, 10), fill(0, 20), fill(0, 40), fill(0, 100)의 경우 잔상효과를 보여준다. fill(0, 255)의 경우는 잔상효과가 전혀 없게 된다.

Residual_1

```
int i = 0;
void setup() {
  size(100,100);
  noStroke();
}
void draw() {
  fill(0, 20);                   // 투명도를 20으로 지정
  rect(0, 0, width, height);     // 화면에 같은 크기의 사각형을 그림
  fill(255);                     // 흰색 원을 그림
```

```
  ellipse(i++, 50, 20, 20);
  if (i > width) i=0;          // 화면의 오른쪽 끝에 원이 닿으면 왼쪽에서 다시 시작
}
```

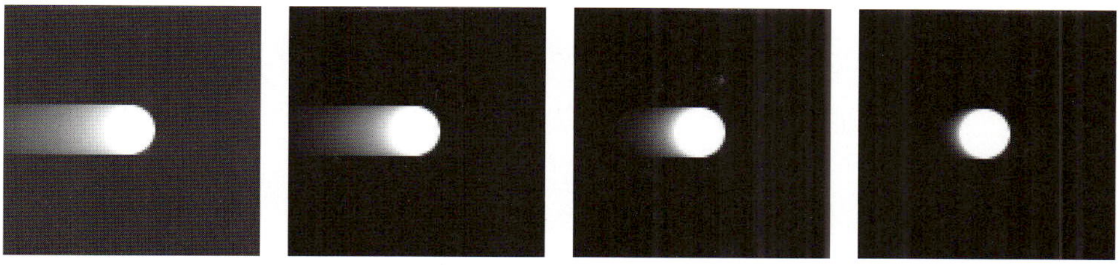

연습문제

01 mousePressed 변수와 mousePressed() 함수를 이용하여 같은 결과가 나오는 예를 만든다.

02 mousePressed() 함수와 keyPressed() 함수의 차이점을 설명하라.

03 key 변수와 keyPressed() 함수를 이용하여 사용자가 누른 키가 대문자이면 소문자로, 소문자이면 대문자로 출력하는 프로그램을 만든다.

04 사용자가 출력창에 그린 결과를 아무 키나 누르면 그림파일로 저장하는 keyPressed() 함수를 만든다.

05 잔상효과를 만들 때 noStroke() 함수를 사용하지 않으면 어떠한 현상이 발생하는가?

PART 1
창의적 코딩 / 기초편

Chapter 6
글씨

C/H/A/P/T/E/R

06 글씨

프로세싱으로 글자를 쓰고, 디자인하고, 움직이게 만들 수 있다. 글자를 쓰기 위해서는 먼저 폰트를 정해야하는데, 폰트를 표현하기 위해서는 VLW 파일 포맷으로 전환하여야 한다. 여기서 확장자 VLW는 Visual Language Workshop의 약자로 동명의 MIT 미디어랩의 연구 모임을 의미한다. VLW 포맷은 글자를 이미지 형태로 저장하는 것으로 프로세싱 메뉴의 Tools(도구) 〉 Create Font...(글꼴 생성...)를 선택하여 변환해준다.

6.1 글씨 쓰기

글씨를 쓰기 위하여 `text()` 함수를 사용하며 대표적인 사용법은 다음과 같다. 첫 번째 매개변수는 화면에 표시할 글자이고, 두 번째와 세 번째 매개변수는 표현하려는 글자 위치의 x와 y 좌표들을 나타낸다. `text()` 함수에서 표시할 글자가 한 문자(`char`)이면 작은따옴표(')로 묶고 한 문장(`string`)이면 큰따옴표(")로 묶어주어야 한다는 점을 유의한다.

• **함수**	
`text (c, x, y);`	구문
• **매개변수**	
`c`	`char, String`: 글자
`x`	`float`: x 좌표
`y`	`float`: y 좌표

아래의 예는 `text()` 함수의 사용법을 보여주기 위한 것으로 출력창의 (20, 50)의 위치에 `Processing`이라는 단어를 쓴다. 글씨를 나타내기 위한 색깔을 지정하지 않을 경우에 글씨 쓰기의 기본 색은 회색 배경에 흰색 글씨로 가독성이 떨어진다.

```
size(300, 200);
text("Processing", 20, 50);
```

6.2 폰트 설정

프로세싱은 기본 폰트 외에도 다양한 폰트로 문자를 표현할 수 있다. 그러나 프로세싱에서 문자를 다른 서체로 표현하기 전에 컴퓨터에 있는 폰트를 VLW(Visual Language Workshop) 포맷으로 변환해야 한다. 새로운 폰트를 설정하기 위하여 프로세싱 메뉴에서 Tools(도구) > Create Font...(글꼴 생성...)를 선택하면 다양한 비트맵 폰트를 선택할 수 있는 Create Font(글꼴 생성) 창이 나타난다. 이 대화창에서 사용하고자 하는 폰트명과 크기를 선택하고, 부드럽게 처리하기 위한 Smooth를 선택한 후에 OK를 클릭하면 파일명에 나타난 폰트가 스케치의 data 폴더 밑에 생성된다. 이제 프로세싱 프로그램에서 생성된 폰트를 불러들여 스케치에 특정한 폰트의 글자를 표현할 수 있다.

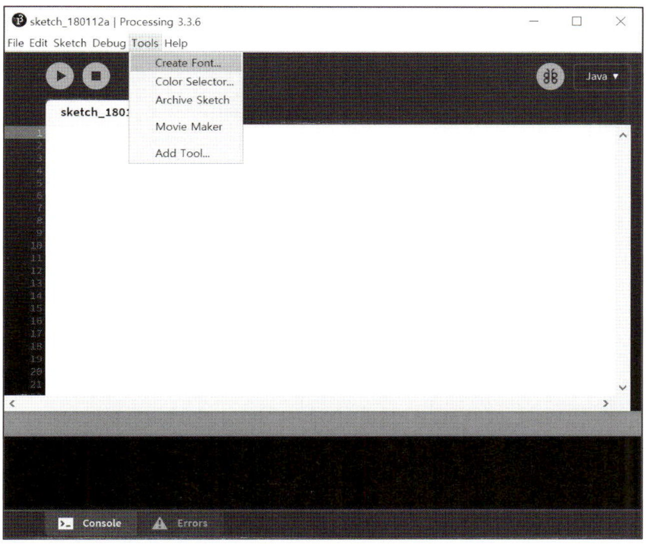

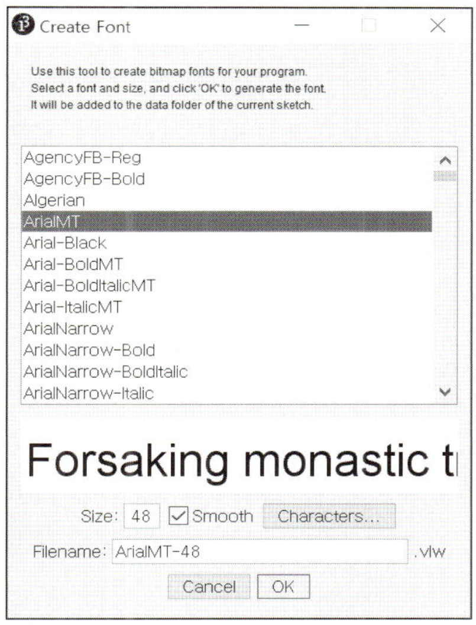

앞에서 설정한 VLW 포맷은 글자들을 작은 이미지로 저장하기 때문에 원하는 폰트를 설정할 때는 폰트의 크기를 스케치에서 사용할 크기와 동일하거나 조금 크게 설정하는 것이 좋다. 설정한 크기와는 다른, 조금 크거나 작은 폰트를 스케치에서 사용하려면 확대나 축소를

하여야 하는데, 대부분의 경우에 폰트 이미지의 축소는 문제가 없으나 확대 시에는 폰트가 부드럽지 못하게 출력될 수 있기 때문이다. 그러나 설정하는 폰트의 크기가 너무 커지면 파일의 용량도 커지기 때문에 유의한다. 또한 Create Font(글꼴 생성) 창에서 Characters... 옵션을 사용하면 폰트를 위한 비트맵 이미지를 생성하여 파일 크기가 현저하게 커지기 때문에 Character Selector에 있는 한글과 같은 외국 문자를 사용하는 특수한 경우에만 선택하도록 한다. 예를 들어, 한컴오피스 한글에서도 사용하는 Arial Unicode MS 폰트의 경우 Create Font에서 ArialUnicodeMS 서체를 선택한다. 기본 크기인 48과 Smooth가 체크되어 있는데, 파일 이름은 크기까지 지정이 된 ArialUnicodeMS- 48.vlw로 설정되어 있기 때문에 스케치 프로그램에서도 확장자까지 표기한다는 점을 유의한다. 사용자의 PC 환경에 따라 기본적으로 설치되어 있지 않은 폰트의 경우에는 유사한 폰트를 사용하도록 한다.

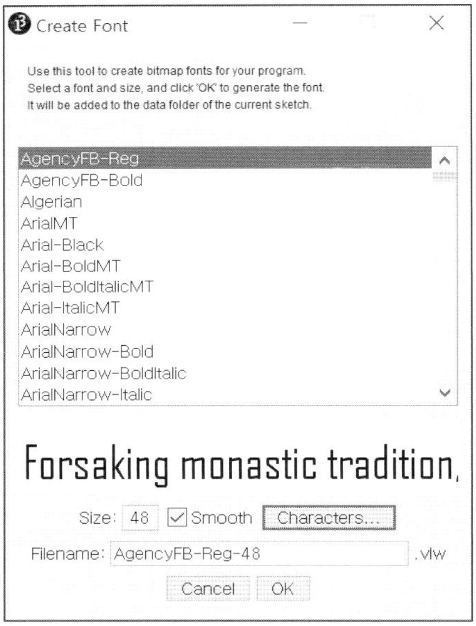

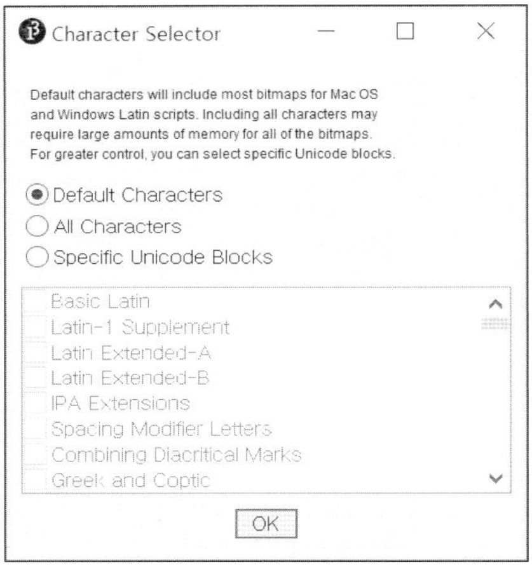

사용자가 정의한 폰트의 설정과정이 완료되면, 스케치 프로그램에서 프로세싱의 폰트 클래스 변수인 `PFont`를 사용하여 폰트 변수를 정의하고, `loadFont()` 함수를 사용하여 폰트를 불러온 후에 `textFont()` 함수를 사용하여 현재의 폰트를 설정한다. 모든 준비가 끝나면 `text()` 함수를 사용하여 글자를 표시하면 된다. 폰트 설정과 이 폰트를 스케치 프로그램으로 불러들여 글자를 표시하는 방법을 순서대로 정리하면 다음과 같다.

1. Create Font로 스케치의 data 폴더에 사용하려는 폰트를 추가한다.
2. PFont 변수로 폰트를 정의한다.
3. loadFont() 함수로 폰트를 불러온다.
4. textFont() 함수로 현재 사용할 폰트를 설정한다.
5. text() 함수로 문자를 표시한다.

다음은 앞에서 설명한 것과 같이 사용자가 정의한 폰트를 이용하여 단어들을 특정한 위치에 표현하는 대표적인 예를 보여준다. 사용하려는 폰트는 ArialUnicodeMS-48.vlw로 설정하고 text() 함수들을 이용하여 문자를 표현하였다. 출력창 문자의 색은 기본 값이 흰색이기 때문에 왼쪽과 같은 결과를 얻을 수 있고, fill(0)를 추가로 사용하면 오른쪽과 같은 검정색 글자의 결과를 얻을 수 있다. 다음 예에서 사용한 ArialUnicodeMS 폰트가 자신의 컴퓨터에 없을 경우에는 적절한 폰트를 설치하고 그 폰트를 불러 사용하여도 된다.

Text_1.pde

```
size(300, 200);
PFont f;                                      // PFont 변수로 폰트를 정의
f = loadFont("ArialUnicodeMS-48.vlw");        // 사용자 폰트를 불러옴
textFont(f);                                  // 현재 사용할 폰트 설정
text("Processing", 20, 50);                   // 문자를 표시
text("Creative", 20, 100);                    // 문자를 표시
text("Coding", 20, 150);                      // 문자를 표시
```

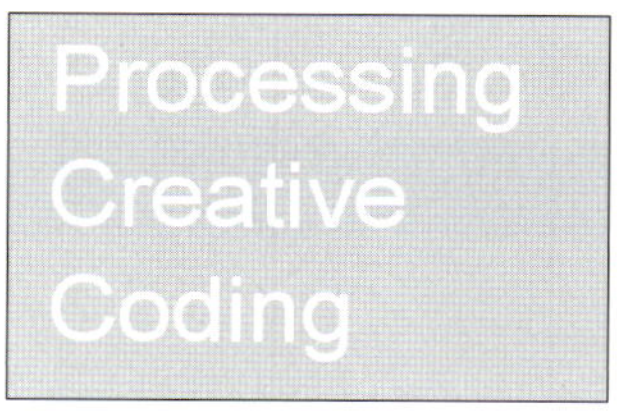

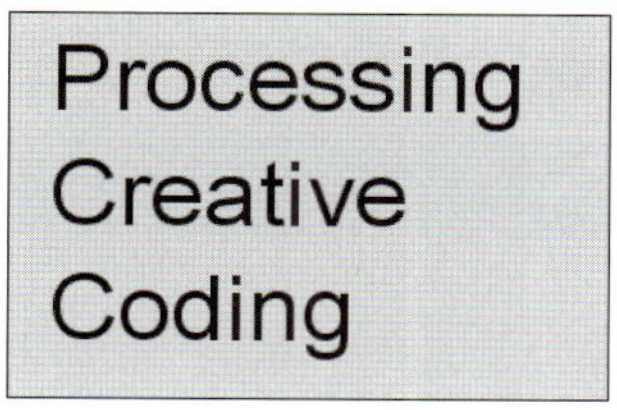

6.3 글씨 크기 설정

표현하려는 글씨의 크기를 조절하려면 textSize() 함수를 사용하며 화소(pixel)단위로 크기를 변수로 설정한다. 글씨 크기에 대한 지정이 없으면 기본값은 사용자가 정의한 폰트의 크기이다. 아래의 예는 기본값으로 48 포인트를 사용하였고, 크기를 줄여 24, 12 포인트 크기의 글씨를 보여준다.

Text_2.pde

```
size(300, 200);
PFont f;
f = loadFont("ArialUnicodeMS-48.vlw");      // 폰트 크기 48 설정
textFont(f);
fill(0);
text("Size 48", 20, 50);
textSize(24);                               // 폰트 크기 24 설정
text("Size 24", 20, 100);
textSize(12);                               // 폰트 크기 12 설정
text("Size 12", 20, 150);
```

프로세싱에서도 일반적인 텍스트 편집에서 사용하는 정렬을 textAlign() 함수로 설정할 수 있다. 다음은 화면 중앙선을 중심으로 매개변수로 각각 LEFT(왼쪽 정렬), CENTER(중앙 정렬), RIGHT(오른쪽 정렬)를 사용한 예를 보여준다. LEFT의 경우는 시작점으로부터 오른쪽으로 글씨를 써 나아가고, CENTER의 경우는 시작점으로부터 좌우로, RIGHT의 경우는 왼쪽으로 써 나아간다. 아래의 예에서는 출력창에 이해를 돕기 위한 중앙선을 $x = 150$에 첨가하였다.

Text_3.pde

```
size(300, 200);
PFont f;
f = loadFont("ArialUnicodeMS-48.vlw");
textFont(f);
fill(0);
textAlign(LEFT);                           // 왼쪽 정렬
text("Left", 150, 50);
textAlign(CENTER);                         // 중앙 정렬
text("Center", 150, 110);
textAlign(RIGHT);                          // 오른쪽 정렬
text("Right", 150, 170);
```

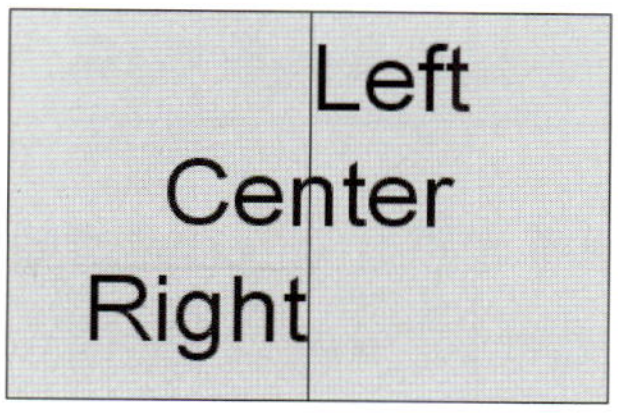

프로세싱에서도 줄 간격 조정을 `textLeading()` 함수로 설정할 수 있다. 매개변수는 화소 단위로 조절된다.

Text_4.pde

```
size(400, 250);
String s = "Life is like a box of chocolate, you never know what you're gonna get.";
PFont f;
f = loadFont("ArialUnicodeMS-48.vlw");
textFont(f);
fill(0);
textSize(24);
text(s, 20, 20, 400, 200);                // 기본 줄 간격
textLeading(20);                          // 20 화소 줄 간격
text(s, 20, 100, 400, 200);
textLeading(15);                          // 15 화소 줄 간격
text(s, 20, 170, 400, 200);
```

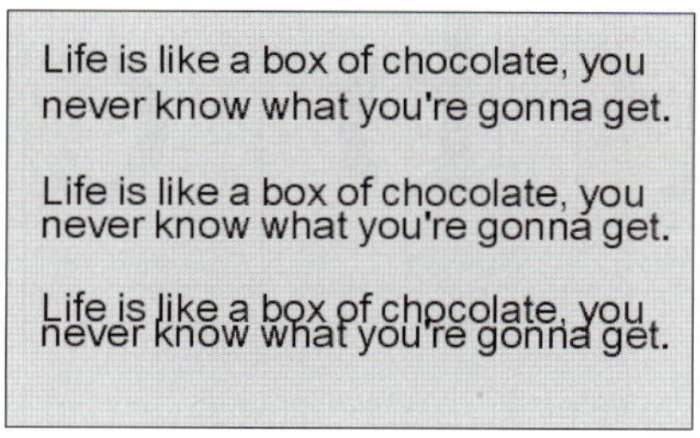

6.4 문자의 출력

키보드의 문자키를 누르면 출력화면에 눌려진 문자가 출력되도록 한다. 문자키를 출력하기 위하여 `text()` 함수를 사용하며 매개변수로 `key`와 출력할 문자의 위치 좌표를 지정한다. `text()` 내장함수는 눌려진 키를 입력으로 받아들여 `key` 변수에 저장하고 이를 출력하게 된다. 문자키의 위치를 지정할 경우에는 한 문자의 왼쪽아래 구석이 기준점이 된다. 아래 예의 경우 처음에는 입력되는 문자가 없기 때문에 문자의 위치를 지정하는 네모상자가 출력되는데, 네모의 왼쪽아래의 위치가 x는 30이고 y는 160이 된다. 글자의 크기는 `textSize()` 함수를 이용하여 조정할 수 있다. 키보드를 이용하여 문자키 a, b, c, d 등을 입력하면 바로 출력창에 문자키가 출력되는 것을 볼 수 있다.

Keyboard_0.pde

```
void setup() {
  size(200, 200);
  textSize(200);
  fill(0);
}
void draw() {
  background(255);
  text(key, 30, 160);                    // 입력되는 key 값
}
```

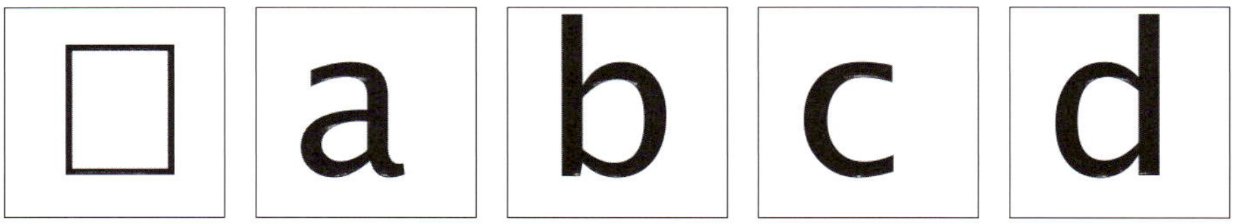

`textAlign()` 함수로 문자를 포함하는 영역의 위치를 조절할 수 있다. 매개변수로 각각 `CENTER`, `LEFT`, `RIGHT`를 사용할 수 있는데, `CENTER`로 설정하면 지정한 x좌표가 문자를 포함하는 영역의 중심이 되어 지정한 위치의 중앙에 문자가 쓰이게 된다. 한편, `LEFT`로 설정할 경우, x좌표가 문자를 포함하는 영역의 기준점의 왼쪽에 있게 되어 문자가 지정한 위치의 오른쪽에 위치하게 된다. 반면에 `RIGHT`로 설정할 경우, x좌표가 문자를 포함하는 영역의 기준점의 오른쪽에 있게 되어 문자가 지정한 위치의 왼쪽에 위치하게 된다. 아래의 예는 x의 위치를 100으로 설정할 경우에 매개변수로 각각 `CENTER`, `LEFT`, `RIGHT`를 사용하면 문자의 위

치가 어떻게 변경되고 문자가 어느 위치에 써지는지를 보여준다. LEFT의 경우에 문자가 오른쪽으로 치우치고, RIGHT의 경우에 문자가 왼쪽으로 치우쳐 보이는 점을 유의한다.

Keyboard_1.pde

```
void setup() {
  size(200,200);
  textSize(200);
  textAlign(CENTER);
  fill(0);
}
void draw() {
  background(255);
  text(key, 100, 160);
}
```

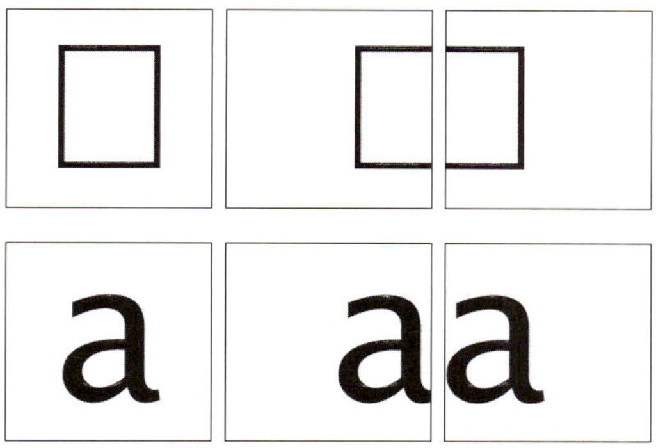

키보드의 문자키가 눌려졌는지 확인 할 수 있는 내장함수로 keyPressed()가 있다. 이를 이용하여 문자키를 누르면 keyPressed()를 이용하여 출력창에 눌려진 문자가 출력되도록 위의 예를 수정한다. 이 경우에는 draw() 함수에서 아무런 동작이 이루어지지 않기 때문에 초기에 회색의 배경화면이 출력되고 있다가 문자키를 누르면 keyPressed() 함수가 이를 감지하고 text() 내장함수로 눌려진 키를 입력으로 받아들여 key 변수에 저장하고 이를 출력한다. 문자키 a, b, c, d 등을 입력하면 바로 출력창에 문자키가 출력되는 것을 볼 수 있다.

Keyboard_2.pde

```
void setup() {
  size(200, 200);
  textSize(200);
```

```
  fill(0);
}
void draw() { }
void keyPressed() {
  background(255);
  text(key, 30, 160);                  // 입력되는 key 값
}
```

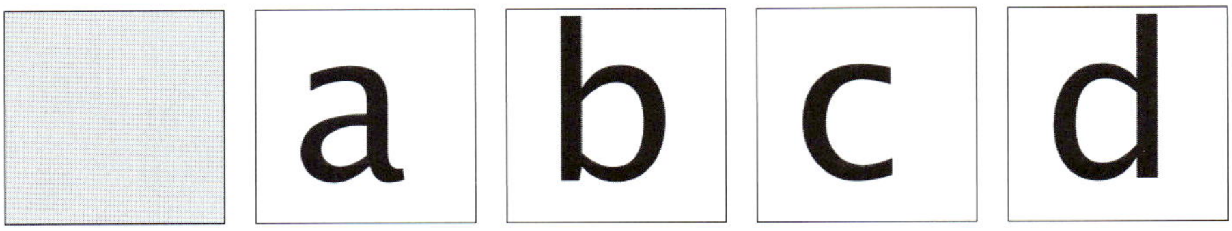

알파벳이 아닌 문장을 화면에 출력하는데도 `text()` 함수를 사용하며 매개변수로 출력하려는 문장을 큰따옴표로 묶고 출력할 위치 좌표를 지정한다. 문장의 위치를 지정할 경우에는 한 활자의 좌하단 구석이 기준점이 된다는 것을 유의한다. 아래 예의 경우 처음 나오는 글자 C의 왼쪽 아래의 위치가 x는 0이고 y는 70이 되고 나머지 알파벳은 크기에 따라 순차적으로 위치하게 된다. 글자의 크기는 `textSize()` 함수를 이용하여 조정할 수 있다.

Letter_1.pde

```
void setup() {
  size(500, 100);                       // 출력창의 크기를 지정
  textSize(64);                         // 글자 크기를 64로 설정
  fill(0);
}
void draw() {
  text("Creative Coding", 0, 70);       // 표시할 글자와 위치를 지정
}
```

앞의 예와 같이 `text()` 함수에 출력하려는 문장을 직접 넣는 것 보다는 `String` 변수를 이용하여 정의하는 것이 코드의 가독성을 높여준다. 위의 예를 `String` 변수를 이용하여 다음과 같이 수정할 수 있으며 동일한 결과를 보여준다. 출력하려는 문장이 `String` 변수로 맨

위에 정의되어 수정이 용이하게 된다.

Letter_1_1.pde

```
String s = "Creative Coding";
void setup() {
  size(500, 100);                    // 출력창의 크기를 지정
  textSize(64);                      // 글자 크기를 64로 설정
  fill(0);
}
void draw() {
  text(s, 0, 70);                    // 표시할 글자와 위치를 지정
}
```

또한, **text()** 함수의 매개변수를 조절하여 다양한 효과를 만들 수 있다. **text()** 함수의 두 번째와 세 번째 매개변수는 글씨의 시작 위치를 나타내고, 네 번째와 다섯 번째 매개변수는 문장 출력 범위를 조절하는데 사용한다. 아래의 예에서 출력창의 크기는 (300, 100)이지만 문자가 출력되는 범위는 (150, 100)이 되어 긴 문장의 경우 이 범위 내에서 자동으로 줄이 바뀌어 출력된다.

Letter_1_2.pde

```
String s = "Processing is a creative coding";
void setup() {
  size(300, 100);                     // 출력창의 크기를 지정
  textSize(20);                       // 글자 크기를 20으로 설정
  fill(0);
}
void draw() {
  text(s, 10, 10, 150, 100);          // String을 시작위치 (10,10), 폭 150,
}                                     // 높이 100의 범위 안에 출력
```

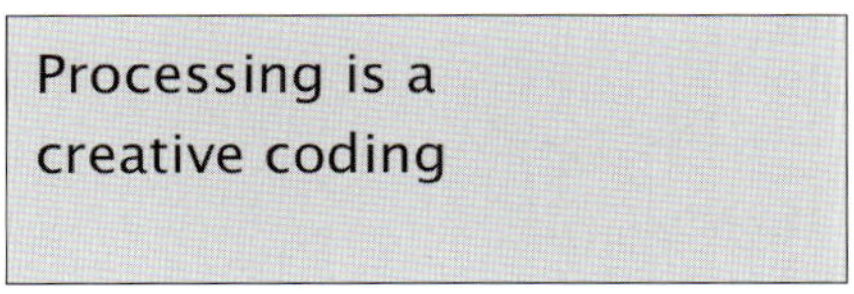

6.5 흐르는 글씨

위의 예를 변형하여 글자가 오른쪽으로 흐르게 만들 수 있다. x의 위치를 매 프레임마다 1씩 증가 시켜서 글자들을 오른쪽으로 이동 시킨다. 한 가지 주의할 점은 draw() 함수가 실행될 때 마다 background() 함수를 이용하여 배경색을 갱신해야 한다는 점이다.

Letter_1_3.pde

```
String s = "Processing is a creative coding";
int i;
void setup() {
  size(500, 100);                    // 출력창의 크기를 지정
  textSize(64);                      // 글자 크기를 64로 설정
  fill(0);
}
void draw() {
  background(200);                   // 배경색 갱신
  text(s, i++, 70);                  // 글자와 위치를 지정하고 오른쪽으로 흐르게 함
}
```

이번에는 글자가 흐르는 방향을 임의로 오른쪽과 왼쪽으로 바꾸도록 한다. 글자를 오른쪽으로 이동시키려면 x의 위치를 증가시키면 되고, 왼쪽으로 이동시키려면 x의 위치를 감소시키면 된다. r을 누르면 글자가 오른쪽으로 흐르고, l을 누르면 왼쪽으로 흐르게 된다. 여기서 ==기호는 좌변과 우변의 값을 비교하여 서로 값이 같은지 검사한다. =는 할당연산자로서 변수에 값을 할당하는 반면에 ==기호는 좌우변의 두 값이 같은가를 확인하는 연산자임을 유의한다.

Letter_2.pde

```
String s = "Creative Coding";
int i;
void setup() {
  size(500, 100);
  textSize(64);
```

```
  fill(0);
}
void draw() {
  background(200);
  text(s, i, 70);              // 글자와 위치를 지정
  if (key=='r') i++;           // r을 누르면 x 좌표가 증가하여 오른쪽으로 흐름
  if (key=='l') i--;           // l을 누르면 x 좌표가 감소하여 왼쪽으로 흐름
}
```

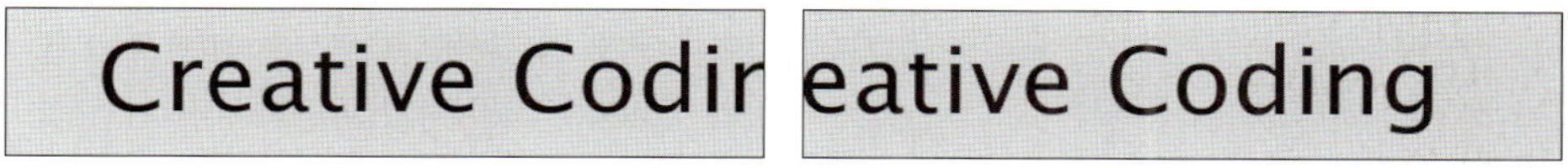

문자 r이나 l을 사용하지 않고, 좌우 방향키 →와 ←을 이용하여 글자의 흐르는 방향을 조절하기 위해서는 key 대신에 keyCode 변수를 사용하면 된다. 방향키를 직접 입력할 수 없기 때문에 방향키를 나타내는 내부변수를 사용한다. ←, →, ↑, ↓는 각각 LEFT, RIGHT, UP, DOWN이다. 여기에서는 오른쪽 방향을 위하여 RIGHT와 왼쪽 방향을 위한 LEFT를 사용한다. 입력되는 키가 → 기호이면 keyCode==RIGHT로 인식되어 오른쪽으로 이동하고, 입력되는 키가 ← 기호이면 keyCode==LEFT로 인식되어 왼쪽으로 이동하게 된다. 결과는 위의 예와 동일하다.

Letter_3.pde

```
String s = "Creative Coding";
int i;
void setup() {
  size(500, 100);
  textSize(64);
  fill(0);
}
void draw() {
  background(200);
  text(s, i, 70);              // 글자와 위치를 지정
  if (keyCode==RIGHT) i++;     // →을 누르면 x 좌표가 증가하여 오른쪽으로 흐름
  if (keyCode==LEFT) i--;      // ←을 누르면 x 좌표가 감소하여 왼쪽으로 흐름
}
```

다음과 같이 문장이 창밖으로 완전히 벗어날 경우에 다시 왼쪽으로부터 글씨가 나오게 만들 수 있다.

Letter_4.pde

```
String s = "Creative Coding";
int i;
void setup() {
  size(500, 100);
  textSize(64);                    // 글자 크기를 64로 설정
  fill(0);
}
void draw() {
  background(200);                 // 배경색 갱신
  text(s, i++, 70);                // 글자와 위치를 지정하고 오른쪽으로 흐르게 함
  if ( i > width ) i = -500;       // 문장이 창밖으로 벗어나면 다시 왼쪽에서 나옴
}
```

이를 확장하여 글자가 오른쪽으로 흐르다가 사라지면 다시 왼쪽으로부터 나오고, 왼쪽으로 흐르다가 사라지면 다시 오른쪽으로부터 나오도록 수정할 수 있다. 좌우 방향키 →와 ←을 이용하여 글자의 흐르는 방향을 조절할 수 있고, 글씨가 사라지지 않고 연속적으로 흐르게 할 수 있다.

Letter_5.pde

```
String s = "Creative Coding";
int i;
void setup() {
  size(500, 100);
  textSize(64);                   // 글자 크기를 64로 설정
  fill(0);
}
void draw() {
  background(200);                // 배경색 갱신
  text(s, i, 70);                 // 글자와 위치를 지정
  if (keyCode==RIGHT) i++;        // →을 누르면 오른쪽으로 흐름
  if (i>width) i = -500;          // 오른쪽으로 벗어나면 다시 왼쪽에서 시작
  if (keyCode==LEFT) i--;         // ←을 누르면 왼쪽으로 흐름
  if (i<-500) i = width;          // 왼쪽으로 벗어나면 다시 오른쪽에서 시작
}
```

사용자가 임의로 방향을 바꾸지 않고 자동적으로 일정범위 내에서 문자가 좌우로 왔다 갔다 할 수 있다. 아래의 예는 x의 위치가 30과 250 사이에서 문자가 좌우로 이동하기를 무한 반복한다. d 변수의 값을 조절하면 이동 속도를 변경할 수 있는데, 큰 값을 사용하면 빠르게, 작은 값을 사용하면 느리게 이동하는 것을 알 수 있다.

Letter_6.pde

```
String s = "Coding";
int i = 30;
int d = 1;
void setup() {
  size(500, 100);
  textSize(64);                          // 글자 크기를 64로 설정
  fill(0);
}
void draw() {
  background(200);                       // 배경색 갱신
  i += 1*d;                              // 증가분에 방향성을 추가
  if (( i> width/2) || (i<30)) {
    d = -d;
  }
  text(s, i, 70);                        // 글자와 위치를 지정
}
```

6.6 배너 만들기

TV 뉴스를 보면 화면의 아래쪽에 주요 뉴스의 내용을 흐르는 배너 형태로 보여주는 경우가 있다. 프로세싱을 이용하여 이와 같이 흐르는 배너를 만들어 본다. 우선 배너의 내용을 배열 `String[]`을 이용하여 정의한다. 아래의 예는 배너의 내용을 3개 정의하였다. 새로운 폰트를 사용하기 위하여 `createFont()` 함수를 이용하여 Arial 폰트의 16 포인트 글씨체를 선택한다. `text()` 함수를 이용하여 배너의 위치를 정하는데, 오른쪽에서 글씨가 나타나기 위하여 x좌표는 `width`로 설정하고, y좌표는 출력창의 바닥에서 20 화소 정도 올라오게 설정한다. 매번 x좌표가 1씩 감소하기 때문에 배너가 왼쪽으로 흐르는 것 같이 보이고, 첫 번째 배

너가 완전히 왼쪽으로 사라지면, 두 번째 배너가 같은 방식으로 왼쪽으로 흐르게 된다. 마지막으로 세 번째 배너가 왼쪽으로 사라지면, 다시 처음부터 반복되도록 배열 `headlines.length`를 이용하여 modulo 설정을 하였다. 배너를 더 삽입하려면 배열에 추가해주면 자동적으로 배너의 처음부터 마지막 문장까지 반복적으로 왼쪽으로 흐르는 것을 확인할 수 있다.

Letter_7.pde

```
String[] headlines = {
  "Processing 3",
  "An open project initiated by Ben Fry and Casey Reas",
  "Supported by programmers like you and the nonprofit Processing Foundation"
};
PFont font;
int i = 0;
float x;

void setup() {
  size(300, 200);
  font = createFont("Arial", 16);          // 글자 크기를 16로 설정
  textFont(font);
  textAlign(LEFT);
  fill(0);
  x = width;
}
void draw() {
  background(255);
  text(headlines[i], x, height-20);        // headlines에 있는 문장을 가져옴
  x = x-1;                                 // x좌표를 감소시켜 문자가 왼쪽으로 흐름
  float w = textWidth(headlines[i]);
  if (x < -w) {
    x = width;                             // 문자의 위치를 오른쪽에서 다시 시작
    i = (i + 1) % headlines.length;        // headlines의 문장을 순차적으로 표시
  }
}
```

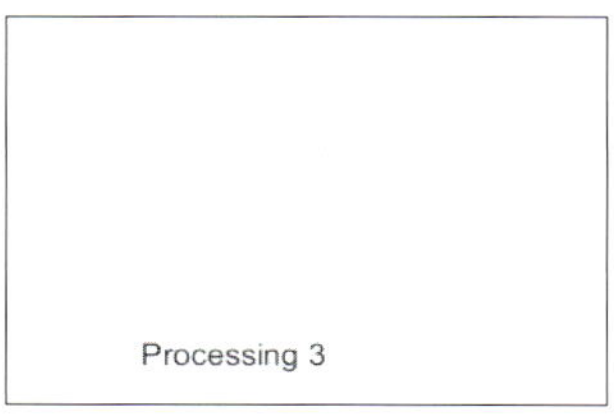

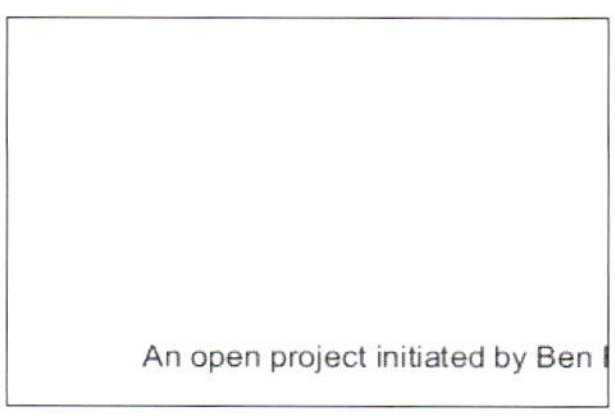

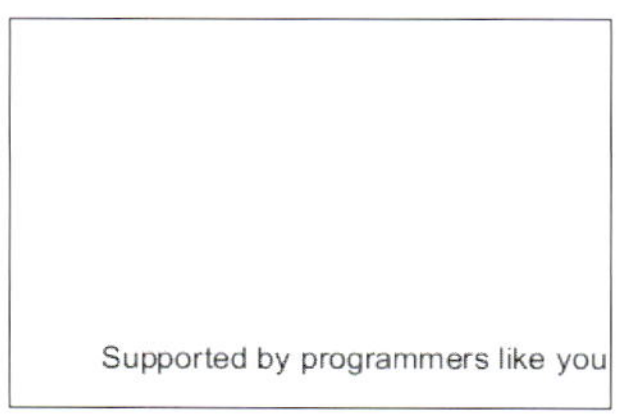

6.7 한글 설정

한글을 추가하기 위해서는 먼저 한글 폰트를 설정해야 한다. 프로세싱에는 기본적으로 굴림체, 궁서체, 돋움체, 바탕체를 제공하고 있기 때문에 이들을 활용한다. File(파일) > Preferences...(환경 설정)를 클릭하면 다음과 같은 Preferences(환경 설정) 창이 열린다. Language가 기본적으로 English로 되어 있기 때문에 한국어를 선택하고 프로세싱을 닫은 후 다시 실행하면 한글을 사용할 수 있다. 아래 그림과 같이 Editor and Console font(스케치 에디터 콘솔 글꼴 선택)에서 사용하고자 하는 폰트를 확인한다.

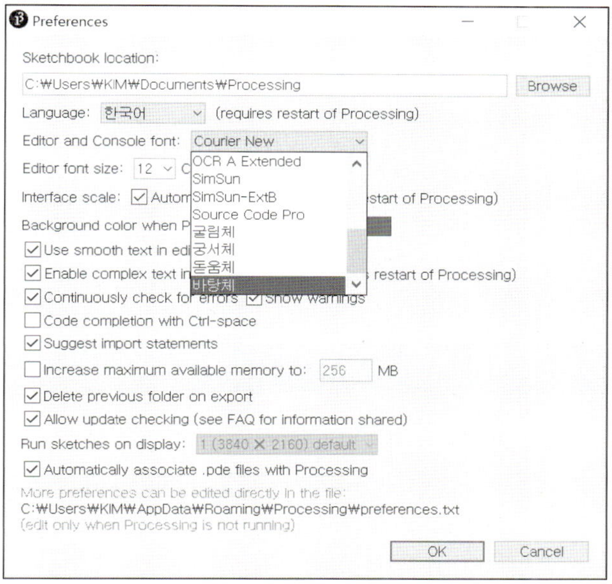

한글은 기본적인 폰트가 아니어서 `createFont()` 함수를 이용하여 필요한 폰트를 호출한다. `createFont(name, size)`가 기본형이기 때문에 48 포인트의 바탕체를 이용하려면 `createFont("바탕", 48)`을 호출하여 폰트 변수에 할당한다. 폰트를 할당할 경우에 바탕체가 아닌 바탕만 표기하여도 충분하다. 이 폰트 변수를 `textFont()` 함수를 이용하여 설정하면 한글로 된 스케치를 만들 수 있다. 다음은 크리에이티브 코딩이라는 한글이 왼쪽에서 오른쪽으로 흐르는 예이다. 한 프레임에 1 화소를 이동하고 출력되는 글씨가 출력창의 오른쪽으로 완전히 벗어나면 다시 왼쪽에서 글씨가 시작된다.

```
Letter_8.pde
PFont font;
int i;
void setup() {
  size(500, 100);
  font = createFont("바탕",48);       // 바탕-48 폰트를 호출
  textFont(font);                     // 현재의 폰트 설정
  fill(0);
}
void draw() {
  background(200);                    // 배경색 갱신
  text("크리에이티브 코딩", i++, 70);  // 글자와 위치 지정 후 오른쪽으로 흐르게 함
  if ( i > width ) i = -400;          // 문장이 창밖으로 벗어나면 다시 왼쪽에서 나옴
}
```

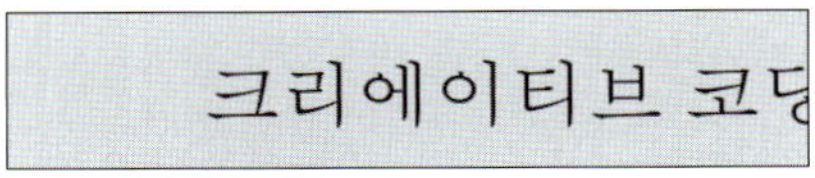

앞의 예와 같이 한글도 좌우로 방향을 조절하면서 문자가 흐르도록 할 수 있다.

```
Letter_9.pde
PFont font;
String s = "크리에이티브 코딩";
int i;
void setup() {
  size(500, 100);
  font = createFont("바탕",48);       // 바탕-48 폰트를 호출
  textFont(font);                     // 현재의 폰트 설정
  fill(0);
}
void draw() {
  background(200);
  text(s, i, 70);
  if (keyCode==RIGHT) i++;            // →을 누르면 오른쪽으로 흐름
  if (i>width) i = -400;              // 오른쪽으로 벗어나면 다시 왼쪽에서 시작
  if (keyCode==LEFT) i--;             // ←을 누르면 왼쪽으로 흐름
  if (i<-400) i = width;              // 왼쪽으로 벗어나면 다시 오른쪽에서 시작
}
```

한글의 경우에도 앞의 예와 같이 일정한 범위 내에서 자동적으로 좌우로 반복 이동할 수 있다. 아래의 예에서 코딩이라는 단어가 일정한 범위 내에서 좌우로 이동하는 것을 확인한다.

Letter_10.pde

```
PFont font;
String s = "코딩";
int i = 30;                              // 글자의 초기위치 설정
int d = 1;                               // 글자의 방향을 설정
void setup() {
  size(500, 100);
  font = createFont("바탕",48);           // 바탕-48 폰트를 호출
  textFont(font);                        // 현재의 폰트 설정
  fill(0);
}
void draw() {
  background(200);
  i += 1*d;                              // 증가분에 방향성을 추가
  if (( i> width-130) || (i<30)) {       // 반복할 범위를 지정
    d = -d;                              // 방향을 바꿈
  }
  text(s, i, 70);                        // 글자와 위치를 지정
}
```

6.8 타이포그래피

타이포그래피(typography)의 사전적 의미는 물리적인 활자나 디지털 활자를 다루는 방법이라고 할 수 있으나, 현대적인 의미로는 글자를 사용하여 여러 가지 형태로 디자인하고 표현하는 모든 것을 일컫는다. 프로세싱에서도 글자를 하나의 도형과 같이 미각적인 형태로 생각하고 디자인 할 수 있다. 도형을 그리는 함수들이나 텍스트와 연관된 함수들을 이용하여 다양한 형태의 타이포그래피를 만들어 본다.

6.8.1 회전하는 단어

특정 단어가 화면의 중심에서 회전하는 프로그램을 작성한다. loadFont() 함수의 경우에는 크기가 일정한 글씨를 만들 때 사용하고, 글씨의 크기가 변화할 때는 createFont() 함수를 사용하는 것이 좋다. 먼저 단어를 문자열(String)형으로 정의하고, createFont() 함수를 사용하여 스케치에 내장되어 있는 Courier New를 기본 폰트로, 폰트의 크기는 36 포인트로 설정한다. draw() 함수에서 화면의 중심으로 이동한 후에 지정한 단어를 표현하고 지정한 각도만큼 회전시킨다. 회전각은 매번 $\pi/18$, 즉, 10도씩 증가하게 된다. 한 번의 실행이 끝나면 너무 빠르게 다음 장면으로 넘어가는 것을 조절하기 위하여 0.2초 지연시간을 추가한다. 지연시간을 위한 delay() 함수의 단위는 msec로 delay(200)은 0.2초의 지연을 의미한다.

Typography_1.pde

```
PFont font;
String s = "Processing";                    // string을 정의
float ang = 0;
void setup() {
  size(300, 300);
  font = createFont("Courier New", 36);     // 폰트 정의
  textFont(font, 36);                       // 폰트 크기 36pt
  background(255);
  textAlign(CENTER);
}
void draw() {
  fill(0);
  translate(width/2, height/2);             // 화면 중심으로 이동
  rotate(ang);                              // 회전
  text(s, 0, 0);                            // 글자 출력
  ang += PI/18;                             // 각도를 10도씩 증가
  delay(200);                               // 지연시간 0.2초
}
```

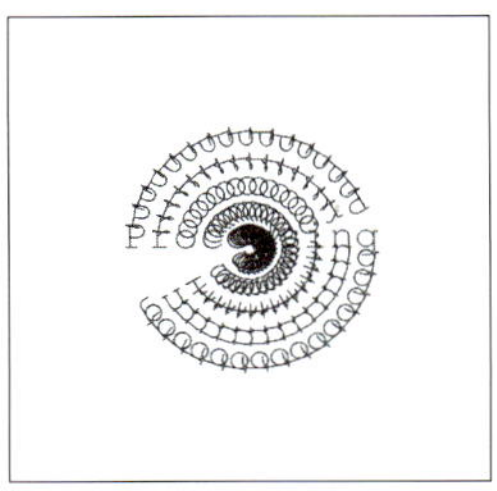

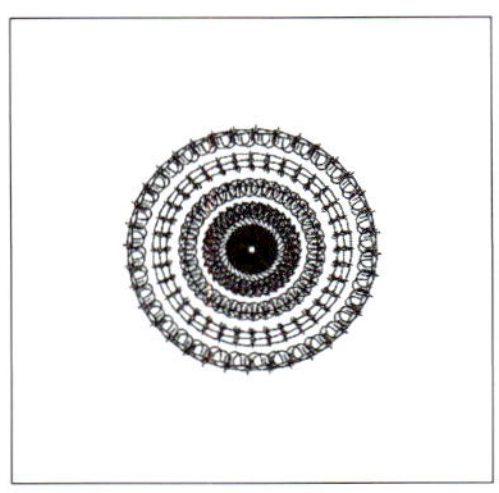

6.8.2 나선형으로 회전하는 알파벳

알파벳 I를 화면의 중심으로부터 크기를 증가시키면서 나선형으로 그려나가는 프로그램이다. 매번 draw() 함수가 실행될 때마다 폰트의 크기가 증가하고, 위치도 변하며, 회전각도도 10도씩 증가하게 되어 전체적으로 화면의 중심에서부터 나선형으로 글씨가 회전하면서 나오게 된다. createFont() 함수를 사용하여 스케치에 내장되어 있는 Courier New를 기본 폰트로 크기는 36 포인트로 설정한다. 한 번의 실행이 끝나면 너무 빠르게 다음 장면으로 넘어가는 것을 조절하기 위하여 0.2초의 지연시간을 추가한다.

Typography_2.pde

```
PFont font;
char c = 'I';                                        // char를 정의
float ang = 0;
int i;
void setup() {
  size(300, 300);
  font = createFont("Courier New", 36);              // 폰트 정의
  textFont(font, 36);                                // 폰트 크기 36pt
  background(255);
  textAlign(CENTER);
}
void draw() {
  textFont(font, i+5);                               // 폰트 크기 증가
  fill(0);
  translate(width/2, height/2);                      // 화면 중심으로 이동
  rotate(ang);                                       // 회전
  text(c, i, i);                                     // 글자 위치 증가
  ang += PI/18;                                      // 각도를 10도씩 증가
  i++;
  delay(200);                                        // 지연시간 0.2초
}
```

6.8.3 회전하는 알파벳

사용자가 지정한 문장의 알파벳들이 시계방향으로 회전하면서 임의의 색깔로 표현되는 프로그램을 작성한다. 표기하고자 하는 문장을 `String` 변수에 저장하고, `length()` 함수를 사용하여 문자열의 길이를 가져온다. 문자열의 길이 정보와 `charAt()` 함수를 사용하여 특정 위치의 문자를 측출해낸 후에 문자열의 숫자만큼 원주의 주위에 배열하고 $-\pi$에서부터 π로, 즉, 시계방향으로 출력한다. `draw()` 함수에서 화면의 중심으로 이동한 후에 지정한 단어를 표현하고 지정한 각도만큼 회전시킨다. 회전각은 매번 10도씩 증가하게 되고, 각도가 증가될 때마다 글자색도 임의의 값으로 변하게 된다. 너무 빠르게 돌아가지 않도록 0.2초의 지연시간을 준다.

Typography_3.pde

```
PFont font;
String post = "Processing Creative Coding";
float r = 150;
float theta = 0;
void setup() {
  size(400, 400);
  font = createFont("Arial-Black-48.vlw", 48);        // 폰트 정의
  textFont(font);
}
void draw() {
  background(255);
  fill((int) random(256), (int) random(256), (int) random(256));
                                                      // 임의의 글자 색
  int noChar = post.length();                         // 문자열의 길이
  translate(width/2, height/2);                       // 화면 중심으로 이동
  rotate(theta);                                      // 회전
  for (int i = 0; i < noChar; i++) {
    char theChar = post.charAt(i);                    // 알파벳을 하나씩 가져옴
    float ang = map(i, 0, noChar, -PI, PI);           // 각도의 범위 지정
    float x = r * cos(ang);
    float y = r * sin(ang);
    text(theChar, x, y);                              // 글자 출력
  }
 theta += PI/18;                                      // 각도를 10도씩 증가
 delay(200);                                          // 지연시간 0.2초
}
```

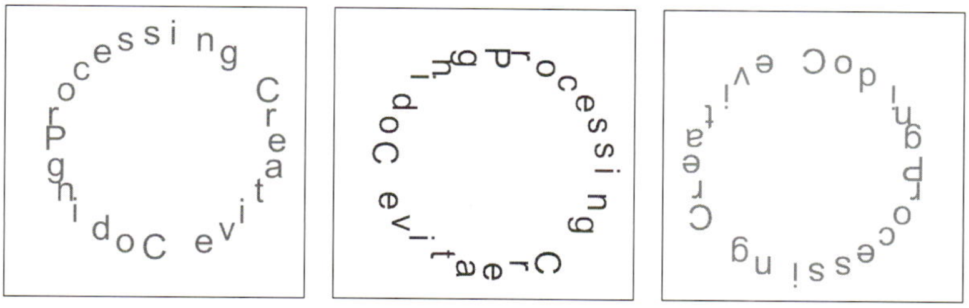

6.8.4 임의로 나타나는 알파벳

사용자가 입력하는 알파벳을 임의의 위치에 임의의 크기로 나타났다가 사라지는 프로그램을 작성한다. 이 예에서는 흰색 배경에 검은색 글씨를 사용하였으나 임의의 컬러로 설정하면 더욱 재미있는 효과를 만들 수 있다.

Typography_4.pde

```
void setup() {
  size(200,200);
  background(255);
}
void draw() {
  fill(255, 5);                              // 흰색 배경에 불투명도를 5로 설정
  rect(0, 0, width, height);                 // 배경과 같은 크기의 사각형을 그림
}
void keyPressed() {
  fill(0);
  textSize(random(20,100));                  // 임의의 글씨 크기 설정
  text(key, random(width), random(height));  // 임의의 위치에 사용자의 입력을 표시
}
```

6.8.5 자동으로 나타나는 알파벳

A에서 Z까지의 알파벳이 임의의 위치, 크기, 색깔로 50개가 나타나는 프로그램을 작성한다. 앞에서 설명한 것과 같이 우선 사용할 폰트를 프로세싱 메뉴에서 Tools(도구) > Create Font...(글꼴 생성...)을 이용하여 생성한다. 이 예에서는 크기가 48 포인트인 Arial-Black 폰트를 지정하였기 때문에 스케치의 data 폴더에 Arial-Black-48.vlw 파일이 생성되어 있어야 한다. 이 파일을 `createFont()` 함수를 이용하여 프로그램의 폰트로 지정하고, `textAlign()` 함수를 이용하여 문자의 정렬위치를 `CENTER`로 설정한다.

임의의 알파벳과 위치, 크기, 색깔을 만들기 위하여 `random()` 함수를 사용한다. 알파벳은 문자(char)형 변수로 `random()` 함수를 이용하여 만들어 낼 수 없기 때문에, 일단 정수(int)형으로 변형하여 임의의 수를 만들고, 이를 다시 문자(char)형으로 바꾸어서 임의의 글자를 표현한다. 알파벳과 특수기호는 컴퓨터에 특정한 코드의 값으로 저장된다. 영어 알파벳을 위한 ASCII 코드는 미국에서 표준화가 추진된 정보교환용 7 비트 부호로 숫자, 문자, 특수문자에 번호를 부여하여 PC를 중심으로 국제적으로 사용된다. ASCII 코드 7 비트에 오류 검증용 1 비트를 추가하여 컴퓨터에서 처리하기 용이한 8 비트, 즉 1 바이트(byte)를 문자 입력 코드로 사용한다.

알파벳은 문자이지만 A부터 Z까지를 랜덤한 정수로 처리하기 위하여 정수(int)형으로 바꿔주는 단계가 필요하다. 알파벳 A의 ASCII 코드는 1000001으로 정수로 변환하면 65가 되고, Z의 코드는 1011010으로 정수로 변환하면 90이 되기 때문에, random(A, Z+1)을 사용하여 65에서 90까지의 랜덤 숫자를 발생시킨 후에 다시 문자형(char)으로 변환하여 임의의 알파벳을 생성하게 된다. 정수 값이 90인 알파벳 Z도 `random()` 함수에서 출력이 되도록 만들기 위하여 1을 더하는 것을 유의한다. 미리 지정한 문자의 숫자만큼 반복문을 사용하여 알파벳이 생성되는데, 위치, 크기, 색깔 모두 임의의 값으로 설정되어 `Typo()` 함수에 넘겨주게 되며, 한 번의 실행이 끝나면 너무 빠르게 다음 장면으로 넘어가는 것을 조절하기 위하여 0.2초의 지연시간을 추가한다. `Typo()` 함수에서는 문자 값, 위치, 색깔, 폰트의 크기를 넘겨받아 지정된 위치에 문자를 표현하는데, 현재의 문자에 대한 위치변환 `translate()` 함수가 다음에 실행될 문자에 영향을 주지 않도록 마지막에 다시 `translate()` 함수를 사용하여 원점을 원위치로 이동시킨다는 점을 유의한다.

Typography_5.pde

```
PFont font;
int alpha = 50;                                    // 알파벳 숫자
int A = (int) ('A');                               // A의 ASCII-코드 값
int Z = (int) ('Z');                               // Z의 ASCII-코드 값
void setup() {
  size(300, 300);
  font = createFont("Arial-Black-48.vlw", 48); // 폰트의 생성
  textAlign(CENTER);
}
void draw() {
  background(255);
  for(int i = 0; i < alpha; i++) {
    Typo((int) random(width), (int) random(height), (char) random(A, Z+1), (int)
         random(256), (int) random(256), (int) random(256), (int) random(12, 72));
  }                                                // 임의의 위치, 문자, 색깔, 크기 지정
  delay(200);                                      // 지연시간 0.2초
}
void Typo(int x, int y, char z, int r, int g, int b, int t) {
  fill(r, g, b);                                   // 글씨의 색깔
  translate(x, y);                                 // 글씨 위치 이동
  textFont(font, t);                               // 글씨의 모양 및 크기
  text(z, 0, 0);
  translate(-x, -y);                               // 원위치 이동
}
```

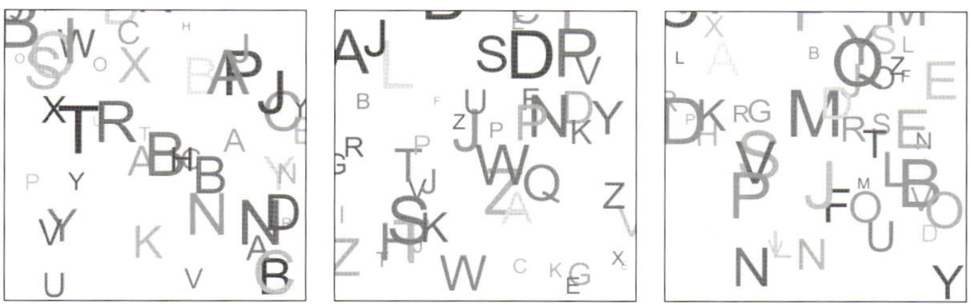

이번 장에서는 text() 함수와 관련 함수들을 사용하여 프로세싱으로 글자를 쓰거나 디자인하고, 움직이는 여러 가지 방법들을 확인하였다. 이 밖에도 글자를 화면에 표시하는 방식을 결정하는 기능들이 더 있지만 프로세싱의 참조(reference)에 있는 타이포그래피(typography) 항목에 예와 함께 설명되어 있으니 참조한다. 여기에서 설명한 기본적인 프로그램을 이용하거나 새로운 알고리즘을 적용하여 보다 재미있고 다양한 타이포그래피가 가능하고 여러 작품들이 있으니 감상해보자.

연습문제

01 Tools(도구) > Create Font...(글꼴 생성...)을 이용하여 다양한 폰트를 생성하고 글씨를 변경하여 본다.

02 `testAlign()`과 `textLeading()` 함수들을 이용하여 글씨의 정렬이나 줄 간격을 바꿔본다.

03 뉴스 화면에서 한글 자막 문자가 오른쪽으로 흐르는 배너를 만든다.

04 한글로 회전하는 단어 타이포그래피를 만든다.

05 한글로 회전하는 알파벳 타이포그래피를 만든다.

PART 1
창의적 코딩 / 기초편

Chapter 7
배열

C/H/A/P/T/E/R

07 배열

배열(array)은 같은 이름을 사용하는 변수들의 목록이다. 즉, 여러 개의 동일한 데이터 유형을 하나의 변수로 묶는 것을 말한다. 동일한 유형의 데이터를 여러 변수명으로 사용하는 것보다 배열로 정의하면 새로운 이름의 변수를 생성하지 않고도 많은 변수를 다루는 작업을 할 수 있고, 데이터를 다루기가 용이해 반복문으로 처리하기가 수월해진다. 이 장에서는 배열을 선언하고, 할당하고, 저장하는 배열의 사용 방법을 알아본다.

7.1 배열의 필요성

다음 예를 통하여 배열의 필요성을 알아본다. 흰색 동그라미 한 개를 출력창의 왼쪽에서 오른쪽으로 이동시킨다. 동그라미가 한 개뿐이기 때문에 변수 x에 동그라미의 x 좌표를 지정하고 다음 예와 같이 프로그램 한다. 프로그램을 실행시키면 동그라미가 오른쪽으로 이동하는 것을 확인할 수 있다. 이 프로그램은 하나의 동그라미를 움직이기에는 충분하다.

Array_1.pde

```
int x = 50;                                   // x의 위치
void setup () {
  size(300, 300);
  smooth();
  noStroke();
  fill(255, 230);                             // 흰색 동그라미에 투명도 230
}
void draw() {
  background(100);
  x += 1;                                     // x의 위치를 증가시킴
  ellipse(x, 100, 30, 30);                    // x의 위치에 원을 그림
}
```

이번에는 흰색 동그라미 5개를 왼쪽에서 오른쪽으로 이동시킨다. 일반적으로 배열 없이 동그라미 5개를 움직이려면 5개의 변수 `x0~x4`로 x 좌표를 지정하고 `ellipse()` 함수를 5번 선언하게 된다. 다음 프로그램을 수행시키면 5개의 동그라미가 오른쪽으로 이동하는 것을 확인할 수 있다.

Array_2.pde

```
int x0 = 50;                              // x0의 위치
int x1 = 150;                             // x1의 위치
int x2 = 50;                              // x2의 위치
int x3 = 180;                             // x3의 위치
int x4 = 200;                             // x4의 위치
void setup () {
  size(300, 300);
  smooth();
  noStroke();
  fill(255, 230);
}
void draw() {
  background(100);
  x0 += 1;
  x1 += 1;
  x2 += 1;
  x3 += 1;
  x4 += 1;
  ellipse(x0, 100, 30, 30);               // x0의 위치에 원을 그림
  ellipse(x1, 150, 30, 30);               // x1의 위치에 원을 그림
  ellipse(x2, 250, 30, 30);               // x2의 위치에 원을 그림
  ellipse(x3, 200, 30, 30);               // x3의 위치에 원을 그림
  ellipse(x4, 50, 30, 30);                // x4의 위치에 원을 그림
}
```

이와 같은 방법으로 동그라미 100개를 움직이려면 새로운 100개의 변수가 필요하고, 100개의 `ellipse()` 함수를 사용하여야 한다. 100개의 변수는 어느 정도 가능해도 10,000개라면 프로그램이 매우 길어지고 반복적인 단순한 작업을 여러 번 해야 한다. 그러나, 배열과 반복문을 사용하면 이러한 문제를 간략하게 프로그램 할 수 있다.

7.2 배열의 생성

배열은 같은 이름을 사용하는 변수들의 목록이기 때문에 일반적인 변수의 정의와 비슷한 방법으로 배열을 만든다. 배열에 속하는 각각의 데이터는 요소(element)라고 하며, 순서를 나타내는 색인(index)으로 배열에서 차지하는 위치를 표시한다. 배열에는 수많은 요소가 있을 수 있으며, 각 요소가 하나의 변수와 같아서 하나의 데이터를 저장할 수 있다. 각 요소는 배열에서 특정한 위치를 차지한다. 프로세싱에서 화면의 좌표와 마찬가지로 색인이 0부터 시작한다는 점을 유의한다. 하나의 배열은 동일한 데이터 유형만을 저장할 수 있다. 서로 다른 유형의 데이터를 혼합하여 하나의 배열로 사용하려면 앞으로 배우는 클래스와 객체로 처리해야 한다.

앞에서 5개의 변수명을 사용하여 5개의 x 좌표를 선언한 예를 배열을 사용하여 다시 정의한다. 이번에는 x라는 변수명을 배열로 선언하고 5개의 데이터를 배열에 저장하는 방법으로 순서를 나타내는 색인을 대괄호 [ ] 안에 0부터 시작하여 데이터의 수만큼 정의한다. 즉, 0부터 4까지 5개의 색인이 필요하고, 데이터는 순차적으로 저장한다. 따라서 `x[0] = 50`, `x[1] = 150`, `x[2] = 50`, `x[3] = 180`, `x[4] = 200`이 된다. 이러한 배열의 개념적 구조를 표로 정리하면 다음과 같다.

배열 색인	[0]	[1]	[2]	[3]	[4]
데이터	50	150	50	180	200

배열을 다루는 방법은 변수를 다루는 방법과 유사하다. 프로세싱에서 배열을 만드는 과정은 다음과 같이 요약할 수 있다.

• **배열의 생성**
1. 배열을 선언하고 자료형을 결정한다. 2. new로 배열을 생성하고 크기를 할당한다. 3. 배열의 각 요소를 초기화한다.

첫째, 배열을 선언한다.

일반적인 변수명과 같이 데이터의 유형을 선언하고 배열의 요소를 나타내는 대괄호 [ ]를 작성한다. 그리고 배열명을 써서 배열을 선언한다. 프로세싱의 모든 자료형은 배열을 지원한다. 즉, 사용자는 int, float, string, boolean, PImage 등의 자료형으로 배열을 만들 수 있다. 예를 들어 정수형으로 int와 대괄호를 쓰고 배열명 x를 선언한다.

```
int[ ] x;
```

둘째, new로 배열을 생성하고 크기를 할당한다.

선언한 배열을 생성하기 위해 new를 선언하고, 크기를 정의하기 위하여 데이터 유형과 대괄호 안에 요소의 크기를 지정한다. 예를 들어, 변수명 x를 등호의 왼쪽에 정의하고 new를 선언한 후에 정수형의 5개 요소를 갖는 배열을 정의한다.

```
x = new int[5];
```

셋째, 배열의 각 요소를 초기화한다.

각 요소를 나열하여 값을 초기화한다. 각 요소는 배열명을 쓰고 대괄호 안에 색인을 넣는다. 색인은 0부터 시작한다. 예를 들어, 앞의 예의 경우 x0=50, x1=150, x2=50, x3=180, x4=200은 다음과 같이 배열로 설정할 수 있다.

```
x[0] = 50;
x[1] = 150;
x[2] = 50;
x[3] = 180;
x[4] = 200;
```

위에서 설명한 것과 같이 배열을 선언하고 배열을 초기화하는 것이 일반적인 방법이지만, 배열의 선언과 요소의 초기화를 한 번에 처리할 수도 있다. 배열을 선언하고 등호의 오른쪽 중괄호 { } 안에 요소를 초기화한다. 예를 들어, 앞의 예를 선언하면서 초기화하면 다음과 같다.

```
int[ ] x = {50, 150, 50, 180, 200};
```

다른 형태의 데이터의 경우도 유사하게 정의할 수 있다. 예를 들어, char나 String의 배열을 정의하려면 다음과 같이 선언하면서 초기화한다.

```
char[] alpha = {'A', 'B', 'C', 'D', 'E'};
String[ ] day = {"sun", "mon", "tue", "wed", "thu", "fri", "sat"};
```

위에서 정의한 세 가지 방법들에 대하여 간단한 프로세싱 프로그램으로 배열의 선언과 요소의 초기화를 확인해본다. 앞에서 배운 반복문을 사용하면 방대한 배열도 쉽게 다룰 수 있다. 다음은 배열 선언한 후에 setup() 함수 내에서 배열을 생성한 것이다. 결과는 콘솔에 배열의 순서대로 출력된다. 프로세싱에는 특별한 내장변수 length가 있어서 배열에 있는 요소의 수(배열의 길이)가 저장되어 있다. 여기서 배열의 길이를 5로 지정할 수도 있으나, **변수명.length**를 사용하면 배열의 길이를 자동으로 확인할 수 있다. 아래의 예에서 배열 x에는 5개의 요소가 입력되어 배열의 길이는 5이다. 따라서 반복문에서 i 변수를 0부터 5 이하까지로 수행해도 되지만 x.length로 설정하면 배열의 길이가 변하더라도 반복문은 배열의 크기만큼 자동으로 수행하게 된다. 다음 예에서는 draw() 함수의 무한 반복을 사용하지 않고 한번만 실행하고 종료하기 위하여 exit() 함수를 사용하였다. 배열 x의 결과는 한번만 출력되고 실행을 멈추게 된다.

```
int[ ] x;
void setup() {
  x = new int [5];
  x[0] = 50;
  x[1] = 150;
  x[2] = 50;
  x[3] = 180;
  x[4] = 200;
}
```

```
void draw(){
  for(int i=0; i<x.length; i++) {
    println(x[i]);
  }
  exit();
}
```

```
50
150
50
180
200
```

다음은 배열 선언과 크기의 할당을 동시에 진행하고, setup() 함수 내에서 배열의 각 요소를 초기화한 것이다.

```
int[ ]  x = new int [5];
void setup() {
  x[0] = 50;
  x[1] = 150;
  x[2] = 50;
  x[3] = 180;
  x[4] = 200;
}
void draw(){
  for(int i=0; i<x.length; i++) {
    println(x[i]);
  }
  exit();
}
```

```
50
150
50
180
200
```

앞에서 설명한 것과 같이 배열의 정의와 요소의 초기화 과정을 한 번에 설정할 수도 있다. 배열의 유형을 선언하고 대괄호 [ ]를 넣은 후에 변수명과 등호를 삽입하고 중괄호 { } 사이에 데이터를 초기화한다. 즉, 다음과 같이 배열 선언과 동시에 배열 생성이 이루어지도록 선언 한다.

```
int[ ] x = {50, 150, 50, 180, 200};
void setup() {
}
void draw(){
  for(int i=0; i<x.length; i++) {
    println(x[i]);
  }
  exit();
}
```

```
50
150
50
180
200
```

세 가지 방법 중에 어느 방법을 사용하여도 무난하기 때문에 사용자의 편의에 따라 한 가지 방법을 선택하여 사용하면 된다.

7.3 배열의 사용

앞에서 예를 들은 5개의 동그라미가 움직이는 프로그램을 배열을 사용하여 수정해본다. x의 배열을 선언한 것과 같은 방법으로 y의 배열도 선언하고 데이터를 초기화한다. 따라서 2개의 배열명 x와 y의 1차원 배열들이 생성된다.

x 배열 색인	[0]	[1]	[2]	[3]	[4]
데이터	50	150	50	180	200

y 배열 색인	[0]	[1]	[2]	[3]	[4]
데이터	100	150	250	200	50

여러 개의 변수명을 사용하지 않고 2개의 배열 변수명을 사용하였기 때문에 반복문을 간단히 만들 수 있다. 프로그램 코드가 훨씬 단순해졌고 가독성이 높아져서 수정이나 재사용이 용이하게 되었다.

Array_3.pde

```
int[ ] x = {50, 150, 50, 180, 200};          // x의 배열
int[ ] y = {100, 150, 250, 200, 50};         // y의 배열
int i;
void setup () {
  size(300, 300);
  smooth();
  noStroke();
  fill(255, 230);
}
void draw() {
  background(100);
  for(i=0; i<x.length; i++) {                // x 배열의 길이만큼 반복
    x[i] += 1;                               // x의 i 번째 위치의 증가
    ellipse(x[i], y[i], 30, 30);             // x와 y의 i 번째 위치에 원을 그림
  }
}
```

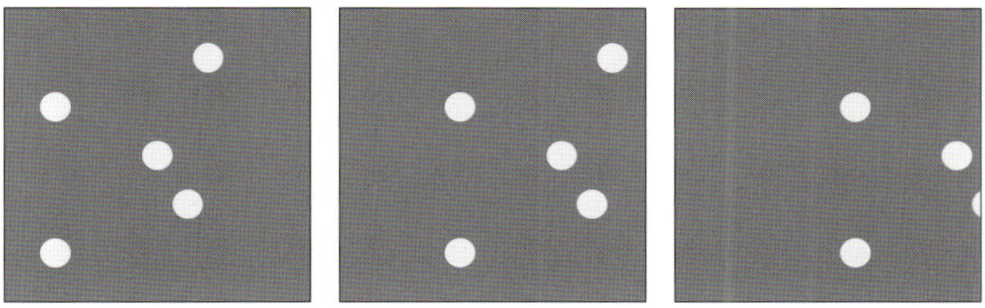

이번에는 앞의 예를 수정하여 100개의 원을 임의의 위치에서 움직여본다. 우선 배열을 사용하여 변수들을 하나의 변수명으로 묶고 100개의 데이터를 초기화한다. 반복문 for문을 사용한 각 요소의 초기화는 `random()` 함수를 사용하였고, `draw()` 함수 내에서도 반복문을 사용하여 x 좌표의 위치를 읽어 들이면서 `ellipse()` 함수를 반복 사용하였다.

Array_4.pde

```
int[ ] x = new int[100];                     // x 배열의 초기화
int[ ] y = new int[100];                     // y 배열의 초기화
```

```
int i;
void setup () {
  size(300, 300);
  smooth();
  noStroke();
  fill(255, 200);
  for(i=0; i<x.length; i++) {
    x[i] = (int) random(-300, 300);          // x의 위치 초기화
    y[i] = (int) random(-300, 300);          // y의 위치 초기화
  }
}
void draw() {
  background(100);
  for(i=0; i<x.length; i++) {                // x 배열의 길이만큼 반복
    x[i] += 1;                               // x의 i 번째 위치의 증가
    ellipse(x[i], y[i], 30, 30);             // x와 y의 i 번째 위치에 원을 그림
  }
}
```

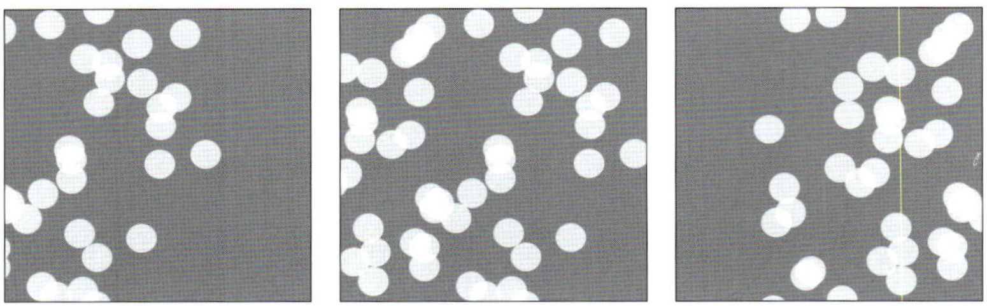

앞의 예와 비교해보면 동그라미를 100개 만들어도 프로그램은 거의 바뀌지 않았고, 배열의 크기만 수정하면 되기 때문에 프로그램의 가독성이 좋고 확장성이 용이하다.

7.4 배열의 응용: 바코드

아래 예는 바코드(bar-code)와 유사한 모양을 생성하는 프로그램이다. 바코드는 일정 크기의 흰색과 검은색의 막대그래프를 그려서 제품의 정보를 저장하는데 사용된다. 바코드 예에서 세로줄이 여러 개 생성되기 때문에 배열을 사용한다. 바코드의 개수는 `width`에 연동시키고 바코드의 높이는 `height`로 설정한다. 배열로 정의한 `code`에는 `random()` 함수를 이용하여 1에서 4 사이의 임의 두께를 갖는 값들이 저장된다. 2의 modulo(%) 연산을 이용하여

code값이 짝수이면 흰색 바코드를 그리고, 홀수이면 검은색 바코드를 rect() 함수로 그린다. random() 함수를 사용하였기 때문에 매번 새로운 바코드 모양이 생성된다는 점을 유의한다.

Barcode_1.pde

```
int[] code;                                   // code 배열 설정
void setup() {
  size(200,100);
  code = new int[width];                      // code 배열 초기화
  for (int i=0; i<code.length; i++) {
    code[i] = (int) random(1,5);              // code 배열 초기값
  }
}
void draw() {
  int i = 0;
  while (i<width) {
    if ((code[i]%2)==0) fill(255);            // code가 짝수이면 흰색 바
    else fill(0);                             // code가 홀수이면 검은색 바
    rect(i,0,code[i],height);                 // 바코드를 그림
    i = i+code[i];                            // code만큼 증가
  }
}
```

7.5 배열의 응용: 붓으로 그리기

배열을 활용하여 다음 예와 같이 붓으로 그리는 효과를 낼 수 있다. 마우스를 움직이면 마우스를 따라서 원이 움직이는데 궤적에 남아 있는 원의 크기는 점점 작아지고 색은 흐려져서 마침내 사라지게 된다. 두 개의 배열을 설정하는데, 첫 번째 배열에는 마우스의 x 좌표를 저장하고 두 번째 배열에는 마우스의 y 좌표를 저장한다. 예를 들어, 배열 크기를 50으로 설정한다면 매번 반복적으로 실행할 때마다 x[0]와 y[0]에 저장되어 있는 가장 오래된 x와 y의 좌표 값은 삭제되고, 50번째 마지막 배열 x[49]와 y[49]에는 새로운 x와 y의 좌표 값인 마

우스의 현재 위치 mouseX와 mouseY가 지속적으로 저장된다. 이를 위하여 매 프레임 마다 배열에 있는 모든 요소의 값들을 한 자리씩 왼쪽으로 이동시켜 배열의 마지막에 새로운 현재 마우스의 위치 값을 추가할 수 있도록 한다. 이해를 돕기 위하여 어떤 특정 프레임에서 x의 배열에 다음과 같은 요소 값들이 저장되어 있다고 가정한다.

x 배열 색인	[0]	[1]	[2]	[3]	...	[46]	[47]	[48]	[49]
데이터	4	5	6	7	...	10	11	12	13

다음 프레임에서는 x의 배열이 하나씩 왼쪽으로 이동하고 마지막에 마우스의 현재 위치 값이 새로이 저장된다. y의 배열 역시 비슷한 방법으로 저장되는데 마지막 배열에는 mouseY 값이 저장되는 점이 다르다.

x 배열 색인	[0]	[1]	[2]	[3]	...	[46]	[47]	[48]	[49]
데이터	4	5	6	7	...	10	11	12	13
	↙	↙	↙	↙	↙	↙	↙	↙	↙
데이터	5	6	7	8	...	11	12	13	mouseX

예를 들어, 만약 mouseX의 현재 좌표 값이 14이면 다음과 같이 배열 x[49]에 입력되고

x 배열 색인	[0]	[1]	[2]	[3]	...	[46]	[47]	[48]	[49]
데이터	5	6	7	8	...	11	12	13	14

다시 새로운 마우스의 위치 값을 계속 받아들여 배열의 마지막에 추가하는 작업을 반복한다.

x 배열 색인	[0]	[1]	[2]	[3]	...	[46]	[47]	[48]	[49]
데이터	5	6	7	8	...	11	12	13	14
	↙	↙	↙	↙	↙	↙	↙	↙	↙
데이터	6	7	8	9	...	12	13	14	mouseX

이를 반복적으로 수행하면 결과물에는 50개의 원들이 마우스의 궤적을 따라 그려지는 모습이 나타난다. 이 예에서는 50개의 배열 요소를 설정하였으나 좀 더 긴 꼬리가 이어지게 하려면 배열 요소의 개수를 늘리면 된다.

Snake_1.pde

```
int[] x = new int[50];                    // 배열의 선언
int[] y = new int[50];
void setup() {
  size(400,400);
  smooth();
  for (int i = 0; i < x.length; i++) {    // 배열이 초기화
    x[i] = 0;
    y[i] = 0;
  }
}
void draw() {
  background(255);
  for (int i = 0; i<x.length-1; i++) {
    x[i] = x[i+1];                        // 배열 x의 요소들을 왼쪽으로 하나씩 이동
    y[i] = y[i+1];                        // 배열 y의 요소들을 왼쪽으로 하나씩 이동
  }
  x[x.length-1] = mouseX;                 // x배열의 마지막에 마우스의 x좌표 입력
  y[y.length-1] = mouseY;                 // y배열의 마지막에 마우스의 y좌표 입력
  for (int i = 0; i<x.length; i++) {
    noStroke();
    fill(255-i*5);                        // 원의 색을 점점 어둡게 함
    ellipse(x[i], y[i], i, i);            // 배열 위치에 원을 점점 크게 그림
  }
}
```

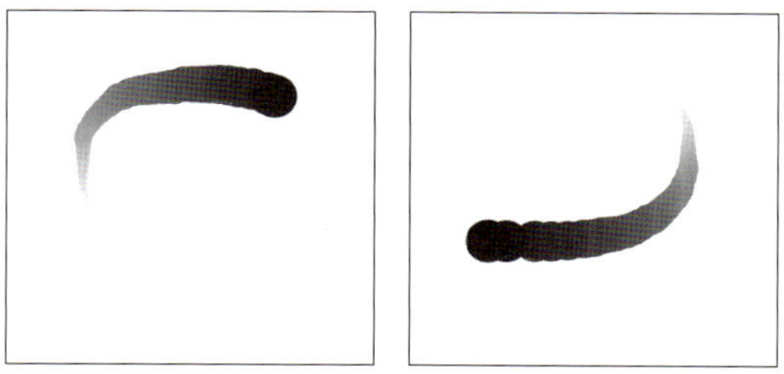

7.6 2차원 배열

배열을 선언하고 데이터를 저장하거나 읽기 위하여 1차원 이상의 2차원이나 다차원 배열도 물론 가능하다. 2차원 배열은 실질적으로 1차원 배열의 배열이다. 1차원에서와 같이 배열을 선언하고, 할당하고, 데이터를 저장한다. 2차원 배열을 만들 때는 행과 열의 색인을 주의한다. 즉, x[열][행]의 형태로 2차원 배열을 정의한다.

앞에서 설명했던 5개의 원이 움직이는 예를 2차원 배열을 사용하여 수정해본다. x의 좌표를 2차원 배열의 첫 번째 행의 데이터로 대체하고, y의 좌표를 두 번째 행의 데이터로 만든다. 따라서 `x[0][0] = 50`, `x[1][0] = 150`, `x[2][0] = 50`, `x[3][0] = 180`, `x[4][0] = 200`이 되고, `x[0][1] = 100`, `x[1][1] = 150`, `x[2][1] = 250`, `x[3][1] = 200`, `x[4][1] = 50`이 된다. 이를 정리하면 다음 표와 같다.

열 / 행	[0]	[1]	[2]	[3]	[4]
[0]	50	150	50	180	200
[1]	100	150	250	200	50

1차원 배열을 사용한 예와 비교하면 `x[i]`를 `x[i][0]`으로 대체하였고, `y[i]`를 `x[i][1]`로 대체하였다. 데이터의 초기화도 배열의 배열이므로 이중 `{ }`를 사용하여 `{ {50,100}, {150,150}, {50,250}, {180,200}, {200,50} }`로 설정한다.

Array_5.pde

```
int[ ][ ] x = {{50,100}, {150,150}, {50,250}, {180,200}, {200,50}};
                                                    // 2차원 배열 선언

int i;
void setup () {
  size(300, 300);
  smooth();
  noStroke();
  fill(255, 230);
}
void draw() {
  background(100);
  for(i=0; i<x.length; i++) {                       // x 배열의 길이만큼 반복
    x[i][0] += 1;                                   // x의 i 번째 위치의 증가
    ellipse(x[i][0], x[i][1], 30, 30);              // x와 i 번째 위치에 원을 그림
  }
}
```

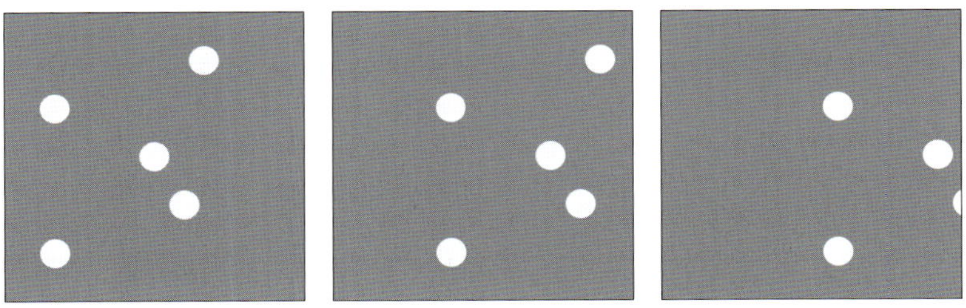

7.7 2차원 배열의 응용

대표적인 2차원 배열로 영상 이미지가 있다. 영상을 위한 배열은 2차원 배열에서와 같이 배열의 행과 열을 정의하는 것이 아니라 PImage의 배열을 이용하여 각 프레임이 하나의 요소인 1차원 배열로 처리할 수 있다. 이번 장에서는 11장에서 설명하는 이미지로 저장하기에서 저장된 이미지 데이터를 2차원 배열로 읽어 처리하는 방법을 설명한다.

일련의 이미지를 읽어 PImage의 배열로 처리한다. 예를 들어, 네 장의 영상 파일이 각각 TIFF형으로 'test-0001.tif', 'test-0002.tif', 'test-0003.tif', 'test-0004.tif'의 이름으로 저장되어 있다면 쉽게 읽어 들일 수 있다. 이미지의 이름이 순차적으로 부여되어 있기 때문에 반복문 내에서 각 이미지의 이름을 차례로 조합할 수 있다. `nf()` 함수는 숫자를 일정한 형식의 문자열로 바꾸어 준다. 예를 들어, `nf(1,3)`의 경우 숫자 `1`을 3 자릿수 `001`로 나타내고, `nf(40,5)`의 경우 숫자 40을 5 자릿수 `00040`으로 나타낸다. 이 문자열을 이미지 파일 이름의 앞부분(test-) 및 뒷부분(.tif)와 결합하여 읽어 들이는 파일명을 생성한다. 문자열에서 사용하는 `+` 연산자는 덧셈의 더하기의 의미가 아니라 문자열의 연결을 의미한다. 따라서 `"test-"+nf(1,4)+".tif"`의 경우에 `test-0001.tif`라는 문자열을 생성하게 된다.

아래의 예에서는 4장의 이미지 파일을 위한 `PImage[]` 배열을 선언한 후 `imageName`에 각각의 이미지 파일의 이름을 저장하고 `loadImage`를 이용하여 `img[]` 배열에 저장한다. 반복문 `for`를 이용하여 이미지의 숫자만큼 반복하면서 `image` 함수를 이용하여 출력하게 된다. 배열의 마지막 이미지까지 표시하고 나면 프로그램은 배열의 첫 번째 프레임으로 돌아가 다시 첫 프레임부터 이미지를 순차적으로 화면에 출력한다. 네 장의 이미지가 반복적으로 보이는 것을 확인할 수 있다. 이미지를 추가하거나 `frameRate`를 증가시키면 얼마든지 부드러운 동영상이나 애니메이션 결과를 보여줄 수 있다.

Image_array.pde

```
PImage[] img = new PImage[4];                          // 이미지 배열 생성
int currentFrame = 0;
void setup() {
  size(200, 200);
  frameRate(10);                                       // 프레임 디스플레이 속도 조절
  for (int i=0 ; i<img.length; i++) {
    String imageName = "test-"+nf(i+1,4)+".tif";       // 이미지 파일 이름 생성
    img[i] = loadImage(imageName);                     // 이미지로 읽어 들이기
  }
```

```
}
void draw() {
  image(img[currentFrame],0,0);                    // 이미지 출력
  currentFrame++;                                  // 프레임 번호 증가
  if (currentFrame >= img.length) {
    currentFrame = 0;                              // 프레임 번호 초기화
  }
}
```

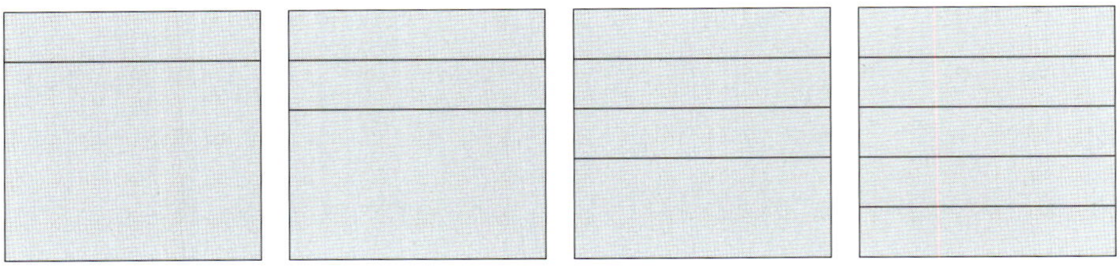

2차원 이상의 다차원 배열도 가능하지만 2차원 이상의 배열은 오히려 혼란스러울 수 있기 때문에 다차원 배열이 필요한 경우에는 여러 개의 1차원 또는 2차원 배열로 변형하는 것이 프로그램하기 쉽다.

결론적으로 배열은 같은 이름을 사용하는 변수들의 목록이다. 배열을 사용하면 매번 새로운 이름의 변수를 생성하지 않고도 많은 변수를 다루는 작업을 쉽게 처리할 수 있고, 데이터를 다루기가 수월해지기 때문에 유용하다. 이 장에서는 배열의 정의와 특성을 알아보았다.

연습문제

01 배열을 이용하여 10개의 동그라미가 각기 다른 속도로 왼쪽에서 오른쪽으로 이동하는 프로그램을 만든다.

02 배열로 100개의 원이 임의의 위치에서 나타났다 사라지는 프로그램을 만든다.

03 바코드 예를 변형하여 흑백색의 바코드가 아니라 0부터 255까지 임의의 회색을 갖는 바코드를 만든다.

04 붓으로 그리기 효과의 시작점과 끝나는 점을 반대로 하여 원이 점점 커지면서 색이 진해지는 효과를 만든다.

05 PImage를 이용하여 10개의 이미지를 불러들여 연속적으로 화면에 보여주는 프로그램을 만든다.

PART 1
창의적 코딩 / 기초편

Chapter 8
함수

C/H/A/P/T/E/R

08 함수

일반 수학분야에서 함수란 입력변수에 따른 반복적인 연산을 할 경우에 사용한다. 예를 들어, 어떤 변수를 2배하고 1을 더하는 연산을 하려면, 먼저 함수 f(x)=2x+1을 정의하고, 변수 x 값에 따른 연산 결과를 구할 수 있다. 컴퓨터 코딩에서 함수는 복잡한 프로그램을 간편하게 만들어 주는 프로그래밍의 기본적인 구성 요소이다. 이미 프로세싱에서 `setup()`, `draw()`, `background()` 등과 같은 내장 함수를 사용하였으나 이 장에서는 사용자가 새로운 함수를 정의하고 작성하여 사용하는 방법을 알아본다.

8.1 함수의 기본

함수란 특정한 작업을 수행하는 독립적인 프로그램이다. 프로그래밍 과정에 많은 함수를 사용하는 이유는 모듈성(modularity)에 있다. 일정 크기의 블록이나 레고를 이용하여 다양한 장난감 모양을 만들 수 있듯이, 프로그래밍에서도 함수를 이용하여 더 복잡한 다양한 코드를 만들 수 있다. 함수는 프로그래밍의 기본 구성단위로 특정 작업을 수행하는데 매개변수에 따라 다른 결과를 반환한다. 그러므로 함수를 이용하면 코드가 단순화되고 가독성도 좋아져서 코드를 수정하거나 확장하는데 유용하다.

함수에는 프로세싱에 이미 만들어져 있는 `line()`이나 `ellipse()` 등의 **내장 함수**와 사용자가 직접 만드는 **사용자 정의 함수**가 있다. 스케치에서 사용할 수 있는 내장 함수는 참조 사이트[6]에서 확인 할 수 있다. 내장 함수는 필요에 따라 함수들을 호출하여 사용하면 되지만 사용자 정의 함수는 다음과 같이 함수 명, 함수 형태, 매개변수, 반환 값 등을 미리 정의하여야 한다. 함수 형태로는 `void`, `int`, `float` 등과 같이 데이터의 형을 지정하고, 함수 명과 매개변수는 함수의 내용을 알 수 있는 이름을 정한다. 함수를 호출하고 다시 돌려받는 값이

6) http://processing.org/reference/

정수이면 int, 실수이면 float 등으로 함수 형태를 선언하고, 돌려받는 값이 없을 경우에는 void로 선언하게 된다. 아래의 예에서 사용할 함수의 형태와 이름, 매개변수는 다음과 같다.

함수 형태	함수 명	매개변수
void	square()	a

프로세싱의 스케치 프로그램은 한 줄씩 차례대로 실행된다. 그러므로, 스케치 프로그램을 실행하다가 함수가 호출되면 함수가 정의된 곳으로 이동하여 함수의 프로그램을 수행하고 종료하거나, 다시 실행하던 부분으로 돌아와 나머지 프로그램을 수행한다.

아래의 예는 사용자 정의 함수 square()에 매개변수로 숫자를 넘겨주면, square() 함수 내에서 넘겨받은 수의 제곱을 계산하고 그 결과를 출력한다. 매번 함수를 호출할 때마다 매개변수로 각각 5, 6, 7을 square() 함수에 넘겨주게 되어 프로세싱 IDE 창의 콘솔에 그 계산 결과 25, 36, 49를 각각 출력한다. 이 경우에는 square() 함수로 매개변수를 넘겨주기만 하고 계산 결과를 setup()에서 다시 받지 않고 square() 함수 내부에서 직접 출력하여 결과를 얻었다. 그러므로, 함수 형태로 void를 설정하였다.

Square_1.pde

```
void setup () {
  square(5);                          // square 함수를 호출
  square(6);                          // square 함수를 호출
  square(7);                          // square 함수를 호출
}
void square(int a) {                  // square 함수
  println(a*a);                       // 제곱한 값을 출력
}
```

```
25
36
49
```

또한 사용자 정의 함수는 계산한 값을 호출한 곳으로 되돌려 줄 수도 있다. 아래의 예는 함수를 호출할 때 매개변수를 함수로 넘겨주면 함수 내부에서 이를 넘겨받아 필요한 계산을 하고 그 결과를 다시 호출한 곳으로 넘겨준다. 앞의 예를 변경하여 계산 값을 반환하는 함수를 만들려면 함수 이름 앞의 함수 형태 void를 반환할 데이터 유형 int로 바꾼다. 그리고 그 함수 내부에서 어떤 데이터를 return 키워드를 통해 되돌려 받을지 지정한다. 이 예의 경우에

주의 할 점은 함수를 정의할 때 void 대신에 넘겨받는 값을 정수(int)로 선언하고 return() 부분에 돌려받는 변수 b를 설정한다는 점이다. 함수로 넘겨주는 매개변수 a와 돌려받는 결과 값 b는 같은 형으로 정의되어야 한다는 점을 유의한다. 매번 square() 함수를 호출할 때마다 매개변수로 각각 5, 6, 7을 square() 함수에 넘겨주어 함수 내부에서 제곱을 계산한 후에 그 결과를 setup() 함수 내부로 다시 돌려주어 결과 25, 36, 49를 각각 출력한다. 물론 앞의 예와 같은 결과를 출력하지만 앞의 예는 square() 함수 내부에서 콘솔에 출력하였고, 이번 예에서는 계산한 값들을 int 형태로 돌려받아 setup() 함수 내부에서 출력하였다는 점이 차이가 있다.

Square_2.pde

```
void setup () {
  int a;
  a = square(5);                    // square 함수를 호출
  println(a);                       // 제곱한 값을 출력
  a = square(6);                    // square 함수를 호출
  println(a);                       // 제곱한 값을 출력
  a = square(7);                    // square 함수를 호출
  println(a);                       // 제곱한 값을 출력
}
int square(int a) {                // square 함수
  int b = a*a;
  return(b);                        // 제곱한 값을 넘김
}
```

```
25
36
49
```

위 예를 아래와 같이 반복문 for를 이용하여 코드를 단순화할 수 있다.

Square_3.pde

```
void setup () {
  int a,i;
  for (i=0; i<3; i++) {
    a = square(5+i);                // square 함수를 호출
    println(a);                     // 제곱한 값을 출력
  }
```

```
}
int square(int a) {                      // square 함수
  int b = a*a;
  return(b);                             // 제곱한 값을 넘김
}
```

```
25
36
49
```

8.2 반복적인 작업

이번에는 간단한 자전거를 그리는 예를 이용하여 사용자 정의 함수의 사용법을 알아본다. 내장 함수인 ellipse()와 quad()를 이용하여 자전거의 두 바퀴와 몸체를 간단히 표현한다. x와 y의 좌표를 각각 50으로 설정하였다.

Bicycle_0.pde

```
void setup () {
  size(150, 100);
  int x, y;
  noFill();
  x = 50; y = 50;
  ellipse(x, y, 50, 50);                          // 앞바퀴
  ellipse(x+60, y, 50, 50);                       // 뒷바퀴
  quad(x, y, x+20, y-30, x+40, y-30, x+60, y);    // 몸체
}
```

위 예에 자전거를 두 대 추가한다. 두 번째 자전거의 위치는 `x=180` 이고, 세 번째 자전거의 위치는 `x=310`이며, y의 위치는 동일하게 `50`으로 설정한다. 아래 예와 같이 자전거의 위치를 변경하면서 자전거를 추가로 그린다.

Bicycle_1.pde

```
void setup () {
  size(450, 100);
  int x, y;
  noFill();
  x = 50; y = 50;
  ellipse(x, y, 50, 50);                          // 앞바퀴
  ellipse(x+60, y, 50, 50);                       // 뒷바퀴
  quad(x, y, x+20, y-30, x+40, y-30, x+60, y);    // 몸체
  x = 180; y = 50;
  ellipse(x, y, 50, 50);                          // 앞바퀴
  ellipse(x+60, y, 50, 50);                       // 뒷바퀴
  quad(x, y, x+20, y-30, x+40, y-30, x+60, y);    // 몸체
  x = 310; y = 50;
  ellipse(x, y, 50, 50);                          // 앞바퀴
  ellipse(x+60, y, 50, 50);                       // 뒷바퀴
  quad(x, y, x+20, y-30, x+40, y-30, x+60, y);    // 몸체
}
```

위 예와 같이 자전거를 두 대 추가하기 위하여 추가되는 자전거들의 x와 y의 위치를 매번 지정하는 방법도 있지만, 두 번째 자전거의 위치가 x 값만 130 증가한다는 점을 이용하여 `translate(130, 0)`을 사용할 수도 있다. 세 번째 자전거의 경우도 두 번째 자전거의 위치에서 x 값만 130 증가한다는 점을 이용하여 다시 한 번 `translate(130, 0)`을 적용하면 된다. 아래 프로그램도 앞의 예와 동일한 결과를 보여준다.

Bicycle_2.pde

```
void setup () {
  size(450, 100);
  int x, y;
  noFill();
  x = 50; y = 50;
  ellipse(x, y, 50, 50);                           // 앞바퀴
  ellipse(x+60, y, 50, 50);                        // 뒷바퀴
  quad(x, y, x+20, y-30, x+40, y-30, x+60, y);     // 몸체
  translate(130, 0);                               // 130 이동
  ellipse(x, y, 50, 50);                           // 앞바퀴
  ellipse(x+60, y, 50, 50);                        // 뒷바퀴
  quad(x, y, x+20, y-30, x+40, y-30, x+60, y);     // 몸체
  translate(130, 0);                               // 130 이동
  ellipse(x, y, 50, 50);                           // 앞바퀴
  ellipse(x+60, y, 50, 50);                        // 뒷바퀴
  quad(x, y, x+20, y-30, x+40, y-30, x+60, y);     // 몸체
}
```

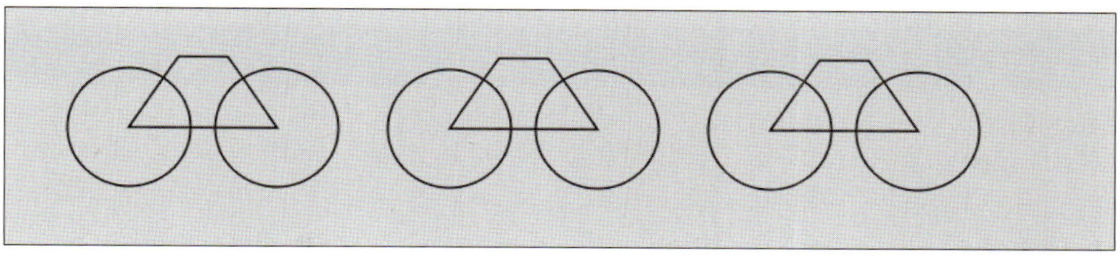

이들 방법의 문제점은 자전거를 추가할 때마다 매번 **ellipse()**와 **quad()**를 그리는 부분을 추가하여야 한다는 점이다. 100개의 자전거를 그려야 할 경우에 반복적인 코드를 100번 적어야하는 문제가 생긴다는 것이다. 이를 해결하기 위하여 이번에는 함수를 적용해본다.

8.3 함수의 활용

위 예와 같이 동일한 코드가 여러 번 반복되는 경우에 반복되는 부분을 함수로 만들면 코드가 간결해지고 가독성이 높아진다. 먼저 반복되어 그리는 부분을 **bicycle()**이라는 사용자 정의 함수로 만든다. 이 사용자 정의 함수 **bicycle()**의 매개변수는 그리고자 하는 자전거의 x와 y의 위치 좌표가 된다. 매개변수는 함수가 호출될 때마다 생성되는 변수이기 때문에 각각의 매개변수 마다 데이터 유형을 정의한다. 이 예의 경우 매개변수는 x와 y의 좌표이

기 때문에 정수값 int로 선언된다. 되돌려 받는 함수값이 없는 경우이므로 return()은 필요 없고 호출한 곳으로 되돌려줄 함수 값도 없기 때문에 void로 정의한다. 처음 bicycle() 함수가 호출될 때는 x의 값은 50이고 y의 값은 50이기 때문에 bicycle() 함수 내부에서 ellipse() 함수로 첫 번째 원을 그릴 때 중심좌표가 (50, 50)인 위치에서 반지름이 각각 50인원을 그린다. 두 번째 ellipse() 원의 경우에는 중심위치가 (110, 50)이 되고, quad()에 의한 사각형의 경우 (50, 50), (70, 20), (90, 20), (110, 50)을 연결하게 된다. 두 번째 bicycle() 함수가 호출될 때는 x의 값은 180이고 y의 값은 50이기 때문에 bicycle() 함수 내부에서 첫 번째 원을 그릴 때 중심좌표가 (180, 50)인 위치에서 원을 그리고, 두 번째 원의 경우에는 중심위치가 (240, 50)이 되며, 사각형의 경우 (180, 50), (200, 20), (220, 20), (240, 50)을 연결하게 된다. 세 번째 bicycle() 함수가 호출될 때도 같은 방법으로 좌표가 갱신되어 결과는 앞의 예와 동일하다. 이와 같이 함수를 호출하면서 지정한 매개변수 값은 함수로 넘겨지고 함수의 어디에서 지정되더라도 넘겨지는 값으로 대체된다. 자전거를 추가하고 싶으면 bicycle() 함수를 필요한 수만큼 추가하면 된다. 앞의 예들 보다 코드가 훨씬 단순해지고 가독성이 높아진 것을 알 수 있다.

Bicycle_3.pde

```
void setup () {
  size(450, 100);
  noFill();
  bicycle(50, 50);                               // 첫 번째 자전거 함수
  bicycle(180, 50);                              // 두 번째 자전거 함수
  bicycle(310, 50);                              // 세 번째 자전거 함수
}
void bicycle(int x, int y) {
  ellipse(x, y, 50, 50);                         // 앞바퀴
  ellipse(x+60, y, 50, 50);                      // 뒷바퀴
  quad(x, y, x+20, y-30, x+40, y-30, x+60, y);   // 몸체
}
```

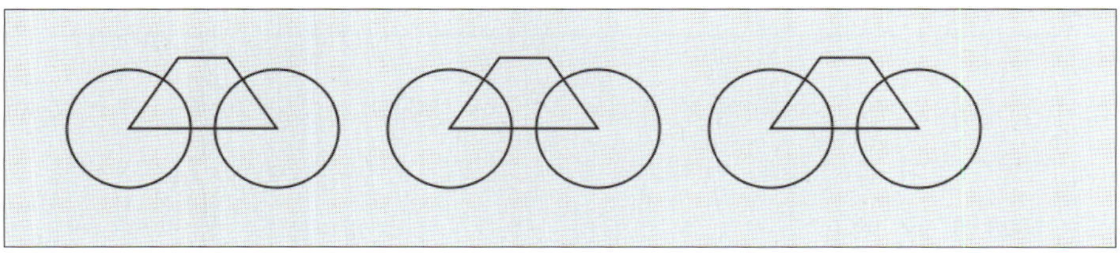

이 예를 간단하게 반복문 for()를 이용하여 작성할 수도 있다. x의 위치는 처음 50이고 매번 130 만큼씩 증가한다. for 반복문에서 bicycle() 함수를 호출할 때마다 i 값이 변하면 앞에서와 같은 방법으로 좌표가 갱신되어 최종 결과는 앞의 예와 같다. bicycle() 함수를 여러 줄 서술하는 것보다 for 반복문 안에서 한번만 정의하면 되기 때문에 코드가 훨씬 간결해진다.

Bicycle_4.pde

```
void setup () {
  size(450, 100);
  int i;
  noFill();
  for (i=0; i<3; i++) {
    bicycle(50+130*i, 50);                        // 자전거 함수
  }
}
void bicycle(int x, int y) {
  ellipse(x, y, 50, 50);                          // 앞바퀴
  ellipse(x+60, y, 50, 50);                       // 뒷바퀴
  quad(x, y, x+20, y-30, x+40, y-30, x+60, y);    // 몸체
}
```

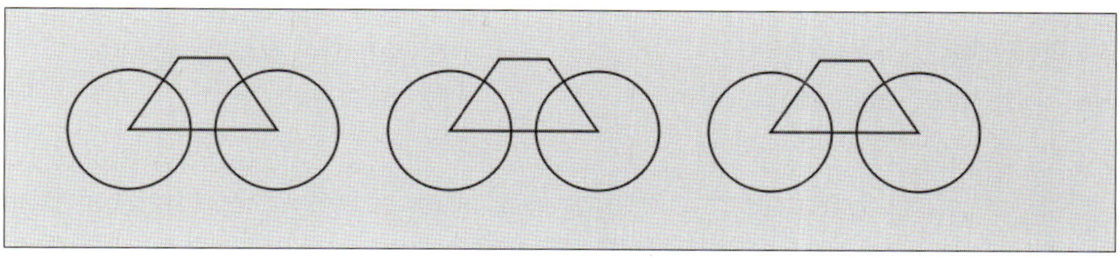

이와 같이 동일한 코드가 여러 번 반복되는 경우에 함수를 정의하고 이를 호출하면 코드가 간단해지고 오류가 발생하거나 코드의 일부를 수정할 경우에 쉽게 수정할 수 있게 된다. 단, 함수를 사용할 때는 호출하는 매개변수 값들과 돌아오는 값들의 데이터 유형이 서로 일치하도록 유의하여야 한다.

8.4 함수의 활용 예

앞에서 학습한 도형을 그리기 위한 내장 함수들을 이용하여 간단한 곰돌이를 만들어 본다. 곰돌이의 귀와 얼굴은 중간 회색의 `ellipse()` 3개로 그리고, 눈과 주둥이는 흰색 원으로 표현하며, 눈동자와 코는 검은색 원으로 만든다.

Bear_0.pde

```
void setup() {
  size(200, 200);
}
void draw() {
  fill(120);                              // 중간 회색 설정
  ellipse(60, 70, 40, 40);                // 왼쪽 귀 그리기
  ellipse(140, 70, 40, 40);               // 오른쪽 귀 그리기
  ellipse(100, 100, 100, 100);            // 얼굴 그리기
  fill(255);                              // 흰색 설정
  ellipse(80, 90, 32, 32);                // 왼쪽 눈
  ellipse(120, 90, 32, 32);               // 오른쪽 눈
  ellipse(100, 127, 45, 45);              // 주둥이 그리기
  arc(100, 130, 30, 20, 0, PI);           // 입 그리기
  fill(0);                                // 검정색 설정
  ellipse(80, 90, 10, 10);                // 왼쪽 눈동자 그리기
  ellipse(120, 90, 10, 10);               // 오른쪽 눈동자 그리기
  ellipse(100, 110, 20, 10);              // 코 그리기
}
```

이번에는 똑같은 곰돌이를 사용자 정의 함수를 이용하여 만들어 본다. `bear()`라는 함수를 만들어 곰돌이의 위치 정보를 넘겨주면 이를 이용하여 곰돌이를 만들게 된다.

Bear_1.pde

```
void setup() {
  size(200, 200);
  bear(100, 100);                          // bear 함수의 호출
}
void bear(int x, int y) {                  // bear 함수
  fill(120);                               // 중간 회색 설정
  ellipse(x-40, y-30, 40, 40);             // 왼쪽 귀 그리기
  ellipse(x+40, y-30, 40, 40);             // 오른쪽 귀 그리기
  ellipse(x, y, 100, 100);                 // 얼굴 그리기
  fill(255);                               // 흰색 설정
  ellipse(x-20, y-10, 32, 32);             // 왼쪽 눈
  ellipse(x+20, y-10, 32, 32);             // 오른쪽 눈
  ellipse(x, y+27, 45, 45);                // 주둥이 그리기
  arc(x, y+30, 30, 20, 0, PI);             // 입 그리기
  fill(0);                                 // 검정색 설정
  ellipse(x-20, y-10, 10, 10);             // 왼쪽 눈동자 그리기
  ellipse(x+20, y-10, 10, 10);             // 오른쪽 눈동자 그리기
  ellipse(x, y+10, 20, 10);                // 코 그리기
}
```

곰돌이를 하나 더 추가하기 위하여 모든 코드를 반복하는 대신에 bear() 함수를 이용하여 위치 정보만을 넘겨주면 된다. 예를 들어, bear(100, 100)으로 첫 번째 곰돌이를 만들고, bear(250, 100)을 이용하여 두 번째 곰돌이를 만든다.

Bear_2.pde

```
void setup() {
  size(400, 200);
  bear(100, 100);                          // bear 함수의 호출
  bear(250, 100);                          // bear 함수의 호출
}
void bear(int x, int y) {                  // bear 함수
  fill(120);                               // 중간 회색 설정
  ellipse(x-40, y-30, 40, 40);             // 왼쪽 귀 그리기
  ellipse(x+40, y-30, 40, 40);             // 오른쪽 귀 그리기
  ellipse(x, y, 100, 100);                 // 얼굴 그리기
  fill(255);                               // 흰색 설정
  ellipse(x-20, y-10, 32, 32);             // 왼쪽 눈
  ellipse(x+20, y-10, 32, 32);             // 오른쪽 눈
  ellipse(x, y+27, 45, 45);                // 주둥이 그리기
  arc(x, y+30, 30, 20, 0, PI);             // 입 그리기
  fill(0);                                 // 검정색 설정
  ellipse(x-20, y-10, 10, 10);             // 왼쪽 눈동자 그리기
  ellipse(x+20, y-10, 10, 10);             // 오른쪽 눈동자 그리기
  ellipse(x, y+10, 20, 10);                // 코 그리기
}
```

함수를 이용하여 복잡한 곰돌이 그림을 매우 쉽게 추가할 수 있었다. 이번에는 반복문 for를 이용하여 5마리의 곰돌이를 만들어 본다. 이와 같은 방법으로 원하는 수만큼의 곰돌이를 `bear()` 함수를 이용하여 만들 수 있다. 함수를 이용하면 코드도 단순화되고 가독성도 좋아져서 코드를 수정하거나 확장하는데 유용하다.

Bear_for.pde

```
void setup() {
  size(800, 200);
  for (int i=0; i<5; i++) {
    bear(i*150+100, 100);                    // bear 함수를 5번 호출
  }
}
void bear(int x, int y) {                    // bear 함수
  fill(120);                                 // 중간 회색 설정
  ellipse(x-40, y-30, 40, 40);               // 왼쪽 귀 그리기
  ellipse(x+40, y-30, 40, 40);               // 오른쪽 귀 그리기
  ellipse(x, y, 100, 100);                   // 얼굴 그리기
  fill(255);                                 // 흰색 설정
  ellipse(x-20, y-10, 32, 32);               // 왼쪽 눈
  ellipse(x+20, y-10, 32, 32);               // 오른쪽 눈
  ellipse(x, y+27, 45, 45);                  // 주둥이 그리기
  arc(x, y+30, 30, 20, 0, PI);               // 입 그리기
  fill(0);                                   // 검정색 설정
  ellipse(x-20, y-10, 10, 10);               // 왼쪽 눈동자 그리기
  ellipse(x+20, y-10, 10, 10);               // 오른쪽 눈동자 그리기
  ellipse(x, y+10, 20, 10);                  // 코 그리기
}
```

8.5 random() 함수 사용 예

임의의 수를 만들기 위하여 내장함수인 random() 함수를 사용한다. 예를 들어 1부터 10까지의 임의의 수는 random(1,10) 또는 간단히 random(10)으로 만들 수 있다. random() 함수는 실수의 난수를 만든다는 점을 유의한다. 사실 random(1,10)의 경우에 1.0부터 9.9999..의 값을 만들기 때문에 정수의 난수가 필요할 경우에는 int(random()) 이나 (int) random()으로 형변환(casting)하여 사용한다. 또한 random(1,10)의 경우에 10.0을

발생하지 않는다는 점도 유의한다. 그러므로 1부터 10까지의 임의의 정수 숫자를 만들고자 한다면 (int) radom(1,10)이 아닌 (int) random(1,11)을 사용하여야 한다. 아래의 예는 원의 위치와 크기, 원의 색상값 R, G, B, 및 투명도 등을 모두 임의의 난수를 이용하여 그려보는 예이다.

Random.pde

```
float r, g, b, t;            // R, G, B 값과 투명도 변수를 float로 정의
float x, y, d;               // 원의 중심점 (x,y)와 지름 변수 d를 float로 정의
void setup () {
  size(200, 200);
  background(0);
  smooth();
  noStroke();
}
void draw () {               // 반복하여 임의의 위치에 새로운 색깔의 원을 그림
  r = random(255);           // R 값을 0~255 사이에서 임의로 설정
  g = random(255);           // G 값을 0~255 사이에서 임의로 설정
  b = random(255);           // B 값을 0~255 사이에서 임의로 설정
  t = random(255);           // 투명도 값을 0~255 사이에서 임의로 설정
  x = random(width);         // x 좌표 값을 0~width 사이에서 임의로 설정
  y = random(height);        // y 좌표 값을 0~height 사이에서 임의로 설정
  d = random(50);            // 지름 값을 0~255 사이에서 임의로 설정
  fill(r, g, b, t);          // 임의의 R, G, B와 투명도로 원을 설정
  ellipse(x, y, d, d);       // 임의의 위치 (x, y)에 임의의 지름 d인 원을 그림
}
```

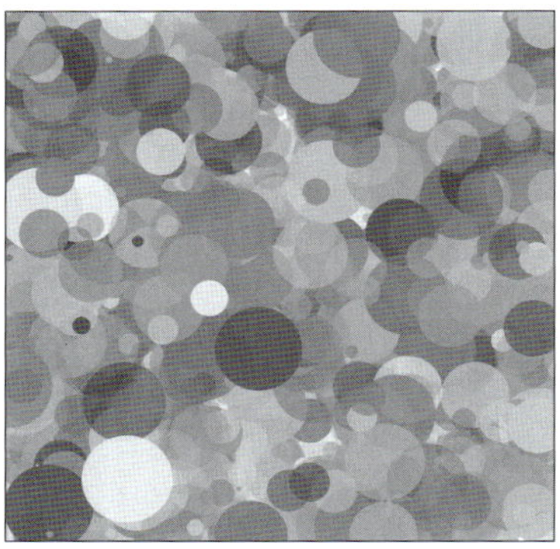

다음은 random() 함수를 이용하여 곰돌이의 색상, 위치와 크기를 임의의 값으로 변경하면서 100 마리의 곰돌이를 만들어보는 예이다. 매번 bear() 함수가 호출될 때마다 화면 내

의 임의의 위치에 임의의 색상과 비율이 random() 함수로 선택되어 여러 가지 형태의 곰돌이가 그려진다.

Bear_random_1.pde

```
void setup () {
  size(600, 400);
  for (int i=0; i<100; i++) {
    bear();                                            // bear 함수를 100번 호출
  }
}
void bear() {
  int x = int(random(0, width));                       // 임의의 x 좌표
  int y = int(random(0, height));                      // 임의의 y 좌표
  scale(random(0.5, 1.5), random(0.5, 1.5));           // 임의의 크기로 변동
  fill(random(0,255), random(0,255), random(0,255)); // 임의의 곰 색깔 설정
  ellipse(x-40, y-30, 40, 40);
  ellipse(x+40, y-30, 40, 40);
  ellipse(x, y, 100, 100);
  fill(255);
  ellipse(x-20, y-10, 32, 32);
  ellipse(x+20, y-10, 32, 32);
  ellipse(x, y+27, 45, 45);
  arc(x, y+30, 30, 20, 0, PI);
  fill(0);
  ellipse(x-20, y-10, 10, 10);
  ellipse(x+20, y-10, 10, 10);
  ellipse(x, y+10, 20, 10);
}
```

100 번의 bear() 함수를 불러 곰돌이를 그렸으나 완전하게 임의의 위치, 색깔, 크기가 아닌 것을 알 수 있다. random() 함수는 임의로 난수(random number)를 생성하는 것이 아니라 미리 저장되어 있는 난수들의 목록 중에 하나의 난수를 불러와서 사용한다. 이는 컴퓨터가 만드는 난수가 완전한 의미의 난수가 아니라, 씨드(seed)에 기반을 두고 어느 정도의 연관성을 가지고 만들어지기 때문이다.

매번 bear() 함수가 불리면서 같은 화면에서 새로운 곰돌이를 그리기 위하여 앞으로 배우게 될 pushMatrix() 함수로 현재 상태를 저장한 후에 popMatrix() 함수로 곰돌이 정보를 불러온다. 스케치를 실행시킬 때마다 100 마리의 다른 곰돌이들이 만들어지는 것을 알 수 있다.

Bear_random_2.pde

```
void setup () {
  size(600, 400);
  for (int i=0; i<100; i++) {
     bear();                                   // bear 함수를 100번 호출
  }
}
void bear() {
  pushMatrix();                                        // 이전 상태를 저장
     int x = int(random(0, width));                    // 임의의 x 좌표
     int y = int(random(0, height));                   // 임의의 y 좌표
     scale(random(0.5, 1.5), random(0.5, 1.5));        // 임의의 크기로 변동
     fill(random(0,255), random(0,255), random(0,255)); // 임의의 곰 색깔 설정
     ellipse(x-40, y-30, 40, 40);
     ellipse(x+40, y-30, 40, 40);
     ellipse(x, y, 100, 100);
     fill(255);
     ellipse(x-20, y-10, 32, 32);
     ellipse(x+20, y-10, 32, 32);
     ellipse(x, y+27, 45, 45);
     arc(x, y+30, 30, 20, 0, PI);
     fill(0);
     ellipse(x-20, y-10, 10, 10);
     ellipse(x+20, y-10, 10, 10);
     ellipse(x, y+10, 20, 10);
  popMatrix();                                         // 이전 상태를 불러옴
}
```

이와 같이 컴퓨터 코딩에서 함수는 복잡한 프로그램을 간편하게 만들어 주는 프로그래밍의 기본적인 구성 요소로 이를 이용하면 코드가 단순화되고 가독성도 좋아져서 코드를 수정하거나 다른 코드에서 재사용 또는 확장하는데 유용하다는 점을 알 수 있다.

연습문제

01 2개의 수를 함수에 넘겨주면 삼각형의 면적을 구하는 `int` 함수를 만든다.

02 1개의 수를 넘겨주면 원의 면적을 구하는 `float` 함수를 만든다.

03 간단한 원 2개로 눈사람 모양을 만든 후 함수를 이용하여 지정한 숫자만큼 반복적으로 그린다.

04 자신만의 캐릭터를 만들어 함수를 이용하여 지정한 숫자만큼 반복적으로 그린다.

05 자신만의 캐릭터를 만들어 함수를 이용하여 임의의 위치, 크기, 색깔로 반복적으로 나오게 만든다.

PART 1
창의적 코딩 / 기초편

Chapter 9
사용자 정의도형

C/H/A/P/T/E/R

09 사용자 정의도형

앞장에서 설명한 것과 같이 프로세싱으로 기하학적인 삼각형, 사각형, 원, 구, 정육면체 등의 도형만 그릴 수 있는 것은 아니다. 사용자가 일련의 점들을 연결하여 얼마든지 복잡한 새로운 형태의 도형을 만들 수 있다. 각각의 점은 vertex()로 정의되고 기본적으로 최단거리인 직선으로 점 사이를 연결하게 되지만, curveVertex()나 bezierVertex() 등의 함수를 사용하여 곡선으로 연결되는 도형도 그릴 수 있다. 이번 장에서는 그리고 싶은 도형의 형태를 만들기 위한 점을 설정하고 그 점들을 연결하는 선을 그리는 방법을 알아본다.

9.1 직선의 연결

점들을 연결하여 도형을 그리기 위해서는 먼저 beginShape() 함수를 사용하여 새로운 도형의 시작을 정의하고, endShape() 함수로 도형의 마무리를 정의한다. 이 두 함수들 사이에 vertex() 함수를 사용하여 도형을 이루는 꼭짓점들의 x와 y좌표들을 입력한다. beginShape()과 endShape() 사이에 vertex() 함수들로 정의된 두 개의 인접한 꼭짓점들 사이에 자동적으로 선분이 연결되어 도형이 그려지게 된다. beginShape(), vertex(), endShape() 함수들의 문법과 매개변수는 다음과 같다.

• **함수**	
beginShape ();	도형의 작성을 시작
• **매개변수**	
none	기본형
POINTS	점들의 연결
LINES	선분의 연결
TRIANGLES	삼각형으로 연결
TRIANGLE_STRIP	연속적인 삼각형으로 연결

TRIANGLE_FAN	부채꼴로 연결
QUAD	사각형으로 연결
QUAD_STRIP	연속적인 사각형으로 연결

• 함수	
endShape ();	도형의 작성을 마침
• 매개변수	
none	기본형
CLOSE	시작점과 끝점을 연결

• 함수	
vertex (x, y, z);	도형의 꼭짓점 지정
• 매개변수	
x	float: 꼭짓점의 x 좌표
y	float: 꼭짓점의 y 좌표
z	float: 꼭짓점의 z 좌표

beginShape(), vertex(), endShape() 함수들을 이용하여 간단한 4개의 점을 이용한 도형을 그려본다. 아래 예와 같이 vertex(50, 50)에서 vertex(50, 150)으로, 다시 vertex(50, 150)에서 vertex(150, 50)으로, 또다시 vertex(150, 50)에서 vertex(150, 150)으로 선분들이 연결되고, 기본 값인 흰색으로 내부가 채워졌다. (단, 그림의 번호들은 설명의 편의성을 고려하여 첨가한 것이다.) 4번 점에서 1번 점으로는 연결 선분이 없지만 프로세싱은 자동적으로 끝점과 시작점을 연결하여 닫힌 도형을 그려준다. (단, 연결선을 보여주지 않는다.)

```
size(200, 200);
beginShape();
  vertex(50, 50);          // 1번 점
  vertex(50, 150);         // 2번 점
  vertex(150, 50);         // 3번 점
  vertex(150, 150);        // 4번 점
endShape();
```

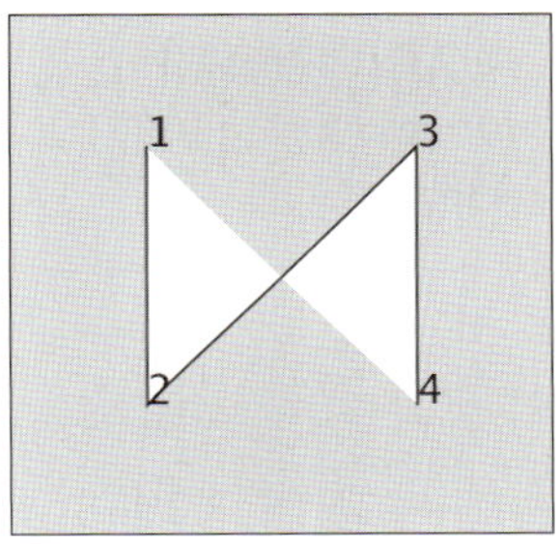

9.1.1 beginShape()

앞에서 설명한 것과 같이 beginShape() 함수와 endShape() 함수 사이에 연결할 꼭짓점들을 vertex()를 사용하여 다음 예와 같이 10개의 점들을 지정하면, vertex(126, 120)의 1번 꼭짓점과 vertex(118, 156)의 2번 꼭짓점 사이가 직선으로 연결되고, 2번 꼭짓점과 3번 꼭짓점, 3번 꼭짓점과 4번 꼭짓점 등과 같이 각각의 인접한 꼭짓점들이 선분으로 연결되면서 9번 꼭짓점과 10번 꼭짓점을 연결되며 종료한다.(단, 그림의 번호들은 설명의 편의성을 고려하여 첨가한 것이다.) 여기서 noFill() 함수를 사용하지 않으면 자동적으로 꼭짓점의 내부가 기본색인 흰색으로 채워지게 되고, fill() 함수를 사용하여 다른 색으로 내부 색을 지정할 수도 있다.

다음 예의 결과와 같이 5각 별 모양의 경우 10개 점들의 좌표들을 입력하고 실행하면 10개의 점들 사이에 9개의 선분들만이 생성되어, 시작점 1번과 끝점 10번이 연결이 되지 않은 것을 알 수 있다. 이는 10개의 꼭짓점을 연결하는 선분의 개수가 9개이기 때문에 당연한 결과이나 원하는 형태는 시작점과 끝점이 연결된 형태의 도형이다. 그러므로 완전히 닫힌 형태의 도형을 완성하기 위해서는 간단한 추가적인 작업이 필요하다.

이번 절에서는 beginShape() 함수의 매개변수들에 대한 설명을 하고 완전한 도형을 그리기 위한 2가지 방법은 다음 절에서 설명한다.

```
size(200, 200);
beginShape();
  vertex(126, 120);          // 1번 점
  vertex(118, 156);          // 2번 점
  vertex(90, 132);           // 3번 점
  vertex(52, 134);           // 4번 점
  vertex(66, 100);           // 5번 점
  vertex(52, 66);            // 6번 점
  vertex(90, 68);            // 7번 점
  vertex(118, 44);           // 8번 점
  vertex(126, 80);           // 9번 점
  vertex(160, 100);          // 10번 점
endShape();
```

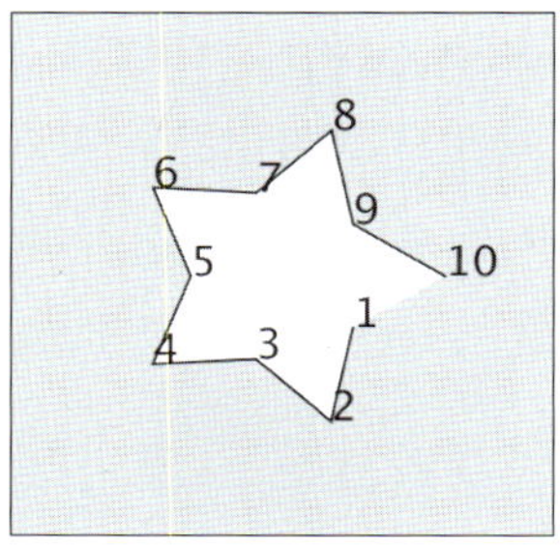

위의 예와 같이 beginShape() 함수의 매개변수를 지정하지 않고 사용할 수도 있으나, 매개변수로 POINTS, LINES, TRIANGLES, TRIANGLE_STRIP, TRIANGLE_FAN, QUAD, QUAD_

STRIP 등을 사용하여 다양한 형태로 도형을 표현할 수 있다. 이들 매개변수를 beginShape() 함수에 첨삭함으로써 얼마나 많은 도형의 변화를 가져오는지 알아본다. 이들 매개변수의 활용은 3차원 도형 그리기에서도 유용하게 사용되기 때문에 이번 절에서 각각의 매개변수에 대한 변화를 자세히 설명한다.

9.1.2 beginShape(POINTS)

beginShape(POINTS) 함수는 인접한 vertex() 꼭짓점들을 선분으로 연결하지 않고 점들만으로 표시하고 싶을 때 사용한다. 다음 예와 같이 점을 있는 선분들 없이 꼭짓점들만이 표시된다. 그림의 번호들은 설명의 편의성을 고려하여 첨가한 것이기 때문에 실제적으로는 10개의 점만 표현된다. 그러므로 vertex() 함수들의 순서는 그림의 결과에 영향을 미치지 않는다.

```
size(200, 200);
beginShape(POINTS);
  vertex(126, 120);            // 1번 점
  vertex(118, 156);            // 2번 점
  vertex(90, 132);             // 3번 점
  vertex(52, 134);             // 4번 점
  vertex(66, 100);             // 5번 점
  vertex(52, 66);              // 6번 점
  vertex(90, 68);              // 7번 점
  vertex(118, 44);             // 8번 점
  vertex(126, 80);             // 9번 점
  vertex(160, 100);            // 10번 점
endShape();
```

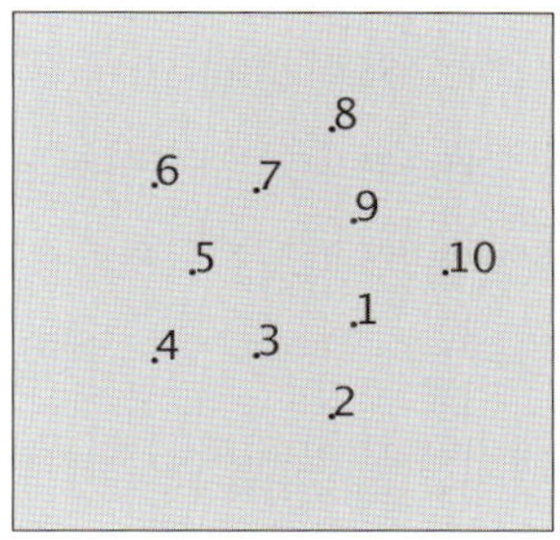

9.1.3 beginShape(LINES)

beginShape(LINES) 함수는 인접한 2개의 vertex() 꼭짓점들을 2개씩 직선으로 연결한다. 예와 같이 10개의 점들을 지정하면, vertex(126, 120)의 1번 꼭짓점과 vertex(118, 156)의 2번 꼭짓점 사이가 직선으로 연결되고, 3번 꼭짓점과 4번 꼭짓점, 5번 꼭짓점과 6번 꼭짓점 등과 같이 각각의 인접한 꼭짓점들이 선분들로 연결되면서 9번 꼭짓점과 10번 꼭짓점을 연결되며 종료한다. 만약에 beginShape(LINES)와 endShape() 함수 사이에 짝수개가 아닌 홀수개의 vertex()를 지정할 경우에는 마지막 짝이 없는 vertex() 꼭짓점은 나타나지 않게 된다. 이 예에서도 실제적으로 선분 5개만 보이고 번호는 보이지 않는다.

```
size(200, 200);
beginShape(LINES);
  vertex(126, 120);            // 1번 점
  vertex(118, 156);            // 2번 점
  vertex(90, 132);             // 3번 점
  vertex(52, 134);             // 4번 점
  vertex(66, 100);             // 5번 점
  vertex(52, 66);              // 6번 점
  vertex(90, 68);              // 7번 점
  vertex(118, 44);             // 8번 점
  vertex(126, 80);             // 9번 점
  vertex(160, 100);            // 10번 점
endShape();
```

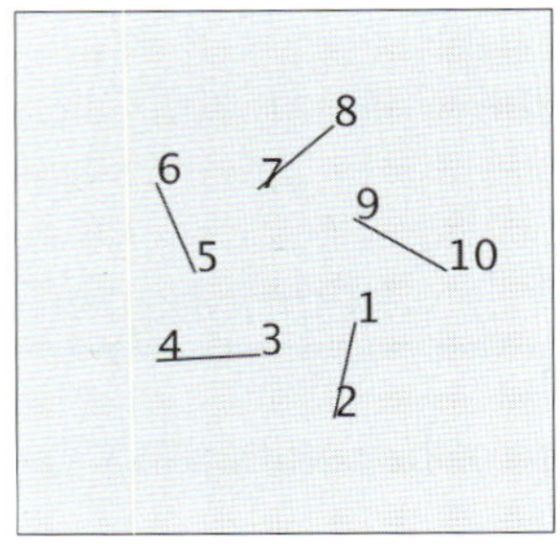

9.1.4 beginShape(TRIANGLES)

beginShape(TRIANGLES) 함수는 인접한 3개의 vertex() 꼭짓점들을 3개씩 삼각형으로 연결한다. 예와 같이 10개의 점들을 지정하면, vertex(126, 120)의 1번 꼭짓점, vertex(118, 156)의 2번 꼭짓점, vertex(90, 132)의 3번 꼭짓점 사이가 삼각형으로 연결되고, 4번-5번-6번 꼭짓점들로 연결된 삼각형, 7번-8번-9번 꼭짓점들로 연결된 삼각형을 만들고 종료한다. 이 예에서도 실제적으로 그림에는 삼각형 3개만 보이고 일련번호는 보이지 않는다. 만약에 beginShape(TRIANGLES)와 endShape() 함수 사이에 3의 배수가 아닌 수의 꼭짓점이 남아 있을 경우에는 삼각형을 만들지 못한다. 이 예의 경우에는 10번 꼭짓점의 경우에는 2개의 점이 모자라기 때문에 삼각형을 만들 수 없어서 최종 그림에는 나타나지 않는다.

```
size(200, 200);
beginShape(TRIANGLES);
  vertex(126, 120);            // 1번 점
  vertex(118, 156);            // 2번 점
  vertex(90, 132);             // 3번 점
  vertex(52, 134);             // 4번 점
  vertex(66, 100);             // 5번 점
  vertex(52, 66);              // 6번 점
  vertex(90, 68);              // 7번 점
  vertex(118, 44);             // 8번 점
  vertex(126, 80);             // 9번 점
  vertex(160, 100);            // 10번 점
endShape();
```

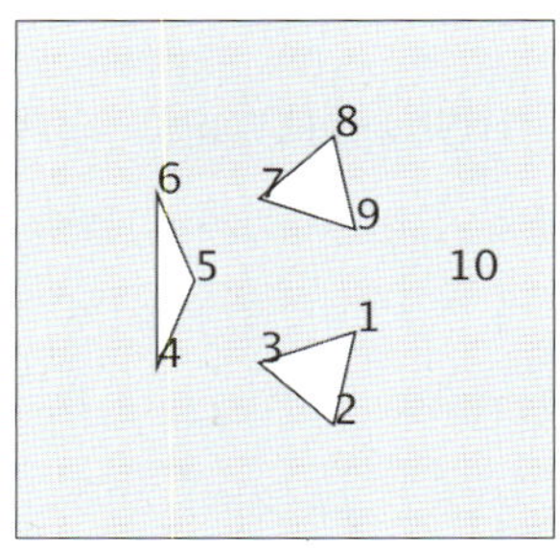

9.1.5 beginShape(TRIANGLE_STRIP)

beginShape(TRIANGLE_STRIP) 함수는 인접한 3개의 vertex() 꼭짓점들을 삼각형으로 연결한다는 점은 beginShape(TRIANGLES) 함수와 유사하나, 독립적인 3개의 꼭짓점들로 각각 삼각형을 만드는 것이 아니라, 삼각형의 한 면(2개의 꼭짓점)을 인접한 삼각형이 공유하게 된다는 점이 다르다. 예와 같이 10개의 점들을 지정하면, 1번-2번-3번 꼭짓점들로 연결된 삼각형을 만든 후에, 다시 2번-3번-4번 꼭짓점들로 연결된 삼각형을 만든다. 이와 같은 방법으로 3번-4번-5번, 4번-5번-6번 등으로 삼각형을 만들어 나간다. 마지막으로 8번-9번-10번 꼭짓점으로 삼각형을 만들고 종료한다. 그러므로 beginShape(TRIANGLES) 함수와는 다르게 꼭짓점의 개수가 몇 개이어도 그려지지 않는 꼭짓점은 없게 되며, beginShape(TRIANGLE_STRIP)와 endShape() 함수들 사이에 있는 vertex()의 전체 숫자보다 2개가 적은 수의 삼각형들이 만들어진다. 이 예의 경우에는 꼭짓점의 개수가 10개이기 때문에 8개의 삼각형이 그려지게 된다.

```
size(200, 200);
beginShape(TRIANGLE_STRIP);
  vertex(126, 120);          // 1번 점
  vertex(118, 156);          // 2번 점
  vertex(90, 132);           // 3번 점
  vertex(52, 134);           // 4번 점
  vertex(66, 100);           // 5번 점
  vertex(52, 66);            // 6번 점
  vertex(90, 68);            // 7번 점
  vertex(118, 44);           // 8번 점
  vertex(126, 80);           // 9번 점
  vertex(160, 100);          // 10번 점
endShape();
```

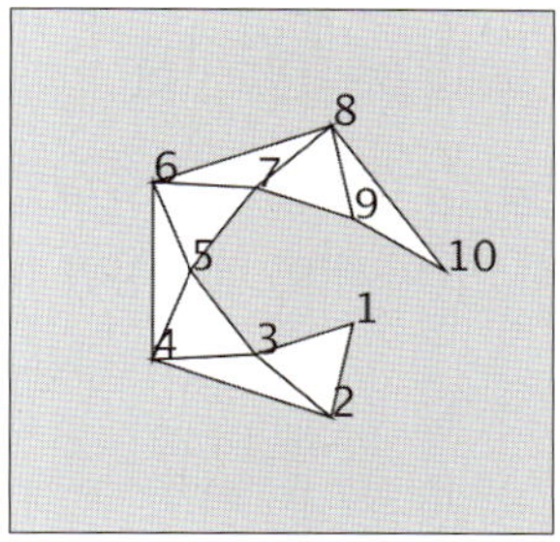

9.1.6 beginShape(TRIANGLE_FAN)

beginShape(TRIANGLE_FAN) 함수는 beginShape(TRIANGLE_STRIP) 함수와 사용법이 유사하나, beginShape(TRIANGLE_FAN) 함수 명령어 다음에 처음으로 정의되는 꼭짓점을 모든 삼각형들이 공유하여 삼각형을 그려나간다는 점이 다르다. 예와 같이 10개의 점들을 지정하면, vertex(126, 120)이 처음으로 정의되었기 때문에 이 점을 삼각형들이 공유하여 부채꼴 모양으로 삼각형들이 만들어진다. 즉, 1번-2번-3번 꼭짓점들로 연결된 삼각형을 만든 후에, 다시 1번-3번-4번 꼭짓점들로 연결된 삼각형을 만든다. 이와 같은 방법으로 1번-4번-5

번, 1번-5번-6번 등으로 삼각형을 만들어 나간다. 마지막으로 1번-9번-10번 꼭짓점으로 삼각형을 만들고 종료한다. 그러므로 beginShape(TRIANGLE_FAN) 함수도 꼭짓점의 개수가 몇 개이어도 그려지지 않는 꼭짓점은 없게 되며, beginShape(TRIANGLE_FAN)와 endShape() 함수들 사이에 있는 vertex()의 전체 숫자보다 2개가 적은 수의 삼각형들이 만들어진다.

```
size(200, 200);
beginShape(TRIANGLE_FAN);
  vertex(126, 120);           // 1번 점
  vertex(118, 156);           // 2번 점
  vertex(90, 132);            // 3번 점
  vertex(52, 134);            // 4번 점
  vertex(66, 100);            // 5번 점
  vertex(52, 66);             // 6번 점
  vertex(90, 68);             // 7번 점
  vertex(118, 44);            // 8번 점
  vertex(126, 80);            // 9번 점
  vertex(160, 100);           // 10번 점
endShape();
```

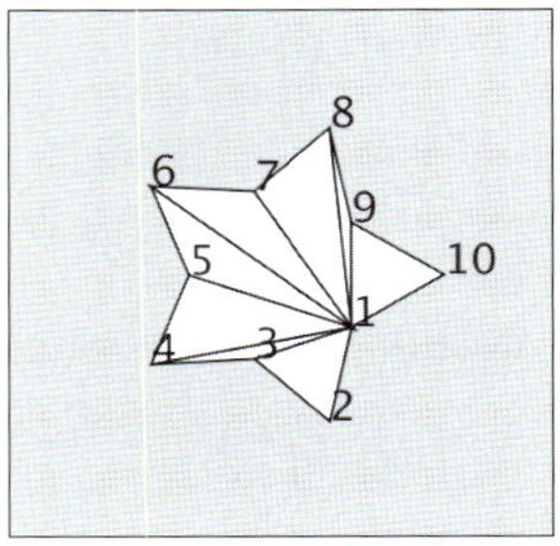

beginShape(TRIANGLE_FAN) 함수의 첫 번째로 정의되는 꼭짓점을 나머지 모든 점들이 공유하여 삼각형을 그려나간다는 개념을 이용하여 위의 예를 조금 변경하면 입체적인 별모양을 만들 수 있다. 별의 중심점을 만들기 위하여 첫 번째 0번 점 vertex(100, 100)을 새로 추가하고, 마지막 삼각형인 0번-10번-1번 꼭짓점을 연결하기 위하여 1번 점 vertex(126, 120) 한 번 더 추가로 사용한다. 다음과 같은 입체적인 별모양을 만들 수 있다.

```
size(200, 200);
beginShape(TRIANGLE_FAN);
  vertex(100, 100);           // 중심 0번 점
  vertex(126, 120);           // 1번 점
  vertex(118, 156);           // 2번 점
  vertex(90, 132);            // 3번 점
  vertex(52, 134);            // 4번 점
  vertex(66, 100);            // 5번 점
  vertex(52, 66);             // 6번 점
  vertex(90, 68);             // 7번 점
  vertex(118, 44);            // 8번 점
  vertex(126, 80);            // 9번 점
  vertex(160, 100);           // 10번 점
  vertex(126, 120);           // 1번 추가점
endShape();
```

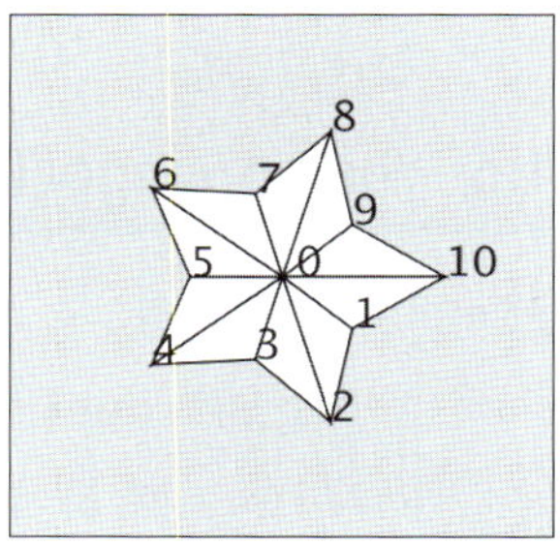

9.1.7 beginShape(QUADS)

beginShape(QUADS) 함수는 beginShape(TRIANGLES) 함수와 매우 유사한데, beginShape(TRIANGLES)가 삼각형은 만드는 반면, beginShape(QUADS)는 사각형을 만든다는 점이 다르다. beginShape(QUADS) 함수는 인접한 4 개의 vertex() 꼭짓점들을 사각형으로 연결한다. 예와 같이 10개의 점들을 지정하면, 1번-2번-3번-4번 꼭짓점들로 연결된 사각형, 5번-6번-7번-8번 꼭짓점들로 연결된 사각형을 만들고 종료한다. 만약에 beginShape(QUADS)와 endShape() 함수 사이에 4의 배수가 아닌 수의 꼭짓점이 남아 있을 경우에는 사각형을 만들지 못한다. 이 예의 경우에는 9번과 10번 꼭짓점의 경우에는 2개의 점이 모자라기 때문에 사각형을 만들 수 없어서 최종 그림에는 나타나지 않는다.

```
size(200, 200);
beginShape(QUADS);
  vertex(126, 120);          // 1번 점
  vertex(118, 156);          // 2번 점
  vertex(90, 132);           // 3번 점
  vertex(52, 134);           // 4번 점
  vertex(66, 100);           // 5번 점
  vertex(52, 66);            // 6번 점
  vertex(90, 68);            // 7번 점
  vertex(118, 44);           // 8번 점
  vertex(126, 80);           // 9번 점
  vertex(160, 100);          // 10번 점
endShape();
```

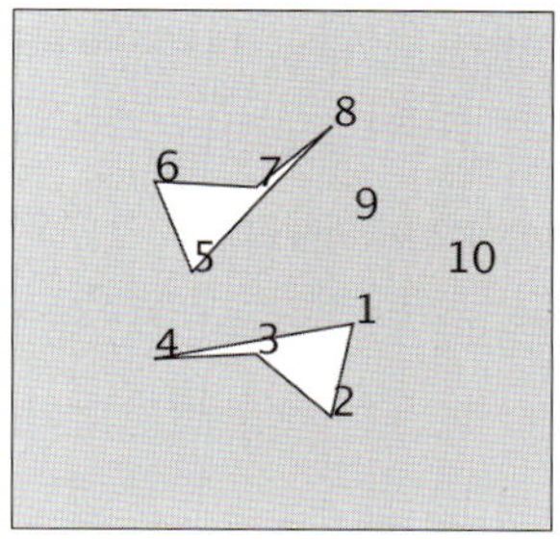

9.1.8 beginShape(QUAD_STRIP)

beginShape(QUAD_STRIP) 함수는 beginShape(TRIANGLE_STRIP) 함수의 유사하지만 삼각형 대신에 사각형을 사용한다는 점이 다르다. 인접한 4개의 vertex() 꼭짓점들을 사각형으로 연결한다는 점은 beginShape(QUADS) 함수와 유사하나, 독립적인 4개의 꼭짓점들로 각각 사각형을 만드는 것이 아니라, 사각형의 마지막 한 면(2개의 꼭짓점)을 인접한 사각형들이 공유하게 된다는 점이 다르다. 예와 같이 10개의 점들을 지정하면, 1번-2번-3번-4번 꼭짓점들로 연결된 사각형을 만든 후에, 다시 3번-4번-5번-6번 꼭짓점들로 연결된 사각형을 만든다. 이와 같은 방법으로 5번-6번-7번-8번 등으로 사각형을 만들어 나가며, 마지막으로 7번-8번-9번-10번 꼭짓점으로 사각형을 만들고 종료한다. beginShape(QUADS) 함수와는 다르게 꼭짓점의 개수가 짝수이면 남는 꼭짓점은 없게 되지만 홀수인 경우에는 마지막점은 생략된다.

```
size(200, 200);
beginShape(QUAD_STRIP);
  vertex(126, 120);          // 1번 점
  vertex(118, 156);          // 2번 점
  vertex(90, 132);           // 3번 점
  vertex(52, 134);           // 4번 점
  vertex(66, 100);           // 5번 점
  vertex(52, 66);            // 6번 점
  vertex(90, 68);            // 7번 점
  vertex(118, 44);           // 8번 점
  vertex(126, 80);           // 9번 점
  vertex(160, 100);          // 10번 점
endShape();
```

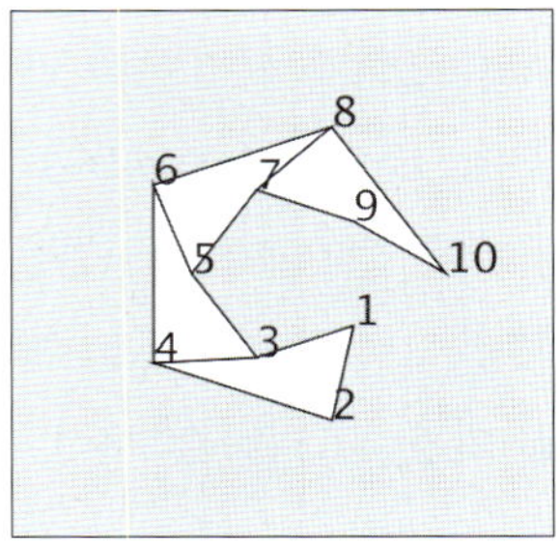

한 가지 유의할 점은 beginShape(QUADS) 함수의 경우에는 4개의 꼭짓점 순서대로 도형을 그려나가지만, beginShape(QUAD_STRIP) 함수의 경우에는 4개의 꼭짓점의 순서와는 상관없이 이들로 구성된 사각형을 만든다는 점이다. 아래의 예에서 그 차이점을 알 수 있는데, beginShape(QUADS) 함수의 경우에는 1번-2번-3번-4번 순으로 꼭짓점들이 연결되어 나비 모양의 결과를 얻는 반면에 beginShape(QUAD_STRIP) 함수의 경우에는 1번-2번-4번-3번 순으로 꼭짓점들이 연결되어 사각형을 얻는다.

```
size(200, 200);
beginShape(QUADS);
  vertex(50, 50);            // 1번 점
  vertex(50, 150);           // 2번 점
  vertex(150, 50);           // 3번 점
  vertex(150, 150);          // 4번 점
endShape();
```

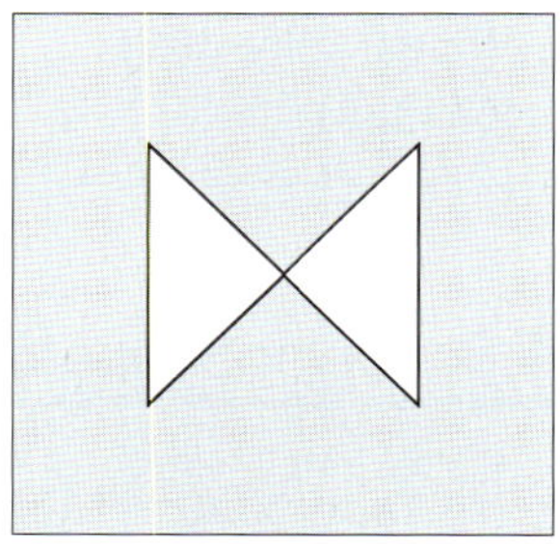

```
size(200, 200);
beginShape(QUAD_STRIP);
  vertex(50, 50);            // 1번 점
  vertex(50, 150);           // 2번 점
  vertex(150, 50);           // 3번 점
  vertex(150, 150);          // 4번 점
endShape();
```

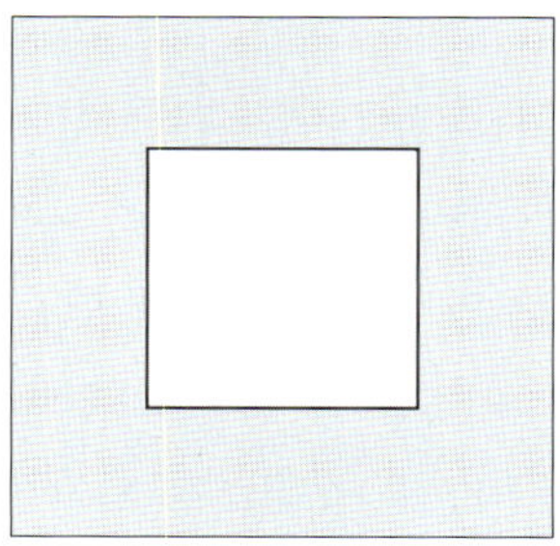

9.2 직선도형의 완성

사용자가 정의하는 도형을 그리기 위해서는 먼저 beginShape() 함수를 이용하여 새로운 도형의 시작을, endShape() 함수로 도형의 마무리를 정의하고, 이 두 함수들 사이에 vertex() 함수를 이용하여 도형을 이루는 꼭짓점들을 입력한다. vertex() 함수로 정의된 두 개의 인접한 꼭짓점들 사이에 자동적으로 선분이 연결되어 도형이 그려진다. 예를 들어, 다음과 같은 5각 별 모양의 경우 10개의 점의 좌표들을 입력하고 실행하면 9개의 선분이 생성되지만 마지막 선이 연결이 되지 않은 것을 알 수 있다. 완전히 닫힌 형태의 도형을 그리기 위하여 마지막에 시작점을 추가하거나 CLOSE 매개변수를 추가하는 방법이 있다.

```
size(200, 200);
beginShape();
  vertex(126, 120);            // 시작점
  vertex(118, 156);
  vertex(90, 132);
  vertex(52, 134);
  vertex(66, 100);
  vertex(52, 66);
  vertex(90, 68);
  vertex(118, 44);
  vertex(126, 80);
  vertex(160, 100);            // 마지막 점
endShape()
```

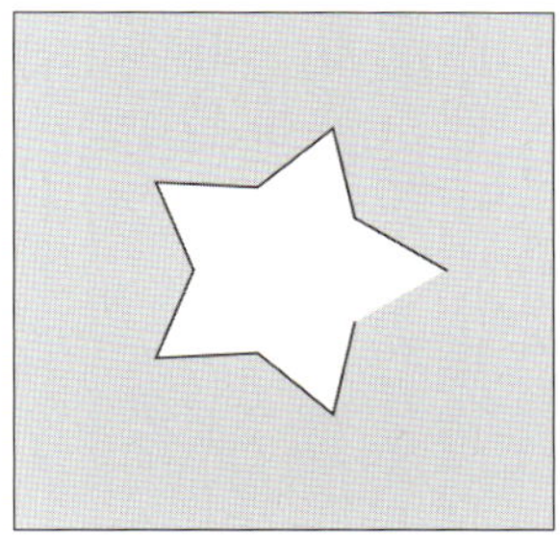

9.2.1 시작점을 추가

완전히 닫힌 도형을 그리기 위한 첫 번째 방법은 시작점을 마지막에 다시 한 번 추가하여 도형의 처음과 끝을 연결하는 것이다. 아래의 예에서 시작점의 위치는 vertex(126, 120)이기 때문에 끝점의 위치 vertex(160, 100) 아래에 다시 시작점 vertex(126, 120)을 추가로 한 번 더 입력한다. 이렇게 함으로써 시작점에서 시작한 도형그리기 과정이 다시 시작점에서 끝나 닫힌 도형을 완성할 수 있게 된다.

Star_1.pde

```
size(200, 200);
beginShape();
  vertex(126, 120);              // 시작점
  vertex(118, 156);
  vertex(90, 132);
  vertex(52, 134);
  vertex(66, 100);
  vertex(52, 66);
  vertex(90, 68);
  vertex(118, 44);
  vertex(126, 80);
  vertex(160, 100);              // 마지막 점
  vertex(126, 120);              // 시작점의 추가
endShape();
```

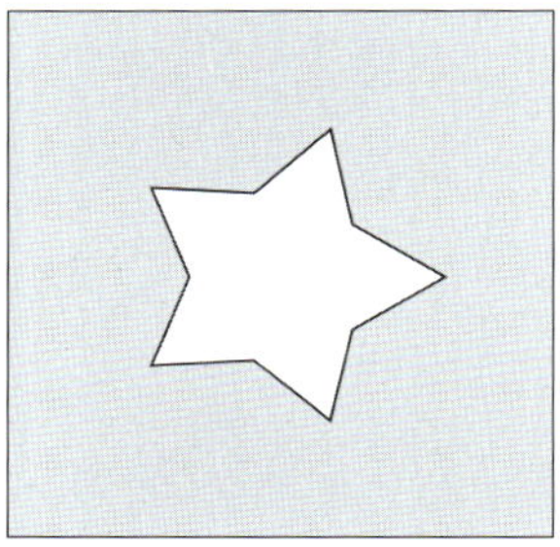

9.2.2 CLOSE의 추가

완전히 닫힌 도형을 그리기 위한 두 번째 방법은 endShape(CLOSE) 함수를 사용하여 자동적으로 시작점과 끝점을 연결하는 방법이다. endShape(CLOSE)은 시작점과 끝점을 연결하여 선을 닫아주는 명령어이다. 끝점 vertex(160, 100) 이후에 바로 도형그리기를 endShape (CLOSE) 함수로 마감하여 닫힌 도형을 완성할 수 있게 된다. 두 방법 중 어느 것을 사용하던지 같은 결과를 얻을 수 있다.

Star_2.pde

```
size(200, 200);
beginShape();
  vertex(126, 120);              // 시작점
  vertex(118, 156);
  vertex(90, 132);
```

```
  vertex(52, 134);
  vertex(66, 100);
  vertex(52, 66);
  vertex(90, 68);
  vertex(118, 44);
  vertex(160, 100);                 // 마지막 점
endShape(CLOSE)                     // 도형의 마감
```

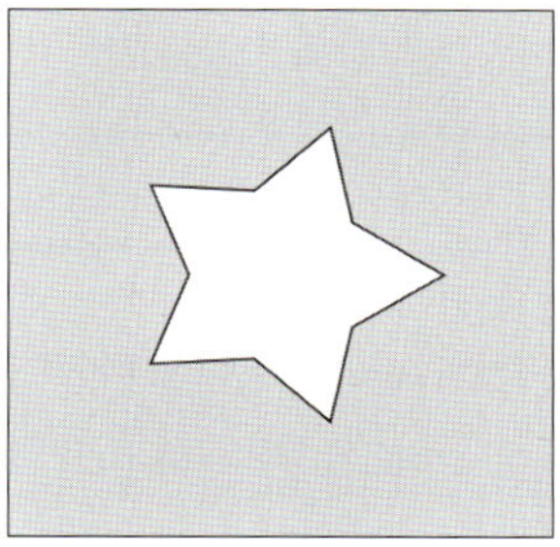

9.2.3 배열로 그리기

vertex() 함수를 모든 꼭짓점에 대해 정의하지 않고 2차원 배열과 반복문을 이용하여 쉽게 도형을 그릴 수 있다. 다음 예는 10개의 점들을 2차원 배열에 저장하고 그 수만큼 반복하여 vertex() 함수를 불러 도형을 그리는 프로그램이다. beginShape()와 endShape(CLOSE) 함수 사이에 for 반복문을 사용하여 vertex() 점들을 반복적으로 연결한다.

Star_array.pde

```
int[ ][ ] star = {{126, 120}, {118, 156}, {90, 132}, {52, 134}, {66, 100},
{52, 66}, {90, 68}, {118, 44}, {126, 80}, {160, 100}}; // 점들의 2차원 배열
size(200, 200);
beginShape();
  for (int i=0; i < star.length; i++) {                  // star 배열의 수만큼 반복
    vertex(star[i][0], star[i][1]);
  }
endShape(CLOSE);
```

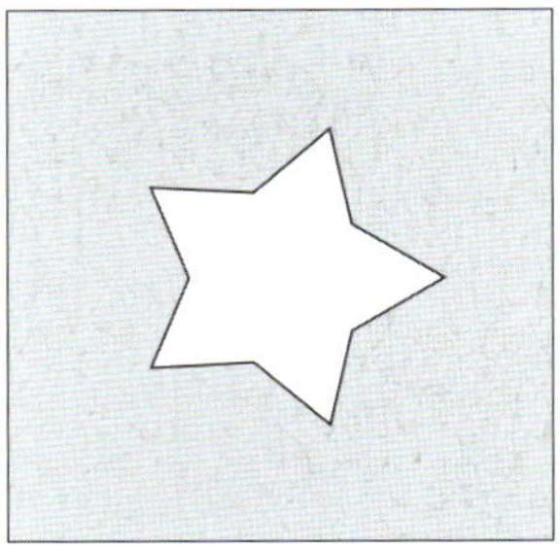

9.3 곡선의 연결

이제까지는 직선으로 도형을 그리는 방법을 설명하였다. 이제부터 곡선을 그려본다. 자유로운 곡선을 그리기 전에 직선과 곡선의 차이점을 알아보기 위하여 vertex() 함수를 이용하여 다음과 같이 각각의 점들을 설정하고 그 점들을 연결하는 선을 그려본다. 예상한 바와 같이 beginShape()와 endShape() 사이에 vertex()에서 지정한 6개의 점들이 연결되어 5개의 선분이 연결된 형태로 출력됨을 알 수 있다. 이제 vertex() 대신에 curveVertex() 함수를 이용하여 꼭짓점들을 곡선으로 연결시켜본다.

Vertex.pde

```
size(200, 200);
noFill();
beginShape();
  vertex(20, 100);
  vertex(50, 50);
  vertex(90, 40);
  vertex(80, 150);
  vertex(150, 120);
  vertex(170, 80);
endShape();
```

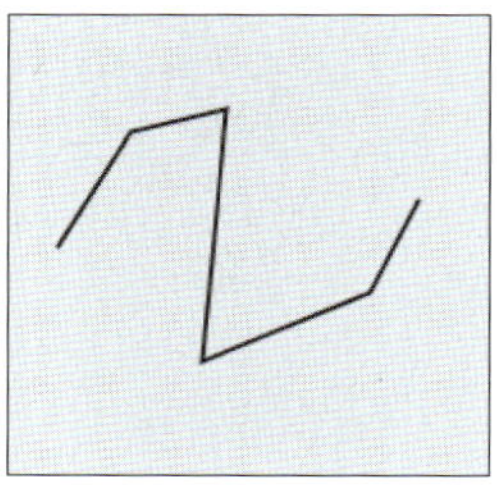

9.3.1 curveVertex()

beginShape()과 endShape() 함수들 사이에 curveVertex() 함수들로 정의된 두 개의 인접한 꼭짓점들 사이에 자동적으로 곡선이 연결되어 도형이 그려진다. 이 함수들의 문법과 매개변수는 다음과 같다.

• **함수**	
curveVertex (x, y);	곡선의 점 지정
• **매개변수**	
x	float: 꼭짓점의 x 좌표
y	float: 꼭짓점의 y 좌표

이번에는 곡선을 그리기 위하여 앞의 예에서 vertex() 함수를 모두 curveVertex() 함수로 수정하고 그 점들을 연결하는 선을 그려본다. 아래와 같은 조금 짧아진 곡선이 출력되는 것을 알 수 있다. 프로세싱에서 곡선을 그리는 데는 두 가지 종류의 점들이 사용된다. 하나는 곡선을 연결하기 위한 고정점(anchor point)이고, 다른 하나는 연결하는 곡선의 구부러진 정도를 조절하는 제어점(control point)이다. 시작점 curveVertex(20,100)과 끝점 curveVertex(170, 80)은 곡선의 일부가 아니라 각 점들을 연결하는 곡선의 구부러진 정도를 조정하는 제어점들이고 나머지 4개의 점들이 연결되어 곡선을 이루게 된다. 몇 개의 curveVertex() 점들을 추가하여도 자동적으로 시작점과 끝점은 제어점들로 설정되고 나머지 점들을 연결하는 곡선을 생성하게 된다.

curveVertex_1.pde

```
size(200, 200);
noFill();
beginShape();
  curveVertex(20, 100);                    // 시작 제어점
  curveVertex(50, 50);                     // 곡선의 시작점
  curveVertex(90, 40);
  curveVertex(80, 150);
  curveVertex(150, 120);                   // 곡선의 끝점
  curveVertex(170, 80);                    // 끝 제어점
endShape();
```

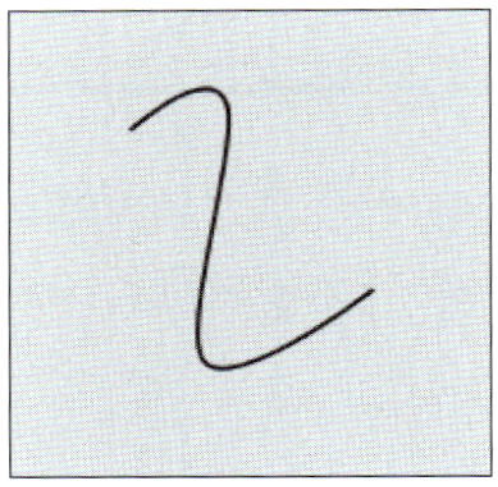

프로세싱에서는 점과 점 사이에 2개의 점을 추가하여 Catmull-Rom 스플라인(spline) 보간법으로 곡선을 연결한다. 다음 예와 같이 다른 점들은 그대로 두고 처음과 마지막 제어점들의 좌표를 조금 수정하면 전반적인 곡선은 앞의 결과와 비슷하지만 곡선의 구부러진 형태가 다른 곡선을 얻는다.

curveVertex_2.pde

```
size(200, 200);
noFill();
beginShape();
  curveVertex(120, 100);                    // 시작 제어점
  curveVertex(50, 50);                      // 곡선의 시작점
  curveVertex(90, 40);
  curveVertex(80, 150);
  curveVertex(150, 120);                    // 곡선의 끝점
  curveVertex(70, 80);                      // 끝 제어점
endShape();
```

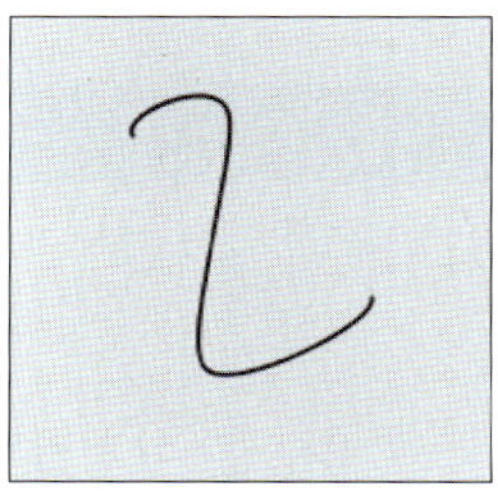

9.3.2 bezierVertex()

`beginShape()`과 `endShape()` 함수들 사이에 `bezierVertex()` 함수로 정의된 제어점(control point)과 고정점(anchor point)들 사이에 자동적으로 베지어 곡선(Bezier curve)이 연결되어 도형이 그려진다. 이 함수들의 문법과 매개변수는 다음과 같다.

• 함수	
bezierVertex (cx1, cy1, cx2, cy2, x, y);	베지어 곡선의 점 지정
• 매개변수	
cx1	float: 첫 번째 제어점의 x 좌표
cy1	float: 첫 번째 제어점의 y 좌표
cx2	float: 두 번째 제어점의 x 좌표
cy2	float: 두 번째 제어점의 y 좌표
x	float: 고정점의 x 좌표
y	float: 고정점의 y 좌표

프로세싱에서는 컴퓨터 그래픽에서 임의의 형태의 곡선을 표현하기 위해 수학적으로 만든 곡선인 베지어 곡선을 이용하여 곡선을 그릴 수 있다. 베지어 곡선은 프랑스 수학자 베지어(Pierre Bezier)가 만든 다항식 곡선의 하나로 많은 그래픽 프로그램에서 곡선의 도형뿐만 아니라 벡터 형태의 글자를 만들 때도 사용하는 곡선이다. 시작점과 끝점을 포함한 제어점의 개수가 많으면 많을수록 복잡한 곡선을 만들 수 있으나 프로세싱에서는 아래 그림과 같이 두 개의 양 끝점 (P_0, P_3)와 두 개의 중간 점 (P_1, P_2)들을 이용하는 3차 베지어 수학 공식을 이용하여 곡선을 표현한다.

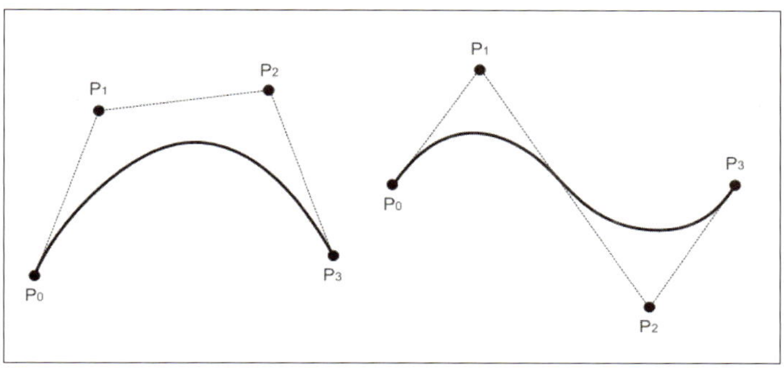

베지어 곡선을 그리는 데도 두 가지 종류의 점들이 사용된다. 하나는 곡선을 연결하기 위한 고정점이고, 다른 하나는 연결하는 곡선의 구부러진 정도를 조절하는 제어점이다. 다음 예에서 처음 vertex(60, 40)으로 시작점을 지정하고 bezierVertex()를 이용하여 베지어 곡선의 제어점들을 (160, 0)과 (160, 150)으로 설정할 수 있다. 이 때 끝점인 (60, 150)은 곡선의 끝나는 고정점으로서 중간의 두 제어점에 의하여 곡선의 형태가 제어된다. 설명을 위해 그려진 두 개의 직선들은 실제적으로 보이지는 않는 제어점들에 연결된 참고 선들을 나타내는데, 이 선들의 방향과 각도에 따라 실제 곡선의 구부러진 정도가 결정된다.

bezierVertex_1.pde

```
size(200, 200);
noFill();
beginShape();
  vertex(60, 40);                               // 곡선의 시작점
  bezierVertex(160, 0, 160, 150, 60, 150);      // 베지어 제어점들과 고정점
endShape();
```

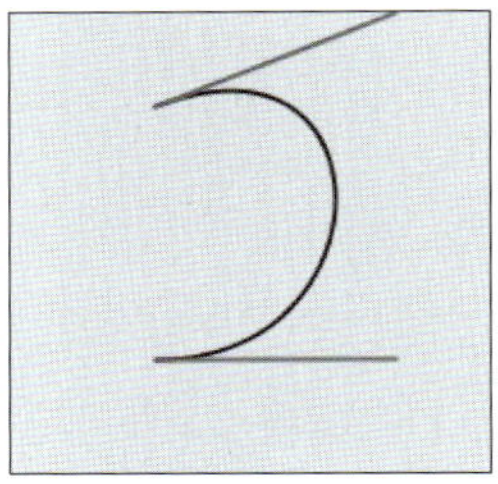

시작점과 끝점이 동일하더라도 중간에 베이지 곡선을 정의하는 제어점들에 변화를 주면 다양한 형태의 곡선을 만들 수 있다. 앞의 예에서 bertex(60, 40)과 (60, 150)의 고정점들은 그대로 두고 제어점들을 조금 수정하면 시작점과 끝점은 같으나 새로운 형태의 곡선이 만들어 지는 것을 알 수 있다.

bezierVertex_2.pde

```
size(200, 200);
noFill();
beginShape();
  vertex(60, 40);                               // 곡선의 시작점
  bezierVertex(180, 80, 200, 200, 60, 150);     // 베지어 제어점들과 고정점
endShape();
```

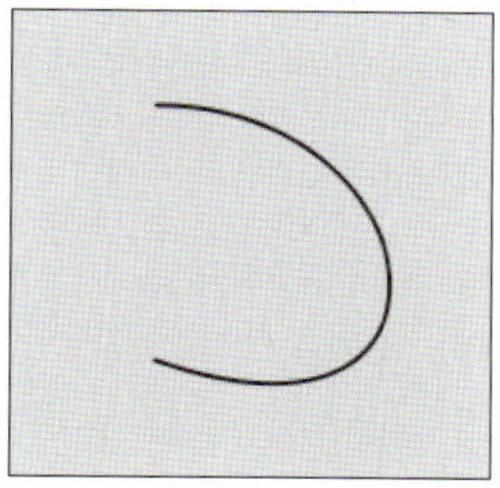

이와 같이 bezierVertex() 함수를 이용하여 다양한 곡선을 구성할 수 있고, 여러 가지 모양의 곡면을 사용자가 쉽게 만들 수 있다.

9.4 곡선도형의 완성

bezierVertex() 함수를 이용하여 부드러운 곡선으로 구성된 도형을 만들기 위하여 vertex()로 시작하는 점을 지정하고 bezierVertex() 함수로 곡선을 추가하는데, 마지막으로 사용하는 bezierVertex() 함수의 끝점이 vertex() 시작점과 일치하여야 완전한 폐곡면을 얻을 수 있다.

다음은 4개의 꽃잎을 그리는 예인데, 한 가지 주의할 점은 처음 시작하는 점의 좌표와 마지막으로 끝나는 점의 좌표를 동일하게 만들어야 하나의 폐곡선을 완성할 수 있다는 점이다. 첫 번째 꽃잎의 경우에 처음 시작점이 vertex(100, 20)이기 때문에 두 번째 bezierVertex()의 마지막 좌표도 (100, 20)이 된다. 나머지 잎들을 구성하는 경우에도 폐곡선이 될 수 있게 시작과 끝의 고정점들이 한 점에서 만날 수 있도록 주의한다.

bezierVertex_3.pde

```
size(200, 200);
smooth();
beginShape();
  vertex(100, 20);                              // 위에 있는 잎 모양의 시작점
  bezierVertex(60, 70, 110, 70, 90, 90);        // 왼쪽 곡선
  bezierVertex(70, 100, 150, 80, 100, 20);      // 오른쪽 곡선
endShape();
beginShape();
  vertex(100, 100);                             // 오른쪽에 있는 잎 모양의 시작점
  bezierVertex(130, 110, 120, 130, 180, 100);   // 아래쪽 곡선
  bezierVertex(120, 50, 130, 110, 100, 100);    // 위쪽 곡선
```

```
  endShape();
beginShape();
  vertex(100, 110);                          // 아래에 있는 잎 모양의 시작점
  bezierVertex(70, 130, 80, 150, 100, 180);  // 왼쪽 곡선
  bezierVertex(80, 150, 170, 150, 100, 110); // 오른쪽 곡선
endShape();
beginShape();
  vertex(90, 100);                           // 왼쪽에 있는 잎 모양의 시작점
  bezierVertex(50, 130, 50, 120, 20, 100);   // 아래쪽 곡선
  bezierVertex(60, 100, 40, 70, 90, 100);    // 위쪽 곡선
endShape();
```

이번 장에서는 프로세싱으로 기하학적인 도형 외에도 사용자가 새로운 형태의 도형을 만들 수 있다는 것을 확인하였다. 그리고자 하는 도형을 만들기 위하여 `vertex()`로 점들을 설정하고 그 점들을 직선으로 연결하거나 `curveVertex()`나 `bezierVertex()` 함수를 사용하여 곡선으로 연결하는 방법을 알아보았다. `vertex()` 함수는 2차원 그림뿐만 아니라 3차원 그림을 그리는데도 유용하게 사용되는 함수이다. 3차원 그림에 대해서는 13장 3차원 그래픽에서 자세히 다루기로 한다.

연습문제

01 예제의 5각별 모양을 변형하여 6각별 모양을 그린다.

02 beginShape() 함수와 매개변수인 TRIANGLE을 이용하여 다음 도형을 그린다.

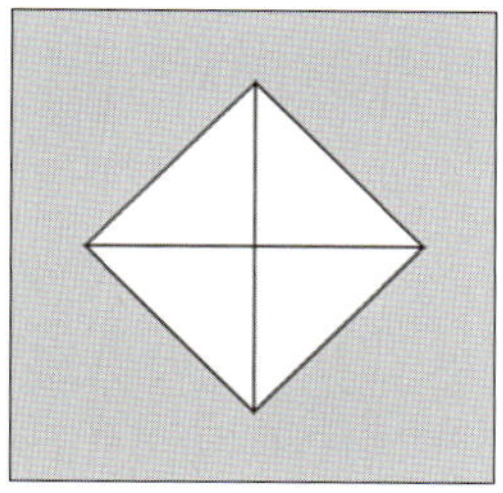

03 beginShape() 함수와 매개변수인 TRIANGLE_FAN을 이용하여 위의 도형을 그린다.

04 bezierVertex() 함수를 이용하여 초승달 모양을 그린다.

05 예제의 꽃잎 모양과 bezierVertex() 함수를 이용하여 꽃잎을 다섯 장 있는 꽃을 그린다.

PART 1
창의적 코딩 / 기초편

Chapter 10
이동, 회전, 비례

C/H/A/P/T/E/R

10 이동, 회전, 비례

컴퓨터 그래픽에서 도형의 형태를 변환시키기 위하여 기본적으로 이동, 회전, 크기 변환을 사용한다. 프로세싱에서도 이전 장에서 배운 것과 같이 간단하게 도형의 좌표를 수정하여 도형을 움직이게 만들 수 있다. 그러나 도형의 좌표를 이동하는 것 보다 화면의 기준점 좌표를 이동하면 보다 다양한 도형의 움직임을 만들어 낼 수 있다. 또한, 도형을 회전시키기 위하여 도형의 좌표를 변경하는 것 보다 화면의 기준점 좌표를 회전시키는 것이 보다 간단하다. 이번 장에서는 화면의 기준점을 이동, 회전, 확대 및 축소 변환하여 도형의 움직임을 만드는 방법을 알아본다.

10.1 이동

앞에서 설명한 것과 같이 프로세싱에서는 도형을 그리기 위하여 왼쪽위의 (0, 0) 좌표를 원점으로 하고, x-축은 오른쪽으로 갈수록 증가하게 되고, y-축은 아래로 갈수록 증가하게 된다. 그러므로 도형을 움직이려면 **도형**의 기준점 좌표를 새로운 위치 좌표로 변경하면 되지만, 프로세싱의 내장함수들을 사용하여 **화면**의 원점 좌표를 이동하면 손쉽게 도형을 이동 시킬 수 있다. 예를 들어, 도형을 오른쪽으로 50 화소 이동시키는 경우에 도형의 기준점을 50 화소만큼 이동시킬 수가 있지만, 화면의 원점인 (0, 0) 좌표를 50 화소만큼 오른쪽으로 이동 시킬 수도 있다. 화면의 원점이 오른쪽으로 50 화소 이동하였기 때문에 기존의 도형이 오른쪽으로 50 화소 이동한 것으로 보이게 된다. 화면에 나타나는 시각적인 결과는 두 방법이 동일하나, 이처럼 기준이 되는 좌표계를 조절하면 프로세싱에서 이동, 회전, 크기 변환 등 다양한 변환들을 손쉽게 만들어 낼 수 있다.

아래의 도식을 예를 들면, 사각형의 왼쪽위 기준점이 (20, 40)의 위치에 높이와 너비가 각각 60 화소인 사각형을 만든 후에 도형의 기준점을 (100, 100)의 위치로 이동시키고 같은 크기의 사각형을 그리면 사각형은 원래의 (20, 40)의 위치에서 새로운 (100, 100)의 위치로 이동하게 된다. 다른 방법으로는 사각형의 위치는 변경하지 않고, `translate()`라는 내장함수를 이용하여 화면의 원점을 (0, 0)에서 (80, 60)으로 이동시키면 된다. 이 새로운 좌표의 원점으로부터 도형의 기준점인 (20, 40)의 위치에 사각형이 그려지게 되어 사각형 좌표의 변함없이 원래의 위치에서 (100, 100)으로 사각형이 이동한 것과 동일한 결과를 얻을 수 있다.

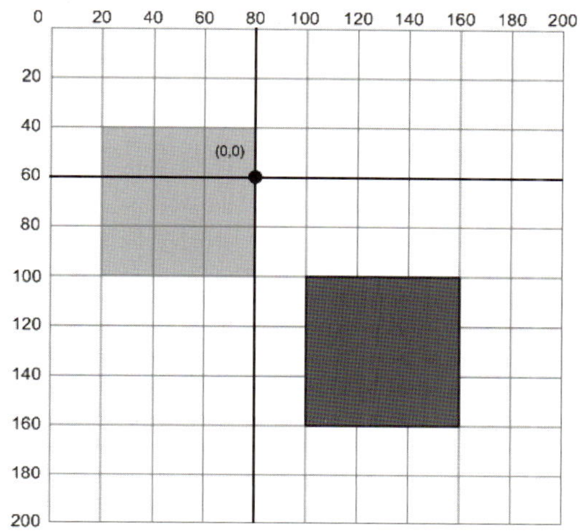

`translate()` 함수는 x-축과 y-축의 이동 거리를 나타내는 매개변수 두 개로 화면의 좌표체계를 상, 하, 좌, 우로 이동 시킬 수 있다.

• **함수**	
`translate (x, y);`	도형의 이동
• **매개변수**	
x	float: 좌우로 이동
y	float: 상하로 이동

앞에서 도식으로 설명한 내용을 프로세싱으로 확인하여 본다. 먼저 `(20, 40)`의 위치에 높이와 너비가 각각 60 화소인 사각형을 만든다.

```
size(200, 200);
rect(20, 40, 60, 60);
```

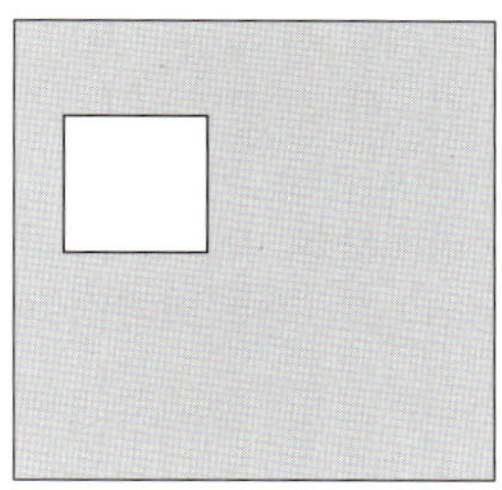

다음과 같이 translate(80, 60) 함수를 이용하여 화면의 원점을 (0, 0)에서 (80, 60)으로 이동하면 사각형의 기준점이 (20, 40)에서 (100, 100)으로 이동한 것과 동일한 시각효과를 줄 수 있다.

```
size(200, 200);
translate(80, 60);
rect(20, 40, 60, 60);
```

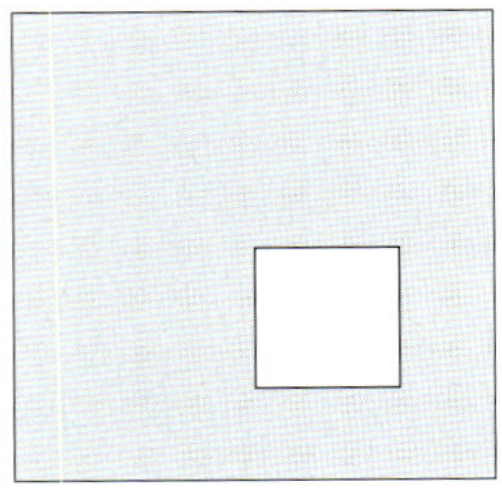

이와 같이 도형을 이동시키기 위하여 도형의 기준점을 변환하는 것보다 translate() 함수로 화면의 원점 좌표를 변환하면 조작이 매우 간단해진다.

다음 예를 통하여 translate() 함수의 사용법을 알아본다. 먼저 다음과 같이 (50, 50)의 위치에 높이와 너비가 각각 50화소인 첫 번째 빨강색 사각형을 만든다.

```
size(200, 200);
stroke(255, 0, 0);                  // 빨강색 선
rect(50, 50, 50, 50);
```

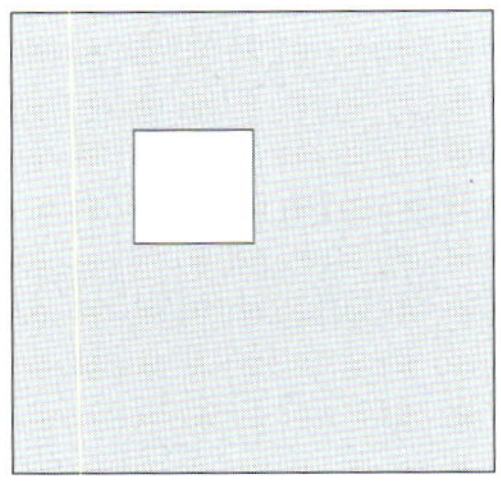

translate(50, 50) 함수를 이용하여 화면의 원점을 (50, 50)으로 이동시킨 후에 동일한 위치(50, 50)에 크기가 50 화소인 사각형을 그리면 두 번째 파랑색 사각형을 만들 수 있다. 같은 크기의 도형을 여러 번 이동 시키려할 때 매번 도형의 기준점을 변경하는 것보다 translate() 함수를 이용하여 화면의 원점을 이동시키면 도형의 좌표를 변경하지 않고도 도형이 이동하는 효과를 볼 수 있다.

```
size(200, 200);
stroke(255, 0, 0);                  // 빨강색 선
rect(50, 50, 50, 50);
translate(50, 50);
stroke(0, 0, 255);                  // 파랑색 선
rect(50, 50, 50, 50);
```

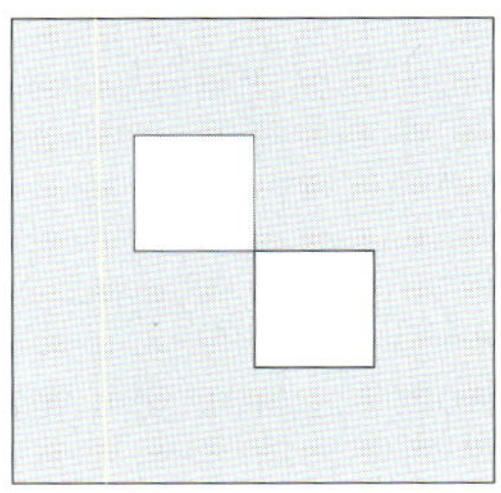

아직까지는 도형의 기준점을 이동하는 방법과 화면의 원점을 이동하는 방법이 크게 차이가 없어 보인다. 다음 예와 같이 마우스가 이동하는 위치에 사각형과 원을 그리는 스케치를 작성한다. 마우스의 현재 위치 정보를 얻기 위하여 **mouseX**와 **mouseY**를 이용하여 사각형과 원의 x와 y좌표를 설정한다. 다음과 같은 결과를 얻을 수 있다.

Translate_1.pde

```
void setup() {
  size(200, 200);
}
void draw() {
  rectMode(CENTER);                        // 사각형의 중심이 기준
  rect(mouseX, mouseY, 40, 40);            // 마우스의 현재 위치에 사각형
  ellipse(mouseX, mouseY, 40, 40);         // 마우스의 현재 위치에 원
}
```

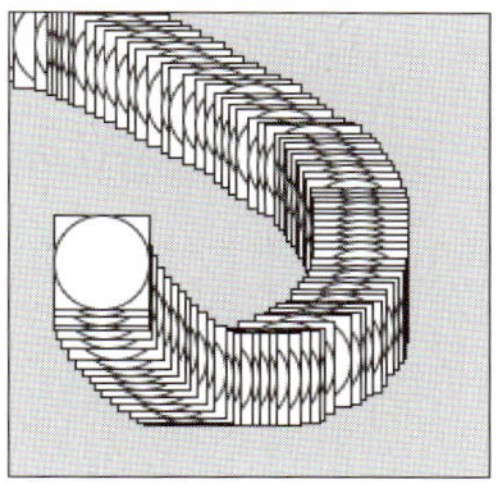

위 예와 같이 마우스가 이동하는 좌표를 사각형과 원에 직접 입력하는 하지 않고, 앞에서 설명한 **translate()** 함수를 이용하여 도형을 이동해보자. 화면의 원점을 마우스의 현재 위치로 이동시키기 위한 **translate(mouseX, mouseY)** 함수를 이용한다. 마우스가 움직일 때 마다 좌표의 원점이 마우스의 현재 위치로 이동하기 때문에 원점 **(0, 0)**을 중심으로 사각형과 원을 그리게 된다.

Translate_2.pde

```
void setup() {
  size(200, 200);
}
void draw() {
 translate(mouseX, mouseY);               // 마우스의 현재 위치로 이동
 rectMode(CENTER);                        // 사각형의 중심이 기준
 rect(0, 0, 40, 40);                      // 원점에 사각형
 ellipse(0, 0, 40, 40);                   // 원점에 원
}
```

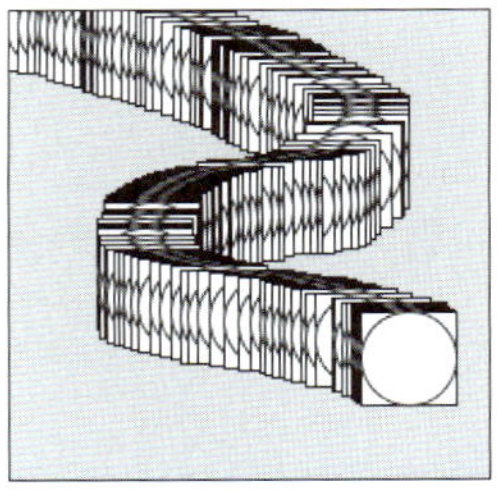

10.2 회전

이동의 경우와 마찬가지로 도형을 회전시킬 때도 도형의 각 좌표를 회전하는 크기만큼 새로운 좌표로 설정하면 되지만 매우 번거로운 작업이다. 프로세싱은 이러한 문제를 `rotate()` 내장함수를 이용하여 쉽게 해결할 수 있다. `rotate()` 함수는 회전할 각도 하나를 매개변수로 받으며, 회전은 원점 `(0, 0)`을 기준으로 이루어진다.

아래의 도식을 예를 들면, 사각형의 왼쪽위 기준점의 `(80, 60)`의 위치에 높이와 너비가 각각 60 화소인 사각형을 만든 후에 원점을 중심으로 30도 만큼 시계방향으로 회전을 시키면 도형은 화면의 원점을 중심으로 회전하게 되어 도형이 회전한 효과를 만들 수 있다. 이동의 경우와 마찬가지로 회전의 경우도 도형이 회전하는 것이 아니라 화면의 원점이 회전한다는 점을 유의한다. 그러므로 도형의 중심을 기준으로 도형을 회전시키려면 먼저 `translate()` 함수로 도형의 위치를 원하는 곳으로 이동시킨 후에 `rotate()` 함수를 호출하고, 도형의 중심을 좌표 `(0, 0)`에 맞춰 그린다.

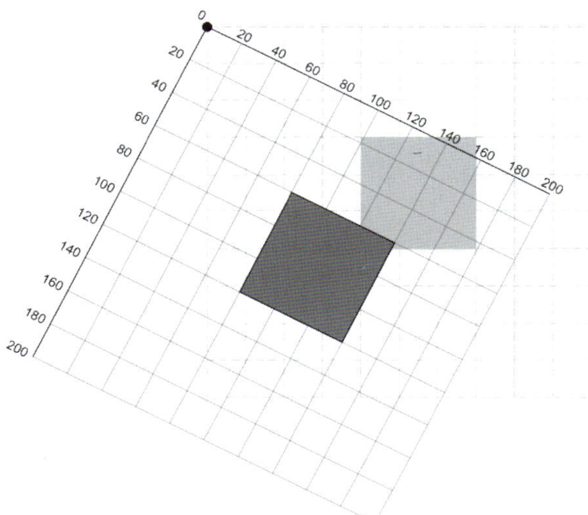

rotate() 함수는 매개변수 하나로 화면의 좌표를 회전시킬 수 있다. 각도 값이 양(+)인 경우에는 시계방향으로 회전하고, 음(-)인 경우에는 반시계방향으로 회전한다. 회전각은 기본적으로 레디안(radian) 값을 사용하기 때문에 각도로 회전각을 정할 경우에는 radians(45)와 같이 각도 변환을 해주어야 한다는 점을 유의한다.

• **함수**	
rotate (angle);	도형의 회전
• **매개변수**	
angle	float: 회전각(radian)

앞에서 도식으로 설명한 내용을 프로세싱으로 확인하여 본다. 먼저 (80, 60)의 위치에 높이와 너비가 각각 60 화소인 사각형을 만든다.

```
size(200, 200);
rect(80, 60, 60, 60);
```

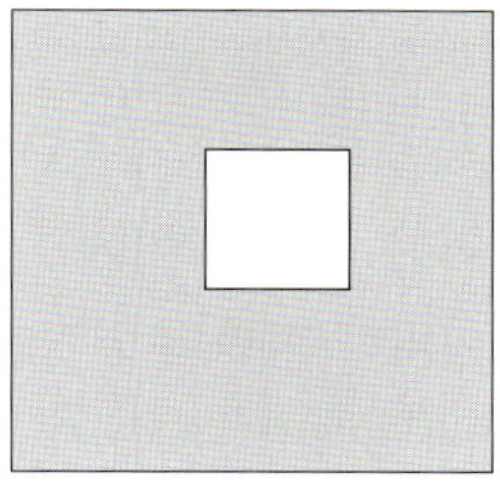

다음과 같이 rotate(PI/6) 함수를 이용하여 화면을 레디안 값 PI/6, 즉, 30도 시계방향으로 회전하면 사각형이 회전한 시각효과를 줄 수 있다.

```
size(200, 200);
rotate(PI/6);
rect(80, 60, 60, 60);
```

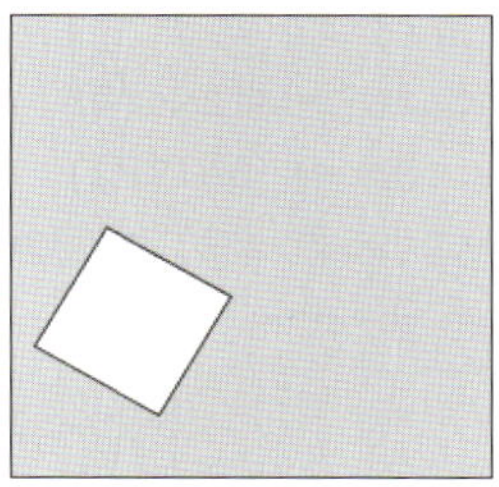

이와 같이 일반적으로 도형의 회전은 번거로운 작업이지만, rotate() 함수를 사용하면 매우 간단하게 처리할 수 있다.

다음 예를 통하여 rotate() 함수의 사용법을 알아본다. 먼저 다음과 같이 화면의 중심 (100, 100)에 높이와 너비가 각각 100 화소인 사각형을 만들고 이를 도형의 중심을 기준으로 45도 회전하는 스케치를 작성한다.

```
size(200, 200);
rectMode(CENTER);
rect(width/2, height/2, 100, 100);
```

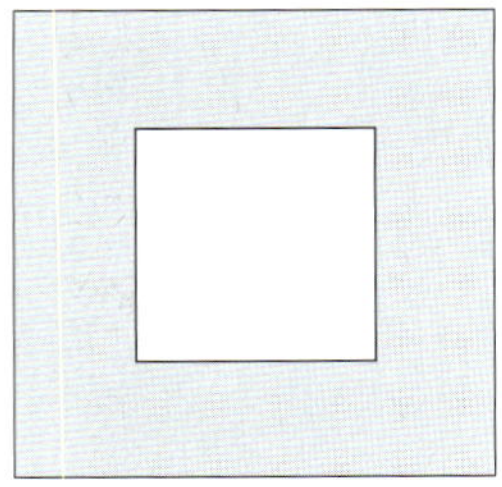

이 도형을 45도 시계방향으로 회전하기 위하여 `rotate(radians(45))` 함수를 적용하면 다음과 같이 사각형의 일부만 보이는 결과를 얻는다.

```
size(200, 200);
rotate(radians(45));
rectMode(CENTER);
rect(width/2, height/2, 100, 100);
```

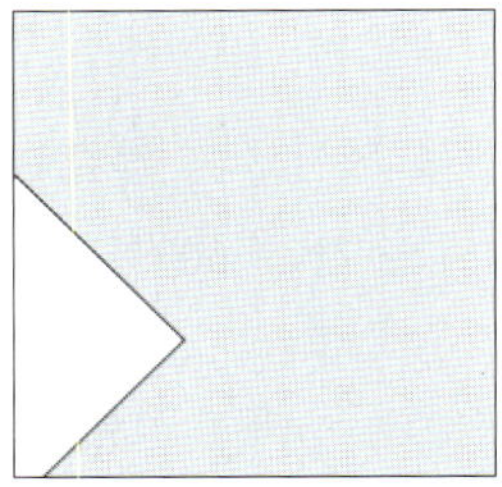

이 결과는 우리가 원하던 도형의 회전이 아니었다. 이는 도형의 중심을 기준으로 회전이 된 것이 아니라 화면의 원점인 (0, 0)을 기준으로 회전이 이루어졌기 때문이다. 그러므로 회전의 기준점을 도형의 중심으로 이동한 후에 회전을 하여야 한다. 다음과 같이 `translate()` 함수를 이용하여 도형의 중심으로 화면의 중심을 이동시킨다.

```
size(200, 200);
translate(width/2, height/2);
rotate(radians(45));
rectMode(CENTER);
rect(width/2, height/2, 100, 100);
```

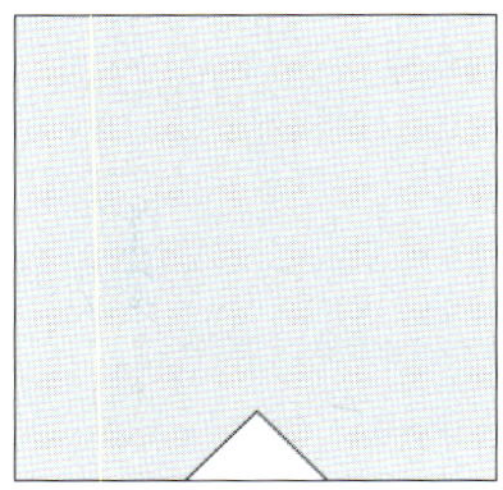

아직도 우리가 원하는 결과가 아니다. 이는 사각형의 위치를 `size()`와 연동시켜 `rect(width/2, height/2, 100, 100)`로 설정하였기 때문이다. 다시 사각형의 원점을 (0, 0)으로 변경하여 준다. 화면의 기준점을 도형의 원점으로 이동시키고, 그 점을 기준으로 회전을 시켰기 때문에 우리가 원하는 45도 회전된 사각형을 얻게 된다.

```
size(200, 200);
translate(width/2, height/2);
rotate(radians(45));
rectMode(CENTER);
rect(0, 0, 100, 100);
```

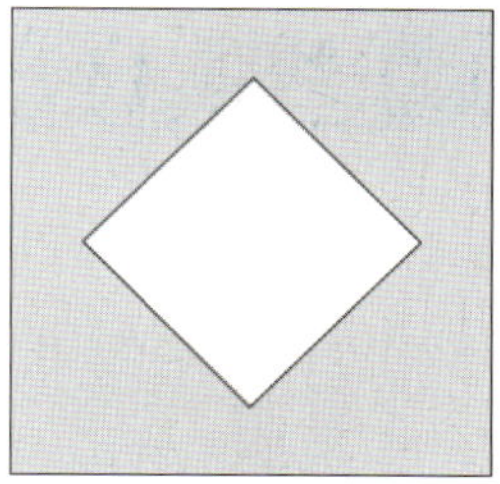

앞에서 설명한 **rotate()** 함수를 이용하여 도형을 회전시켜 본다. 마우스를 좌우로 움직이면 움직이는 거리에 비례하여 사각형이 회전되는 스케치를 만들어 본다. 앞에서 설명한 것과 같이 **translate()** 함수를 이용하여 화면의 중심을 도형의 중심으로 이동시키고, **mouseX**로 마우스의 현재 위치와 비례하는 각도만큼 **rotate()** 함수를 이용하여 회전시키면 된다. 마우스를 좌우로 이동시키면 이동거리에 비례하여 사각형이 시계방향으로 회전하게 된다.

Rotation_01.pde

```
void setup() {
  size(200, 200);
}
void draw() {
  background(255);
  stroke(0);
  fill(175);
  translate(width/2,height/2);          // 화면의 중심으로 이동
  float theta = TWO_PI*mouseX / width ;  // 마우스와 연동하여 각도 계산
  rotate(theta);                        // 회전 함수
  rectMode(CENTER);                     // 사각형의 중심이 기준
  rect(0,0,100,100);                    // 원점에 사각형
}
```

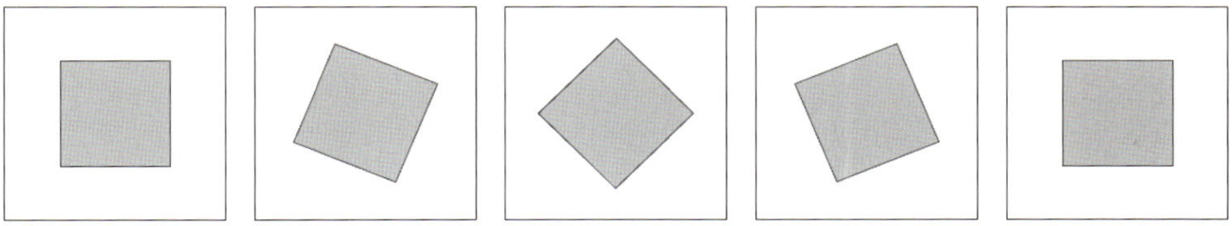

10.3 비례

이동의 경우와 마찬가지로 도형의 크기를 확대하거나 축소할 때도 도형의 각 좌표를 변환하는 크기만큼 새로운 좌표로 설정하면 되지만 이러한 작업 또한 매우 번거롭다. 프로세싱에는 이러한 문제를 `scale()` 내장함수를 이용하여 쉽게 해결할 수 있다. `scale()` 함수는 화면의 좌표 체계를 축소하거나 확대하는데 항상 원점이 기준이 된다. `scale()` 함수는 하나의 매개변수로 크기를 받는데, 도형의 중심을 좌표 (0, 0)에 맞춰 1 보다 클 경우에는 도형을 확대하고, 1 보다 작을 경우에는 도형을 축소하여 그린다.

아래의 도식을 예를 들면, 사각형의 왼쪽위 기준점이 (40, 30)의 위치에 높이와 너비가 각각 30 화소인 사각형을 만든 후에 화면의 좌표계를 두 배 키우면, (80, 60)의 위치에 높이와 너비가 각각 60 화소인 사각형으로 확대되어 도형이 두 배로 커지는 시각적 효과를 얻게 된다.

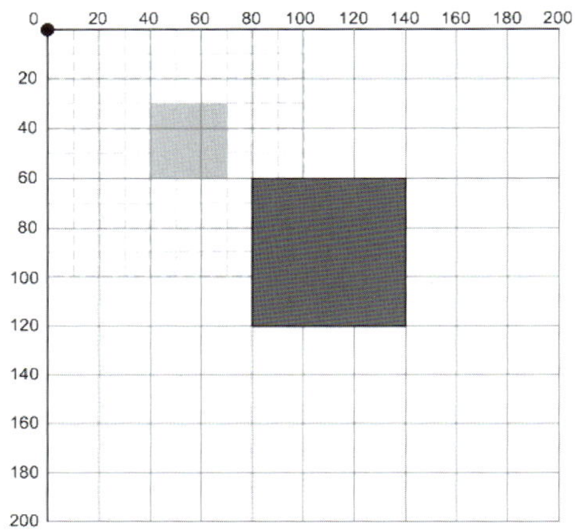

`scale()` 함수는 크기를 나타내는 매개변수를 가지며 정수뿐만 아니라 실수를 사용하여도 무방하다. 매개변수가 한 개인 경우에는 x-축과 y-축이 정비례로 조절되고, 매개변수가 두 개인 경우에는 x-축과 y-축이 각각 비례 값만큼 조절된다.

• **함수**	
`scale (s);`	도형의 크기 변환
• **매개변수**	
s	float: 크기 비례 값

• 함수	
`scale (x, y);`	도형의 크기 변환
• 매개변수	
x	float: 좌우로 변하는 비례 값
y	float: 상하로 변하는 비례 값

앞에서 도식으로 설명한 내용을 프로세싱으로 확인하여 본다. 먼저 (40, 30)의 위치에 높이와 너비가 각각 30 화소인 사각형을 만든다.

```
size(200, 200);
rect(40, 30, 30, 30);
```

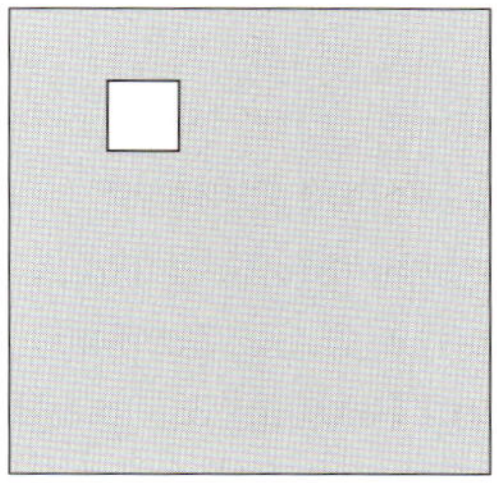

다음과 같이 `scale(2)` 함수를 이용하여 화면의 좌표를 두 배로 키우면, 사각형의 위치가 (80, 60)의 위치에 높이와 너비가 각각 60 화소인 사각형으로 커지게 된다.

```
size(200, 200);
scale(2);
rect(40, 30, 30, 30);
```

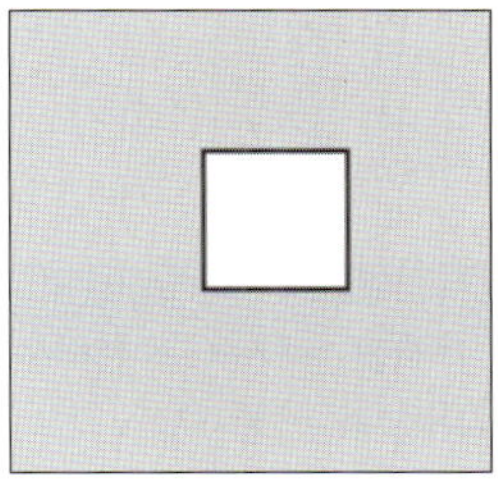

이와 같이 도형의 크기를 기준점의 변환으로 처리하는 것은 번거로운 작업이지만 `scale()` 함수를 사용하면 매우 간단해진다.

다음 예를 통하여 `scale()` 함수의 사용법을 알아본다. 먼저 다음과 같이 화면의 중심 (100, 100)에 높이와 너비가 각각 50 화소인 첫 번째 사각형을 만든다.

```
size(200, 200);
rectMode(CENTER);
rect(width/2, height/2, 50, 50);
```

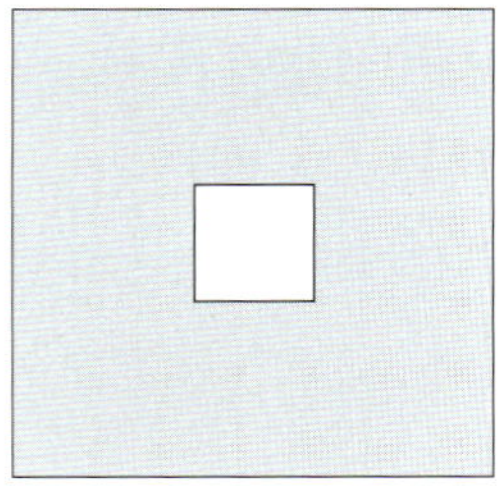

다음과 같이 `scale(1.5, 1.3)` 함수를 이용하면, 화면의 좌표가 x-축으로 1.5배, y-축으로 1.3배 커지면서 중심점 (150, 130)의 위치에 너비와 높이가 각각 75, 65 화소인 사각형으로 커지게 된다.

```
size(200, 200);
rectMode(CENTER);
scale(1.5, 1.3);
rect(width/2, height/2, 50, 50);
```

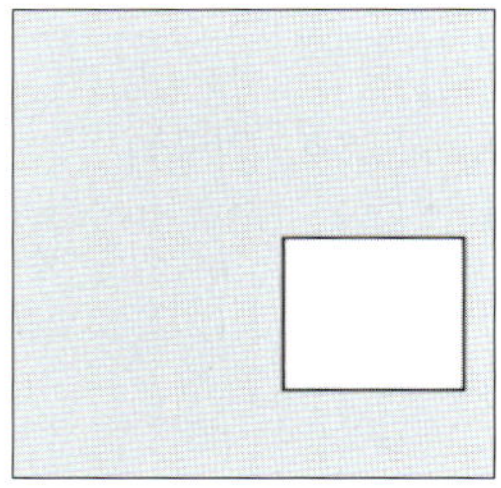

앞에서 설명한 `scale()` 함수를 이용하여 도형의 크기를 바꿔보자. 기준 화면의 비율을 매번 0.02 배씩 키우는 스케치를 작성한다. 사각형이 화면의 중심에서 확대되도록 화면의 기준점을 `translate()` 함수를 이용하여 이동시킨다. 다음 예에서 화면의 중심으로부터 너비와 높이가 각각 10 화소인 사각형이 점점 커지는 것을 확인할 수 있다.

Scale_01.pde

```
float s = 0.0;                              // 크기의 초기 값
void setup() {
  size(200, 200);
}
void draw() {
  background(255);
  stroke(0);
  fill(175);
  translate(width/2,height/2);              // 화면의 중심으로 이동
  scale(s);                                 // 크기 변환
  rectMode(CENTER);                         // 사각형의 중심이 기준
  rect(0,0,10,10);                          // 원점에 사각형
  s += 0.02;                                // 크기 증가
}
```

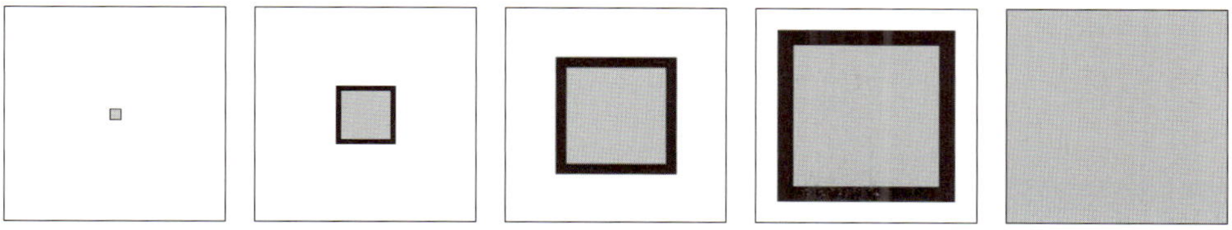

scale()함수는 도형의 크기뿐만 아니라 테두리의 두께에도 영향을 준다. 위 예의 경우 스케일이 커질수록 외각선의 두께도 비례하여 커지게 되어 점점 굵어지게 된다. 따라서 스케일이 증가되는 크기만큼 strokeWeight()를 이용하여 외각선의 굵기를 조절할 필요가 있다. 도형의 비례가 변하는 동안에 테두리의 두께가 변하지 않게 유지하려면 원하는 두께의 값에 크기 비례 값의 역수를 곱해준다. 다음과 같이 scale() 명령어 뒤에 strokeWeight (1.0/s)를 추가하면 스케일이 증가하더라도 외각선의 굵기는 처음과 같이 일정하게 유지된다.

Scale_02.pde

```
float s = 0.0;                              // 크기의 초기 값
void setup() {
  size(200, 200);
}
void draw() {
  background(255);
  stroke(0);
  fill(175);
  translate(width/2,height/2);              // 화면의 중심으로 이동
  scale(s);                                 // 크기 변환
  strokeWeight(1.0/s);                      // 테두리 크기 유지
  rectMode(CENTER);                         // 사각형의 중심이 기준
  rect(0,0,10,10);                          // 원점에 사각형
  s += 0.02;                                // 크기 증가
}
```

이와 같은 translate(), rotate(), scale() 함수들을 적절히 적용하면 재미있는 도형이나 패턴을 만들 수 있다. 마우스가 이동하는 위치에 따라 사각형과 원이 크기가 변하면서 회전하는 스케치를 작성한다. 다음 예는 마우스를 움직이면 마우스를 따라 사각형과 원이 크

기가 바뀌면서 회전한다. 삼각 함수인 sin() 함수는 -1에서 1까지 변하기 때문에 2를 더하여 scale()의 변환이 1에서 3까지 이루어지도록 조절한다.

Scale_03.pde

```
float angle = 0.0;                          // 각도의 초기 값
void setup() {
  size(200, 200);
}
void draw() {
  translate(mouseX, mouseY);                // 마우스의 위치로 이동
  rotate(angle);                            // 회전 함수
  scale(sin(angle)+2);                      // 크기를 1~3배로 제한
  rectMode(CENTER);                         // 사각형의 중심이 기준
  rect(0, 0, 40, 40);                       // 사각형
  ellipse(0, 0, 40, 40);                    // 원
  angle += 0.1;                             // 각도 증가
}
```

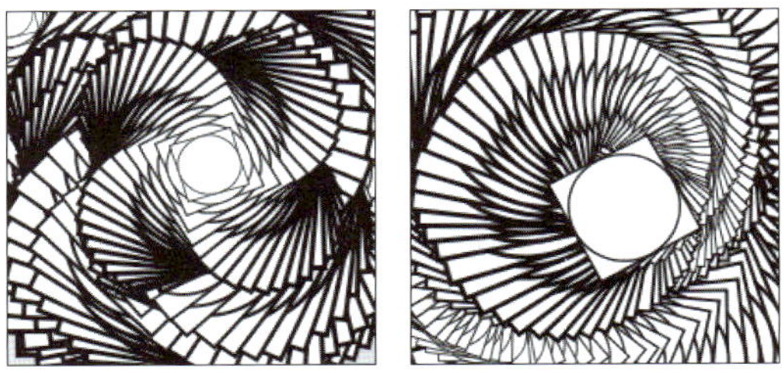

여기서 한 가지 주의할 점은 translate() 함수와 rotate() 함수는 적용하는 순서에 따라 결과가 달라진다는 것이다. 위 예에서 translate() 함수와 rotate() 함수의 위치를 바꾸면 도형이 창의 왼쪽 위를 기준으로 마우스의 위치만큼 translate()로 이동한 거리를 유지하면서 회전하게 된다. 다음 예에서 translate() 함수와 rotate()의 순서만을 조금 바꾸었는데, 그 결과는 앞의 예 결과와 매우 다르다는 것으로 알 수 있다.

Scale_04.pde

```
float angle = 0.0;                          // 각도의 초기 값
void setup() {
  size(200, 200);
}
void draw() {
  rotate(angle);                            // 회전 함수
  translate(mouseX, mouseY);                // 마우스의 위치로 이동
  scale(sin(angle)+2);                      // 크기를 1~3배로 제한
  rectMode(CENTER);                         // 사각형의 중심이 기준
  rect(0, 0, 40, 40);                       // 사각형
  ellipse(0, 0, 40, 40);                    // 원
  angle += 0.1;                             // 각도 증가
}
```

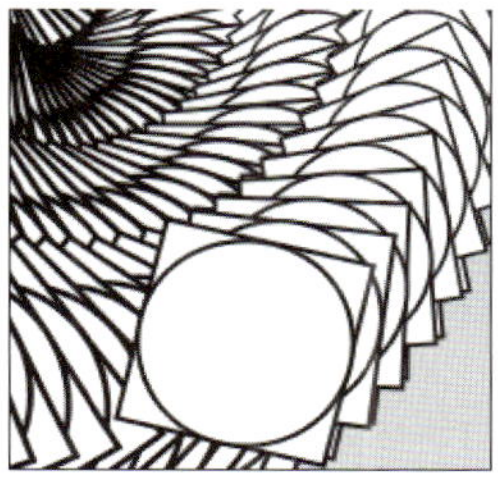

다시 한 번 `scale()` 함수의 위치를 `translate()` 함수와 `rotate()` 함수의 앞으로 바꾸면 또 다른 결과를 얻게 된다. 그러므로 도형의 이동, 회전, 크기의 변환을 고려할 경우에는 이들 함수들의 순서에 따라 다른 결과를 가져온다는 점을 항상 유의한다.

10.4 pushMatrix와 popMatrix

프로세싱은 이동이나 회전등으로 변환된 도형을 표현하기 위하여 행렬(matrix)을 사용한다. 프로세싱에서 행렬을 어떻게 변환하는 것인지 사용자가 공부할 필요는 없고, 단지 사용자는 좌표계의 변환 정보를 변환 행렬에 저장한다고 이해하면 된다. 이동이나 회전등의 변환이 이루어지면 변환 행렬이 수정되는데, 이때 현재의 상태를 행렬에 저장하고 다음에 필요하면 다시 불러 사용한다. 이러한 방법을 이용하여 각각의 도형을 다른 도형에 영향을 주지 않고 이동이나 회전시키면서 변환할 수 있다.

pushMatrix() 함수는 현재의 좌표 체계를 복사하여 내부 메모리에 저장하고, popMatrix() 함수는 저장된 좌표 체계를 복구한다. 따라서 변환 효과를 코드의 특정한 부분에만 주고 싶다면 pushMatrix() 와 popMatrix() 함수를 필요한 위치에 적절하게 사용하여야 한다. 좌표계의 저장과 복구는 항상 함께 수행되어야 하기 때문에 pushMatrix() 함수와 popMatrix() 함수는 언제나 쌍을 이루어 사용한다. pushMatrix() 함수를 여러 번 반복하여 저장한 후에 popMatrix() 함수로 변환 행렬을 불러올 경우에 LIFO(Last In First Out)의 개념으로 가장 마지막에 저장한 변환 행렬이 먼저 복원된다는 점을 유의한다.

앞에서 설명한 바와 같이 일단 변환을 실행하면 이어지는 모든 그리기 함수에 적용된다. 다음 예에서 translate(mouseX, mouseY)에 의하여 원은 마우스의 현재 위치 (mouseX, mouseY)에 그려지고, translate(50, 50)에 의하여 사각형은 (50, 50) 만큼 더 이동하여 (mouseX+50, mouseY+50)에 그려진다. 마우스가 이동하면 원과 사각형은 (50, 50)의 간격을 유지하면서 함께 움직이게 된다. 즉, 원에는 한 번의 translate() 함수의 이동만 적용되지만 사각형에는 두 번의 translate() 함수의 이동이 적용된다.

Pushpop_01.pde

```
void setup() {
  size(200, 200);
}
void draw() {
  translate(mouseX, mouseY);            // 화면의 중심으로 이동
  ellipse(0, 0, 50, 50);                // 원
  translate(50, 50);                    // (50,50) 이동
  rect(0, 0, 50, 50);                   // 사각형
}
```

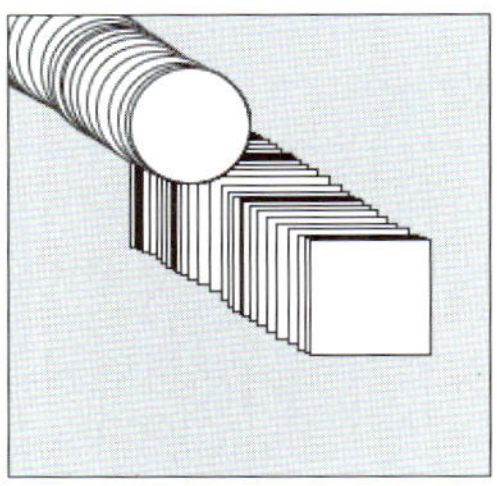

앞의 예에서 원을 그리는 부분에 pushMatrix()와 popMatirx() 함수를 적용하면 translate(mouseX, mouseY)로 인한 원의 좌표계 변환은 저장되고 사각형은 translate (50, 50)에 의해서 (50, 50)의 위치로 이동된다. 따라서 원의 위치만 마우스의 위치에 따라 이동되고 사각형은 항상 같은 위치에 고정되어 있게 된다.

Pushpop_02.pde

```
void setup() {
  size(200, 200);
}
void draw() {
  pushMatrix();                         // 좌표 저장
    translate(mouseX, mouseY);          // 마우스의 위치로 이동
    ellipse(0, 0, 50, 50);              // 원
  popMatrix();                          // 좌표 복원
  translate(50, 50);                    // (50,50) 이동
  rect(0, 0, 50, 50);                   // 사각형
}
```

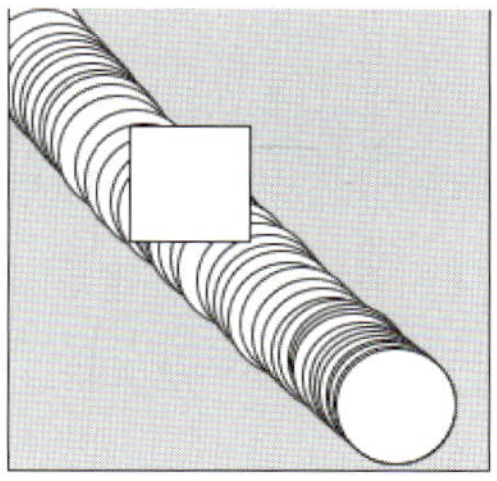

resetMatrix()를 사용하여도 같은 효과를 얻을 수 있다. 다음 예에서는 원에 적용한 변환이 사각형에는 영향을 주지 않기 위하여 resetMatrix()함수를 이용하여 변환을 초기화 한다. 앞의 예와 같이 원은 마우스를 따라서 이동하지만 사각형은 한번 만 (50, 50)의 위치로 이동하게 된다.

Pushpop_03.pde

```
void setup() {
  size(200, 200);
}
void draw() {
  translate(mouseX, mouseY);            // 마우스의 위치로 이동
  ellipse(0, 0, 50, 50);                // 원
  resetMatrix();                        // 변환의 초기화
  translate(50, 50);                    // (50,50) 이동
  rect(0, 0, 50, 50);                   // 사각형
}
```

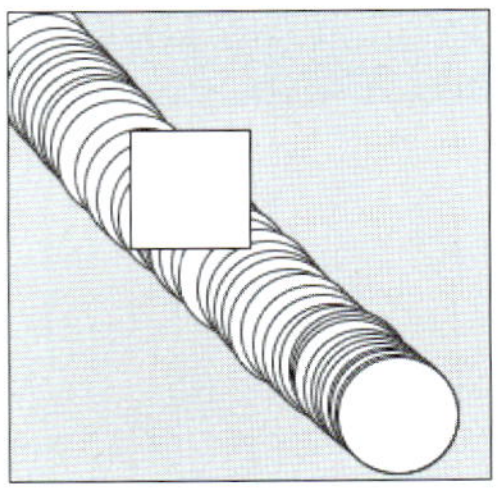

다음 예를 통하여 pushMatrix()와 popMatrix() 함수가 도형의 좌표 변환에 어떠한 역할을 하는지 자세히 알아본다. 먼저 하나의 사각형을 translate()와 rotate() 함수를 이용하여 다음과 같이 회전시킨다. 기준점인 (0, 0)에서 (50, 50) 만큼 이동하여 크기가 50인 빨강색 사각형이 시계방향으로 회전한다.

Pushpop_04.pde

```
float theta1 = 0.0;                    // 각도의 초기 값
void setup() {
  size(200,200);
}
void draw() {
  background(255);
  stroke(0);
  rectMode(CENTER);                    // 사각형의 중심이 기준
  translate(50,50);                    // (50,50) 이동
  rotate(theta1);                      // 회전
  fill(255, 0, 0);                     // 빨강색
  rect(0,0,50,50);                     // 사각형
  theta1 += 0.02;                      // 회전각 증가
}
```

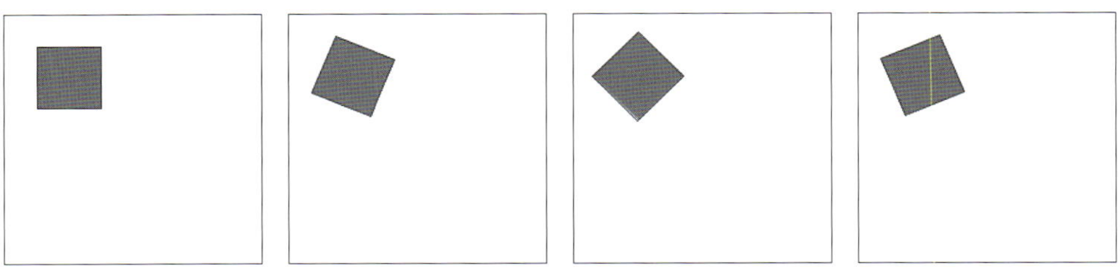

앞에 예와 유사하게 사각형을 translate()와 rotate() 함수를 이용하여 다음과 같이 회전시킨다. 기준점인 (0, 0)에서 (150, 150) 만큼 이동하여 크기가 50인 파랑색 사각형이 반시계방향으로 회전한다.

```
Pushpop_05.pde
float theta2 = 0.0;                          // 각도의 초기 값
void setup() {
  size(200,200);
}
void draw() {
  background(255);
  stroke(0);
  rectMode(CENTER);                         // 사각형의 중심이 기준
  translate(150,150);                       // (150,150) 이동
  rotate(theta1);                           // 회전
  fill(0, 0, 255);                          // 파랑색
  rect(0,0,50,50);                          // 사각형
  theta2 -= 0.04;                           // 회전각 감소
}
```

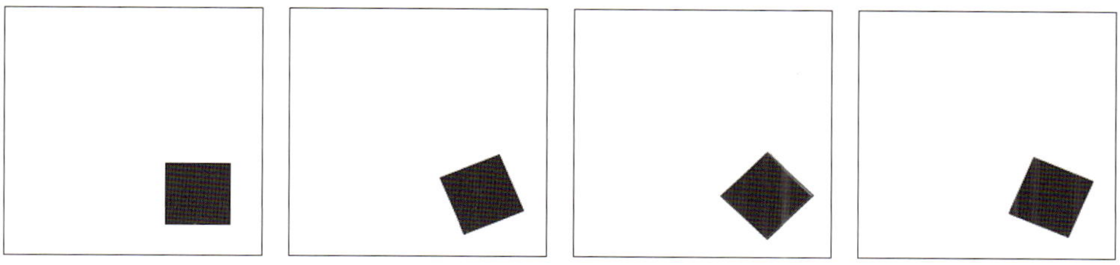

이번에는 앞의 예에서 설명한 스케치들을 하나의 스케치로 합쳐서 동시에 두 개의 사각형이 각각 시계방향과 반시계방향으로 회전하도록 만든다. 다음 스케치를 해석해보면 첫 번째 빨강색 사각형은 기준점 (0, 0)에서 (50, 50) 만큼 이동하여 시계방향으로 회전하고, 두 번째 파랑색 사각형은 (100, 100) 만큼 더 이동하여 반시계방향으로 회전할 것 같다.

Pushpop_06.pde

```
float theta1 = 0.0;                    // 각도의 초기 값
float theta2 = 0.0;                    // 각도의 초기 값
void setup() {
  size(200,200);
}
void draw() {
  background(255);
  stroke(0);
  rectMode(CENTER);                    // 사각형의 중심이 기준
  translate(50,50);                    // (50,50) 이동
  rotate(theta1);                      // 회전
  fill(255, 0, 0);                     // 빨강색
  rect(0,0,50,50);                     // 사각형
  translate(100,100);                  // (100,100) 이동
  rotate(theta2);                      // 회전
  fill(0, 0, 255);                     // 파랑색
  rect(0,0,50,50);                     // 사각형
  theta1 += 0.02;                      // 회전각 증가
  theta2 -= 0.04;                      // 회전각 감소
}
```

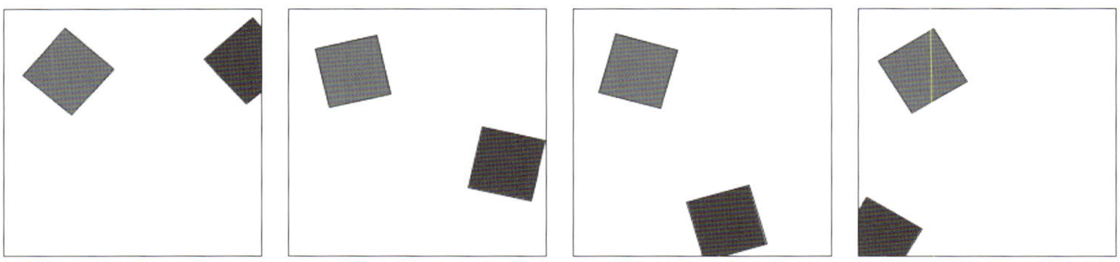

물론 첫 번째 빨강색 사각형은 시계방향으로 회전하고 두 번째 파랑색 사각형도 반시계 방향으로 회전하지만, 두 번째 사각형이 첫 번째 이동 `translate(50, 50)`과 회전 `rotate(theta1)`의 영향을 받아서 기준점 (0, 0)이 아닌 이동된 원점 (50, 50)을 중심으로 크게 시계방향으로 회전하게 된다. 따라서 두 번째 사각형은 (50, 50)을 중심으로 시계방향으로 회전하면서 자체적으로 반시계방향으로 회전하게 된다. 화면의 크기를 `size(400, 400)`으로 확대하고, 첫 번째 이동변환을 `translate(200, 200)`으로 수정하면 두 사각형들이 어떻게 회전하고 있는지 확대된 화면에서 확인할 수 있다. 이 결과는 우리가 원하는 것과는 다르게 움직이고 있다는 것을 알 수 있다. 이는 일단 변환이 실행되면 이어지는 모든 그리기 함수에 그 변환이 적용되기 때문이다. 그러므로 각각의 변환이 독립적으로 동작하기 위하여 `pushMatrix()`

와 popMatrix() 함수를 사용하여 하나의 변환이 다른 변환에 영향을 미치지 않도록 한다.

Pushpop_06_1.pde

```
float theta1 = 0.0;                    // 각도의 초기 값
float theta2 = 0.0;                    // 각도의 초기 값
void setup() {
  size(400,400);
}
void draw() {
  background(255);
  stroke(0);
  rectMode(CENTER);                    // 사각형의 중심이 기준
  translate(200,200);                  // (50,50) 이동
  rotate(theta1);                      // 회전
  fill(255, 0, 0);                     // 빨강색
  rect(0,0,50,50);                     // 사각형
  translate(100,100);                  // (100,100) 이동
  rotate(theta2);                      // 회전
  fill(0, 0, 255);                     // 파랑색
  rect(0,0,50,50);                     // 사각형
  theta1 += 0.02;                      // 회전각 증가
  theta2 -= 0.04;                      // 회전각 감소
}
```

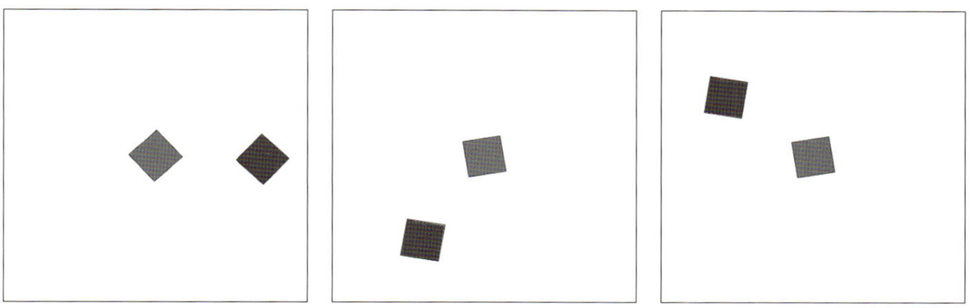

두 번째 사각형에 첫 번째 이동과 회전의 영향을 주지 않기 위하여 pushMatrix()함수를 이용하여 첫 번째 변환 좌표를 저장하고 이동과 회전의 변환을 수행한 후에 popMatrix() 함수를 이용하여 복원한다. 다음에 두 번째 사각형의 변환을 적용한다. 이제 첫 번째 빨강색 사각형은 시계방향으로 회전하지만 두 번째 사각형의 변환에 영향을 주지 않기 때문에 두 번째 파랑색 사각형도 동시에 반시계 방향으로 회전하게 된다.

Pushpop_07.pde

```
float theta1 = 0.0;                     // 각도의 초기 값
float theta2 = 0.0;                     // 각도의 초기 값
void setup() {
  size(200,200);
}
void draw() {
  background(255);
  stroke(0);
  rectMode(CENTER);                     // 사각형의 중심이 기준
  pushMatrix();                         // 좌표의 저장
    translate(50,50);                   // (50,50) 이동
    rotate(theta1);                     // 회전
    fill(255, 0, 0);                    // 빨강색
    rect(0,0,50,50);                    // 사각형
  popMatrix();                          // 좌표의 복원
  translate(150,150);                   // (150,150) 이동
  rotate(theta2);                       // 회전
  fill(0, 0, 255);                      // 파랑색
  rect(0,0,50,50);                      // 사각형
  theta1 += 0.02;                       // 회전각 증가
  theta2 -= 0.04;                       // 회전각 감소
}
```

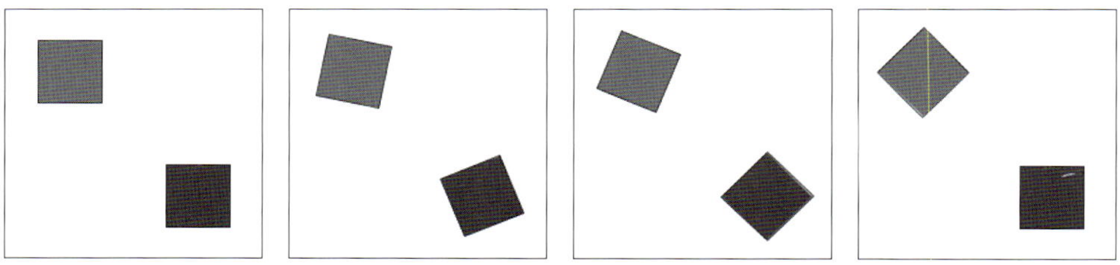

pushMatrix()와 popMatrix()를 사용하지 않고 resetMatrix()를 사용하여도 같은 효과를 얻을 수 있다. 다음 예와 같이 첫 번째 빨강색 사각형에 이동과 회전 효과를 적용한 후에 두 번째 사각형에는 첫 번째 변환의 영향을 주지 않기 위하여 resetMatrix()함수를 이용하여 변환들을 초기화하고 두 번째 사각형에 새로운 변환을 적용한다. 앞의 경우와 같이 첫 번째 빨강색 사각형은 시계방향으로 회전하지만 두 번째 사각형의 변환에 영향을 주지 않기 때문에 두 번째 파랑색 사각형도 동시에 반시계 방향으로 회전하게 된다.

resetMatrix_01.pde

```
float theta1 = 0.0;                 // 각도의 초기 값
float theta2 = 0.0;                 // 각도의 초기 값
void setup() {
  size(200,200);
}
void draw() {
  background(255);
  stroke(0);
  rectMode(CENTER);                 // 사각형의 중심이 기준
  translate(50,50);                 // (50,50) 이동
  rotate(theta1);                   // 회전
  fill(255, 0, 0);                  // 빨강색
  rect(0,0,50,50);                  // 사각형
  resetMatrix();                    // 변환의 초기화
  translate(150,150);               // (150,150) 이동
  rotate(theta2);                   // 회전
  fill(0, 0, 255);                  // 파랑색
  rect(0,0,50,50);                  // 사각형
  theta1 += 0.02;                   // 회전각 증가
  theta2 -= 0.04;                   // 회전각 감소
}
```

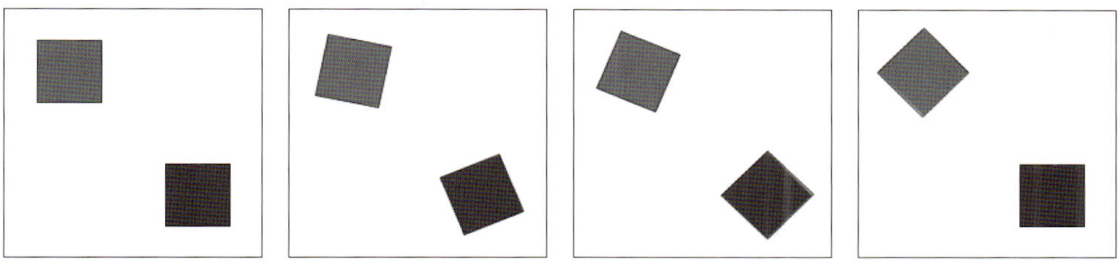

4개의 사각형을 각각 회전시키는 프로그램을 pushMatrix()와 popMatrix()를 이용하여 만들고 resetMatirx()를 이용하는 방법과 비교한다. 반복적으로 사용되는 pushMatrix()에서 popMatrix()까지의 코드를 하나의 함수 trans_rotate()로 만들고 인자값으로 사각형의 위치를 넘겨준다. 네 개의 사각형이 각각 시계방향으로 회전하는 것을 확인할 수 있다.

Pushpop_08.pde

```
float theta = 0;
void setup() {
  size(200,200);
}
void draw() {
  background(255);
  stroke(0);
  rectMode(CENTER);                       // 사각형의 중심이 기준
  trans_rotate(50,50);                    // 첫 번째 사각형
  trans_rotate(50,150);                   // 두 번째 사각형
  trans_rotate(150,50);                   // 세 번째 사각형
  trans_rotate(150,150);                  // 네 번째 사각형
  theta += 0.02;
}

void trans_rotate(int x, int y) {
  pushMatrix();                           // 좌표의 저장
    translate(x, y);                      // 이동
    rotate(theta);                        // 회전
    rect(0,0,50,50);
  popMatrix();                            // 좌표의 복원
}
```

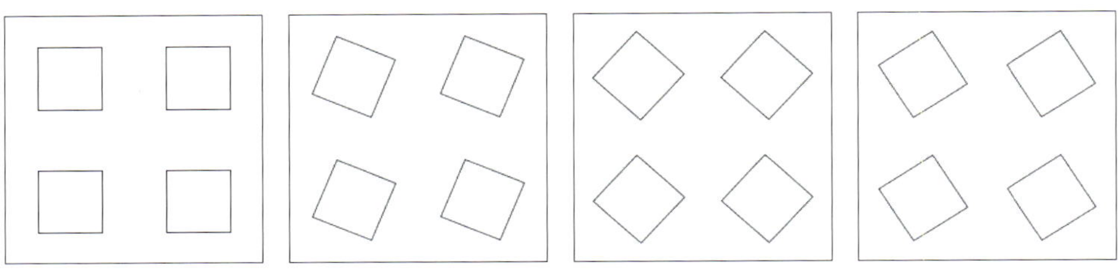

pushMatrix()와 popMatrix()를 resetMatrix()로 다음과 같이 대체하여도 동일한 효과를 얻을 수 있다.

Pushpop_08.pde

```
float theta = 0;
void setup() {
  size(200,200);
}
void draw() {
  background(255);
  stroke(0);
  rectMode(CENTER);                  // 사각형의 중심이 기준
  trans_rotate(50,50);               // 첫 번째 사각형
  trans_rotate(50,150);              // 두 번째 사각형
  trans_rotate(150,50);              // 세 번째 사각형
  trans_rotate(150,150);             // 네 번째 사각형
  theta += 0.02;
}
void trans_rotate(int x, int y) {
  translate(x, y);                   // 이동
  rotate(theta);                     // 회전
  rect(0,0,50,50);
  resetMatrix();                     // 변환의 초기화
}
```

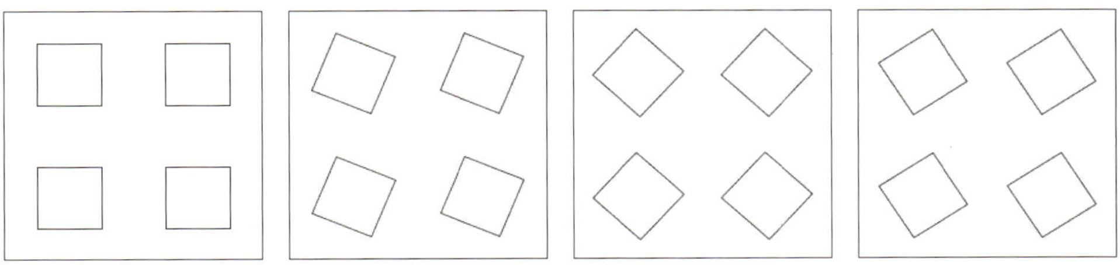

pushMatrix()와 popMatrix()을 반복적으로 사용하는 것보다 resetMatirx()를 사용하여 하나의 변환이 다음 변환에 영향을 주지 않게 하는 것이 편리해 보이지만 다음 절의 예와 같이 하나의 변환에 다른 변환이 종속되는 경우에는 두 방법의 차이를 확실히 알 수 있다.

10.5 이동 및 회전의 응용

이번 장의 마지막 예로 일련의 translate(), rotate(), pushMatrix(), popMatirx() 함수들을 종합한 스케치를 만들어 본다. 먼저 빨강색의 태양이 화면 중앙에 위치하고, 태양 주위를 파랑색의 지구가 시계방향으로 돌며, 지구의 주위를 노랑색의 달이 같은 방향으로 돌고, 동시에 지구 주위를 녹색의 인공위성이 반시계방향으로 도는 스케치를 만든다. 지구가 태양의 주위를 돌고 달과 인공위성이 지구의 주의를 돌기 때문에 지구의 좌표계 변환 정보를 pushMatrix() 함수를 이용하여 저장하고 나중에 다시 popMatrix() 함수를 이용하여 불러온다. 지구의 pushMatrix()와 popMatrix() 함수들 사이에 달의 좌표계 변환 정보를 pushMatrix() 함수를 이용하여 저장하고 popMatrix() 함수를 이용하여 불러온다. 또한 인공위성도 지구의 주의를 돌기 때문에 지구의 pushMatrix()와 popMatrix() 함수들 사이에 인공위성의 좌표계 변환 정보를 pushMatrix() 함수를 이용하여 저장하고 popMatrix() 함수를 이용하여 불러온다. 이렇게 함으로써 태양의 주위에 지구와 달, 인공위성이 연관성 있게 돌면서도 각각의 변환이 다른 변환에 영향을 주지 않게 된다.

Rotation_SEM.pde

```
float theta = 0.0;                              // 각도의 초기 값
void setup() {
  size(300,300);
  smooth();
}
void draw() {
  background(255);
  stroke(0);
  translate(width/2,height/2);
  fill(255,0,0);                                // 빨강색의 태양
  ellipse(0,0,50,50);
  pushMatrix();                                 // 태양의 변환을 저장
    rotate(theta);
    translate(100,0);
    fill(0,0,255);                              // 파랑색의 지구
    ellipse(0,0,20,20);
    pushMatrix();                               // 지구의 변환을 저장
      rotate(theta*4);
      translate(30,0);
      fill(255,255,0);                          // 노랑색의 달
      ellipse(0,0,10,10);
```

```
    popMatrix();                          // 지구의 변환을 복원
    pushMatrix();                         // 지구의 변환을 저장
      rotate(-theta*10);
      translate(15,0);
      fill(0,255,0);                      // 녹색의 인공위성
      rect(0,0,5,5);
    popMatrix();                          // 지구의 변환을 복원
  popMatrix();                            // 태양의 변환을 복원
  theta += 0.01;
}
```

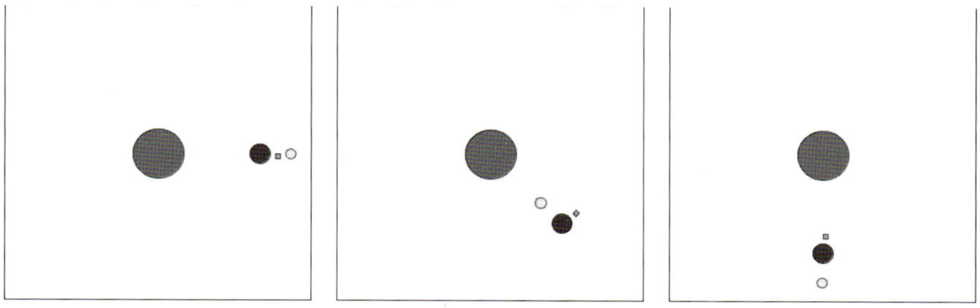

이번 장에서 도형을 변환시키기 위하여 도형의 좌표를 변경하는 것 보다, 화면의 기준점 좌표를 변환시키는 것이 보다 간단하다는 것을 알았다. 프로세싱에는 이동, 회전, 확대 및 축소 변환을 위한 translate(), rotate(), scale()의 내장함수가 있다는 것을 알아보았다.

연습문제

01 도형의 이동, 회전, 크기의 변환을 위한 함수들의 순서를 바꾸어 적용하면서 그 차이를 비교한다.

02 rotate() 함수를 이용하여 바람개비가 돌아가는 스케치를 만든다.

03 scale() 함수와 반복문 for를 이용하여 도형의 크기가 주기적으로 변하는 스케치를 만든다.

04 `pushMatrix()`, `popMatrix()`, `resetMatirx()` 함수의 차이점을 확인한다.

05 태양이 중심에 있고 태양 주위에 수성, 금성, 지구, 화성, 목성, 토성이 공전하는 2차원 시뮬레이션을 만든다.

PART 1
창의적 코딩 / 기초편

Chapter 11
입출력

C/H/A/P/T/E/R

11 입출력

프로세싱으로 처리한 결과를 여러 가지 방법으로 저장하거나 읽어 들일 수 있다. 이 장에서는 데이터를 바이트(byte) 단위와 스트링(String)으로 처리하는 방법과 프로세싱의 결과를 이미지 형태로 저장하여 애니메이션에 활용하는 방법을 알아본다. 또한 프로세싱 스케치와 상관없이 독립적인 실행 프로그램으로 만드는 방법을 설명한다.

11.1 Byte로 저장하기

바이트(byte)란 이진수 하나를 나타내는 1 비트(bit)를 8 개 묶은 것을 말한다. 즉, 1 바이트는 8 비트이다. 데이터를 바이트 단위로 파일에 저장하기 위하여 바이트 배열을 선언하고 saveBytes() 함수를 사용한다. 이 함수의 문법과 매개변수는 다음과 같다.

• 함수	
saveBytes();	바이트 단위로 저장
• 매개변수	
filename	데이터를 저장할 파일명
data	데이터의 배열명

이 파일은 기본적으로 스케치 폴더에 저장되고, Sketch(스케치) 메뉴에서 Show Sketch Folder(스케치 폴더 열기)를 선택하면 확인할 수 있다.

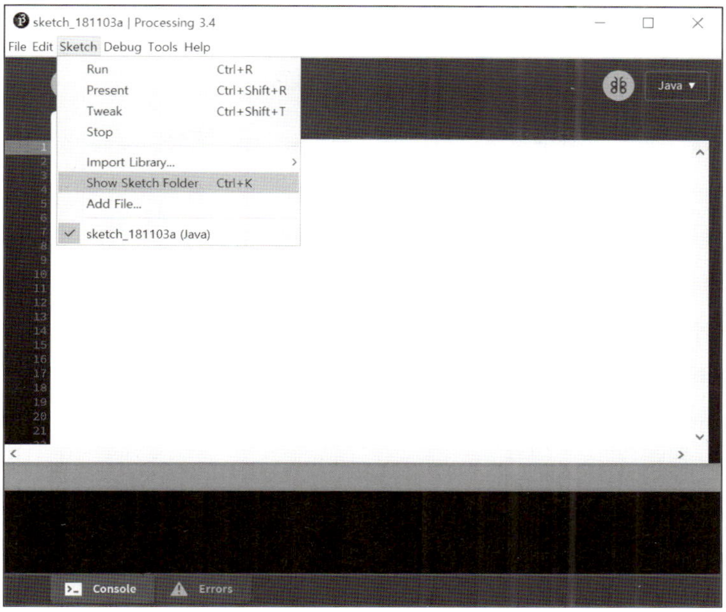

아래 예의 경우에 test.dat 파일은 바이트 단위로 저장되어 있기 때문에 파일의 내용을 확인해 보면 의미가 없는 기호들만 보인다. 바이트를 볼 수 있는 프로그램으로 읽어보면 10진수 `10 20 30 40 50`의 16진수인 `0A 14 1E 28 32`가 저장되어 있는 것을 알 수 있다.

```
byte[ ] nums = {10, 20, 30, 40, 50};
saveBytes("test.dat", nums);                // nums 배열을 test.dat 파일에 저장
```

만약 특정 위치에 출력을 저장하고 싶은 경우에는 저장할 폴더 명을 다음과 같이 지정하여 준다. 여기서 하드디스크 이름에는 역 슬래시(\)를 두 번 사용하고, 폴더 이름에는 슬래시(/)를 사용한다는 점에 주의한다. 아래는 `nums`라는 배열을 examples라는 폴더에 test.dat라는 파일명으로 저장하는 예이다.

```
byte[ ] nums = {10, 20, 30, 40, 50};
saveBytes("c:\\examples/test.dat", nums);   // nums 배열을 특정 폴더에 파일로 저장
```

파일에 저장되어 있는 바이트 데이터를 읽어 들이기 위하여 `loadBytes()` 함수를 사용한다. 이 함수의 문법과 매개변수는 다음과 같다.

• 함수	
`loadBytes();`	바이트 단위로 읽음
• 매개변수	
filename	데이터를 읽어올 파일명

아래의 예와 같이 앞에서 저장한 test.dat 파일을 읽고 저장된 단어들이 한 줄에 한 단어씩 출력되는 것을 확인할 수 있다. 여기서 사용한 `.length`는 배열의 길이를 자동으로 알 수 있게 하는 시스템 내장변수이다. 다음 예를 실행시키면 콘솔 창에 5개의 숫자가 나타난다.

```
byte[ ] nums = loadBytes("test.dat");      // 바이트 파일을 읽어 nums 배열에 저장
for (int i = 0; i < nums.length; i++) {    // 배열의 길이만큼 읽으면서 출력
  println(nums[i]);
}
```

```
10
20
30
40
50
```

특정 폴더에서 바이트 데이터를 읽기 위해서는 저장할 때와 같이 하드디스크와 폴더와 파일의 이름을 지정하여 주면 된다. 다음과 같이 저장되어 있던 10 진수가 차례로 출력되어 파일명 test.dat에 내용이 저장되어 있음을 알 수 있다.

```
byte[ ] nums = loadBytes("c:\\examples/test.dat");
                                                // 바이트 파일을 읽어 nums에 저장
for (int i = 0 ; i < nums.length; i++) {        // 배열의 길이만큼 읽으면서 출력
  println(nums[i]);
}
```

```
10
20
30
40
50
```

11.2 String으로 저장하기

문자열을 나타내는 스트링(String) 데이터를 파일에 저장하기 위하여 saveStrings() 함수를 사용한다. 이 함수의 문법과 매개변수는 다음과 같다.

• 함수	
saveStrings();	스트링 단위로 저장
• 매개변수	
filename	데이터를 저장할 파일명
data	데이터의 배열명

아래 예의 경우에 fruits라는 하나의 스트링으로부터 각 단어를 한 줄에 하나씩 분리하여 String 배열 형태로 만든다. 이 파일은 기본적으로 스케치 폴더에 저장되고, Sketch(스케치) 메뉴에서 Show Sketch Folder(스케치 폴더 열기)를 선택하면 볼 수 있다. test.txt 파일을 확인하면 다음과 같이 저장되어 있음을 알 수 있다.

```
String fruits = "apple pear strawberry peach";
String[ ] list = split(fruits, ' ');      // 띄어쓰기로 분리하면서 배열 파일을 만듦
saveStrings("test.txt", list);            // String을 파일로 저장
```

```
apple
pear
strawberry
peach
```

만약 특정 위치에 저장하고 싶은 경우에는 바이트로 저장할 때와 같은 방법으로 저장할 폴더 명을 다음과 같이 지정하여 준다. 여기서도 하드디스크 이름에는 역 슬래시(\)를 두 번 사용하고, 폴더 이름에는 슬래시(/)를 사용한다는 점에 유의한다.

```
String fruits = "apple pear strawberry peach";
String[ ] list = split(fruits, ' ');       // 띄어쓰기로 분리하면서 배열 파일을 만듦
saveStrings("c:\\examples/test.txt", list);    // String을 특정 폴더에 파일로 저장
```

fruits라는 하나의 스트링 변수로 단어를 띄어쓰기가 아닌 쉼표로 분리하고 싶은 경우에는 다음과 같다. 쉼표의 전후에 스페이스를 넣으면 스페이스까지도 문자열 스트링의 일부로 인식한다는 점을 유의한다.

```
String fruits = "apple,pear,strawberry,peach";
String[ ] list = split(fruits, ',');              // 쉼표로 분리하면서 배열 파일을 만듦
saveStrings("c:\\examples/test.txt", list);   // String을 특정 폴더에 파일로 저장
```

파일에 저장되어 있는 스트링 데이터를 읽어 들이기 위하여 loadStrings() 함수를 사용한다. 이 함수의 문법과 매개변수는 다음과 같다.

• **함수**	
loadStrings();	스트링 단위로 읽음
• **매개변수**	
filename	데이터를 읽어올 파일명

아래의 예에서 test.txt 파일을 읽고 저장된 단어들이 한 줄에 한 단어씩 출력되는 것을 콘솔 창에서 확인할 수 있다. 특정 폴더에서 스트링 데이터를 읽기 위해서는 저장할 때와 같이 하드디스크와 폴더와 파일의 이름을 지정하여 주면 된다.

```
String[ ] fruits = loadStrings("test.txt");
                                        // 배열 파일을 읽어 들여서 fruits 배열에 저장
for (int i = 0 ; i < fruits.length; i++) {        // 배열의 길이만큼 읽으면서 출력
  println(fruits[i]);
}
```

```
apple
pear
strawberry
peach
```

11.3 이미지로 저장하기

프로세싱 프로그램으로 만든 움직이는 출력 이미지들을 내장 함수인 `saveFrame()`을 사용하여 여러 개의 연속적인 이미지 파일로 변환할 수 있다. 이 함수의 문법과 매개변수는 다음과 같다.

• 함수	
`saveFrame();`	프레임 단위로 저장
• 매개변수	
none	.tif의 기본형으로 저장
filename	데이터를 저장할 파일명

이미지 저장을 위한 `saveFrame()` 함수를 `draw()`에 작성하고 실행시키면, 프로그램이 출력하는 화면을 screen-0001.tif, screen-0002.tif, screen-0003.tif, screen-0004.tif와 같이 일련번호가 붙은 TIFF(Tagged Information File Format) 포맷의 이미지 파일로 스케치 폴더에 생성된 것을 알 수 있다. 파일의 이름인 screen은 기본 값으로 시스템이 설정한 것이고, screen 뒤에 붙는 숫자는 프레임의 숫자다. 단, `draw()` 함수는 무한히 반복적으로 실행되기 때문에 많은 screen-****.tif 파일들이 실행을 종료할 때까지 계속적으로 생성된다는 점을 주의한다. 1초에 30번 정도 `draw()` 함수가 반복될 경우에 3초만 프로그램을 실행해도 100개가 넘는 이미지 파일이 생성된다는 점을 유의한다.

Onepage_image_0.pde

```
void setup() {
  size(200, 200);
}
void draw() {
  line(0, frameCount*40, width, frameCount*40);
  saveFrame();
}
```

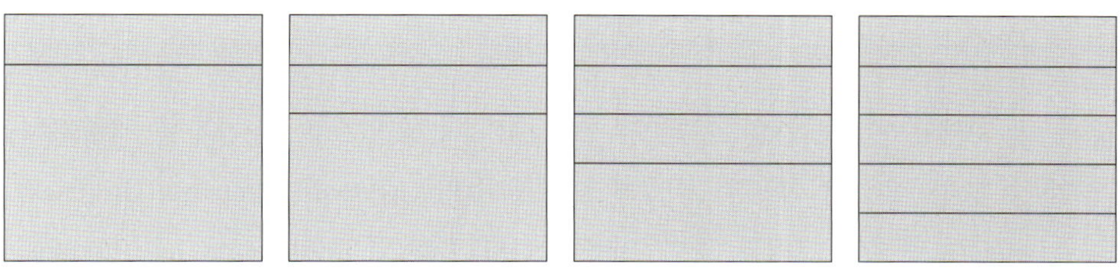

출력되는 파일의 이름을 기본 값인 screen-****.tif 대신에 사용자가 지정할 수도 있는데, 다음과 같이 `saveFrame()` 함수의 매개변수로 파일명을 지정하면 지정한 파일에 계속해서 출력되는 이미지가 갱신되어 최종적으로 하나의 출력 이미지 파일을 얻을 수 있다. 출력 이미지 파일은 하나이지만 프로그램이 종료될 때까지 계속하여 무한히 갱신하고 있다는 점을 유의한다.

```
saveFrame("test.tif");
```

`draw()` 함수는 무한히 반복적으로 실행되어 많은 이미지 파일을 생성할 수 있기 때문에 `frameCount`를 이용하여 출력 파일의 숫자를 조절한다. 시스템 변수 `frameCount`는 프로그램이 시작된 후 진행된 프레임의 숫자를 저장하는 변수이다. 다음 예와 같이 실행되고 있는 프레임의 숫자를 세고 있다가 일정한 숫자가 되면 `exit()` 함수를 사용하여 종료하게 만들 수 있다.

Onepage_image.pde

```
void setup() {
  size(200, 200);
}
void draw() {
  line(0, frameCount*40, width, frameCount*40);
  saveFrame("test.tif");
  if (frameCount > 5) exit();
}
```

프로세싱에서는 저장 가능한 영상 포맷으로 png, tif, jpg가 있으며, 확장자를 지정하여 이미지를 저장할 수 있다. 휴대용 네트워크 그래픽 포맷인 PNG(Portable Network Graphics) 이미지의 경우는 png, 보편적인 그래픽 파일 포맷인 TIFF(Tagged Information File Format) 이

미지는 tif, 정지영상 압축표준인 JPEG(Joint Picture Expert Group) 이미지는 jpg로 저장이 가능하다. JPEG은 손실 압축법을 사용하는 정지영상 압축표준으로 영상의 압축은 영상을 8×8 블록으로 나누고, 이산 코사인 변환(DCT: Discrete Cosine Transform)을 각 블록에 적용하여 작은 값을 제거하는 방식으로 이루어진다. PNG는 무손실 압축으로 GIF(Graphics interchange Format)의 단점을 보완하고 대체하기 위하여 설계되었으며 인터넷을 통해 사용되는 가장 인기 있는 포맷이다. TIFF는 가장 포괄적인 영상 포맷 중의 하나로 다양한 압축 방법, 한 파일에 여러 개의 영상, 이진, 그레이스케일, 완전 칼라, 인덱스 영상들을 표현할 수 있다. TIFF 이미지는 압축을 하지 않은 저장 방식이기 때문에 빠르게 저장되지만 디스크 공간을 많이 차지한다. JPEG와 PNG는 압축 방식이기 때문에 파일의 크기는 tif에 비하여 많이 줄일 수 있지만 압축을 처리하는 시간이 필요하여 저장하는 시간이 오래 걸리게 되어 프로세싱의 실행속도가 저하된다.

만약 특정 위치와 포맷으로 이미지를 저장하고 싶은 경우에는 저장할 폴더 명과 확장자를 다음과 같이 지정하여 준다. 예를 들어, 이미지의 확장자를 png로 하고 output이라는 폴더에 test라는 파일명으로 출력을 저장하려면 다음과 같이 `saveFrame()`의 매개변수에 폴더명과 파일명을 명시한다.

```
saveFrame("output/test.png");
```

하나의 이미지 파일에 최종 결과를 저장하는 것이 아니라, 프로그램이 진행되는 동안에 각각의 프레임을 별도로 저장하려면 파일 이름에서 숫자로 표시될 부분을 해시(#) 기호로 지정하면 된다. 이 해시 기호들은 이미지가 저장될 때 실제의 프레임 번호로 교체된다.

```
saveFrame("test-####.tif");
```

다음 예는 프로세싱 프로그램이 실행되는 동안에 4 개의 이미지 파일을 만드는 경우이다. test-0001.tif, test-0002.tif, test-0003.tif, test-0004.tif와 같이 일련번호가 붙은 TIFF 포맷의 이미지 파일이 스케치 폴더에 생성된 것을 알 수 있다. 비디오나 동영상을 제작하는 프로그램으로 이 파일들을 불러들여 동영상 파일로 만들 수도 있다. 이 경우에도 하나의 이미지 파일로 만들 때와 같이 이미지 포맷과 폴더를 지정할 수도 있다.

Onepage_image_1.pde

```
void setup() {
  size(200, 200);
}
void draw() {
  line(0, frameCount*40, width, frameCount*40);
  if (frameCount < 5) {
    saveFrame("test-####.tif");
  } else {
    exit();
  }
}
```

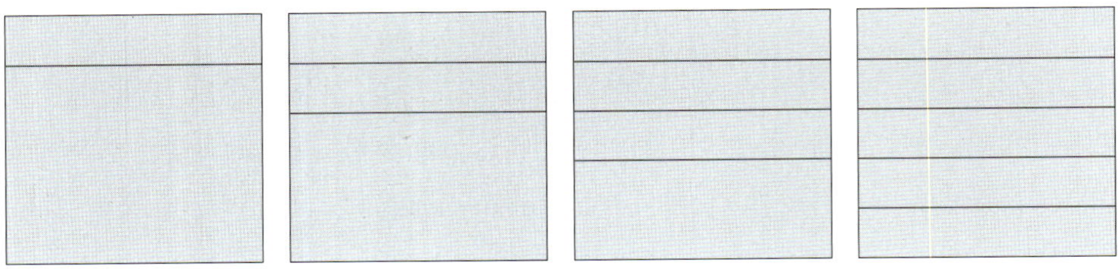

11.4 PDF로 저장하기

PDF(Portable Document Format) 파일은 인터넷에서 많이 사용하는 문서 포맷이다. 프로세싱에서도 출력물이 벡터 그래픽(vector graphic)이라면 고해상도의 PDF 파일로 저장할 수도 있다. PDF 파일은 벡터 그래픽을 이용하여서 확대를 하여도 깨끗한 그림을 유지하는 문서 형식이다. 프로세싱의 PDF 라이브러리는 프로세싱으로부터 직접적으로 PDF 파일을 만들 수 있게 해준다.

11.4.1 화면에 출력 없이 한 프레임을 저장

화면 크기보다 큰 결과물을 만들 경우에는 화면에 출력하지 않고 직접 pdf 파일을 만들 수 있다. 먼저 프로그램을 수행시킨 후에 결과를 pdf 파일 형식으로 저장하기 위하여 편집창의 Sketch(스케치) 메뉴에서 Import Library...(내부 라이브러리...)를 선택한 후에 PDF Export를 클릭하여 선택하면 `import processing.pdf.*;`가 IDE 편집기의 첫 줄에 나타난다.

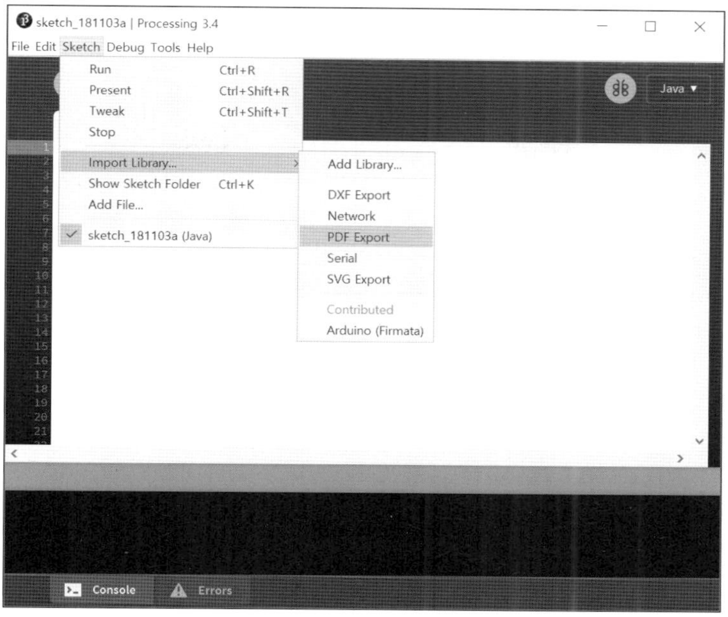

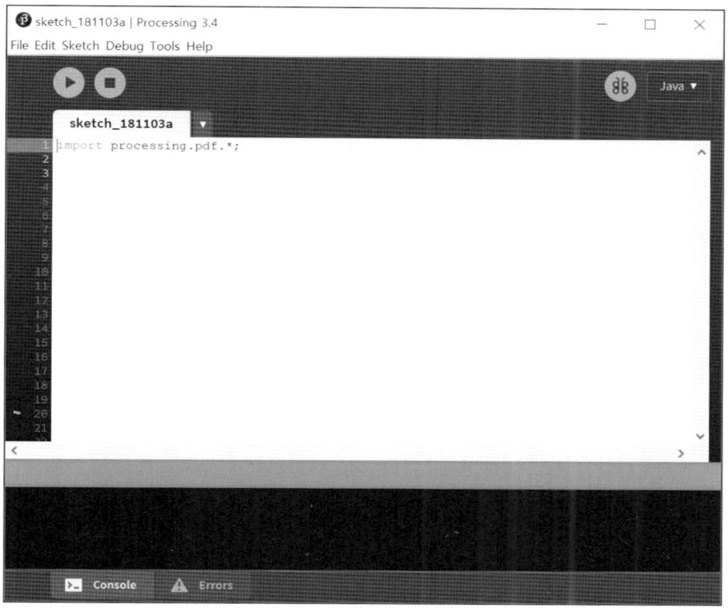

사용자가 직접 `import processing.pdf.*;`을 편집기에 적어 넣어도 무방하다. import는 라이브러리(library)를 프로세싱 스케치로 불러오는 것으로 라이브러리라 함은 프로세싱의 능력을 확장하기 위하여 하나 또는 여러 개의 프로그램 클래스를 그룹화한 것을 의미한다. import 끝에 사용하는 별표(*)는 관계되는 모든 클래스를 일일이 지정하지 않고 한꺼번에 모두 가져온다.

프로세싱을 실행하고 그 결과를 파일명 test.pdf로 저장하기 위하여 다음과 같이 프로그램을 입력한다. PDF 형식으로 저장하려면 `size()` 메서드에서 PDF로 설정하여야 하고, `exit()`으로 한번 만 실행하는 것을 명심한다. 스케치를 실행한 후에 Adobe PDF viewer를 이용하여 test.pdf 파일을 확인하면 커다란 원이 다음과 같이 저장되어 있는 것을 알 수 있다.

PDF.pde

```
import processing.pdf.*;                            // pdf library를 불러옴
void setup () {
  size(300, 300, PDF, "test.pdf");                  // PDF로 설정하고 파일명을 지정
}
void draw() {
  ellipse(width/2, height/2, width/2, height/2);   // 너비와 폭에 비례하여 원을 그림
  exit();                                           // 그리기 종료
}
```

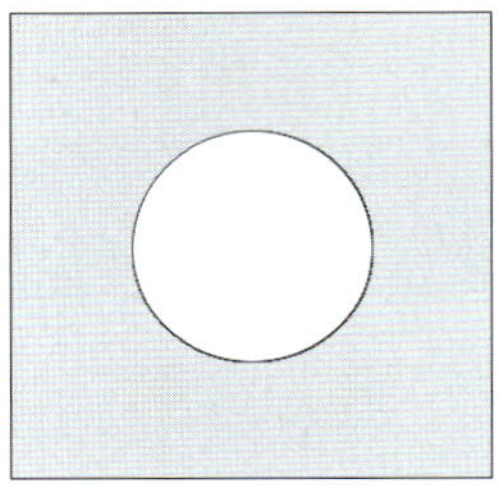

11.4.2 화면에 출력 없이 여러 프레임을 저장

PDF 파일에서 각 프레임을 새로운 페이지로 만드는 방법이 있다. 다음은 5개의 연속 프레임을 하나의 파일명 test.pdf로 만드는 예이다. `frameCount`는 내장변수로 프레임수를 나타내며, PGraphicsPDF 클래스의 render를 이용하여 `pdf.nextPage()` 내장함수로 다음 페이지 넘기기를 수행한다. 스케치를 실행한 후에 Adobe PDF viewer를 이용하여 test.pdf 파일을 확인하면 다음과 같이 5장의 결과가 하나의 파일 test.pdf 파일에 저장되어 있는 것을 알 수 있다. 이 경우에는 출력창이 보이지 않기 때문에 프로그램을 실행한 후에 pdf 파일을 확인하여야 한다.

PDF_onepage_frames.pde

```
import processing.pdf.*;                         // pdf library를 불러옴
void setup() {
  size(400, 400, PDF, "test.pdf");               // PDF로 설정하고 파일명을 지정
}
void draw() {
  line(0, frameCount*50, width, frameCount*50); // 내장변수 frameCount 이용
  PGraphicsPDF pdf = (PGraphicsPDF) g;          // render 가져오기
  pdf.nextPage();                               // 다음 페이지로 넘기는 내장함수
  if (frameCount == 5) exit();                  // 5 프레임을 저장 후 종료
}
```

11.4.3 화면에 출력하며 한 프레임을 저장

화면에 출력을 하면서 동시에 PDF 파일로 저장하기 위해서는 beginRecord()와 endRecord() 함수를 사용한다. setup() 함수에서 PDF 파일로 저장을 시작하고, draw() 함수의 마지막에 PDF 파일의 저장을 완료한다. 이 방법은 화면 출력 없이 pdf 파일로 저장하는 것보다는 느리지만 실행되는 내용을 확인하면서 저장을 할 수 있는 방법이다.

PDF_onepage_view.pde

```
import processing.pdf.*;            // pdf library를 불러옴
void setup() {
  size(400, 400);
  noLoop();                         // 한번만 실행
  beginRecord(PDF, "test.pdf");     // PDF로 설정하고 파일명을 지정 후 저장 시작
}
void draw() {
  line(0, 0, width, height);        // 왼쪽 위에서 오른쪽 아래로 직선
  line(0, height, width, 0);        // 왼쪽 아래에서 오른쪽 위로 직선
  endRecord();                      // PDF 저장 완료
}
```

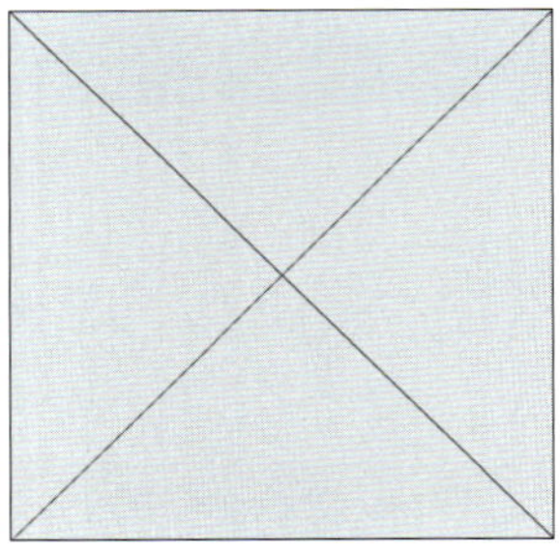

11.4.4 화면에 출력하며 여러 프레임을 저장

화면에 출력을 하면서 여러 프레임을 하나의 PDF 파일로 저장하기 위해서도 `beginRecord()`와 `endRecord()` 함수를 사용한다. `setup()` 함수에서 PDF 파일로 저장을 시작하고, `draw()` 함수를 무한 반복하다가 `keyPressed()` 함수에서 지정한 키 값이 입력되는 순간에 PDF 파일의 저장을 완료한다. 아래의 예에서는 스케치를 끝내기 위하여 `q` 키를 누르면 저장이 끝나며 `exit()`를 호출하여 프로그램이 종료된다. 스케치 실행 후 화면 위에서 적당히 마우스를 움직이다가 `q` 키를 눌러 종료한다. Adobe PDF viewer를 이용하여 test.pdf 파일을 확인하면 다음과 비슷한 결과가 한 파일에 저장되어 있는 것을 알 수 있다.

PDF_onepage_frames_view.pde

```
import processing.pdf.*;            // pdf library를 불러옴
void setup() {
  size(400, 400);
  beginRecord(PDF, "test.pdf");     // PDF로 설정하고 파일명을 지정 후 저장 시작
}
void draw() {
  ellipse(mouseX, mouseY, 50, 50);  // 마우스의 움직임을 따라 원을 만듦
}
void keyPressed() {
  if (key == 'q') {                 // 'q'를 누르면 스케치가 종료됨
    endRecord();                    // PDF 저장 완료
    exit();                         // 그리기 종료
  }
}
```

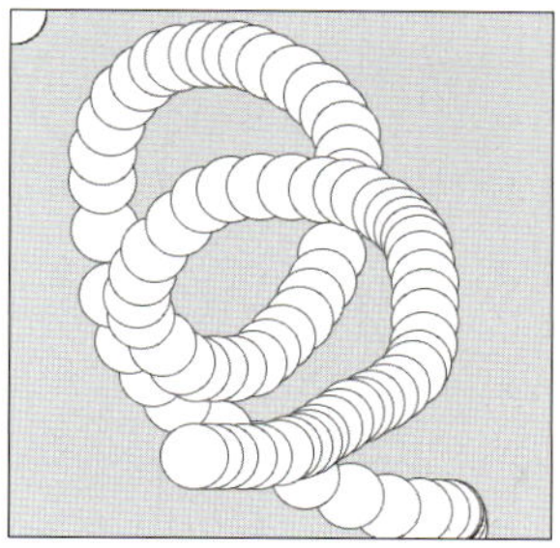

11.4.5 화면에 출력하며 각 프레임을 각각 저장

화면에 출력을 하면서 여러 프레임을 여러 개의 PDF 파일로 저장할 수 있다. 다음 프로그램은 마우스를 누를 때마다 현재의 프레임을 하나의 PDF 파일로 계속 만들어 준다. pdf 파일명에 있는 ####는 4자리의 프레임 번호로 자동 생성된다. 스케치 프로그램 실행 후 출력창 위에서 마우스를 클릭할 때마다 PDF 파일이 만들어진다. 스케치를 종료하려면 Esc 키를 누른다. 스케치가 저장되어 있는 폴더를 확인해보면 test-0064.pdf 등 마우스를 누른 수만큼의 파일이 생성된 것을 알 수 있다. test- 뒤의 숫자는 마우스를 얼마나 자주 눌렀는가에 따라 다른 번호가 생성된다. 아래 그림들은 4번 눌렀을 경우에 생성된 파일의 예이다. 이렇게 생성된 pdf 파일들을 연결하면 간단한 애니메이션을 만들 수 있다.

PDF_animation.pde

```
import processing.pdf.*;                   // pdf library를 불러옴
boolean record;                            // boolean 변수를 정의
void setup() {
  size(400, 400);
}
void draw() {
  if (record) {                            // 마우스를 누를 때 PDF 파일을 만듦
    beginRecord(PDF, "test-####.pdf");     // 저장을 시작하며 프레임 넘버를 자동 생성
      background(255);                     // 배경을 흰색으로 업데이트
      ellipse(mouseX, mouseY, 50, 50);     // 마우스 위치에서 원을 그림
    endRecord();                           // PDF 저장 완료
    record = false;                        // boolean을 거짓으로 변경
  }
}
void mousePressed() {                      // 마우스를 누름을 확인
  record = true;                     // 마우스를 눌렀을 때만 boolean을 참으로 변경
}
```

11.5 실행 프로그램 만들기

사용자가 작성한 프로세싱 프로그램을 스케치 파일 없이 어느 컴퓨터에서나 실행할 수 있는 응용 애플리케이션으로 만들 수 있다. 스케치를 완성한 후에 스케치 에디터에서 File(파일) > Export Application...(어플리케이션으로 내보내기...)을 선택하면 다음과 같은 Export Options 팝업창이 나타난다. Windows, Mac, Linux 플랫폼의 실행 파일을 만들기 위하여 사용자의 OS에 따라 하나를 선택할 수 있다. 애플리케이션을 전체 화면에서 실행시키려면 Full Screen의 Presentation Mode를 선택하고, 스케치와 같은 형태로 실행시키려면 무시한다. Windows 64-bit의 경우 Embed Java for Windows (64-bit)를 선택해준 후에 Export를 클릭한다.

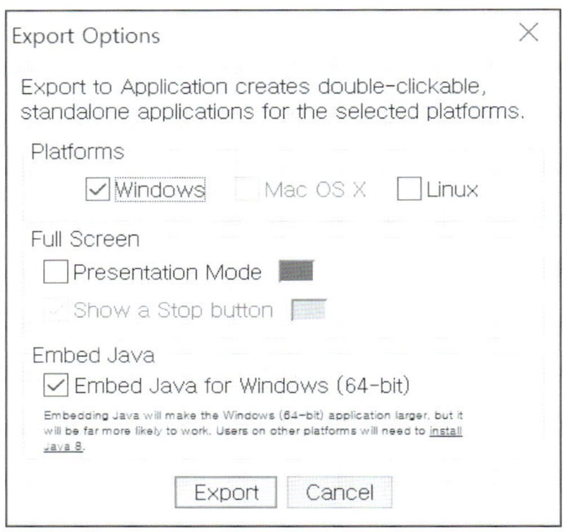

Windows를 선택할 경우에 application.window32와 application.window64 폴더가 생기고, Linux를 선택할 경우에는 application.linux32와 application.linux64 폴더가 생기며, Mac OS를 선택할 경우에는 application.macosx 폴더가 생긴다. 사용하고 있는 PC의 환경에 맞는 폴더로 이동하여 스케치와 같은 이름(확장자가 .exe)의 실행 파일을 더블 클릭하면 프로세싱 스케치

와 상관없이 응용 프로그램이 실행된다. 예를 들어, 스케치 프로그램의 이름이 sketch_test이면 Windows 64-bit의 경우 application.window64의 폴더에 java, lib, source 폴더와 함께 sketch_test.exe 실행 파일이 생성된다. source 폴더를 살펴보면 스케치 이름과 동일한 java 확장자를 갖는 파일이 있는데, 프로세싱에서 작성한 코드는 일반적인 자바 프로그램과 달리 main 함수를 포함하고 있지 않기 때문에 실행 파일을 생성하기 전에 작성한 코드에 main 함수를 추가하는 작업을 수행한다. sketch_test.java 파일을 보면 자바 프로그램에서 필요로 하는 import 내장 함수들과 main 함수를 확인할 수 있다. 즉, 프로세싱은 자바 코드를 컴파일하고 실행할 수 있는 기술적인 부분들을 대신 처리해 줌으로써 자바를 모르는 사용자들이 쉽게 프로그래밍에 접근할 수 있도록 해준다.

다음 예와 같이 사각형을 그리는 간단한 프로세싱 프로그램을 작성한다.

sketch_test.pde

```
void setup() {
  size(400, 400);
}
void draw() {
  background(100);
  rect(100, 100, 200, 200);
}
```

앞에서 설명한 방법으로 실행 프로그램을 만들면 확장자가 .exe인 응용 프로그램과 다음과 같은 sketch_test.java 프로그램이 자동으로 생성되고 이를 다른 시스템에서 실행시킬 수 있게 된다.

sketch_test.java

```
import processing.core.*;
import processing.data.*;
import processing.event.*;
import processing.opengl.*;

import java.util.HashMap;
import java.util.ArrayList;
import java.io.File;
import java.io.BufferedReader;
import java.io.PrintWriter;
import java.io.InputStream;
import java.io.OutputStream;
import java.io.IOException;

public class sketch_test extends PApplet {
  public void setup() {
    size(400, 400);
  }
  public void draw() {
    background(100);
    rect(100, 100, 200, 200);
  }
  static public void main(String[] passedArgs) {
    String[] appletArgs = new String[] { "sketch_test" };
    if (passedArgs != null) {
      PApplet.main(concat(appletArgs, passedArgs));
    } else {
    PApplet.main(appletArgs);
    }
  }
}
```

응용 프로그램을 직접 실행하거나 자바 프로그램을 실행하여도 모두 프로세싱 프로그램과 같은 결과를 얻는 것을 알 수 있다.

프로세싱은 다양한 형태의 입출력 파일을 제공한다. 이 장에서는 데이터를 파일로 처리하는 방법과 프로세싱의 결과를 이미지 형태로 저장하여 애니메이션에 활용하는 방법을 알아보았고 프로세싱과 상관없이 독립적인 실행 프로그램으로 만드는 방법을 설명하였다. 이러한 방법을 이용하여 다양한 형태의 응용 프로그램을 만들 수 있다.

연습문제

01 1부터 10까지의 숫자를 byte 단위로 저장한다.

02 Byte 단위로 저장된 1부터 10까지의 숫자를 읽어 들여 콘솔에 표시한다.

03 원이 화면의 오른쪽으로 이동하는 이미지를 연속적으로 저장한다.

04 원이 화면의 오른쪽으로 이동하는 이미지를 PDF 형태로 저장한다.

05 간단한 스케치 코드를 작성하여 실행 가능한 코드로 변형하여 본다.

PART 2
창의적 코딩 / 고급편

Chapter 12
클래스와 객체

C/H/A/P/T/E/R

12 클래스와 객체

기본 변수의 데이터 유형은 정수(int), 실수(float) 등 한 가지 형태만을 인자로 가질 수 있지만, 클래스와 객체는 여러 가지 형태의 데이터를 함께 가질 수 있으며 변수들과 관련 함수들을 하나로 묶어서 처리할 수 있도록 해준다. 이번 장에서는 데이터와 함수를 하나로 묶어서 처리하는 클래스와 객체에 대하여 알아본다.

12.1 클래스와 객체

세상은 객체(object)들로 이루어져 있다. 예를 들어 자동차의 경우 몸체, 엔진, 타이어 등 많은 부품들로 구성되어 있는데 이들 모두를 객체라고 할 수 있다. 이에 반해 메서드(method)는 자동차를 전진하거나 후진하는 등의 행동을 의미한다. 자동차라는 하나의 기계도 여러 개의 객체 부품들로 이루어져있고, 이들을 메서드를 가지고 조정할 수 있다는 것이다. 소프트웨어 분야의 새로운 방향인 객체 지향 프로그램(OOP: Object Oriented Program)도 코드를 작은 구조들로 분산하여 복잡한 전체 구조를 보다 작고 이해하기 쉬운 코드 조각으로 만드는 것이다. 소프트웨어에서 객체는 관련이 있는 변수들과 함수들의 집합체라고 할 수 있다. 클래스(class)는 필드(field)와 메서드(method)로 구성된다. 필드는 클래스에서 사용하는 일종의 내부적 변수이고, 메서드는 클래스 내에 있는 내부적 함수라고 볼 수 있다. 클래스는 데이터와 함수를 하나로 묶어서 처리하는 것이기 때문에 클래스는 선언이고 객체는 클래스의 구현이라고 할 수 있다.

앞에서 설명한 함수와 비교해보면 함수는 특정한 행동을 하도록 하는 것인 반면에, 클래스는 함수에 변수를 멤버로 추가하여 데이터와 메서드 함수를 하나로 묶어서 처리하기 때문에 유용하게 사용할 수 있다. 물론 모든 프로세싱 프로그램에서 클래스와 객체의 개념이 유용한 것은 아니지만 상당히 많은 응용분야에서 클래스 개념을 도입하면 거대한 프로젝트도 작고 이해하기 쉬운 코드 조각으로 작성할 수 있기 때문에 프로그램을 블록(block)화하여 디버깅 및 코드의 재활용이 용이해진다.

12.2 클래스의 생성

원을 그리는 간단한 프로그램을 클래스와 객체를 사용하여 만들어 본다. 객체를 생성하고 원을 그리기 위하여 원의 중심 x, y 좌표와 반경 값들을 클래스로 넘겨주고, 클래스는 이 값들을 받아 특정한 위치에 원을 그리는 예이다. 이 절에서 먼저 클래스를 어떻게 생성하는 것인지 설명하고 다음 절에서 객체를 생성하는 방법을 설명한다.

클래스는 다음과 같은 네 단계에 따라 생성된다.

• 클래스의 생성

1. 클래스를 선언한다.
2. 필드를 정의한다.
3. 생성자를 작성하고 필드에 값을 할당한다.
4. 메서드를 정의한다.

12.2.1 클래스의 선언

첫 번째 단계로 **클래스를 선언한다.** 클래스를 선언하기 위하여 다음과 같이 class 키워드에 사용할 클래스 이름 Circle을 선언한다. 키워드 class는 프로세싱의 규칙상 반드시 소문자로 작성해야 한다. 반면에 클래스 이름인 Circle은 대소문자의 구분이 없으나 클래스의 이름이라는 것을 표시하기 위하여 관습적으로 대소문자를 혼용하여 작성한다.

```
class Circle {
}
```

12.2.2 필드의 정의

두 번째 단계로 **필드를 정의한다.** 필드는 클래스 내부에서 사용하는 일종의 변수들로 어떤 필드가 생성자를 통하여 초기값을 할당 받을지 결정할 수 있다. 클래스마다 필드의 초기값을 다르게 설정하고 싶으면 생성자를 통해 다른 값을 넘겨받아 필드에 할당할 수 있으며, 클래스 내에서 사용하는 다른 필드의 경우는 필드를 선언할 때 특정한 값을 할당할 수도 있다. 이번 예에서 사용하는 클래스인 `Circle`의 경우 원의 중심을 나타내는 정수형 x, y 좌표와 원의 반경을 나타내는 정수형 r의 값을 생성자를 통해 넘겨받기로 한다. 따라서 `Circle` 클래스의 필드는 다음과 같이 선언된다.

```
class Circle {
  int x;
  int y;
  int r;
}
```

12.2.3 생성자의 할당

세 번째 단계로 **생성자를 작성하고 필드에 값을 할당한다.** 생성자는 필드에 값을 할당하는 일종의 특수한 함수이다. 그러므로 생성자의 이름은 항상 클래스의 이름과 동일하여야 한다. 생성자는 객체를 생성할 때 초기값을 필드에 할당하는 역할을 하며, 생성자 블록 안의 변수들은 객체가 생성될 때 한번만 실행된다. 앞에서 필드를 선언할 때 3개의 매개변수를 넘겨서 3개의 필드에 할당하기로 했다. 클래스로 넘겨진 각각의 값들은 생성자 내의 코드들이 실행되는 동안만 존재하는 임시 정수형 변수들 X, Y, R에 할당된다. 이들은 클래스의 일부분인 필드에 값을 할당하는 용도로만 사용될 뿐이다. 생성자 안의 변수와 필드의 변수들은 데이터 유형이 반드시 일치해야 하며, 생성자는 값을 반환하지 않기 때문에 어떤 형태의 데이터 유형도 사용하지 않는다는 점을 유의한다. 생성자를 추가한 클래스는 다음과 같다.

```
class Circle {
  int x;
  int y;
  int r;
  Circle(int X, int Y, int R) {
    x = X;
```

```
    y = Y;
    r = R;
  }
}
```

12.2.4 메서드의 정의

네 번째 단계로 **메서드를 정의한다.** 메서드 정의는 함수를 클래스 안에 작성하는 것과 같다. 이 예에서는 원을 그리기 위한 ellipse() 함수를 클래스 내부의 메서드 show()로 정의한다. 네 단계의 클래스 생성 과정을 거쳐 다음과 같은 원을 그리기 위한 클래스 Circle이 완성된다.

```
class Circle {
  int x;
  int y;
  int r;
  Circle(int X, int Y, int R) {
    x = X;
    y = Y;
    r = R;
  }
  void show() {
    ellipse(x, y, r, r);
  }
}
```

12.3 객체의 생성

앞 절에서 클래스를 정의했는데, 프로그램에서 클래스를 사용하기 위해서는 객체를 정의해야 한다. 객체는 다음과 같은 세 단계에 따라 생성된다.

• 객체의 생성

1. 객체를 선언한다.
2. new로 객체를 초기화한다.
3. 메서드를 추가한다.

12.3.1 객체의 선언

첫 단계는 **객체의 선언이다.** 클래스는 데이터 유형에 해당하고 객체는 변수에 해당한다고 볼 수 있기 때문에 기본적인 데이터 유형을 선언하는 것과 비슷하다. 객체는 클래스 이름 Circle 뒤에 변수의 이름 C를 지정함으로써 선언된다.

```
Circle C;
```

12.3.2 객체의 초기화

두 번째 단계는 **객체를 초기화한다.** new 키워드로 객체를 초기화하면 메모리의 공간이 확보되는데, 변수의 이름(C)에 생성자의 이름(Circle)을 할당하고 매개변수를 생성자에 기입한다. 매개변수의 수와 데이터 유형은 생성자에서 정의한 내용과 일치하여야 한다는 점을 유의한다.

```
void setup () {
  size(100, 100);
  C =  new Circle(50, 50, 50);
}
```

12.3.3 메서드의 추가

세 번째 단계는 **메서드의 추가이다.** draw() 함수에서 메서드에 접근하기 위해 변수 이름에 마침표(.)를 찍고 클래스에서 정의한 메서드 show()를 추가한다. 점 연산자는 객체의 이름과 객체의 필드 및 메서드를 연결하는데 사용한다. 여기서 추가된 메서드는 반드시 클래스에도 정의가 되어 있어야 한다.

```
void draw() {
  C.show();
}
```

지금까지 생성한 클래스와 객체를 묶어서 하나의 프로그램으로 만들면 다음과 같고, 이를 실행하면 결과적으로 원을 그릴 수 있다. 물론, 간단한 하나의 원을 그리기 위하여 복잡한 클래스와 객체를 선언할 필요는 없지만 앞으로 보다 복잡한 문제를 위하여 클래스와 객체를 만드는 방법과 사용법을 설명하였다.

Class_object.pde

```
Circle C;                              // 객체의 선언
void setup () {
  size(100, 100);
  C =  new Circle(50, 50, 50);         // 객체의 생성
}
void draw() {
  C.show();                            // 메세드의 추가
}
class Circle {                         // 클래스의 선언
  int x, y, r;                         // 필드의 선언
  Circle(int X, int Y, int R) {        // 생성자의 정의
    x = X;
    y = Y;
    r = R;
  }
  void show() {                        // 메서드의 정의
    ellipse(x, y, r, r);
  }
}
```

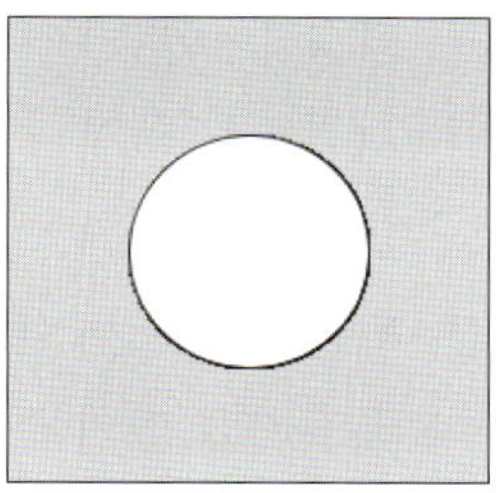

12.4 탭의 활용

앞 절의 예에서는 클래스와 객체가 하나의 파일에 포함되어 있었다. 클래스는 독립적인 코드의 단위들로 이루어져 있으며 다른 프로그램에서도 복사하여 사용할 수 있기 때문에 탭(tab) 속성을 사용하여 두 개 이상의 파일로 분리할 수 있다. 이렇게 분리함으로서 클래스 프로그래밍 작업의 가독성을 높일 수 있고, 프로그램을 블록화하여 디버깅(debugging) 및 코드의 재활용이 용이해진다. 새로운 탭을 만들려면 프로세싱 창에서 스케치 프로그램 이름 옆에 있는 삼각형(▾)을 클릭한 후에 New Tab을 선택하면 메시지 창에 탭의 이름을 입력할 수 있다. 탭의 파일 이름으로 클래스 이름을 설정한다는 점을 유의한다.

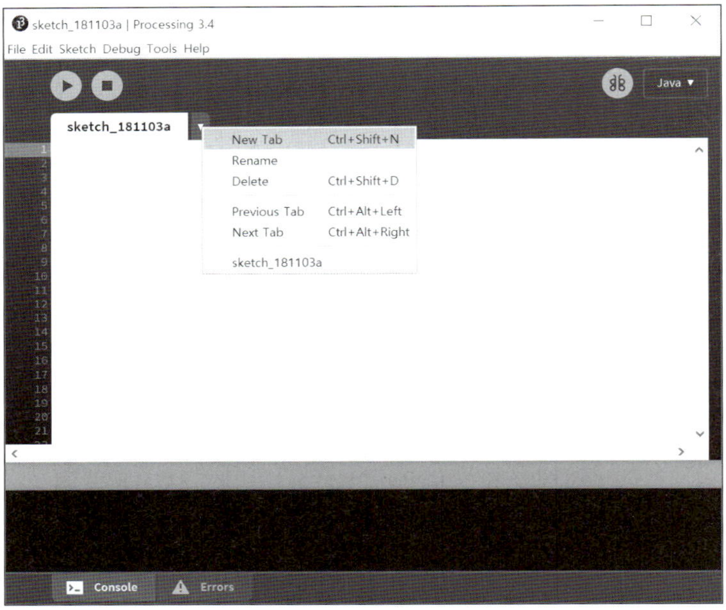

클래스 부분을 탭을 사용하여 분리하면 다음과 같은 두 개의 파일이 스케치 폴더에 별개의 .pde 파일로 구분되어 저장된다. 같은 스케치 폴더에 있기 때문에 두 파일 중 어느 파일을 실행시켜도 같은 결과를 얻을 수 있게 된다. class가 정의된 함수의 파일명은 클래스와 같은 이름을 사용하여야 호출이 가능하다는 점을 유의한다.

Class_circle_tap.pde

```
Circle C;
void setup () {
  size(100, 100);
  C =  new Circle(50, 50, 50);
}
void draw() {
  C.show();
}
```

Circle.pde

```
class Circle {
  int x, y, r;
  Circle(int X, int Y, int R) {
    x = X;
    y = Y;
    r = R;
  }
  void show() {
    ellipse(x, y, r, r);
  }
}
```

12.5 클래스의 응용

앞 절에서 클래스와 객체에 대하여 설명하였다. 간단한 원을 그리기 위하여 복잡한 클래스를 일부러 사용한 것은 클래스의 작성 예를 알아보기 위한 것이었다. 클래스는 함수에 변수를 멤버로 추가하여 데이터와 함수를 하나로 묶어서 처리하기 때문에 유용하게 사용할 수 있다. 이 절에서는 임의로 움직이는 작은 원을 일반적인 방법으로 구성하여 보고, 이를 클래스를 사용하여 만들어 클래스의 유용성을 비교 검토해본다.

먼저 화면의 중심에서 떨리는 듯 보이는 작은 원을 만들어 본다. 이 예에서는 원의 움직임을 자연스럽게 만들기 위하여 난수의 범위를 지정하고 임의의 위치를 설정한다. random() 함수는 임의로 난수를 생성하는 것이 아니라 미리 저장되어 있는 난수들의 목록 중에 하나의 난수를 불러와서 사용한다. 난수 목록은 컴퓨터 내부에서 프로그램이 실행될 때마다 새롭게 선택되지만, randomSeed() 함수를 사용하여 목록 값을 지정하면 random() 함수가 동일한 난수 목록에서 난수를 불러오도록 할 수 있어서 프로그램이 실행될 때마다 같은 난수를 발생할 수 있다. 이 예에서는 매번 다른 난수를 불러와 자연스러운 원의 움직임을 만들어 내도록 한다. 다음 프로그램을 실행시키면 원이 화면의 중심에서 시작하여 임의의 위치와 방향으로 떨면서 움직이는 것을 알 수 있다.

Random_1ball_1.pde

```
float x, y;
void setup() {
  size(200, 200);
  x = width/2;                          // 출력창의 중심으로 이동
  y = height/2;                         // 출력창의 중심으로 이동
}
void draw() {
  x += random(-2, 2);                   // (-2, 2) 사이의 임의의 수만큼 이동
  y += random(-2, 2);                   // (-2, 2) 사이의 임의의 수만큼 이동
  ellipse(x, y, 20, 20);                // 지름 20인 원을 그림
}
```

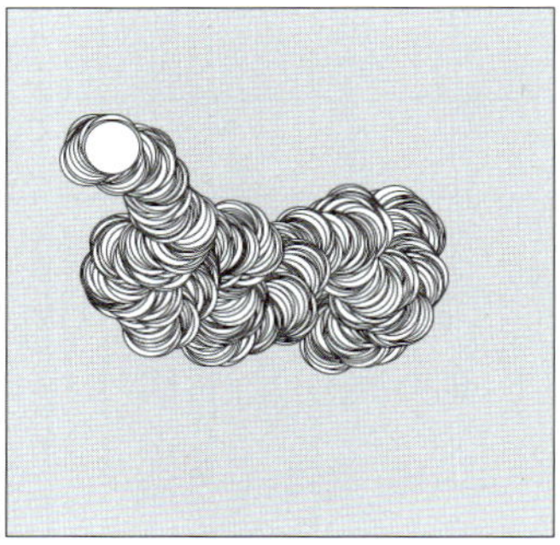

원이 화면의 밖으로 벗어나는 것을 방지하기 위하여 constrain() 함수를 사용한다. constrain() 함수는 변수가 특정 범위를 벗어나지 않도록 범위를 지정할 수 있다. 여기서는 화면의 폭과 높이를 이용하여 제한을 두었고, 원이 움직이는 궤적을 볼 필요가 없기 때문에 배경색을 업데이트하도록 수정한다.

Random_1ball_2.pde

```
float x, y;
void setup() {
  size(200, 200);
  x = width/2;                          // 출력창의 중심으로 이동
  y = height/2;                         // 출력창의 중심으로 이동
}
void draw() {
  background(200);                      // 배경색을 업데이트
  x += random(-2, 2);                   // (-2, 2) 사이의 임의의 수만큼 이동
  y += random(-2, 2);                   // (-2, 2) 사이의 임의의 수만큼 이동
```

```
  x = constrain(x, 0, width);          // 출력창의 폭을 넘지 않도록 제한
  y = constrain(y, 0, height);         // 출력창의 높이를 넘지 않도록 제한
  ellipse(x, y, 20, 20);               // 지름 20인 원을 그림
}
```

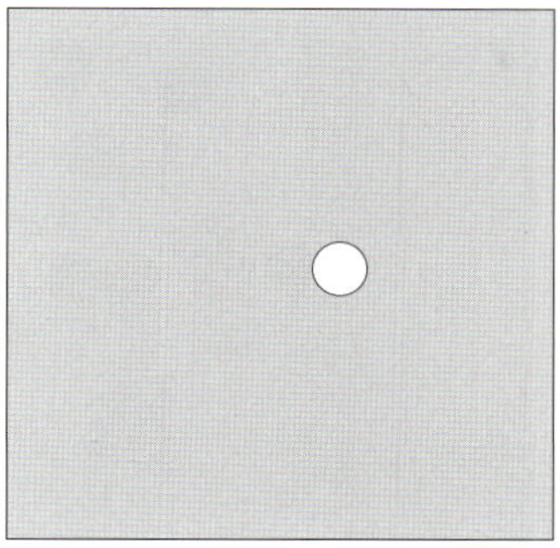

위의 예를 배열을 이용하여 20개의 원이 여러 가지 색을 가진 반딧불이 같이 반짝거리면서 임의로 움직이는 스케치 프로그램을 만들 수 있다. 20개의 원을 지정하기 위하여 float 배열을 사용한다. 처음에는 출력창의 중심에서 20개의 원이 움직이기 시작하여 임의의 위치로 이동하며 여러 색으로 반짝거리면서 움직이는 것을 볼 수 있다.

Random_10ball.pde

```
int i, num = 20;
float x[] = new float[num];                 // 20개의 원을 위한 x 배열 선언
float y[] = new float[num];                 // 20개의 원을 위한 y 배열 선언
void setup() {
  size(200, 200);
  for (i=0; i<num; i++) {                   // 20개의 초기 좌표를 만듦
    x[i] = width/2;                         // 출력창의 중심으로 이동
    y[i] = height/2;                        // 출력창의 중심으로 이동
  }
}
void draw() {
  background(255);
  for (i=0; i<num; i++) {                   // 20개의 위치 좌표를 만듦
    x[i] +=random(-2, 2);                   // (-2, 2) 사이의 임의의 수만큼 이동
    y[i] +=random(-2, 2);                   // (-2, 2) 사이의 임의의 수만큼 이동
    x[i] = constrain(x[i], 0, width);       // 출력창의 폭을 넘지 않도록 제한
    y[i] = constrain(y[i], 0, height);      // 출력창의 높이를 넘지 않도록 제한
```

```
    fill(random(0,255), random(0,255), random(0,255)); // 임의의 색을 지정
    ellipse(x[i], y[i], 20, 20);                       // 지름 20인 원을 그림
  }
}
```

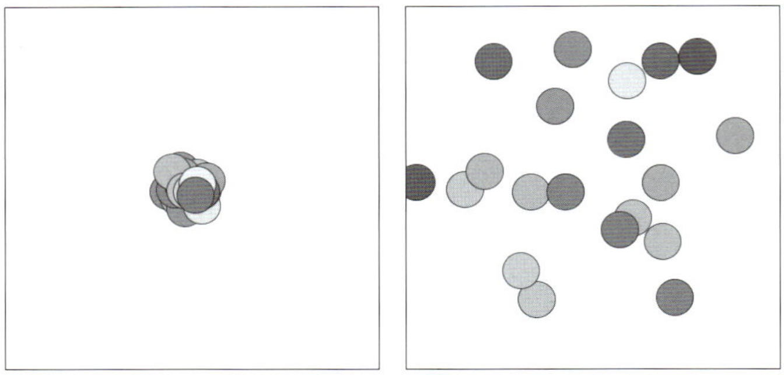

이제 앞에서 설명한 하나의 원이 움직이는 예를 클래스를 이용하여 다음과 같이 프로그램할 수도 있다. Bug 클래스를 생성하고 필드 값으로 원의 x와 y좌표를 설정한다. 클래스의 메서드로 move() 함수를 정의한다.

Random_1ball_class2.pde

```
Bug bug;                                   // Bug 클래스로 bug 지정
void setup() {
  size(200, 200);
  smooth();
  bug = new Bug(width/2, height/2);        // Bug 클래스에 매개변수를 넘김
}
void draw() {
  bug.move();                              // bug 클래스의 move 함수를 사용
}
class Bug {                                // Bug 클래스를 정의
  float x, y;
  Bug (float X, float Y) {                 // 2개의 변수를 인자로 받음
    x = X;
    y = Y;
  }
  void move() {                            // move 함수를 정의
    x += random(-2, 2);
    y += random(-2, 2);
    x = constrain(x, 0, width);            // 출력창의 너비를 넘지 않도록 제한
    y = constrain(y, 0, height);           // 출력창의 높이를 넘지 않도록 제한
```

```
    ellipse(x, y, 20, 20);
  }
}
```

프로그램의 가독성이나 추가적인 항목을 쉽게 변형하기 위하여 Bug 클래스의 move() 함수를 move() 함수와 show() 함수로 분리하면 다음과 같은 스케치 프로그램으로 만들 수 있다. 점(.) 연산자는 객체의 이름과 객체의 필드 및 메서드를 연결하기 위하여 사용하는데, bug.move() 명령은 bug 객체가 가지고 있는 move() 메서드를 의미하고, bug.show() 명령은 bug 객체가 가지고 있는 show() 메서드를 각각 의미한다.

Random_1ball_class.pde

```
Bug bug;                                   // Bug 클래스로 bug 지정
void setup() {
  size(200, 200);
  smooth();
  bug = new Bug(width/2, height/2);        // Bug 클래스에 매개변수를 넘김
}
void draw() {
  bug.move();                              // bug 클래스의 move 함수를 사용
  bug.show();                              // bug 클래스의 show 함수를 사용
}
class Bug {                                // Bug 클래스를 정의
  float x, y;
  Bug (float X, float Y) {                 // 2개의 변수를 인자로 받음
    x = X;
    y = Y;
  }
  void move() {                            // move 함수를 정의
    x += random(-2, 2);
```

```
    y += random(-2, 2);
    x = constrain(x, 0, width);          // 출력창의 폭을 넘지 않도록 제한
    y = constrain(y, 0, height);         // 출력창의 높이를 넘지 않도록 제한
  }
  void show() {                          // show 함수를 정의
    ellipse(x, y, 20, 20);
  }
}
```

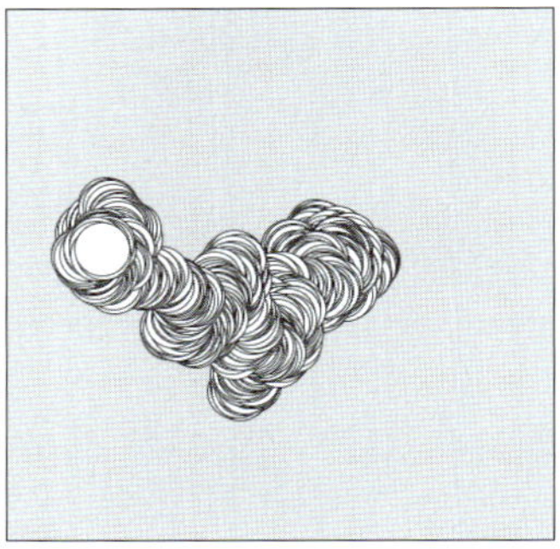

위의 프로그램을 이용하여 빨강색과 파랑색의 두 개의 원이 임의의 위치로 이동하며 흔들리는 형태로 다음과 같이 만들 수 있다. Bug 클래스로 bug1과 bug2를 각각 지정하고 move()와 show() 함수를 각각 호출하여 사용할 수 있다. 빨강색 원과 파랑색 원이 임의의 위치에서 움직이는 것을 확인할 수 있다.

Random_10ball_class.pde

```
Bug bug1, bug2;                              // Bug 클래스로 bug1, bug2 지정
void setup() {
  size(200, 200);
  smooth();
  bug1 = new Bug(width/2, height/2, 20);     // Bug 클래스에 매개변수를 넘김
  bug2 = new Bug(width/3, height/3, 30);     // Bug 클래스에 매개변수를 넘김
}
void draw() {
  stroke(255,0,0);                           // 빨강색 원의 지정
  bug1.move();                               // bug1 클래스의 move 함수를 사용
  bug1.show();                               // bug1 클래스의 show 함수를 사용
  stroke(0,0,255);                           // 파랑색 원의 지정
  bug2.move();                               // bug2 클래스의 move 함수를 사용
  bug2.show();                               // bug2 클래스의 show 함수를 사용
}
class Bug {                                  // class를 정의
```

```
  int d;
  float x, y;
  Bug (float X, float Y, int D) {          // 3개의 변수를 인자로 받음
    x = X;
    y = Y;
    d = D;
  }
  void move() {                             // move 함수를 정의
    x += random(-2, 2);
    y += random(-2, 2);
    x = constrain(x, 0, width);            // 출력창의 폭을 넘지 않도록 제한
    y = constrain(y, 0, height);           // 출력창의 높이를 넘지 않도록 제한
  }
   void show() {                            // show 함수를 정의
     ellipse(x, y, d, d);
   }
}
```

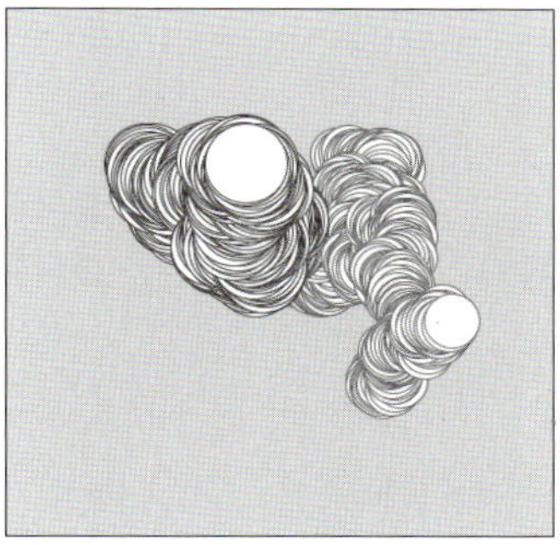

이번에는 for 반복문과 배열을 이용하여 10개의 원이 반딧불이 같이 임의의 방향으로 움직이는 프로그램이다. 객체의 선언을 변수가 아닌 배열로 정의한 것을 유의한다.

Random_10array_class.pde

```
Bug[] bug = new Bug[10];                    // Bug 클래스로 배열 bug 지정
void setup() {
  size(200, 200);
  smooth();
  for (int i=0; i<bug.length; i++) {        // 배열의 개수만큼 반복 수행
    int x = (int)random(width);             // 임의의 x좌표
    int y = (int)random(height);            // 임의의 y좌표
    int r = (int)random(10,20);             // 임의의 크기
```

```
    bug[i] = new Bug(x, y, r);                  // Bug 클래스에 매개변수를 넘김
  }
}
void draw() {
  stroke(255,0,0);
  for (int i=0; i<bug.length; i++) {            // 배열의 개수만큼 반복 수행
    bug[i].move();                              // bug 클래스의 move 함수를 사용
    bug[i].show();                              // bug 클래스의 move 함수를 사용
  }
}
class Bug {                                     // class를 정의
  int d;
  float x, y;
  Bug (float X, float Y, int D) {               // 3개의 변수를 인자로 받음
    x = X;
    y = Y;
    d = D;
  }
  void move() {                                 // move 함수를 정의
    x += random(-2, 2);
    y += random(-2, 2);
    x = constrain(x, 0, width);                 // 출력창의 폭을 넘지 않도록 제한
    y = constrain(y, 0, height);                // 출력창의 높이를 넘지 않도록 제한
  }
   void show() {                                // show 함수를 정의
     ellipse(x, y, d, d);
   }
}
```

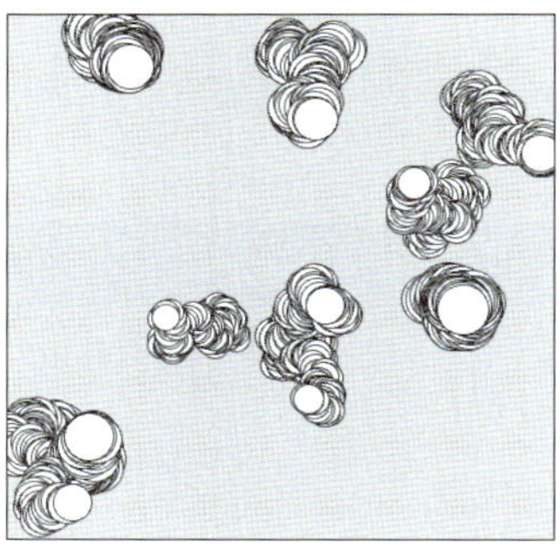

이번에는 for 반복문과 클래스를 이용하여 임의의 색을 갖는 10개의 원이 반딧불이 같이 화면의 중심으로부터 임의의 방향으로 움직이는 프로그램이다.

Random_10ball_class2.pde

```
Bug bug[] = new Bug[10];                            // Bug 클래스로 10개의 bug 지정
void setup() {
  size(200, 200);
  smooth();
  for (i=0; i<10; i++) {                            // 10개의 원을 그림
    bug[i] = new Bug(width/2, height/2, 20);        // Bug 클래스에 매개변수를 넘김
  }
}
void draw() {
  background(255);
  for (i=0; i<10; i++) {
    fill(random(255), random(255), random(255));    // 임의의 색을 지정
    bug[i].move();                                  // bug 클래스의 move 함수를 사용
    bug[i].show();                                  // bug 클래스의 show 함수를 사용
  }
}
class Bug {                                         // class를 정의
  int d;
  float x, y;
  Bug (float X, float Y, int D) {                   // 3개의 변수를 인자로 받음
    x = X;
    y = Y;
    d = D;
  }
  void move() {                                     // move 함수를 정의
    x += random(-2, 2);
    y += random(-2, 2);
    x = constrain(x, 0, width);                   // 출력창의 폭을 넘지 않도록 제한
    y = constrain(y, 0, height);                  // 출력창의 높이를 넘지 않도록 제한
  }
   void show() {                                    // show 함수를 정의
    ellipse(x, y, d, d);
   }
}
```

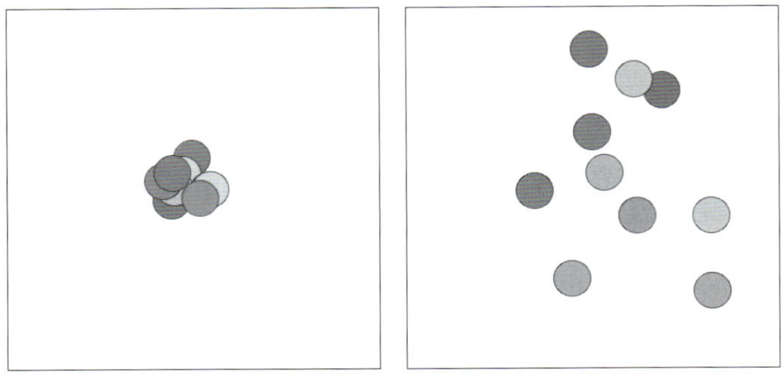

클래스 부분을 탭을 사용하여 분리하면 다음과 같은 두 개의 파일이 스케치 폴더에 별개의 .pde 파일로 구분되어 저장된다. 이와 같이 클래스 부분을 탭으로 분리하면 클래스 프로그래밍 작업의 가독성을 높일 수 있고, 프로그램을 블록화 하여 디버깅 및 코드의 재활용이 용이해진다. 클래스의 이름이 파일명이 된다는 점을 유의한다.

Random_10ball_tap.pde

```
Bug bug[] = new Bug[10];
void setup() {
  size(200, 200);
  smooth();
  for (i=0; i<10; i++) {
    bug[i]=new Bug(width/2, height/2, 20);
  }
}
void draw() {
  background(255);
  for (i=0; i<10; i++) {
    fill(random(255),  random(255),
            random(255));
    bug[i].move();
    bug[i].show();
  }
}
```

Bug.pde

```
class Bug {
  int d;
  float x, y;
  Bug (float X, float Y, int D) {
    x = X;
    y = Y;
    d = D;
  }
  void move() {
    x += random(-2, 2);
    y += random(-2, 2);
    x = constrain(x, 0, width);
    y = constrain(y, 0, height);
  }
   void show() {
     ellipse(x, y, d, d);
   }
}
```

이번 장에서는 데이터와 함수를 하나로 묶어서 처리하는 클래스에 대하여 알아보았다. 클래스와 객체는 여러 가지 형태의 데이터를 가질 수 있으며 변수들과 관련 함수들을 하나로 묶어서 처리할 수 있도록 해주기 때문에 다양한 응용이 가능하며, 프로세싱의 객체지향 프로그래밍(OOP: Object Oriented Programming) 기능을 제공한다.

연습문제

01 출력창에서 좌우로 조금씩 움직이는 네모를 클래스와 객체의 사용없이 구현한다.

02 출력창에서 좌우로 조금씩 움직이는 네모를 클래스와 객체를 사용하여 구현하고 앞의 문제와 비교해 본다.

03 출력창에서 좌우로 조금씩 움직이는 10개의 네모들을 각기 다른 x, y 좌표에서 시작하게 클래스와 객체를 사용하여 구현한다.

04 빨강색 원과 파랑색 원에 추가적으로 녹색의 원이 임의의 위치에서 움직이는 스케치를 작성한다.

05 빨강색 원과 파랑색 원에 추가적으로 녹색의 원이 임의의 위치에서 움직이는 스케치를 배열을 사용하여 구현한다.

PART 2
창의적 코딩 / 고급편

Chapter 13
3차원 그래픽

C/H/A/P/T/E/R

13 3차원 그래픽

프로세싱은 상호작용(interaction)이 가능한 그래픽을 구현하는데 적합한 소프트웨어이지만 다양한 장치와 연결도 가능하고 컴퓨터 비전 분야에서도 활용이 가능하다. 또한 3차원(3D) 그래픽에도 적용할 수 있는 등 다양한 영역에서 유용하게 사용할 수 있는 프로그램이다. 프로세싱으로 3D 작업을 하려면, 2차원(2D)에서 사용하던 함수들에 z-축을 위한 매개변수를 추가하거나, 새로운 3D 전용 함수들을 사용할 수 있다. 3D를 위한 라이브러리를 적용하여 카메라, 조명, 재질 등을 바꿀 수도 있고, 원구나 육면체와 같은 3D 도형도 쉽게 그릴 수 있다. 이장에서는 이러한 응용분야 중 하나인 3차원 영역에서 프로세싱을 활용하는 방법을 설명한다.

13.1 P3D

프로세싱 1.0에서는 JAVA2D와 OPENGL을 포함하고 있었으나, 프로세싱 2.0 이후부터는 사용을 자제하고 있다. 프로세싱은 프로세싱 3D, 즉, P3D를 이용하여 3D 그래픽을 처리할 수 있다. OPENGL은 더 이상 제공하지 않지만, 사실상 프로세싱 P2D와 P3D 렌더러(renderer)의 배경에는 OpenGL을 이용하여 그래픽을 처리하고 있다. OpenGL은 3D 산업표준으로 기능이 많고 속도가 빨라서 그래픽과 게임 등에 다양하게 적용되고 있기 때문이다.

프로세싱에 P3D 렌더러가 내장되어 있기 때문에 이를 사용하려면 `size()` 함수에 3번째 매개변수로 P3D를 추가하면 된다. `sphere()`나 `box()` 같은 3D에서만 사용할 수 있는 함수들도 있으나, 2D에서 사용하는 많은 함수들 대부분이 3D에서도 사용할 수 있다. `point()`, `line()`, `vertex()` 같은 기본적인 그리기 함수들과 `translate()`, `rotate()`, `scale()` 등의 변환 함수들은 x, y 매개변수에 z를 추가하여 2D에서와 유사하게 사용한다.

• 함수	
`size (x, y, P3D);`	3D 렌더러의 선언
• 매개변수	
x y P3D	출력창의 폭 출력창의 높이 프로세싱 3D

3차원을 위한 x×y×z가 10×10×10인 3D 좌표계 예로 다음 그림을 참조한다. 2차원 좌표계와 같이 x 좌표는 좌표값이 오른쪽으로 갈수록 증가하고 왼쪽으로 갈수록 감소하며, y 좌표는 좌표값이 아래로 갈수록 증가하고 위로 갈수록 감소한다. z 좌표는 좌표값이 앞으로 나올수록 증가하고 뒤로 갈수록 감소한다. 이와 같은 좌표계에서는 3차원 좌표계의 원점이 왼쪽 위에 위치하기 때문에 일반적으로 3D 입체의 중심점을 화면의 중앙으로 이동시킨 후 입체를 그리는 작업을 하게 된다.

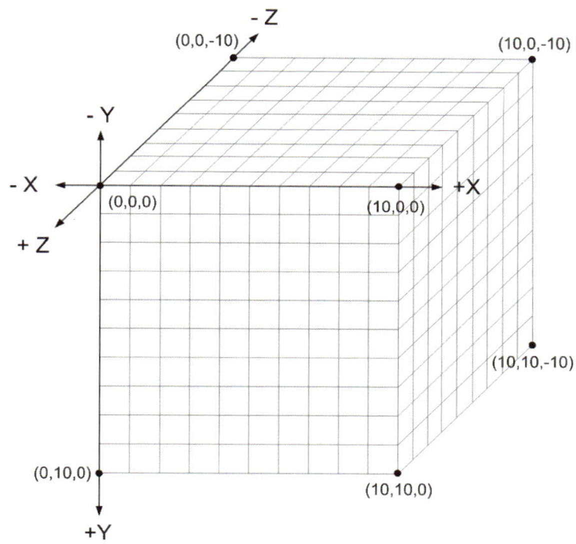

13.2 입체 그리기

대표적인 입체인 원구(sphere)나 정육면체(cube)는 프로세싱에서 간단한 함수로 그릴 수 있다. 원구를 위한 `sphere()` 함수는 다각형(polygon)으로 구성된 입체 형태의 구를 그릴 수 있고 매개변수로 구의 반지름을 갖는다.

• 함수	
shpere (r);	구
• 매개변수	
r	float: 구의 반지름

정육면체를 위한 box() 함수는 육면체를 그릴 수 있고 매개변수로 폭, 높이, 길이를 나타내는 x, y, z 값을 갖는다.

• 함수	
box (x, y, z);	육면체
• 매개변수	
x y z	float: 육면체의 x 길이 float: 육면체의 y 길이 float: 육면체의 z 길이

먼저 sphere() 함수를 이용하여 다음과 같이 간단한 구를 그려본다. 구의 표면이 기본값인 흰색의 다각형으로 구성된 구를 만들 수 있다.

아래의 예에서는 반지름이 200인 구를 그렸으나, 구의 중심이 왼쪽위에 위치하기 때문에 구의 1/4 만이 나타나는 문제점이 발생한다. 이러한 문제를 해결하기 위하여 3차원 입체의 중심점을 화면의 중앙으로 이동시킨 후 구를 그리도록 한다.

Sphere_0.pde

```
void setup () {
  size(300, 300, P3D);                    // 3D를 위한 P3D 설정
}
void draw() {
  sphere(200);                            // 구의 반지름 설정
}
```

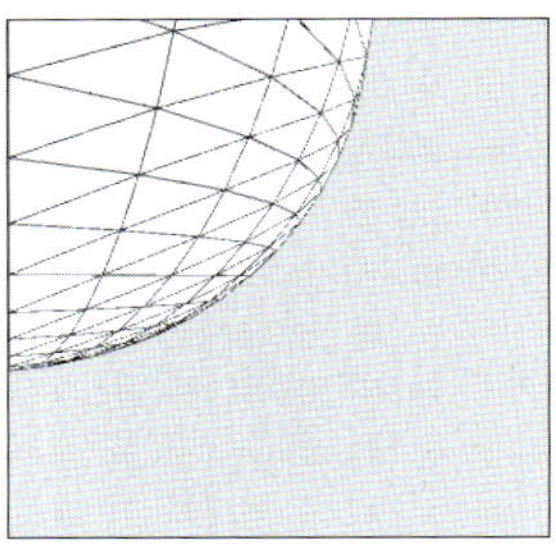

3D에서도 2D에서와 같이 translate() 함수를 이용하여 구의 중심점을 화면의 중앙으로 이동시킨다. 이 예에서는 x와 y축 상으로는 출력창의 폭과 높이의 반만큼 이동시켰고, z축은 뒤로 10을 이동시켰다. 또한, noFill() 함수를 사용하여 구의 표면을 채우지 않고 다각형의 뼈대만 표현하였다. z축으로 -10만큼 이동시켰기 때문에 이동전의 구보다 크기가 조금 작게 보인다. 일종의 원근법 효과를 낼 수 있다.

Sphere.pde

```
void setup () {
  size(300, 300, P3D);                    // 3D를 위한 P3D 설정
  noFill();                               // 색 채우기 없이 외각선만 그림
}
void draw() {
  translate(width/2, height/2, -10);      // x, y, z 좌표들을 이동
  sphere(100);                            // 구의 반지름 설정
}
```

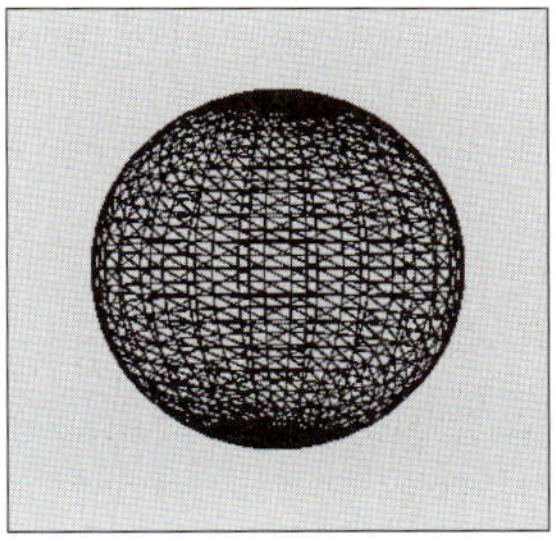

앞의 예에 lights() 함수를 추가하면 자동으로 구의 표면에 빛이 반사되는 효과를 줄 수 있다. 주변의 빛, 방향성, 빛의 감소의 값을 ambientLight(128, 128, 128), directionalLight(128, 128, 128, 0, 0, -1), lightFalloff(1, 0, 0) 등의 함수들을 이용하여 세밀하게 조절할 수도 있다. 여기서 설정한 값들을 변경하면서 변화되는 구의 반사를 확인해 본다. lights() 함수는 draw() 내에서 정의하여야 그 효과를 줄 수 있다.

Sphere_1.pde

```
void setup () {
  size(300, 300, P3D);                    // 3D를 위한 P3D 설정
  background(0);
  noStroke();                             // 선 없이 면을 그림
}
```

```
void draw() {
  translate(width/2, height/2, -10);      // 출력창의 중심으로 이동
  lights();                               // 빛을 표현함
  sphere(100);                            // 구의 반지름 설정
}
```

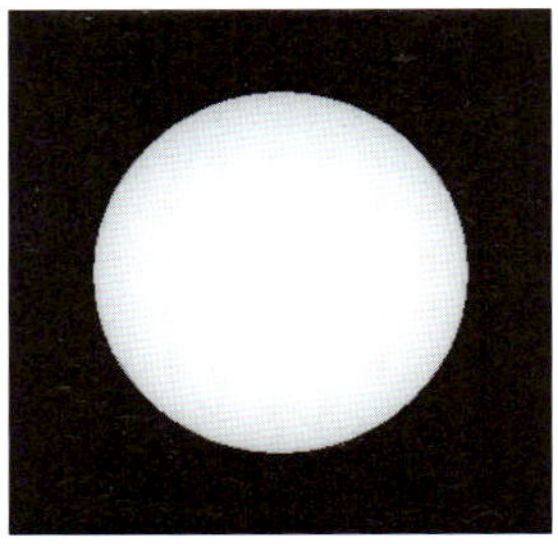

shpere() 함수를 이용하여 구를 그려보았다. 이제 box() 함수를 이용하여 정육면체를 그려본다. box() 함수는 정육면체를 그릴 수 있고 매개변수로 한 변의 길이를 갖는다. 구를 그리기 위한 예에서 sphere() 함수를 정육면체를 위한 box() 함수로 대체해본다. 다음과 같이 정육면체를 정면에서 들여다 본 형태의 결과를 얻었다. 이 결과를 회전시켜보면 사각형이 아닌 정육면체임을 확인할 수 있다.

Sphere_box.pde

```
void setup () {
  size(300, 300, P3D);                    // 3D를 위한 P3D 설정
  noFill();                               // 색 채우기 없이 외각선만 그림
}
void draw() {
  translate(width/2, height/2, -10);      // 출력창의 중심으로 이동
  box(100);                               // 정육면체의 크기 설정
}
```

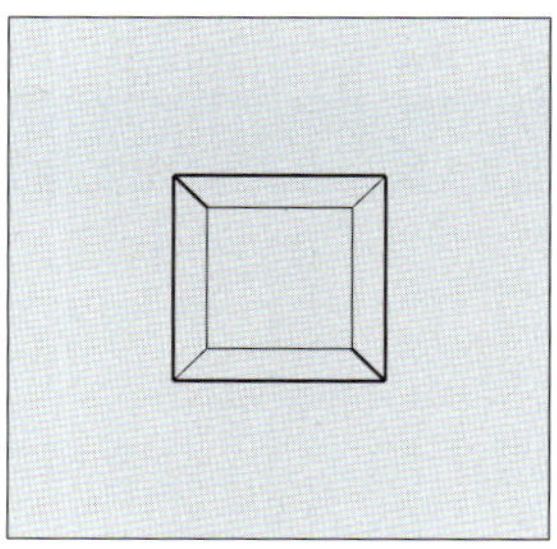

구의 경우에는 빛의 효과가 확실히 나타나지만 정육면체의 경우에는 빛을 표현하더라도 2D의 사각형과 같은 결과를 얻는다. 이 사각형을 회전시켜보면 사각형이 아닌 정육면체임을 확인할 수 있다.

Sphere_1_2.pde

```
void setup () {
  size(300, 300, P3D);                    // 3D를 위한 P3D 설정
  background(0);
  noStroke();                             // 선 없이 면을 그림
}
void draw() {
  translate(width/2, height/2, -10);      // 출력창의 중심으로 이동
  lights();                               // 빛을 표현함
  box(100);                               // 정육면체의 크기 설정
}
```

프로세싱에는 spotLight(), pointLight(), directionalLight(), ambientLight() 등 네 가지 유형의 조명 방법이 있다. spotLight() 조명은 원뿔 모양으로 빛이 뻗어 나가기 때문에 방향, 위치, 색채 속성을 지닌다. pointLight() 조명은 마치 특정한 색깔의 전구처럼 한 점에서 모든 방향으로 빛이 뻗어 나간다. directionalLight() 조명은 한 방향으로 빛이 뻗어나가며 강한 명암을 만든다. ambientLight() 조명은 특정한 색의 빛으로 화면을 가득 채우며 거의 언제나 다른 조명과 함께 사용된다. lights() 함수는 ambientLight() 조명과 directionalLight() 조명으로 기본적인 조명을 생성한다. 조명 함수들도 draw() 함수에서 매번 설정대로 다시 그려야 하기 때문에 draw() 내에서 다른 코드들보다 먼저 실행되도록 작성하여 일관된 효과가 유지되도록 해야 한다.

이들 함수들을 사용하여 표면이 부드러운 구를 만들어 본다. lightSpecular() 함수는 표면에 반사되는 효과를 주기 위하여 사용하고, shininess() 함수는 구 표면의 매끈한 정도를 조절한다. 또한 sphereDetail() 함수는 구의 표면을 만드는 vertex()의 촘촘한 정

도를 조절한다. 다음은 빛의 효과를 주는 함수들을 적절히 사용하여 구 표면에 입체감을 주는 예이다. 여기서 설정한 값들을 변경하면서 변화되는 구의 입체감을 확인할 수 있다.

Sphere_SHINE_1.pde

```
void setup() {
  size(300, 300, P3D);                                 // 3D를 위한 P3D 설정
  background(0);
  noStroke();
}
void draw() {
  translate(width/2, height/2, -10);                   // 출력창의 중심으로 이동
  ambient(100, 100, 255);                              // 구의 주위 색
  ambientLight(30, 30, 100);                           // 주변 조명 조절
  lightSpecular(200, 220, 220);                        // 구 표면의 반사 효과
  directionalLight(100, 200, 255, -1, 1, -1);          // 한 방향으로 빛을 주는 효과
  shininess(100);                                      // 구 표면의 매끈함 조절
  sphereDetail(150);                                   // 구의 vertex 조절
  sphere(100);
}
```

13.3 3D 회전

2차원(2D)의 경우 `rotate()` 함수를 사용하여 도형을 회전시키지만, 3차원(3D)에서는 3개의 회전축이 있기 때문에 어느 축을 기준으로 회전하는가가 중요한 문제가 된다. x-축을 기준으로 회전할 경우에는 `rotateX()` 함수를 사용하고, y-축을 기준으로 회전할 경우에는 `rotateY()` 함수를 사용하여 기준이 되는 축을 명시하여야 한다. z-축을 기준으로 회전할

경우에는 rotateZ() 함수를 사용한다. 일반적으로 2D는 x-축과 y-축으로 구성되므로 2D 에서의 rotate() 함수는 z-축을 기준으로 회전하는 것이 되어 rotate()와 3D에서의 rotateZ() 함수의 역할은 같게 된다.

회전의 개념을 알아보기 위하여 사각형을 각각 x-축, y-축, z-축을 기준으로 회전시켜보고, 동시에 세 방향으로 회전도 시켜보자. 먼저 rotateX() 함수를 사용하여 x-축을 중심으로 사각형을 회전시켜본다. 다음 예에서 사각형은 수평축을 기준으로 위아래로 움직이면서 회전을 하게 된다.

Rotation_X.pde

```
floast theta = 0.0;                                 // 회전 각도
void setup () {
  size(200, 200, P3D);                              // 3D를 위한 P3D 설정
  fill(150);
  rectMode(CENTER);
}
void draw() {
  background(255);
  translate(width/2, height/2);                     // 출력창의 중심으로 이동
  rotateX(theta);                                   // x 축을 중심으로 회전
  rect(0,0,100,100);
  theta += 0.05;                                    // 회전 각도의 증가
}
```

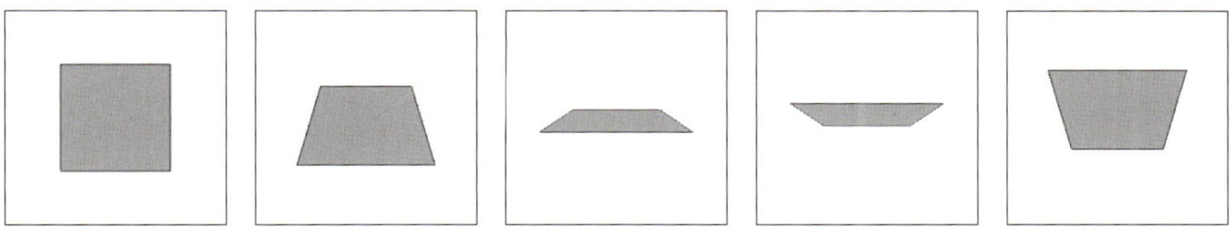

다음은 rotateY() 함수를 사용하여 y-축을 중심으로 사각형을 회전시켜본다. 다음 예에서 사각형은 수직축을 기준으로 좌우로 움직이면서 회전을 하게 된다.

Rotation_Y.pde

```
floast theta = 0.0;                                 // 회전 각도
void setup () {
  size(200, 200, P3D);                              // 3D를 위한 P3D 설정
  fill(150);
  rectMode(CENTER);
```

```
}
void draw() {
  background(255);
  translate(width/2, height/2);          // 출력창의 중심으로 이동
  rotateY(theta);                        // y 축을 중심으로 회전
  rect(0,0,100,100);
  theta += 0.05;                         // 회전 각도의 증가
}
```

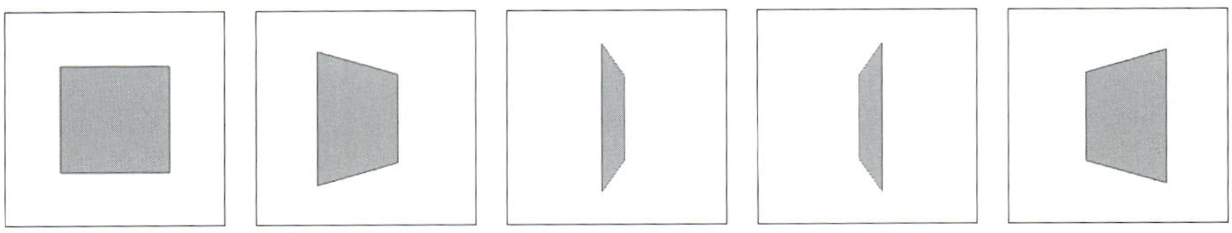

마지막으로 rotateZ() 함수를 사용하여 z-축을 중심으로 사각형을 회전시켜본다. 다음 예에서 사각형은 2D에서와 같이 평면상에서 시계방향으로 회전하게 된다. 이는 z-축이 출력 화면을 관통하는 축이기 때문에 2D에서의 rotate() 함수를 이용하여 사각형을 회전시키는 결과와 같다. 아래의 예에서도 rotateZ() 함수를 rotate() 함수로 대체하여도 같은 결과를 얻는다.

Rotation_Z.pde

```
floast theta = 0.0;                      // 회전 각도
void setup () {
  size(200, 200, P3D);                   // 3D를 위한 P3D 설정
  fill(150);
  rectMode(CENTER);
}
void draw() {
  background(255);
  translate(width/2, height/2);          // 출력창의 중심으로 이동
  rotateZ(theta);                        // z 축을 중심으로 회전
  rect(0,0,100,100);
  theta += 0.05;                         // 회전 각도의 증가
}
```

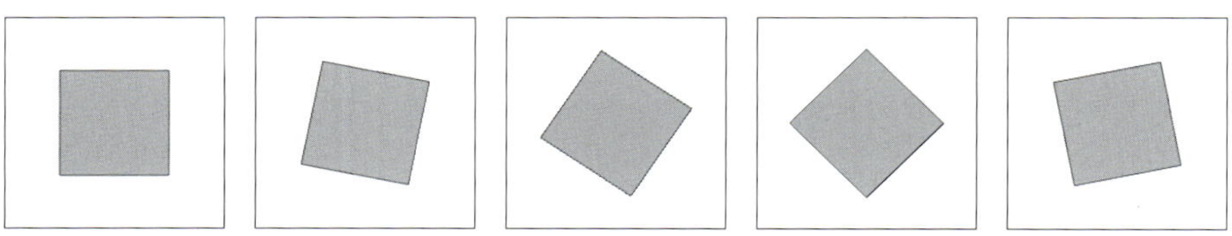

이번에는 x-축과 y-축을 기준으로 동시에 회전을 시켜본다. mouseX와 mouseY 변수를 사용하였기 때문에 마우스를 상하좌우로 움직이면 사각형이 회전하는 것을 확인할 수 있다. 마우스를 좌우로 움직이면 y-축을 기준으로 회전하고, 상하로 움직이면 x-축을 기준으로 회전한다. 단, rotateX() 함수의 매개변수로 mouseY를 사용하고, rotateY() 함수의 매개변수로 mouseX를 사용해야 움직임이 xy-축에 연계되어 자연스럽게 된다는 점을 유의한다. 이는 마우스를 좌우로 움직일 경우에 y-축을 기준 축으로 회전하고, 마우스를 상하로 움직일 경우에는 x-축을 기준 축으로 회전하기 때문이다. 아래의 예에서는 회전각의 범위를 0~π로 제한하였지만 얼마든지 확장이 가능하다. 또한, 3D 마우스가 있으면 z-축으로도 회전이 가능하지만 이 예에서는 생략한다.

Rotation_XY.pde

```
floast theta = 0.0;                                   // 회전 각도
void setup () {
  size(200, 200, P3D);                                // 3D를 위한 P3D 설정
  fill(150);
  rectMode(CENTER);                                   // 사각형을 중심에 맞춰 그림
}
void draw() {
  background(255);
  translate(width/2, height/2);                       // 출력창의 중심으로 이동
  rotateX(PI*mouseY/height);                          // 각도 범위를 0~π로 제한
  rotateY(PI*mouseX/width);                           // 각도 범위를 0~π로 제한
  rect(0,0,100,100);
}
```

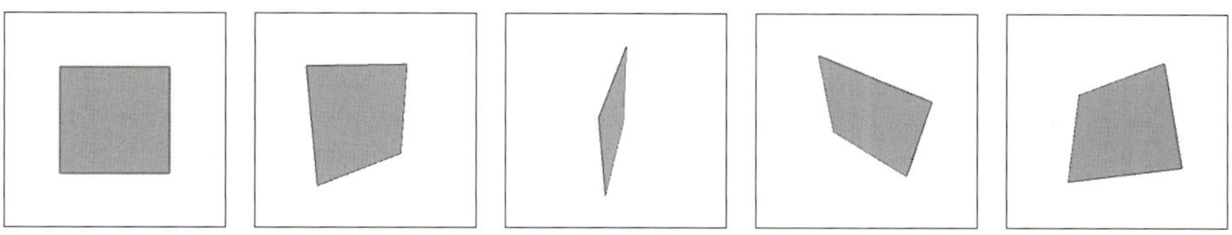

앞의 예에서는 하나의 사각형을 회전시켰으나, 이번에는 3개의 사각형들을 rotateX(), rotateY(), rotateZ() 함수를 이용하여 각각 다른 방향으로 회전을 시킨다. 3개의 사각형을 동시에 같은 방향으로 회전시킨다면 rotateX(), rotateY(), rotateZ()를 연속적으로 사용하면 되지만, 3개의 사각형을 각각 다르게 회전시키려면 첫 번째 사각형을 회전시키고 그 상태를 유지하면서 두 번째 사각형을 회전시키고, 또 그 상태를 유지하면서 세 번째 사각

형을 회전시켜야 한다. 3개의 사각형들을 회전시킬 때 하나의 사각형에 적용한 변환이 다른 사각형에 영향을 주지 않도록 pushMatrix()와 popMatrix() 함수를 이용한다. pushMatrix() 함수는 이 함수 이후에 사용하는 변환의 상태를 임시로 저장하고 popMatrix() 함수는 저장된 변환을 다시 불러온다. 이렇게 함으로써 3개의 사각형이 각각 다른 방향으로 회전할 수 있게 된다.

Rotation_XYZ_1.pde

```
float theta = 0;                          // 회전 각도
void setup() {
  size(500,200,P3D);
  fill(150);
}
void draw() {
  background(255);
  pushMatrix();
    translate(width/4,height/2);
    rotateX(theta);                       // x 축을 중심으로 회전
    rect(-50, -50, 100, 100);
  popMatrix();
  pushMatrix();
    translate(width/2,height/2);
    rotateZ(theta);                       // z 축을 중심으로 회전
    rect(-50, -50, 100, 100);
  popMatrix();
  pushMatrix();
    translate(3*width/4,height/2);
    rotateY(theta);                       // y 축을 중심으로 회전
    rect(-50, -50, 100, 100);
  popMatrix();
  theta += PI/300;                        // 회전 각도의 증가
}
```

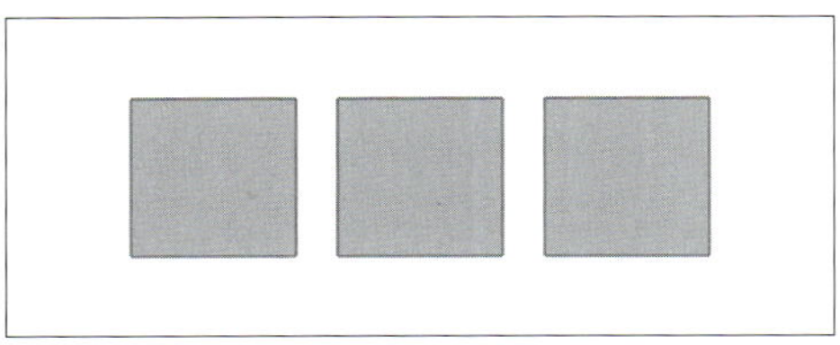

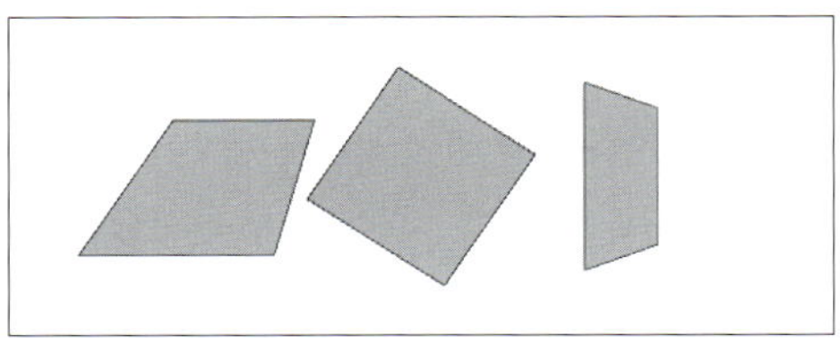

13.4 입체의 회전

다양한 3D 입체는 shpere()나 box() 함수 이외에도 beginShape(), endShape(), vertex() 함수를 이용하여 적절한 위치에 다각형을 배치하여 구성할 수 있다. 원구나 정육면체와 같은 일반적인 입체 외에 사용자가 정의하는 대부분의 입체는 vertex() 함수로 구성된다. 주의할 점은 앞장에서 설명한 것과 같이 beginShape(QUADS)으로 시작할 경우에는 endShape() 또는 endShape(CLOSE)를 사용하여 도형을 폐곡선으로 만들어야 하고, beginShape()으로 시작할 경우에는 endShape(CLOSE)를 사용하여 도형을 폐곡선으로 만들어야 한다. 아래의 예는 두 개의 면이 십자 형태로 만나는 도형을 만든 것이다. 두 개의 사각형이 겹쳐있기 때문에 두 개의 beginShape(), endShape() 함수를 같이 사용한다는 점에 유의한다.

Sphere_vertex_1.pde

```
void setup () {
  size(300, 300, P3D);
}
void draw() {
  background(100);
  translate(width/2, height/2, -10);
  rotateX(PI*mouseY/height);               // x-축 회전각도 범위를 0~π로 제한
  rotateY(PI*mouseX/width);                // y-축 회전각도 범위를 0~π로 제한
  beginShape(QUADS);                       // 사각형을 그림
     vertex(30, 20, 0);
     vertex(90, 20, -60);
     vertex(90, 80, -60);
     vertex(30, 80, 0);
  endShape();
  beginShape();                            // 사각형을 그림
     vertex(30, 20, -60);
     vertex(90, 20, 0);
     vertex(90, 80, 0);
     vertex(30, 80, -60);
  endShape(CLOSE);
}
```

피라미드형 입체의 경우에는 4개의 삼각형을 이용하여 만들 수 있다. 하나의 사각형을 밑면으로 하고 4개의 삼각형들이 하나의 꼭짓점에서 만난다. 여기서 밑면은 x-y 평면에 있는 것으로 하고, z축에 삼각형들의 꼭짓점이 만나는 것으로 가정한다. 정사각형의 중심에 원점이 있다고 가정하고, x, y, z축에 따라 양의 방향은 +p, 음의 방향은 −p를 설정하면 아래 그림과 같은 5개 꼭짓점의 좌표를 정할 수 있다.

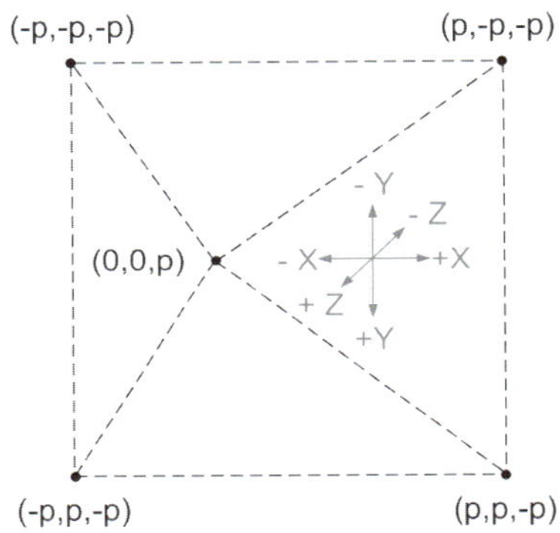

아래의 예를 실행하면 피라미드형의 사각뿔이 $\pi/300$의 각도만큼 x, y, z축을 중심으로 회전하는 것을 알 수 있다.

Rotation_Pyramid.pde

```
float theta = 0.0;                              // 회전 각도
int p = 70;                                     // 사각뿔 한 변의 길이
void setup() {
  size(300,300,P3D);
}
void draw() {
  background(255);
  translate(width/2, height/2, -10);
  rotateX(theta);                               // x 축을 중심으로 회전
  rotateY(theta);                               // y 축을 중심으로 회전
```

```
  rotateZ(theta);                    // z 축을 중심으로 회전
  beginShape();
    vertex(p, -p, -p);               // 사각뿔의 첫 번째 삼각형 면을 그림
    vertex(p, p, -p);
    vertex(0, 0, p);
    vertex(p, p, -p);                // 사각뿔의 두 번째 삼각형 면을 그림
    vertex(-p, p, -p);
    vertex(0, 0, p);
    vertex(-p, -p, -p);              // 사각뿔의 세 번째 삼각형 면을 그림
    vertex(p, -p, -p);
    vertex(0, 0, p);
    vertex(-p, p, -p);               // 사각뿔의 네 번째 삼각형 면을 그림
    vertex(-p, -p, -p);
    vertex(0, 0, p);
  endShape(CLOSE);
  theta += PI/300;                   // 회전 각도의 증가
}
```

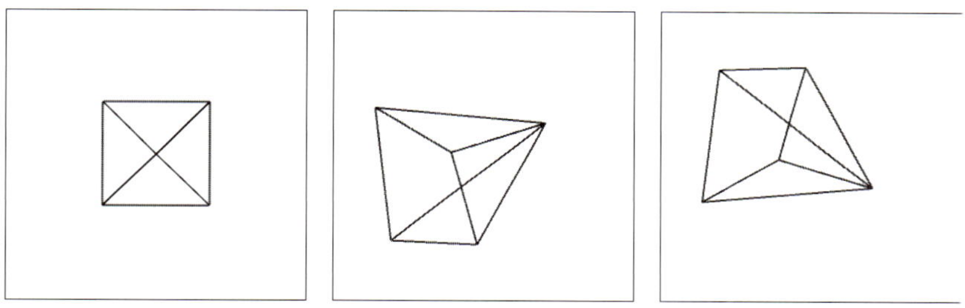

box() 함수를 이용하면 간단히 정육면체를 만들 수 있지만, 사용자가 정의하는 형태나 정육면체의 한 면을 각각 처리하려면 vertex() 함수를 이용한다. 아래의 그림과 같이 정육면체의 중심에 원점이 있다고 가정하고, x, y, z축에 따라 양의 방향은 +p, 음의 방향은 –p를 설정하면 아래 그림과 같은 8개 꼭짓점의 좌표를 구할 수 있다.

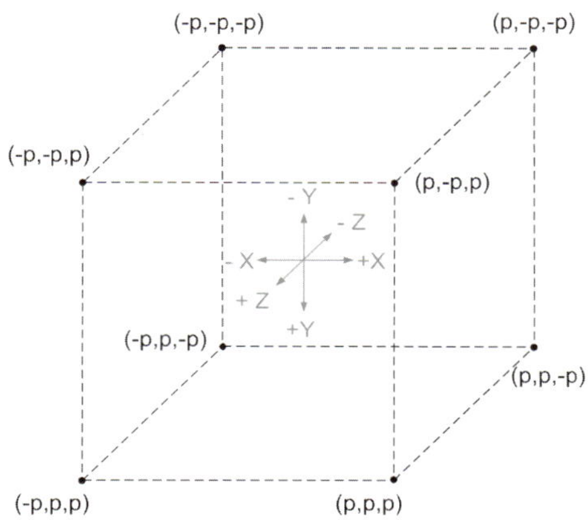

정육면체를 구성하는 각각의 면을 분리하여 처리하려면 다음 예와 같이 beginShape(QUADS)를 사용하여 각각의 면에 다른 색을 적용해야 하고, 동시에 뒷면의 색을 확인하기 위하여 투명도를 100으로 설정하였다. 아래의 예를 실행하면 각각의 면이 다른 색깔로 만들어진 정육면체가 $\pi/300$의 각도만큼 x, y, z축을 중심으로 회전하는 것을 알 수 있다.

Rotation_Cube.pde

```
float theta = 0.0;                                    // 회전 각도
int p = 50;                                           // 정육면체 한 변의 길이
void setup() {
  size(300,300,P3D);
}
void draw() {
  background(255);
  translate(width/2, height/2, -10);
  rotateX(theta);
  rotateY(theta);
  beginShape(QUADS);
    fill(255, 0, 0, 100);                             // 투명도 100의 빨강색
    vertex( -p, -p, p);   vertex( p, -p, p);          // 정육면체의 앞면을 그림
    vertex( p, p, p);     vertex( -p, p, p);
    fill(0, 255, 0, 100);                             // 투명도 100의 녹색
    vertex( -p, -p, -p);  vertex( p, -p, -p);         // 정육면체의 뒷면을 그림
    vertex( p, p, p);     vertex( -p, p, -p);
    fill(0, 0, 255, 100);                             // 투명도 100의 파랑색
    vertex( -p, -p, p);   vertex( -p, -p, -p);        // 정육면체의 왼쪽 면을 그림
    vertex( -p, p, -p);   vertex( -p, p, p);
    fill(255, 0, 255, 100);                           // 투명도 100의 분홍색
    vertex( p, -p, p);    vertex( p, -p, -p);         // 정육면체의 오른쪽 면을 그림
    vertex( p, p, -p);    vertex( p, p, p);
    fill(0, 255, 255, 100);                           // 투명도 100의 하늘색
    vertex( -p, -p, -p);  vertex( p, -p, -p);         // 정육면체의 윗면을 그림
    vertex( p, -p, p);    vertex( -p, -p, p);
    fill(255, 255, 0, 100);                           // 투명도 100의 노랑색
    vertex( -p, p, p);    vertex( -p, p, -p);         // 정육면체의 아랫면을 그림
    vertex( p, p, -p);    vertex( p, p, p);
  endShape(CLOSE);
  theta += PI/300;                                    // 회전 각도를 증가
}
```

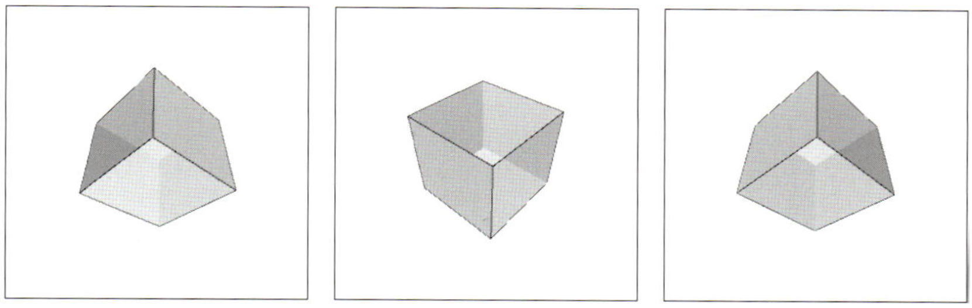

정육면체를 만들 때 vertex()를 사용하여 각각의 면을 별도로 처리하지 않는다면 box() 함수를 사용하는 것이 간편하다. box() 함수는 6개의 선으로 구성된 정육면체를 만드는데, box(100)의 경우 모든 변의 길이가 100인 정육면체를 나타낸다. 각 변의 길이를 다르게 정의하고 싶은 경우에는 box(100, 150, 200)와 같이 폭, 높이, 깊이를 지정하면 된다.

아래의 예를 실행하면 한 변의 길이가 100인 정육면체가 마우스의 움직임에 따라 x축과 y축으로 회전한다. box() 함수의 폭, 높이, 깊이를 변경하여 도형을 그려본다.

Sphere_2_0.pde

```
void setup () {
  size(300, 300, P3D);                    // 3D를 위한 P3D 설정
  noFill();                               // 면 없이 선을 그림
}
void draw() {
  background(255);
  translate(width/2, height/2, -10);      // 화면의 중심으로 이동
  rotateX(2*PI*mouseY/height);            // 마우스의 위치로 x축을 회전 (0~2π)
  rotateY(2*PI*mouseX/width);             // 마우스의 위치로 y축을 회전 (0~2π)
  box(100);                               // 정육면체의 크기 설정
}
```

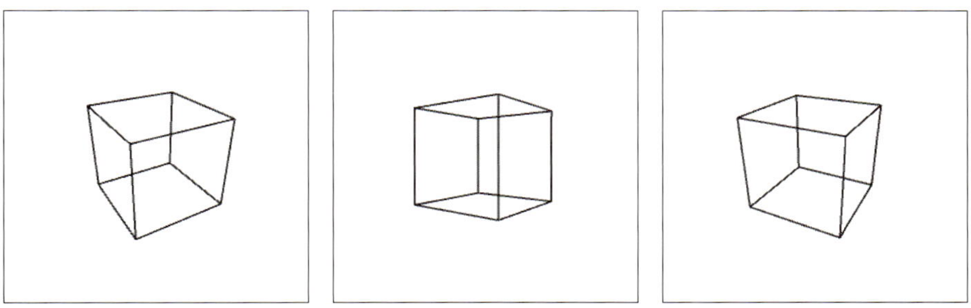

6개의 면으로 구성된 정육면체를 그리면서 앞에서 설명한 `lights()` 함수를 사용하여 빛의 효과를 다음 예와 같이 줄 수도 있다. 마우스의 움직임에 따라 x축과 y축으로 회전하는데 전면이 가장 밝게 나타나고 옆면들은 약간 어둡게 나타나는 것을 알 수 있다.

Sphere_2_1.pde

```
void setup () {
  size(300, 300, P3D);                          // 3D를 위한 P3D 설정
  noStroke();                                   // 선 없이 면만 그림
}
void draw() {
  background(0);
  translate(width/2, height/2, -10);
  lights();                                     // 빛을 표현함
  rotateX(2*PI*mouseY/height);                  // 마우스의 위치로 x축을 회전 (0~2π)
  rotateY(2*PI*mouseX/width);                   // 마우스의 위치로 y축을 회전 (0~2π)
  box(100);                                     // 정육면체의 크기 설정
}
```

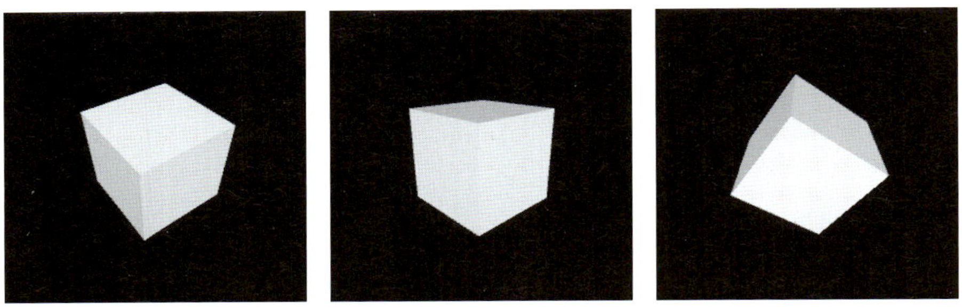

13.5 회전의 응용

구나 정육면체와 같은 기본 도형 외에도 여러 가지 도형을 사용자가 정의하고 회전시킬 수 있다. 이절에서는 원뿔, 원기둥, 다각형으로 구성된 입체를 만들어 보고, 태양 주위를 지구와 달이 공전하는 3차원 시뮬레이션을 만들어 본다.

13.5.1 원뿔의 회전

원뿔의 경우에 밑면은 원의 형태이고, 밑면의 원주를 따라 vertex() 함수를 이용하여 옆면의 조각들을 하나의 꼭짓점에 연결하며 도형을 만들어 나간다. 이를 위하여 원주를 10도씩 분할하고, x와 y좌표를 cos()와 sin() 함수로 계산한 다음에 beginShape()와 endShape() 함수를 사용하여 원뿔의 옆면을 구성한다. 마우스의 움직임에 따라 x축과 y축으로 회전하는 원뿔을 확인한다.

Sphere_Cylinder_2.pde

```
float radius = 50.0;                          // 반지름 설정
float ang, x, y;
void setup () {
  size(300, 300, P3D);
}
void draw() {
  background(255);
  translate(width/2, height/2, -10);          // 화면의 중심으로 이동
  rotateX(2*PI*mouseY/height);                // 마우스의 위치로 x축을 회전 (0~2π)
  rotateY(2*PI*mouseX/width);                 // 마우스의 위치로 y축을 회전 (0~2π)
  beginShape(QUAD_STRIP);
    for(ang=0.0; ang<=2*PI; ang+=PI/36) {     // 각도를 0~2π로 제한
      x = radius*cos(ang);
      y = radius*sin(ang);
      vertex(0, 0, -50);                      // 원뿔의 꼭짓점
      vertex(x, y, 50);                       // 원뿔의 아랫면
    }
  endShape();
}
```

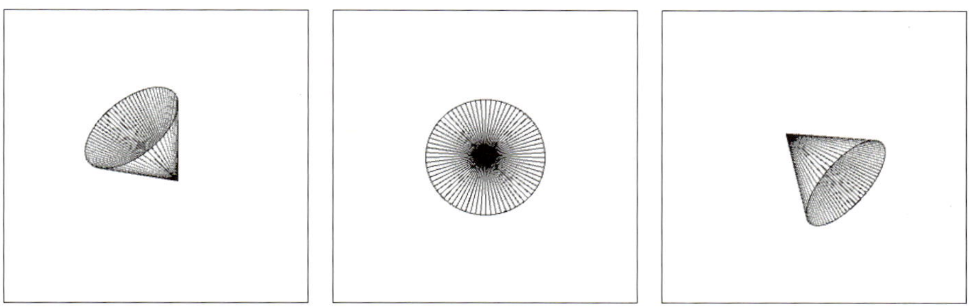

13.5.2 원기둥의 회전

앞의 예에서 원뿔의 꼭짓점에 해당되는 vertex(0, 0, -z) 부분을 원뿔의 아랫면과 같은 vertex(x, y, z)형태로 변경해주면 원기둥을 만들 수 있다. beginShape(QUAD_STRIP) 대신 beginShape(TRIANGLE_STRIP)을 적용하면 원기둥의 옆면이 삼각형의 vertex로 구성된다. 마우스의 움직임에 따라 x축과 y축으로 회전하는 원기둥을 확인한다.

Sphere_Cylinder.pde

```
float radius = 50.0;                               // 반지름 설정
float ang, x, y;
void setup () {
  size(300, 300, P3D);
}
void draw() {
  background(255);
  translate(width/2, height/2, -10);       // 화면의 중심으로 이동
  rotateX(2*PI*mouseY/height);             // 마우스의 위치로 x축을 회전 (0~2π)
  rotateY(2*PI*mouseX/width);              // 마우스의 위치로 y축을 회전 (0~2π)
  beginShape(QUAD_STRIP);
    for(ang=0.0; ang<=2*PI; ang+=PI/36) {  // 각도를 0~2π로 제한
      x = radius*cos(ang);
      y = radius*sin(ang);
      vertex(x, y, -50);                   // 원기둥의 윗면
      vertex(x, y, 50);                    // 원기둥의 아랫면
    }
  endShape();
}
```

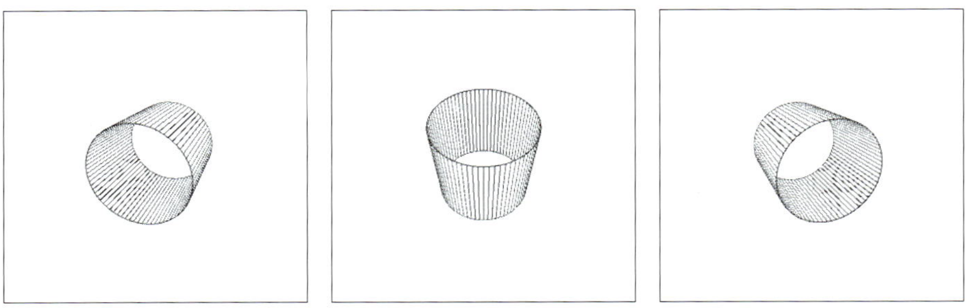

13.5.3 다각형의 구성

sphere() 함수는 다각형으로 구성된 입체 형태의 구를 그릴 수 있고 매개변수로 구의 반지름을 갖는데, sphereDetail() 함수를 이용하여 구를 만드는 다각형 구성면들의 부드러움, 즉, 다면체(mesh)의 꼭짓점(vertex)의 숫자를 조절할 수 있다. 이 예에서는 매개변수를 마우스의 위치와 연동하여 마우스가 좌측으로 갈수록 x 좌표 값이 감소하면, 구를 구성하는 꼭짓점의 개수가 감소하게 되고 다면체 구성면의 수가 줄어서 구의 표면이 거칠어지고, 우측으로 갈수록 구성면의 수가 증가하여 부드러운 표면을 만들어 준다. 구성면의 꼭짓점의 개수가 많으면 많을수록 입체의 표면은 더 부드러워지나 계산량은 그 만큼 더 증가한다. 또한, 마우스가 움직이면 이동거리에 비례하여 구도 회전하게 된다.

Sphere_rotate.pde

```
void setup() {
  size(300, 300, P3D);                // 3D를 위한 P3D 설정
  stroke(255);
  fill(200);
}
void draw() {
  background(100);
  translate(width/2, height/2, -10); // 화면의 중심으로 이동
  rotateX(PI*mouseY/height);          // 마우스의 위치로 x축을 회전시킴
  rotateY(PI*mouseX/width);           // 마우스의 위치로 y축을 회전시킴
  sphereDetail(mouseX/4);             // 구의 mesh를 구성하는 vertex의 수를 조절
  sphere(100);                        // 구의 반지름 설정
}
```

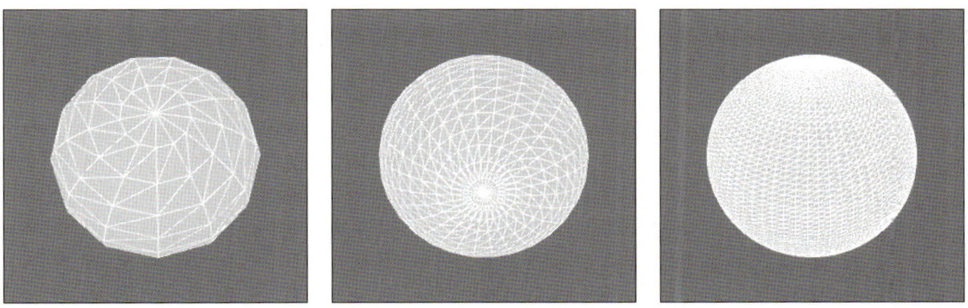

13.5.4 태양계

태양이 중심에 있고 그 주위를 공전하는 지구와 달의 모양을 sphere() 함수를 사용하여 3차원으로 시뮬레이션 한다. 빨강색 태양은 화면의 중심에 고정되어 있고, 파랑색 지구가 태양의 주위를 돌면, 노랑색의 달은 지구의 주위를 따라서 돌면서 태양의 주위를 돌기 위하여 지구와 달을 pushMatrix()와 popMatrix() 함수에 같이 포함한다. 또한 달은 지구의 주위를 공전하기 때문에 다시 한 번 pushMatrix()와 popMatrix() 함수를 사용하여 지구와 달의 이동과 회전을 분리하여야 한다. 태양을 중심으로 지구와 달이 y-축을 중심으로 회전하기 위하여 rotateY() 함수를 사용한다. 이 예에서 구에 입체감을 주기 위하여 directionalLight() 함수를 사용하여 빛의 방향을 설정하고, 행성의 크기나 공전주기는 임의의 값을 적용한다. 아래와 그림과 같이 지구와 달이 공전하며 태양의 앞을 지나 뒤로 돌아 나오는 것을 확인한다.

Sphere_Solar_2.pde

```
float theta = 0.0;
void setup() {
  size(300, 300, P3D);                              // 3D를 위한 P3D 설정
  noStroke();                                       // 선 없이 면을 그림
}
void draw() {
  background(255);
  translate(width/2,height/2);                      // 출력창의 중심으로 이동
  directionalLight(255, 255, 255, -1, 1, -1);      // 입체감을 주기위한 빛의 조절
  fill(255,0,0);                                    // 빨강색
  sphere(40);                                       // 태양
  pushMatrix();                                     // 태양의 변환을 저장
    rotateY(theta);                                 // 지구의 회전
    translate(100,0);
    fill(0,0,255);                                  // 파랑색
    sphere(10);                                     // 지구
    pushMatrix();                                   // 지구의 변환을 저장
      rotateY(theta*5);                             // 달의 회전
      translate(30,0);
      fill(255,255,0);                              // 노랑색
      sphere(5);                                    // 달
    popMatrix();                                    // 지구의 변환을 복원
  popMatrix();                                      // 태양의 변환을 복원
  theta += PI/300;                                  // 회전 각도의 증가
}
```

13.6 2D의 3D 표현

3D 입체를 이용한 시뮬레이션 외에도 2D 데이터를 읽어서 다면체(mesh) 형태의 3D로 표현하는 것도 프로세싱으로 처리할 수 있다. 이와 같은 형태의 간단한 응용분야로 2D 이미지를 입력으로 받아서 화소의 밝기 값을 z축으로 하는 3D 형태의 그림도 만들 수 있다. 다음 예는 x와 y 값이 각각 -10에서 10까지 변화할 때의 $z = \cos\left(\sqrt{x^2 + y^2}\right)$을 계산하여 3D로 보여준다. 단순히 3D 결과를 보여주는 것이 아니라 x축과 y축으로 회전할 수 있어서 여러 각도에서 함수의 모양을 관찰할 수 있다.

Generative_3D_3.pde

```
int x, y;
float z;
void setup() {
  size(600, 600, P3D);
  smooth();
}
void draw() {
  translate(width/2, height/2, -10);
  rotateX(2*PI*mouseY/height);
  rotateY(2*PI*mouseX/width);
  background(255);
  for (y=-10; y<=10; y++) {
    beginShape(QUAD_STRIP);                    // 사각형으로 연결
    for (x=-10; x<=10; x++) {
      z = cos(sqrt(x*x+y*y));                  // z 값을 계산
      vertex(20*x, 20*y, 20*z);                // mesh의 확대
      z = cos(sqrt(x*x+(y+1)*(y+1)));          // z 값을 계산
      vertex(20*x, 20*(y+1), 20*z);            // mesh의 확대
    }
```

```
    endShape();
  }
}
```

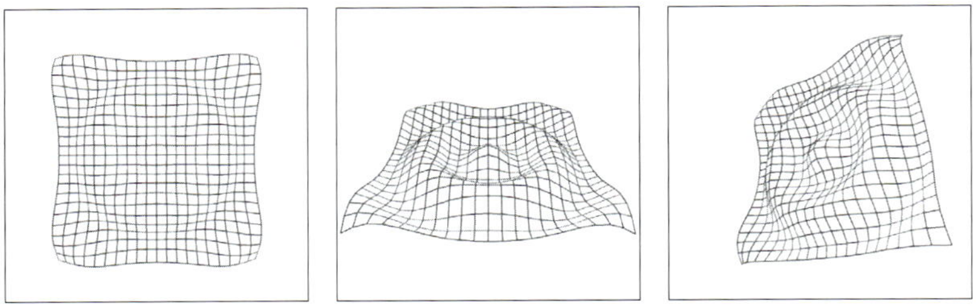

13.7 텍스처 매핑

텍스처 매핑(texture mapping)은 컴퓨터 그래픽 기법의 하나로, 표현하고자 하는 영상이나 물체의 사실감을 높이기 위해 그 표면에 원하는 무늬나 색을 입히는 작업인데, 주로 3차원 입체 모형의 표현에 많이 사용된다. 3D 프로세싱으로 완성된 입체 모델에 사용자가 원하는 재질을 부여하여 보다 사실적이고 정교한 모델의 표면을 얻을 수 있다. 앞에서 설명한 정육면체나 구의 표면에 영상을 입혀본다.

13.7.1 정육면체의 매핑

영상을 3차원 정육면체에 매핑하는 스케치을 작성해본다. 영상을 `PImage` 클래스로 정의한 후에 `loadImage()` 함수를 이용하여 불러들이고 정육면체 각 면에 매핑을 한다. 프로세싱은 .gif, .jpg, .tga, .png 등의 영상 포멧을 사용할 수 있는데, 자세한 사항은 reference를 참조한다. 텍스처 매핑을 위한 좌표계의 설정을 위하여 `textureMode()` 함수를 사용하고, 매개변수로 `IMAGE` 또는 `NORMAL`을 지정할 수 있다. `IMAGE`는 원본 영상의 크기를 그대로 매핑하는 것이고, `NORMAL`의 경우에는 정규화(normalization)하여 (0,0) (1,0) (1,1) (0,1)의 크기로 매핑하는 것이다. `vertex(x, y, z, u, v)`의 경우는 x, y, z는 한 면의 좌표를 나타내고, u, v는 텍스처 매핑을 위한 수평, 수직의 좌표를 나타낸다.

Rotation_Cube_1.pde

```
PImage img;                                   // PImage 클래스 정의
float theta = 0.0;                            // 회전을 위한 각도
int p = 70;                                   // 정육면체 한 변의 길이
void setup() {
  size(300, 300, P3D);
  img = loadImage("Tulips.jpg");              // 영상을 불러옴
  textureMode(NORMAL);                        // 영상을 정육면체의 크기로 변환
}
void draw() {
  background(255);
  translate(width/2, height/2, -10);
  rotateX(theta);                                        // x 축으로 회전
  rotateY(theta);                                        // y 축으로 회전
  beginShape(QUADS);
    texture(img);                                        // 텍스처 매핑
    vertex(-p, -p, p, 0, 0);  vertex(p, -p, p, 1, 0);    // 정육면체의 앞면
    vertex(p, p, p, 1, 1);    vertex(-p, p, p, 0, 1);
    vertex(-p, -p, -p, 0, 0); vertex(p, -p, -p, 1, 0);   // 정육면체의 뒷면
    vertex(p, p, p, 1, 1);    vertex(-p, p, -p, 0, 1);
    vertex(-p, -p, p, 0, 0);  vertex(-p, -p, -p, 1, 0);  // 정육면체의 왼쪽 면
    vertex(-p, p, -p, 1, 1);  vertex(-p, p, p, 0, 1);
    vertex(p, -p, p, 0, 0);   vertex(p, -p, -p, 1, 0);   // 정육면체의 오른쪽 면
    vertex(p, p, -p, 1, 1);   vertex(p, p, p, 0, 1);
    vertex(-p, -p, -p, 0, 0); vertex(p, -p, -p, 1, 0);   // 정육면체의 윗면
    vertex(p, -p, p, 1, 1);   vertex(-p, -p, p, 0, 1);
    vertex(-p, p, p, 0, 0);   vertex(-p, p, -p, 1, 0);   // 정육면체의 아랫면
    vertex(p, p, -p, 1, 1);   vertex(p, p, p, 0, 1);
  endShape(CLOSE);
  theta += PI/300;                                       // 회전 각도를 증가
}
```

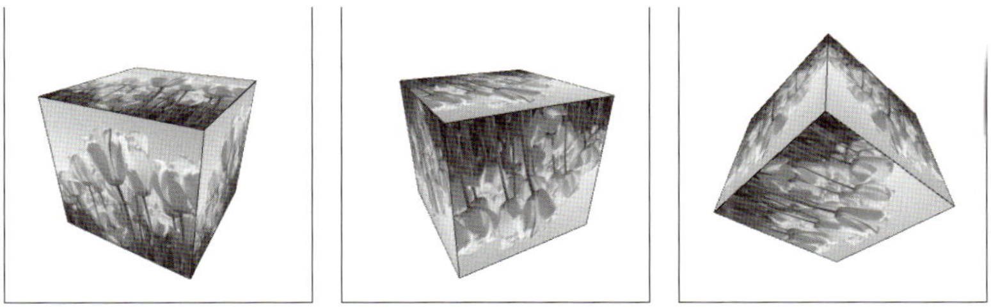

13.7.2 구의 매핑

영상을 3차원 구에 매핑하는 스케치을 작성하기 위하여 `vertex()` 함수를 이용하여 매핑을 위한 구를 `PShape`로 만든다. `PShape`는 형태를 저장하기 위한 클래스인데, `loadShpae()` 함수를 이용하여 형태를 불러오거나 `createShape()` 함수를 이용하여 형태를 만든다. `PShape` 객체는 여러 가지 메소드를 사용할 수 있는데 자세한 사항은 reference를 참조한다.

먼저 구를 만들기 위하여 극좌표계(polar coorinate)와 직각좌표계(Cartesian coordinate)의 관계에 대하여 알아본다. 다음 그림과 같이 공간의 한 점 P의 위치를 3개의 순서가 있는 실수의 쌍 (r, θ, ϕ)로 나타낼 때, 이것을 점 P의 극좌표라 한다. 점 P의 직각좌표 (x, y, z)와 극좌표 (r, θ, ϕ) 사이에는 각각 $x = r \cdot \sin(\theta)\cos(\phi)$, $y = r \cdot \sin(\theta)\sin(\phi)$, $z = r \cdot \cos(\theta)$의 관계가 있다. 여기서 r의 길이가 일정한 점 P는 모두 원점을 중심으로 하고 반지름이 r인 구면 위에 있기 때문에 이것을 구면좌표라고도 한다. 따라서, 구면좌표계(공간에서의 극좌표계)에서는 구 표면의 한 점을 지정하기 위하여 반지름 값과 2개의 각 θ와 ϕ가 필요하다.

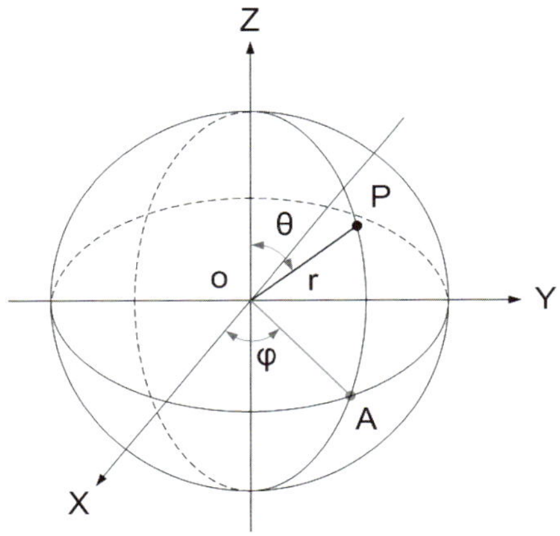

구를 완성하기 위하여 위도(θ 값)는 0도에서 180도까지, 경도(ϕ 값)는 0도에서 360도 까지 변화한다. 좌표계 그림에서 알 수 있듯이 극좌표계와 프로세싱의 3D 좌표계는 x, y, z축이 완전히 일치하지 않기 때문에 위의 관계식은 수정이 필요하다. x축을 기준으로 조절하면 y축은 z축에 대응되고, z축은 -y축에 대응된다는 점을 유의한다. 즉, $x = r \cdot \sin(\theta)\cos(\phi)$, $y = r \cdot \cos(-\theta)$, $z = r \cdot \sin(\theta)\sin(\phi)$로 변환된다. 프로세싱에서는 각도로 라디안(radian)을 사용하기 때문에 하나의 원을 나타내기 위하여 0부터 2π로 각도가 변해야 한다. 따라서, 반복문을 사용하기 위하여 정수값 0도부터 360도의 입력을 `radians()` 함수를 이용하여 라디안으로 변환한다.

다음 예에서는 위도와 경도의 변화량을 10으로 하였고, 그 출력으로 다면체(mesh) 형태의 구를 만들 수 있다. 이제 이렇게 만들어진 구의 표면에 영상을 매핑시켜 보도록 한다.

Sphere_EARTH_test.pde

```
PShape s;                                        // PShape 클래스 정의
void setup() {
   size(400, 400, P3D);                          // 화면의 크기와 3차원 설정
   s = Sphere(150, 10);                          // 반지름과 각도의 증가 값 설정
 }
void draw() {
  background(255);
  translate(width/2, height/2);                  // 화면의 중심으로 이동
  shape(s);                                      // 구를 그림
}
PShape Sphere(int r, int d) {                    // Sphere의 선언
  s = createShape();
  s.beginShape(QUAD_STRIP);                      // QUAD_STRIP 형태로 vertex 연결
  s.noFill();
  s.stroke(0);
  for(int i=0; i<180; i+=d) {                    // 위도 0도~180도
    float sini = sin(radians(i));                // sin(θ)
    float cosi = cos(radians(i));                // cos(θ)
    float sinid = sin(radians(i+d));             // sin(θ+Δθ)
    float cosid = cos(radians(i+d));             // cos(θ+Δθ)
    for(int j=0; j<=360; j+=d) {                 // 경도 0도~360도
      float sinj = sin(radians(j));              // sin(ϕ)
      float cosj = cos(radians(j));              // cos(ϕ)
      s.vertex(r*sini*cosj, r*(-cosi), r*sini*sinj);
      s.vertex(r*sinid*cosj, r*(-cosid), r*sinid*sinj);
    }
  }
  s.endShape();
  return s;
}
```

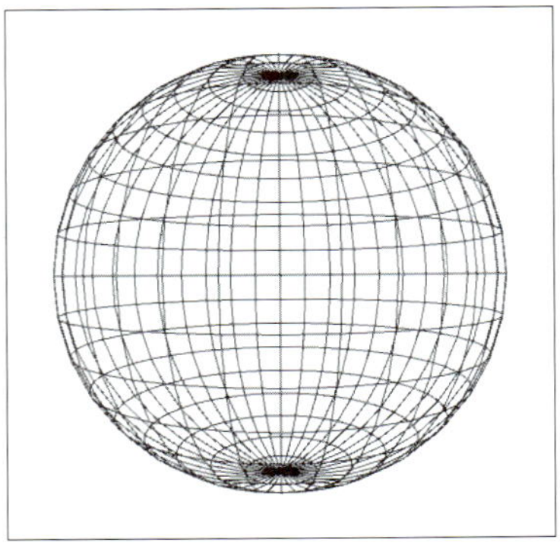

영상을 구의 표면에 매핑하는 스케치을 작성해본다. 지구의 영상을 PImage 클래스로 정의한 후에 loadImage() 함수를 이용하여 불러들이고 PShape 클래스로 구를 정의한다. 대부분의 스케치 코드는 앞의 다면체(mesh) 형태의 예와 유사하다. 추가적으로 각각의 vertex 점에서 구의 표면으로부터 영상을 수직적으로 매핑하기 위한 normal 벡터를 이용하여 매핑된 구의 표면을 자연스럽게 처리한다. Sphere에서 normal() 함수를 vertex() 함수의 앞에 적용한다. 지구의 영상을 읽어서 높이를 180 등분하고 폭을 360 등분하여 구의 각 vertex에 매핑 시킨다. 다음 예에서는 위도와 경도의 변화량을 5로 하였고, 그 출력으로 지구본 형태의 구를 만들 수 있다. rotateX() 함수로 지구의 기울어진 23.5도를 반영할 수도 있고, 회전 각도를 변화시키거나 frameRate() 함수를 사용하여 지구 자전의 속도를 조절할 수도 있다.

Sphere_EARTH_2.pde

```
PImage earth;                                // PImage 클래스 정의
PShape s;                                    // PShape 클래스 정의
float a = 0;                                 // 회전각
void setup() {
   size(400, 400, P3D);
   earth = loadImage("earth.jpg");           // 지구 영상 불러오기
   s = Sphere(150, 5, earth);                // 반지름, 각도의 증가 값, 영상의 설정
 }
void draw() {
  background(0);
  translate(width/2, height/2);              // 화면의 중심으로 이동
  pushMatrix();                              // 회전을 위하여 현재의 좌표 저장
    rotateY(a);                              // y축으로 회전
    a+= 0.01;                                // 회전각의 증가
    shape(s);                                // 구를 그림
  popMatrix();                               // 저장된 좌표의 복원
```

```
}
PShape Sphere(int r, int d, PImage e) {     // Sphere의 선언
  s = createShape();
  s.beginShape(QUAD_STRIP);                 // QUAD_STRIP 형태로 vertex 연결
  s.texture(e);                             // 영상을 vertex 점들에 매핑
  s.noStroke();
  for(int i=0; i<180; i+=d) {               // 위도 0도~180도
    float sini = sin(radians(i));           // sin(θ)
    float cosi = cos(radians(i));           // cos(θ)
    float sinid = sin(radians(i+d));        // sin(θ+Δθ)
    float cosid = cos(radians(i+d));        // cos(θ+Δθ)
    for(int j=0; j<=360; j+=d) {            // 경도 0도~360도
    float sinj = sin(radians(j));           // sin(ϕ)
    float cosj = cos(radians(j));           // cos(ϕ)
    s.normal(r*sini*cosj, r*(-cosi), r*sini*sinj);
    s.vertex(r*sini*cosj, r*(-cosi), r*sini*sinj, e.width-j*e.wicth/360,
      i*e.height/180);
    s.normal(r*sinid*cosj, r*(-cosid), r*sinid*sinj);
    s.vertex(r*sinid*cosj, r*(-cosid), r*sinid*sinj, e.width-j*e.width/360,
      (i+d)*e.height/180);
    }
  }
  s.endShape();
  return s;
}
```

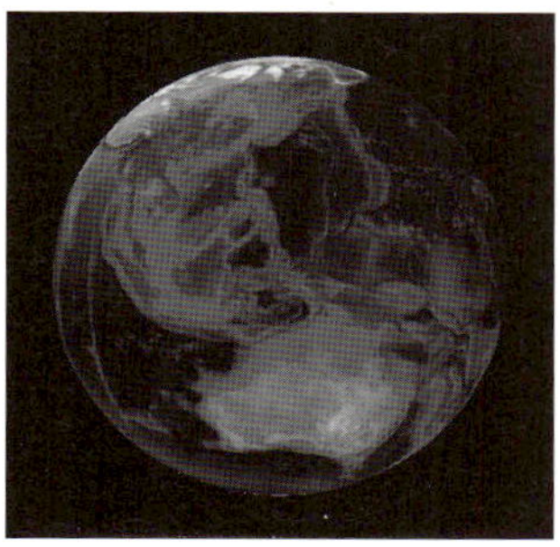
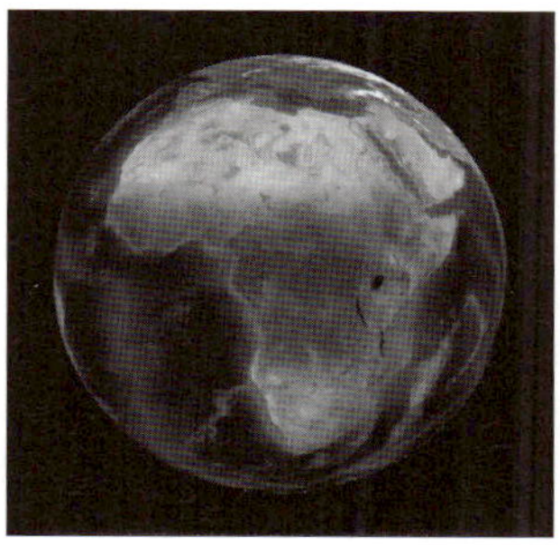
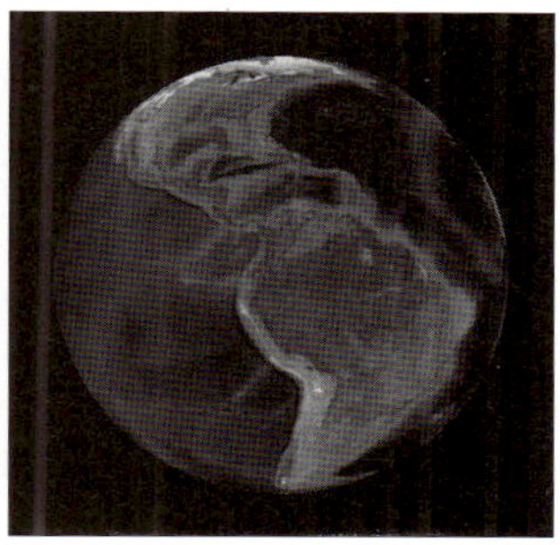

이 장에서는 프로세싱이 3D에서 어떻게 사용되는지 대표적인 몇 가지 예들을 설명하였다. 프로세싱으로 3D 작업을 위하여 2D에서 사용하던 함수들 외에 3D 전용 함수들을 사용할 수가 있고, 3D를 위한 라이브러리를 적용하여 다양한 도형을 쉽게 그릴 수 있다. 여기서 언급한 정육면체, 구, 원뿔, 원기둥과 같은 핵심 기능들 외에도 3D 형태로 처리할 수 있는 많은 함수들이 있고 다양한 프로세싱 라이브러리도 있기 때문에 보다 복잡하고 응용 가능한 프로

그램을 개발할 수 있다. 프로그램으로 3차원 도형을 그리는 것은 상당한 코딩 실력이 필요한 난이도가 높은 작업이지만, 프로세싱은 이러한 작업을 매우 쉽게 접근할 수 있도록 만들어진 프로그래밍 언어이다. 이 장에서 배운 예들을 응용하여 여러 가지 3D 프로그램을 만들어 본다.

연습문제

01 정육면체, 원뿔, 원기둥 등 다양한 형태의 3D 입체를 만든다.

02 원뿔과 원기둥의 경우에 `beginShape(QUAD_STRIP)`와 `beginShape(TRIANGLE_STRIP)`의 차이점은 무엇인가?

03 사진 6장을 이용하여 정육면체의 각 면에 텍스처 매핑을 만든다.

04 구의 매핑에서 y축을 z축에 대응하고, z축은 -y축에 대응하지 않으면 어떠한 결과가 나오는지 확인한다.

05 태양이 중심에 있고 태양 주위에 수성, 금성, 지구, 화성, 목성, 토성이 공전하는 3차원 시뮬레이션을 만든다.

PART 3
창의적 코딩 / 응용편

Chapter 14
ControlP5

C/H/A/P/T/E/R

14 ControlP5

특정 컴퓨터 언어를 사용하여 어플리케이션(application)을 개발할 때 개발자가 처음부터 개발에 필요한 모든 프로그램을 직접 코딩하면 너무나 많은 시간과 노력이 필요하다. 이러한 문제를 해결하기 위하여 전 세계 개발자들은 라이브러리(library)를 서로 공유한다. 라이브러리는 관련 파일들의 집합으로 이를 개발자의 프로그램에 링크하면 라이브러리에 있는 함수들을 쉽게 사용할 수 있어 개발자는 기초적인 작업보다는 이를 이용한 응용 부분에 더 많은 시간과 노력을 할애할 수 있어 효율적인 코딩을 할 수 있게 된다. 프로세싱도 많은 개발자들이 서로 공유하는 라이브러리가 있는데 이번 장에서는 ControlP5라는 라이브러리를 사용해 본다.

사용자가 컴퓨터나 모바일기계 등을 더 편리하게 사용할 수 있는 환경을 제공하기 위하여 사용자 인터페이스(User Interface)를 설계하여야 한다. 프로세싱에는 스마트 기기용 앱을 개발할 때 필요한 UI 요소들을 클래스 형태로 제공하여 쉽게 사용할 수 있도록 해주는 라이브러리가 있다. 이들 중에 안드로이드 모드에서 사용할 수 있는 ControlP5 라이브러리를 이용하여 버튼(button), 체크박스(checkbox), 슬라이더(slider), 노브(knob)의 UI 요소들을 작성한다. ControlP5 라이브러리에 대한 보다 자세한 내용과 예들은 개발자의 참조 사이트[7])를 활용한다.

14.1 버튼

버튼(button)은 GUI(Graphic User Interface) 환경에서 사용자에게 원하는 항목을 선택하게 할 때 사용되는 사각형을 의미하는데, 버튼의 사각형을 클릭하면 그 항목이 선택된다. 다음 예는 지금까지 배운 방법으로 하나의 버튼을 만든 프로그램이다. 마우스가 버튼의 위에 위치하면 버튼이 활성화되는 것을 보이기 위하여 원래의 색보다 조금 밝은 색으로 변하고, 클릭을 하게 되면 더 밝은 색으로 변하는 프로그램이다.

7) http://www.sojamo.de/libraries/controlP5/

CP5_0_1.pde

```
int x = 50, y = 50;
int xsize = 200, ysize = 100;
void setup() {
  size(300, 300);
  noStroke();
}
void draw() {
  rect(x, y, xsize, ysize);                        // 버튼모양 생성
  fill(color(0, 50, 80));                          // 버튼 비활성화 색
  text("BUTTON A", 55, 105);                       // 캡션
  if ((pmouseX >= x) && (pmouseX <= x+xsize) &&    // 마우스가 버튼 영역에 위치
     (pmouseY >= y) && (pmouseY <= y+ysize)) {
    fill(color(50, 130, 200));                     // 버튼 활성화 색
    if (mousePressed) {                            // 클릭된 경우
      fill(color(50, 200, 255));                   // 버튼 클릭 색
    }
  }
}
```

이 예에서 버튼의 위치나 크기, 캡션의 색 등을 변경하여 보면, 캡션이나 버튼의 이벤트를 사용자가 원하는 데로 설정하기가 쉽지 않다는 것을 알 수 있다. 버튼의 개수가 증가하면 프로그램은 더욱 복잡해진다. 이러한 UI 요소를 사용자가 쉽게 개발할 수 있도록 만들어 주는 라이브러리 중에 하나가 ControlP5 라이브러리이다. 이를 이용하여 버튼을 만들고, 체크박스, 슬라이더, 노브 등을 만들어 본다.

14.2 ControlP5 라이브러리

ControlP5 라이브러리는 기본적인 UI 요소인 버튼(button), 볼륨 슬라이더(volume slider), 볼륨 손잡이(knob), 라디오 버튼(radio button), 체크박스(checkbox), 텍스트 상자(text box) 등을 쉽게 프로세싱에서 사용할 수 있도록 해주는 라이브러리이다. ControlP5 라이브러리를 사용하기 위하여 ControlP5 라이브러리를 설치하여야 한다. 참조 사이트에서 controlP5.zip 파일을 다운로드 받아서 압축을 풀고 스케치 프로그램 폴더의 libraries 폴더에 저장한다. 보다 간단한 다른 방법으로는 다음 그림과 같이 스케치 창을 열어 Sketch(스케치) > Import Library...(내부 라이브러리...) > Add Library...(라이브러리 추가하기...) 메뉴를 선택하면 Contribution Manager가 실행된다. 라이브러리 목록 중 ControlP5를 찾아 Install을 선택하면 자동으로 ControlP5 라이브러리가 프로세싱에 설치된다.

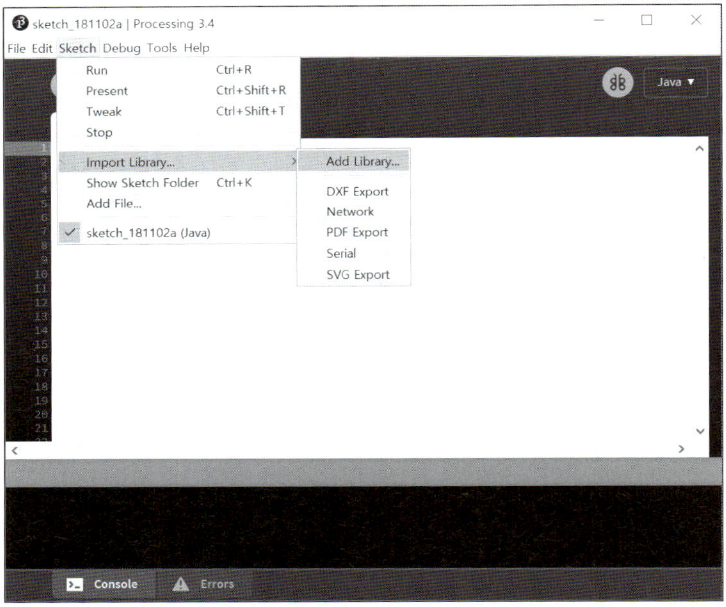

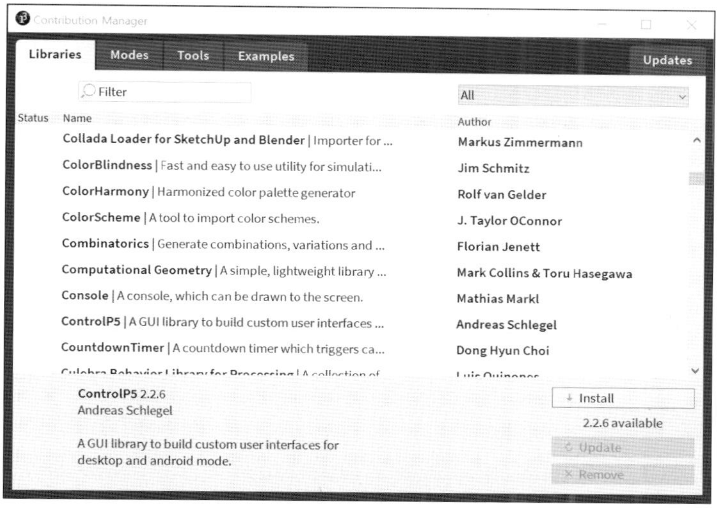

설치가 완료된 후에 다시 스케치 창을 열어 Import Library...(내부 라이브러리...) 를 확인하면 다음 그림과 같이 ControlP5 라이브러리가 설치된 것을 확인할 수 있다.

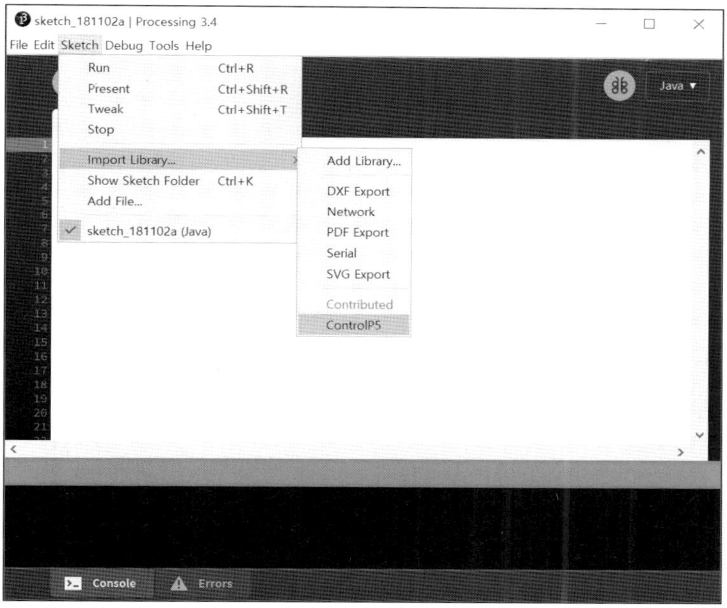

설치가 완료된 후 다음과 같이 File(파일) > Examples...(예제...)을 선택한 후 Java Examples 창에서 Contributed Libraries > ControlP5 메뉴를 선택하면 안드로이드 모드에서 사용할 수 있는 예들을 볼 수 있다. 위에 있는 Basics, Topics, Demos, Books, Libraries 부분은 안드로이드 모드 설치와 함께 제공되는 예들이며, Contributed Libraries 아래 ControlP5 부분이 ControlP5 라이브러리와 함께 새로 제공되는 예들이다. UI 요소들을 사용하기 위해서는 ControlP5 클래스의 객체를 생성하고 여기에 UI 요소들을 추가한다.

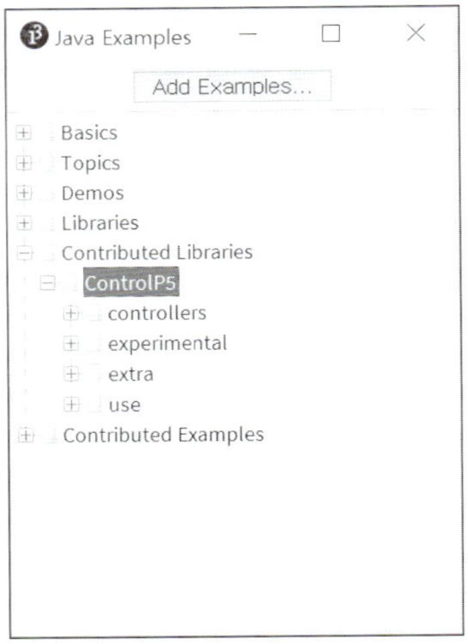

14.3 ControlP5 버튼

앞의 예와 비슷한 버튼(button)을 클릭하는 프로그램을 만들어 본다. 먼저 하나의 버튼을 ControlP5 라이브러리를 이용하여 만들어 본다. 스케치 에디터 메뉴에서 Sketch(스케치) > Import Library...(내부 라이브러리...) > ControlP5를 선택하여 ControlP5 라이브러리를 가져오면 다음과 같이 프로세싱 에디터에 `import controlP5.*`가 자동으로 첨가된다. 사용자가 프로세싱 에디터에 `import controlP5.*`를 직접 입력하여도 된다.

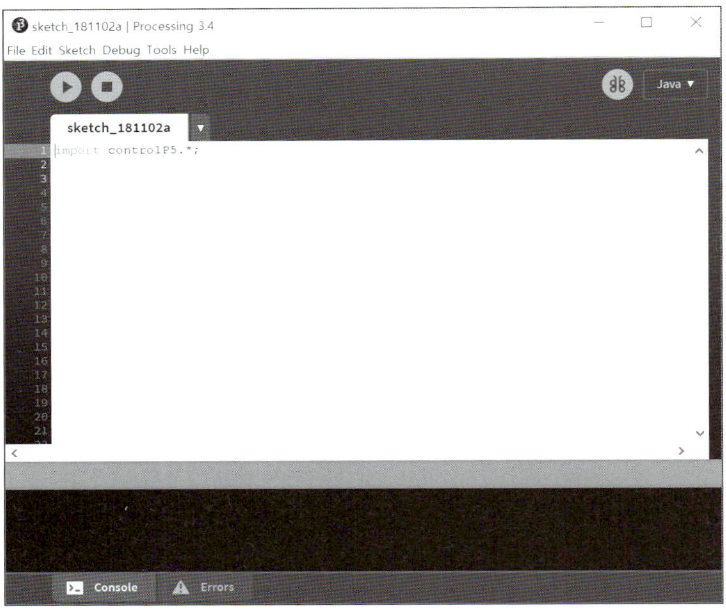

ControlP5로 객체를 선언하고, 이 변수명으로 객체를 생성한다. 먼저 addButton() 함수를 이용하여 새로운 버튼을 추가하고, setPosition() 함수로 버튼의 위치, setSize() 함수로 버튼의 크기, setCaptionLabel() 함수로 버튼의 캡션을 설정한다.

프로그램을 입력하고 실행시키면 지정된 위치에 네모 모양의 버튼이 나타난다. UI 요소들은 고유한 이름을 가져야 하므로 Button A로 버튼의 이름을 설정하였다. 버튼의 디폴트 색상은 진한 청색으로 되어있고, 마우스가 버튼 위에 위치하면 활성화된 버튼을 나타내기 위하여 조금 밝은 청색으로 변하고, 클릭을 하면 밝은 하늘색으로 변한다. 색깔의 변화로 버튼이 눌렀을 때와 누르지 않은 상태를 구별할 수 있다. 캡션의 경우는 사용자가 대소문자를 섞어서 사용하더라도 모두 대문자로 출력되며, 글자의 크기도 내부적으로 지정된 값은 너무 작아서 이를 조절할 필요가 있다.

CP5_1_1.pde

```
import controlP5.*;                              // controlP5 라이브러리 포함
ControlP5 cp5;                                   // ControlP5 객체 선언
Button A;
void setup() {
  size(300,300);
  cp5 = new ControlP5(this);                     // 객체 생성
  noStroke();
  A = cp5.addButton("Button_A")                  // 새로운 버튼의 추가
        .setPosition(50, 50)                     // 버튼 위치
        .setSize(200, 100)                       // 버튼 크기
        .setCaptionLabel("Button A");            // 버튼 캡션
}
void draw() {
}
```

버튼의 폰트를 변경하기 위하여 먼저 사용할 폰트(예에서는 Arial-Black,20)를 생성하고 이를 설정해준다. 모두 대문자로 출력되는 것을 취소하고, 캡션의 정렬방식도 중앙으로 변경한다. 캡션의 글자가 사용자가 지정한대로 출력되는 것을 알 수 있고, 캡션의 가독성도 높아졌다. 버튼의 클래스를 사용하여 속성을 지정할 때 각 줄의 명령어 뒤에 세미콜론(;)을 생략한다는 점을 유의한다. 모든 세팅이 끝나는 마지막에 한번만 세미콜론을 적어준다.

CP5_2_2.pde

```
import controlP5.*;                                      // controlP5 라이브러리 포함
ControlP5 cp5;                                           // ControlP5 객체 선언
Button A;
void setup() {
  size(300,300);
  cp5 = new ControlP5(this);                             // 객체 생성
  noStroke();                                            // 버튼의 외곽선을 그리지 않음
  PFont pfont = createFont("Arial-Black",20,true);       // 캡션 폰트 정의
  ControlFont cf = new ControlFont(pfont,20);            // 캡션 폰트 생성
  A = cp5.addButton("Button_A")                          // 새로운 버튼 추가
        .setPosition(50, 50)                             // 버튼 위치
        .setSize(200, 100)                               // 버튼 크기
        .setCaptionLabel("Button A");                    // 버튼 캡션
  A.getCaptionLabel().setFont(cf);                       // 캡션 폰트
  A.getCaptionLabel().toUpperCase(false);                // 캡션 대문자화 취소
  A.getCaptionLabel().alignX(CENTER);                    // 캡션 정렬 방식
}
void draw() {
}
```

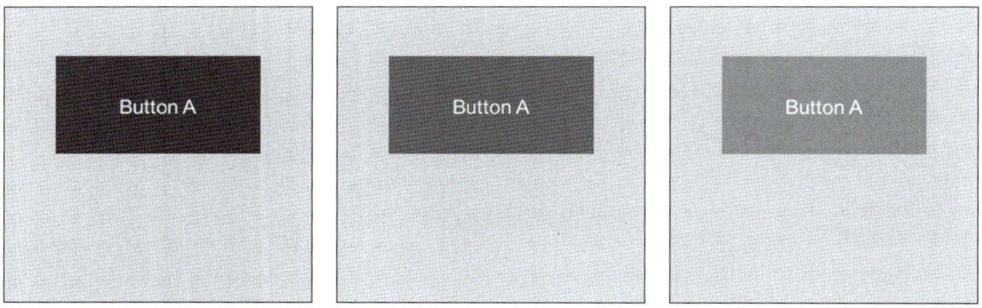

이번에는 버튼의 색상과 캡션의 색상을 변경해본다. 버튼은 누르지 않았을 때, 마우스가 버튼 위에 위치하여 활성화되었을 때, 버튼이 눌려졌을 때의 세 가지 색상이 필요하다. 각각 파랑색, 녹색, 빨강색으로 설정해본다. 캡션의 경우는 세 가지 버튼 색상에서도 가독성을 높이

기 위하여 흰색으로 설정한 결과는 다음과 같다. 버튼과 캡션의 색상은 사용자의 기호나 앱(app)의 성격에 따라 얼마든지 다른 색으로 변경이 가능하며, color() 함수에 네 번째 매개변수를 이용하여 투명도의 조절도 가능하다.

CP5_3_2.pde

```
import controlP5.*;                                    // controlP5 라이브러리 포함
ControlP5 cp5;                                         // ControlP5 객체 선언
Button A;
void setup() {
  size(300,300);
  cp5 = new ControlP5(this);                           // 객체 생성
  noStroke();
  PFont pfont = createFont("Arial-Black",20,true);    // 캡션 폰트 정의
  ControlFont cf = new ControlFont(pfont,20);          // 캡션 폰트 생성
  A = cp5.addButton("Button_A")                        // 새로운 버튼 추가
         .setPosition(50, 50)                          // 버튼 위치
         .setSize(200, 100)                            // 버튼 크기
         .setCaptionLabel("Button A")                  // 버튼 캡션
         .setColorBackground(color(0, 0, 255))         // 버튼 배경 색상
         .setColorForeground(color(0, 255, 0))         // 버튼이 활성화된 색상
         .setColorActive(color(255, 0, 0))             // 버튼이 눌려진 색상
         .setColorCaptionLabel(color(255));            // 캡션 색상
  A.getCaptionLabel().setFont(cf);                     // 캡션 폰트
  A.getCaptionLabel().toUpperCase(false);              // 캡션 대문자화 취소
  A.getCaptionLabel().alignX(CENTER);                  // 캡션 정렬 방식
}
void draw() {
}
```

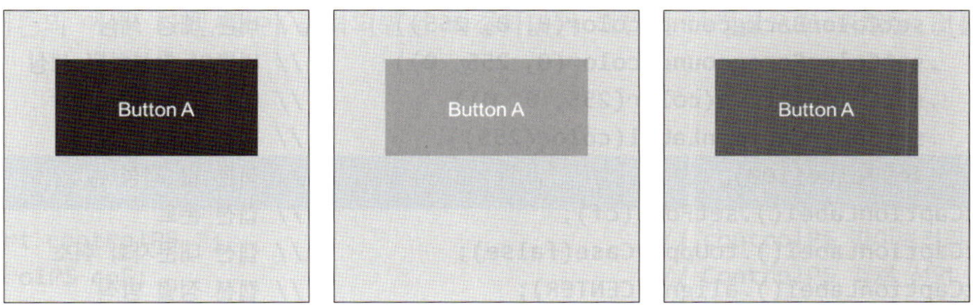

버튼이 여러 개 있을 경우에 라벨로 구별할 수도 있지만 각각의 버튼에 특정 값을 할당하고 이 값으로 버튼을 구별할 수 있다. 버튼이 눌려지는 이벤트가 발생할 경우에 각 버튼의 특정

```
  noStroke();
  PFont pfont = createFont("Arial-Black",20,true); // 캡션 폰트 정의
  ControlFont cf = new ControlFont(pfont,20);      // 캡션 폰트 생성
  A = cp5.addButton("First_Button")                // 새로운 버튼 추가
        .setPosition(50, 50)                       // 버튼 위치
        .setSize(200, 100)                         // 버튼 크기
        .setCaptionLabel("Button A")               // 버튼 캡션
        .setColorBackground(color(0, 0, 255))      // 버튼 배경 색상
        .setColorForeground(color(0, 255, 0))      // 버튼이 활성화된 색상
        .setColorActive(color(255, 0, 0))          // 버튼이 눌려진 색상
        .setColorCaptionLabel(color(255))          // 캡션 색상
        .setValue(200);                            // 버튼 값 지정
  A.getCaptionLabel().setFont(cf);                 // 캡션 폰트
  A.getCaptionLabel().toUpperCase(false);          // 캡션 대문자화 취소
  A.getCaptionLabel().alignX(CENTER);              // 캡션 정렬 방식

  B = cp5.addButton("Second_Button")               // 새로운 버튼 추가
        .setPosition(50, 170)                      // 버튼 위치
        .setSize(300, 100)                         // 버튼 크기
        .setCaptionLabel("Button B")               // 버튼 캡션
        .setColorBackground(color(0, 0, 255))      // 버튼 배경 색상
        .setColorForeground(color(0, 255, 0))      // 버튼이 활성화된 색상
        .setColorActive(color(255, 0, 0))          // 버튼이 눌려진 색상
        .setColorCaptionLabel(color(255))          // 캡션 색상
        .setValue(150);                            // 버튼 값 지정
  B.getCaptionLabel().setFont(cf);                 // 캡션 폰트
  B.getCaptionLabel().toUpperCase(false);          // 캡션 대문자화 취소
  B.getCaptionLabel().alignX(CENTER);              // 캡션 정렬 방식

  C = cp5.addButton("Third_Button")                // 새로운 버튼 추가
        .setPosition(50, 290)                      // 버튼 위치
        .setSize(300, 100)                         // 버튼 크기
        .setCaptionLabel("Button C")               // 버튼 캡션
        .setColorBackground(color(0, 0, 255))      // 버튼 배경 색상
        .setColorForeground(color(0, 255, 0))      // 버튼이 활성화된 색상
        .setColorActive(color(255, 0, 0))          // 버튼이 눌려진 색상
        .setColorCaptionLabel(color(255))          // 캡션 색상
        .setValue(100);                            // 버튼 값 지정
  C.getCaptionLabel().setFont(cf);                 // 캡션 폰트
  C.getCaptionLabel().toUpperCase(false);          // 캡션 대문자화 취소
  C.getCaptionLabel().alignX(CENTER);              // 캡션 정렬 방식
}
void draw() {
  background(myColor);                             // 배경색 변경
```

```
}
public void First_Button(int theValue) {
  println("A button event from Button A: " + theValue);
  myColor = color(theValue);                          // 배경색 설정
}
public void Second_Button(int theValue) {
  println("A button event from Button B: " + theValue);
  myColor = color(theValue);                          // 배경색 설정
}
public void Third_Button(int theValue) {
  println("A button event from Button C: " + theValue);
  myColor = color(theValue);                          // 배경색 설정
}
public void controlEvent(ControlEvent theEvent) {
  println(theEvent.getController().getName());      // 버튼 이름 받기
  println(theEvent.getController().getLabel());     // 버튼 라벨 받기
  println(theEvent.getController().getValue());     // 버튼 값 받기
}
```

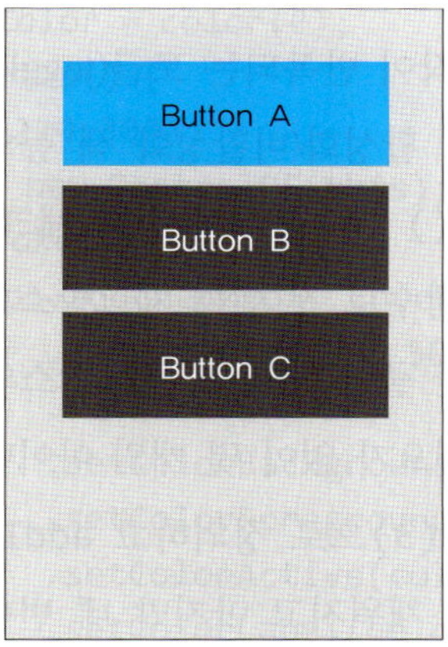


```
A button event from Button A: 200
First_Button
Button A
200.0
```

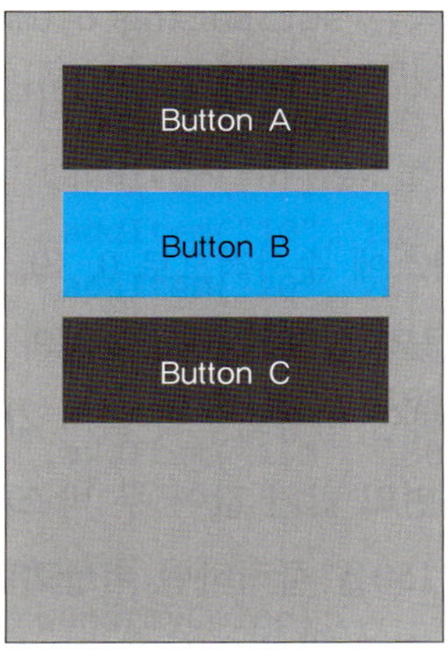


```
A button event from Button B: 150
Second_Button
Button B
150.0
```

```
}
void controlEvent(ControlEvent theEvent) {
  println("An event from "+ C.getName());          // 체크박스 이름 받기
  for (int i=0; i<C.getArrayValue().length; i++) {
   int n = (int) C.getArrayValue()[i];              // 배열 값 정의
   print(n);                                        // 2진 값 출력
   if(n==1) {
    myColor += C.getItem(i).internalValue();        // 체크박스 값 가져오기
    if (myColor > 255) myColor = 255;
   }
  }
  println();                                        // 줄 바꾸기
}
void Checkbox(float[] a)  {
  println(a);
}
```

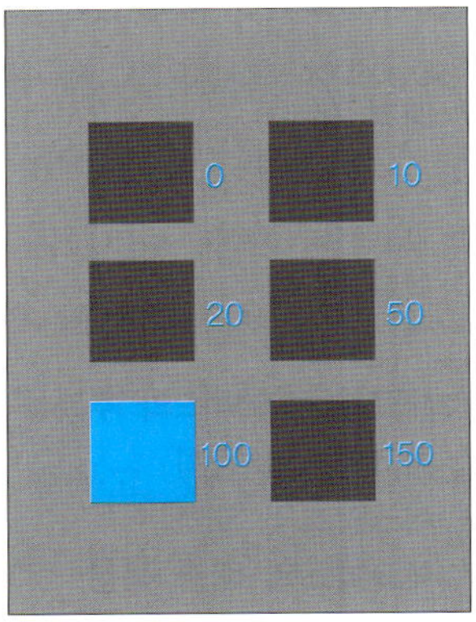


```
An event from Checkbox
000010
[0] 0.0
[1] 0.0
[2] 0.0
[3] 0.0
[4] 1.0
[5] 0.0
```

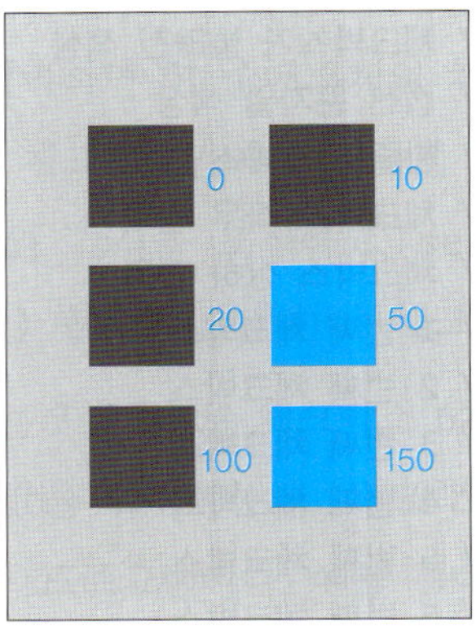


```
An event from Checkbox
000101
[0] 0.0
[1] 0.0
[2] 0.0
[3] 1.0
[4] 0.0
[5] 1.0
```

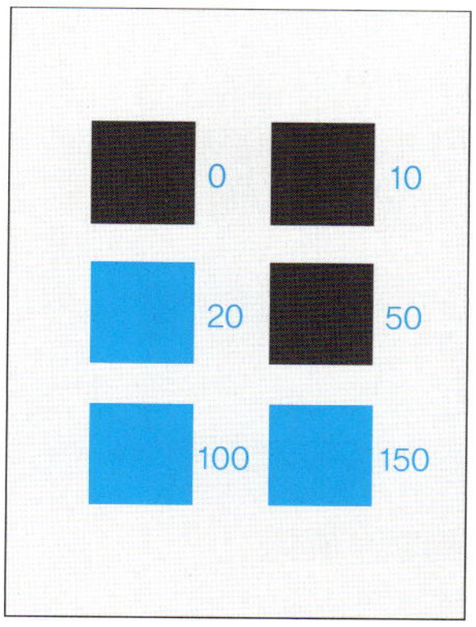


```
An event from Checkbox
001011
[0] 0.0
[1] 0.0
[2] 1.0
[3] 0.0
[4] 1.0
[5] 1.0
```

14.5 ControlP5 슬라이더

슬라이더(slider)는 GUI 환경에서 소리나 밝기 등을 마우스가 눌려진 상태에서 위/아래, 좌/우로 드래그(drag)하여 조절할 수 있도록 만들어진 기능을 말한다. 슬라이더는 여러 형태가 있지만 여기서는 가장 기본적인 수직 및 수평 슬라이더 사용 방법을 알아본다.

슬라이더의 배경색, 활성화/비활성화 색깔 등의 기본적인 설정은 버튼의 방법과 유사하다. 먼저 `addSlider()` 함수를 이용하여 슬라이더를 추가한다. 슬라이더에서도 `setPosition()`와 `setSize()` 함수로 슬라이더의 위치와 크기를 정하고, `setRange()` 함수를 사용하여 나타내려는 범위를 결정한다. 슬라이더의 기본적인 색상은 버튼의 경우와 같다. 캡션은 오른쪽에 위치하는 것이 기본이고 슬라이더가 나타내는 실수의 값은 슬라이더 내부 왼쪽에 정렬된다.

CP5_9_1.pde

```
import controlP5.*;                                   // controlP5 라이브러리 포함
ControlP5 cp5;                                        // ControlP5 객체 선언
Slider H;
void setup() {
  size(300,200);
  cp5 = new ControlP5(this);                          // 기본 객체 생성
  noStroke();
  H = cp5.addSlider("Horizontal_Slider")              // 새로운 슬라이더의 추가
        .setPosition(50, 50)                          // 슬라이더 위치
        .setSize(200, 20)                             // 슬라이더 크기
        .setRange(0, 255)                             // 슬라이더 범위
        .setCaptionLabel("Brightness")                // 슬라이더 캡션
```

```
        .setColorCaptionLabel(color(255));        // 캡션 문자열 색상
  H.getCaptionLabel().toUpperCase(false);         // 캡션의 대문자화 취소
}
void draw() {
}
```

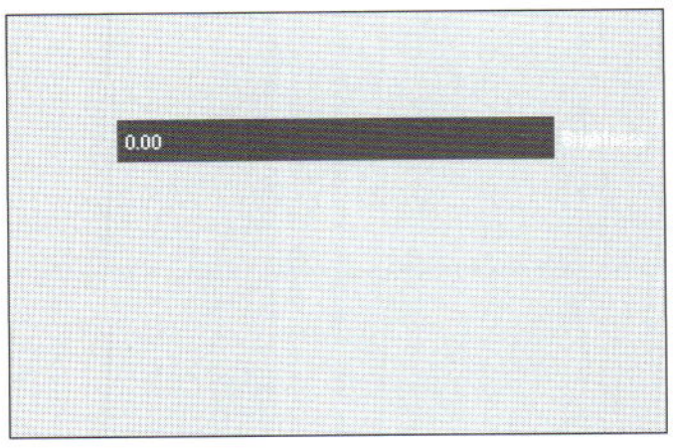

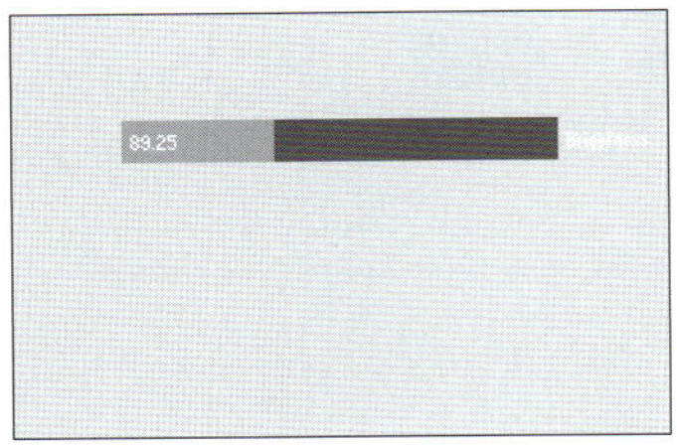

이번에는 슬라이더의 색상과 캡션을 변경해본다. 슬라이더는 마우스를 누르지 않았을 때, 마우스가 슬라이더 위에 위치하여 활성화 되었을 때, 마우스가 슬라이더로 부터 벗어나서 비활성화 되었을 때의 세 가지 색상이 필요하다. 각각 파랑색, 빨강색, 녹색으로 설정해본다. 캡션의 경우는 세 가지 슬라이더 색상에서도 가독성을 높이기 위하여 흰색으로 설정한다. 슬라이더와 캡션의 색상은 버튼의 경우와 같이 사용자의 기호나 앱(app)의 성격에 따라 얼마든지 다른 색으로 변경이 가능하며, `color()` 함수에 네 번째 매개변수를 이용하여 투명도의 조절도 가능하다. 캡션의 위치는 `align()` 함수를 이용하여 지정할 수 있다.

CP5_10_2.pde

```
import controlP5.*;                              // controlP5 라이브러리 포함
ControlP5 cp5;                                   // ControlP5 객체 선언
Slider H;

void setup() {
  size(300,200);
  cp5 = new ControlP5(this);                       // 기본 객체 생성
  noStroke();
  PFont pfont = createFont("Arial-Black",20,true); // 캡션 폰트 정의
  ControlFont cf = new ControlFont(pfont,20);      // 캡션 폰트 생성
  H = cp5.addSlider("Horizontal_Slider")           // 새로운 슬라이더의 추가
        .setPosition(50, 50)                       // 슬라이더 위치
        .setSize(200, 20)                          // 슬라이더 크기
        .setRange(0, 255)                          // 슬라이더 범위
        .setCaptionLabel("Brightness")             // 슬라이더 캡션
```

```
        .setColorBackground(color(0, 0, 255))        // 슬라이더 배경색
        .setColorForeground(color(0, 255, 0))        // 슬라이더 비활성화 색
        .setColorActive(color(255, 0, 0))            // 슬라이더 활성화 색
        .setColorCaptionLabel(color(255));           // 캡션 문자열 색상
  H.getCaptionLabel().setFont(cf);                   // 캡션의 폰트
  H.getCaptionLabel().toUpperCase(false);            // 캡션의 대문자화 취소
  H.getCaptionLabel().align(ControlP5.LEFT, ControlP5.BOTTOM_OUTSIDE);
}                                                    // 캡션 위치와 정렬 방향
void draw() {
}
```

이제 수평 방향으로 변하는 슬라이더를 조금 수정하여 수직 방향으로 변하는 슬라이더를 만든다. 수직 슬라이더에서도 `setPosition()`와 `setSize()` 함수로 슬라이더의 위치와 크기를 정하고, `setRange()` 함수를 사용하여 나타내고자하는 범위를 결정하는 것은 수평 슬라이더와 같다. 한 가지 유의할 점은 `setSize()`의 매개변수에 따라서 수평과 수직 슬라이더가 결정된다는 점이다. `setSize()`의 2개 인자 중에 x가 크면 수평 슬라이더이고, y가 크면 수직 슬라이더가 된다. 즉, `setSize(100, 10)`의 경우에는 수평 슬라이더가 되고, `setSize(10, 100)`의 경우에는 수직 슬라이더가 된다. 수직 슬라이더의 기본적인 색상은 수평 슬라이더의 경우와 같다.

슬라이더의 특성 중 하나는 눈금을 만들 수 있다는 점이다. `setNumberOfTickMarks()` 함수를 사용하여 몇 개의 눈금을 만들지 결정한다. 예를 들어 `setNumberOfTickMarks(10)`의 경우에 `setRange()`에서 정의한 범위에 10개의 눈금을 만들어 전체 범위를 9개의 구간으로 분리한다. 다른 특성은 `snapToTickMarks()` 함수를 사용하여 연속적으로 값이 변하지 않고 한 눈금씩 값이 변하도록 설정할 수 있다. `setRange(0, 255)`의 경우 `setNumberOfTickMarks(10)`, `snapToTickMarks(true)`로 설정하면 슬라이더는 0, 28, 56, 85, 113, 141, 170, 198, 226, 255의 10가지 값만을 가질 수 있고, 그 사이 값들은 나타나지 않는다. `snapToTickMarks(false)`로 설정하면 눈금이 있어도 슬라이더가 연속적인 값을 가질 수 있다. 눈금의 위치는 기본적으로 수평 슬라이더의 경우에는 슬라이더의 아래에 위치하고, 수직 슬라이더의 경우에는 슬라이더의 왼쪽에 위치한다.

캡션의 위치는 align() 함수를 이용하여 지정할 수 있는데, 다음 예에서는 수평 슬라이더의 경우는 LEFT인 왼쪽으로 정렬하고 TOP_OUTSIDE로 슬라이더의 위에 위치하고, 수직 슬라이더의 경우는 LEFT인 왼쪽으로 정렬하고 BOTTOM_OUTSIDE로 슬라이더의 아래에 위치한다. 사용자가 위/아래, 좌/우를 쉽게 설정할 수 있다.

다음 예는 수평이나 수직 슬라이더를 드래그 하면 지정한 슬라이더 값이 배경화면의 색상으로 설정되고, 슬라이더 이벤트가 발생하여 이벤트에 관련된 정보, 즉, 슬라이더의 이름, 라벨, 설정값이 출력되는 것을 보여준다. 하나의 슬라이더를 드래그하면 활성화 되어 빨강색 슬라이더가 보이고, 다른 슬라이더를 드래그하면 이전 슬라이더는 비활성화 되어 연두색으로 변한다. 수평 슬라이더를 드래그하면 밝기값이 콘솔 내부에 표시되면서 출력창의 배경색이 연동되어 변하는 것을 알 수 있다. 다시 수직 슬라이더를 움직이면 밝기값이 콘솔에 표시되면서 출력창의 배경색이 연동되어 변한다.

CP5_11_2.pde

```
import controlP5.*;                                  // controlP5 라이브러리 포함
ControlP5 cp5;                                       // ControlP5 객체 선언
Slider H, V;
int myColor = color(100);                              // 배경 색상
void setup() {
  size(400,400);
  cp5 = new ControlP5(this);                           // 기본 객체 생성
  noStroke();
  PFont pfont = createFont("Arial-Black",20,true); // 캡션 폰트 정의
  ControlFont cf = new ControlFont(pfont,20);        // 캡션 폰트 생성
  H = cp5.addSlider("Horizontal_Slider")              // 새로운 슬라이더의 추가
        .setPosition(50, 50)                           // 슬라이더 위치
        .setSize(200, 20)                              // 슬라이더 크기
        .setRange(0, 255)                              // 슬라이더 범위
        .setCaptionLabel("Brightness")                 // 슬라이더 캡션
        .setColorBackground(color(0, 0, 255))          // 슬라이더 배경색
        .setColorForeground(color(0, 255, 0))          // 슬라이더 비활성화 색
        .setColorActive(color(255, 0, 0))              // 슬라이더 활성화 색
        .setColorCaptionLabel(color(0, 255, 255))  // 캡션 문자열 색상
        .setNumberOfTickMarks(10)                      // 마커 수
        .snapToTickMarks(true);                        // 슬라이더 변동 범위 설정
  H.getCaptionLabel().setFont(cf);                     // 캡션 폰트
  H.getCaptionLabel().toUpperCase(false);              // 캡션 대문자화 취소
  H.getCaptionLabel().align(cp5.LEFT, cp5.TOP_OUTSIDE);         // 캡션 위치
  V = cp5.addSlider("Vertical_Slider")                 // 새로운 슬라이더의 추가
```

```
        .setPosition(100, 120)                       // 슬라이더 위치
        .setSize(20, 200)                            // 슬라이더 크기
        .setRange(0, 255)                            // 슬라이더 범위
        .setCaptionLabel("Brightness")               // 슬라이더 캡션
        .setColorBackground(color(0, 0, 255))        // 슬라이더 배경색
        .setColorForeground(color(0, 255, 0))        // 슬라이더 비활성화 색
        .setColorActive(color(255, 0, 0))            // 슬라이더 활성화 색
        .setColorCaptionLabel(color(0, 255, 255))    // 캡션 문자열 색상
        .setNumberOfTickMarks(10)                    // 마커 수
        .snapToTickMarks(true);                      // 슬라이더 변동 범위 설정
  V.getCaptionLabel().setFont(cf);                   // 캡션 폰트
  V.getCaptionLabel().toUpperCase(false);            // 캡션 대문자화 취소
  V.getCaptionLabel().align(cp5.LEFT, cp5.BOTTOM_OUTSIDE);     // 캡션 위치
}

void draw() {
  background(myColor);
}
public void controlEvent(ControlEvent theEvent)  { // 슬라이터 이벤트 처리 함수
  println(theEvent.getController().getName());
  println(theEvent.getController().getLabel());
  println(theEvent.getController().getValue());
}
public void Horizontal_Slider(int theValue)  {      // 수평 슬라이더 함수
  println("A slider event from Horizontal Slider: " + theValue);
  myColor = color(theValue);
}
public void Vertical_Slider(int theValue)  {        // 수직 슬라이더 함수
  println("A slider event from Vertical Slider: " + theValue);
  myColor = color(theValue);
}
```

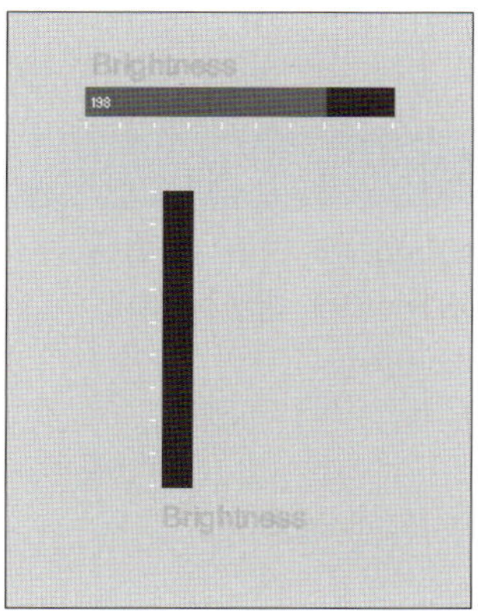


```
A slider event from Horizontal Slider:
198
Horizontal_Slider
Brightness
198.33334
```

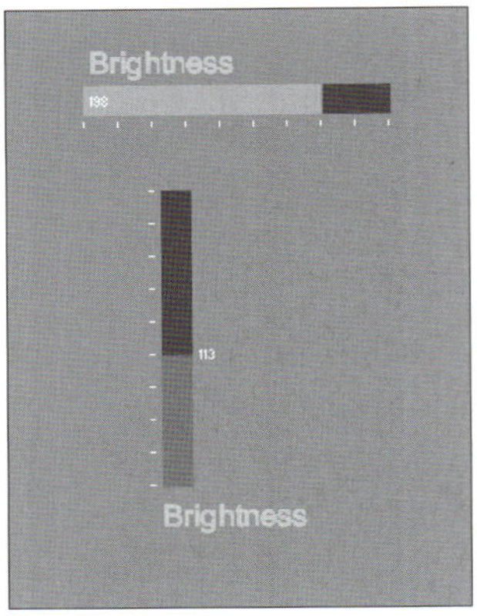

```
A slider event from Vertical Slider: 113
Vertical_Slider
Brightness
113.33336
```

14.6 ControlP5 노브

노브(knob)는 GUI 환경에서 소리나 밝기 등을 마우스가 눌려진 상태에서 위/아래, 좌/우로 드래그 하여 증가시키거나 감소시킬 수 있도록 구성되어 있다. 슬라이더와 유사한 UI 요소로 동작은 슬라이더와 거의 동일하지만 곡선 형태로 생긴 점이 다르다.

노브의 배경색, 활성화/비활성화 색 등의 기본적인 설정은 버튼의 방법과 유사하다. 먼저 addKnob() 함수를 이용하여 노브를 추가한다. 노브에서도 setPosition()와 setRadius() 함수로 슬라이더의 위치와 크기를 정하고, setRange() 함수를 사용하여 나타내려는 범위를 결정한다. setRange(100)은 원주가 100인 노브를 만들며, setRange(0,255)은 노브의 값이 0에서부터 255까지 변하는 것을 의미한다. 노브의 최초 기본값은 setValue() 함수를 사용하여 정의할 수 있다. 캡션은 노브의 아래에 위치하는 것이 기본이고 노브가 나타내는 실수의 값은 노브 내부에 정렬된다. 노브의 캡션은 노브의 아래쪽에 위치하고 노브의 값은 노브의 중앙에 표시되며 각각 getCaptionLabel()과 getValueLabel() 함수로 설정할 수 있다. 화면의 중앙에 하나의 노브를 배치해 보자.

CP5_6_2.pde

```
import controlP5.*;                              // controlP5 라이브러리 포함
ControlP5 cp5;                                   // ControlP5 객체 선언
Knob K;                                          // 노브 변수
void setup() {
  size(300,300);
  cp5 = new ControlP5(this);                     // 기본 객체 생성
```

```
  noStroke();
  PFont pfont = createFont("Arial-Black",20,true);  // 캡션 폰트 정의
  ControlFont cf = new ControlFont(pfont,20);       // 캡션 폰트 생성
  K = cp5.addKnob("Knob_A")                         // 노브의 추가
        .setPosition(50, 50)                        // 노브의 위치
        .setRange(0, 255)                           // 노브 값의 범위
        .setRadius(100)                             // 노브의 크기
        .setCaptionLabel("Knob A")                  // 노브의 캡션
        .setColorCaptionLabel(color(255))           // 노브 캡션의 색상
        .setValue(100);                             // 노브의 설정 값
  K.getCaptionLabel().setFont(cf);                  // 노브 캡션의 폰트
  K.getCaptionLabel().toUpperCase(false);          // 노브 캡션의 대문자화 취소
}
void draw() {
}
```

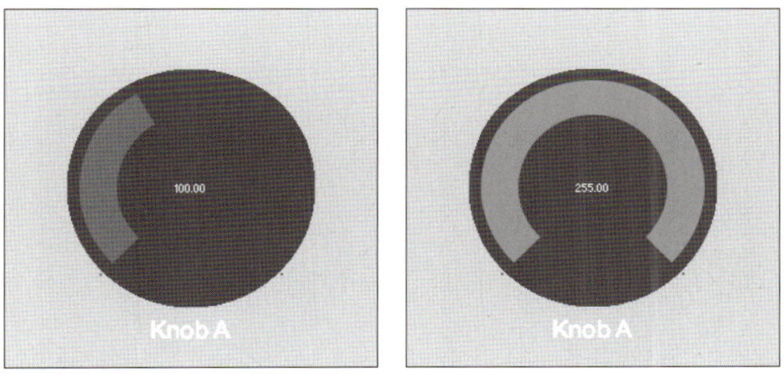

이번에는 노브의 색상을 변경해본다. 노브는 슬라이더의 경우와 유사하게 마우스를 누르지 않았을 때, 마우스가 노브 위에 위치하여 활성화 되었을 때, 마우스가 노브로 부터 벗어나서 비활성화 되었을 때의 세 가지 색상이 필요하다. 각각 파랑색, 빨강색, 녹색으로 설정해본다.

CP5_7_2.pde

```
import controlP5.*;                               // controlP5 라이브러리 포함
ControlP5 cp5;                                    // ControlP5 객체 선언
Knob K;                                           // 노브 변수
void setup() {
size(300,300);
  cp5 = new ControlP5(this);                        // 기본 객체 생성
  noStroke();
  PFont pfont = createFont("Arial-Black",20,true);  // 캡션 폰트 정의
```

```
  ControlFont cf = new ControlFont(pfont,20);         // 캡션 폰트 생성
  K = cp5.addKnob("Knob_A")                           // 새로운 노브의 추가
        .setPosition(50, 50)                          // 노브 위치
        .setRange(0, 255)                             // 노브 범위
        .setRadius(100)                               // 노브 크기
        .setCaptionLabel("Brightness")                // 노브 캡션
        .setColorCaptionLabel(color(255))             // 노브 캡션 색상
        .setColorBackground(color(0, 0, 255))         // 노브 배경색
        .setColorForeground(color(0, 255, 0))         // 노브가 비활성화된 색
        .setColorActive(color(255, 0, 0))             // 노브가 활성화된 색
        .setValue(100);                               // 노브 설정값
  K.getCaptionLabel().setFont(cf);                    // 노브 캡션 폰트
  K.getCaptionLabel().toUpperCase(false);             // 노브 캡션 대문자화 취소
}
void draw() {
}
```

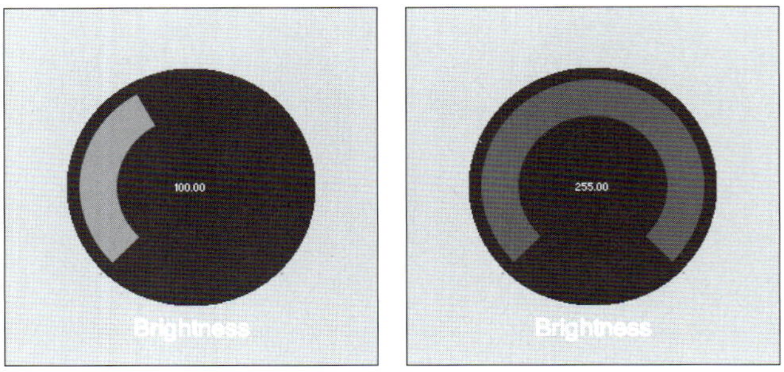

노브의 경우도 슬라이더와 같이 눈금을 만들 수 있다. `setNumberOfTickMarks()` 함수를 사용하여 몇 개의 눈금을 만들지 결정하고, `snapToTickMarks()` 함수를 사용하여 연속적으로 값이 변하지 않고 한 눈금씩 값이 변하도록 설정할 수 있다. 슬라이더의 경우와 다른 점은 `setNumberOfTickMarks(10)`의 경우에 `setRange()`에서 정의한 범위에 11개의 눈금을 만들어 전체 범위를 10개의 구간으로 분리한다. 예를 들어, `setRange(0, 255)`의 경우 `setNumberOfTickMarks(10)`, `snapToTickMarks(true)`로 설정하면 노브는 0, 25, 51, 76, 102, 127, 153, 178, 204, 229, 255의 11가지 값만을 가질 수 있어서 슬라이더의 경우와 비교해보면 0, 28, 56, 85, 113, 141, 170, 198, 226, 255의 10가지 값을 갖는 것과 다르다. 눈금의 위치는 기본적으로 노브의 바깥쪽에 위치하며 `setTickMarkLength()` 함수를 이용하여 눈금의 길이를 조절할 수 있다.

슬라이더가 좌우나 상하로 움직이는 반면에 노브는 원주를 따라 움직이기 때문에 마우스를 곡선 모양을 따라 이동시키기가 어렵다. 이런 문제점을 보완하기 위하여 setDragDirection() 함수를 사용하여 마우스의 좌우 이동이나 상하 이동을 원주상의 이동으로 전달할 수 있다. 매개변수로 HORIZOTAL을 설정하면 마우스의 좌우 이동에 따라서 노브가 움직이고, VERTICAL을 설정하면 마우스의 상하 이동에 따라서 노브가 움직이게 된다.

다음 예는 수평으로 드래그하면 지정한 노브 값이 배경화면의 색상으로 설정되고, 노브 이벤트가 발생하여 이벤트에 관련된 정보들 즉, 노브의 이름, 라벨, 설정값이 출력되는 것을 보여준다. 노브는 드래그에 의해 값이 변화하면 이벤트가 발생한다. 노브에서 발생하는 이벤트 역시 버튼과 마찬가지로 controlEvent 함수와 노브의 유일한 이름을 사용하는 함수에서 처리할 수 있다. 아래 예에서는 초기값을 100으로 설정하였으나 눈금자를 사용하였기 때문에 102로 자동 변경되었고, 최소값 0에서부터 최대값 255까지 변함에 따라 배경색이 연동되는 것을 알 수 있다. 노브를 드래그하면 밝기값이 노브의 중앙과 콘솔에 표시되면서 출력창의 배경색이 연동하여 변하는 것을 알 수 있다.

CP5_8_2.pde

```
import controlP5.*;                                 // controlP5 라이브러리 포함
ControlP5 cp5;                                      // ControlP5 객체 선언
Knob K;                                             // 노브 변수
int myColor = color(0);
void setup() {
size(300,300);
cp5 = new ControlP5(this); // 기본 객체 생성
noStroke(); // 버튼의 외곽선을 그리지 않음
PFont pfont = createFont("Arial-Black",20,true);    // true는 smooth
ControlFont cf = new ControlFont(pfont,20);
K = cp5.addKnob("Knob_A")                           // 새로운 노브의 추가
      .setPosition(50, 50)                          // 노브의 위치
      .setRange(0, 255)                             // 노브 값의 범위
      .setRadius(100)                               // 노브의 크기
      .setCaptionLabel("Brightness")                // 노브의 캡션
      .setColorCaptionLabel(color(0, 255, 255))     // 노브 캡션의 색상
      .setColorBackground(color(0, 0, 255))         // 노브 배경색
      .setColorForeground(color(0, 255, 0))         // 노브가 비활성화된 색
      .setColorActive(color(255, 0, 0))             // 노브가 활성화된 색
      .setNumberOfTickMarks(10)                     // 노브 구간 개수
      .setTickMarkLength(4)                         // 눈금 길이
      .snapToTickMarks(true)                        // 노브 변동 범위 설정
```

```
    .setDragDirection(K.HORIZONTAL)                // 노브를 이동 시키는 방향
    .setValue(100);                                // 노브 설정 값
  K.getCaptionLabel().setFont(cf);                 // 노브 캡션 폰트
  K.getCaptionLabel().toUpperCase(false);          // 노브 캡션 대문자화 취소
}
void draw() {
  background(myColor);                             // 배경 색의 변화
}
public void controlEvent(ControlEvent theEvent) {  // 노브에서 이벤트 처리 함수
  println(theEvent.getController().getName());
  println(theEvent.getController().getLabel());
  println(theEvent.getController().getValue());
}
public void Knob_A(int theValue)  {                // 노브의 이름을 사용하는 함수
  println("A knob event from Knob A: " + theValue);
  myColor = color(theValue);
}
```

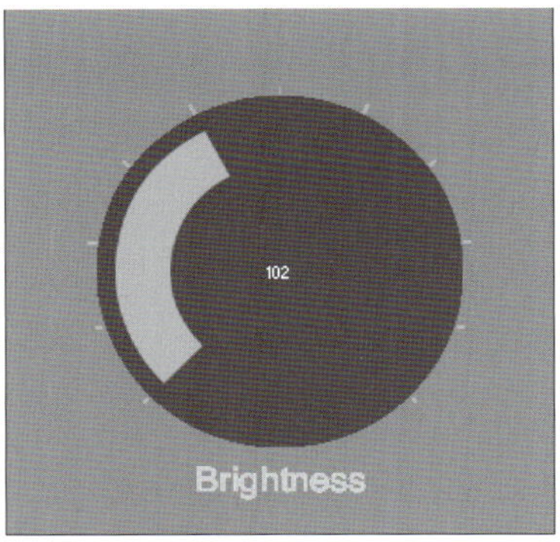


```
A knob event from Knob A: 102
Knob_A
Brightness
102.0
```

```
A knob event from Knob A: 0
Knob_A
Brightness
0.0
```

```
A knob event from Knob A: 255
Knob_A
Brightness
255.0
```

프로세싱을 이용하여 안드로이드용 스마트 기기를 위한 앱(app)을 개발할 때 필요한 UI 요소들을 쉽게 만들 수 있도록 해주는 ControlP5 라이브러리로 버튼(button), 체크박스(checkbox), 슬라이더(slider), 노브(knob)들을 작성하였다. 라이브러리를 사용하지 않고 동일한 UI를 만들 수도 있지만, ControlP5 라이브러리를 사용하면 사용자가 편리하게 프로그램을 작성할 수 있다. 보다 다양한 형태의 앱에 적용할 수 있는 UI 요소들을 프로세싱 예와 참조 사이트에서 확인해 본다.

1장에서 언급한 APDE(Android Processing IDE)를 이용하여 이 장에서 만들어 본 버튼, 체크박스, 슬라이더, 노브들을 스마트 폰에서 터치 형태로 바로 구현할 수 있다.

연습문제

01 4개 버튼을 만들고 버튼을 클릭하면 지정한 값으로 배경색이 변화되는 UI를 만든다.

02 3행 4열의 12개 체크박스를 만들고 각 체크박스를 클릭하면 지정한 값으로 배경색이 변화되는 UI를 만든다.

03 슬라이더의 위치를 변경하여 좌우 슬라이더와 상하 슬라이더를 만든다.

04 노브에서 TickMarks가 있을 경우와 없을 경우를 비교한다.

05 노브에서 드래그의 방향 설정을 변경하여 비교한다.

PART 3
창의적 코딩 / 응용편

Chapter 15
아두이노 연동

C/H/A/P/T/E/R

15 아두이노 연동

아두이노(Arduino)는 오픈소스를 기반으로 한 단일 보드 마이크로컨트롤러(microcontroller) 개발 플랫폼으로 통합개발환경(IDE)을 사용하여 직관적으로 프로그래밍 할 수 있다. 아두이노는 다수의 스위치나 센서로 부터 신호값을 받아들여, LED나 모터와 같은 외부 전자 장치들을 통제함으로써 주변 환경과 상호작용이 가능한 기구를 만들어낼 수 있다. 아두이노의 활용 가능성은 무한하고 Java를 기반으로 하는 프로세싱과 C/C++를 기반으로 하는 아두이노는 비슷한 점이 많기 때문에 이번 장에서는 프로세싱과 아두이노의 연동에 대하여 설명한다. 이를 통하여 프로세싱은 새로운 입출력장치로 아두이노를 사용할 수 있고 아두이노도 센서의 데이터를 프로세싱을 이용하여 출력해 데이터의 가독성이나 활용 가능성을 높일 수 있다.

15.1 아두이노 보드

아두이노는 오픈 소스 하드웨어로 많은 개발 보드가 있으나, 이 책에서는 공식 아두이노 보드를 사용한다. 공식 아두이노 보드는 프로그램 개발 환경이 동일하기 때문에 어떤 것을 선택하여도 상관이 없지만 다음 사진과 같은 가장 기본적인 아두이노 우노(Arduino Uno) 보드를 중심으로 다룬다.

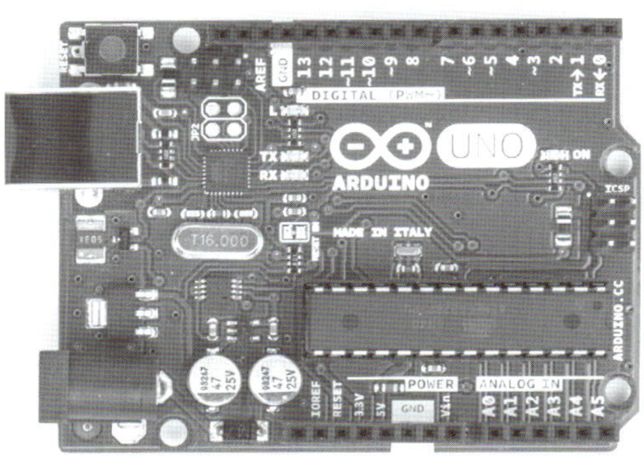

아두이노와 아두이노 소프트웨어는 Windows, Mac, Linux 등 어느 운영체제에서나 작동이 가능하다. 사용자의 운영체제에 맞는 소프트웨어 패키지를 아두이노 사이트[8]에서 다운받는다. 아두이노는 프로세싱과 같이 무료 공개 소프트웨어이며, 프로그램의 작성에서부터 아두이노 보드로 다운로드까지 매우 간편하게 설계되어 있다. 시리얼(serial) 포트를 이용한 통신으로 아두이노와 프로세싱을 연동할 수 있고, 이 방법을 통하여 상호작용이 가능한 많은 작업이 가능하다. 시리얼은 일종의 데이터 유형으로 한 번에 한 바이트(byte)의 데이터를 전송한다. 바이트는 8 비트(bit)로 0부터 255까지 값을 저장할 수 있는 데이터 유형인데, 숫자가 이 범위보다 크게 되면 바이트 단위로 분리하여 전송하고 나중에 다시 결합한다. 아두이노와 프로세싱의 통합개발환경(IDE)은 매우 유사하고 작동법도 비슷하기 때문에 하나를 먼저 사용하면 다른 쪽도 바로 사용할 수 있다. 아두이노가 설치되었으면 USB 선을 연결하고 프로세싱과의 연동을 준비한다.

15.2 아두이노 라이브러리

아두이노와 프로세싱을 연결하는 방법은 다양하게 존재한다. 초보자를 위한 가장 간단한 방법은 아두이노를 위한 라이브러리를 설치하는 것이다. 참고 사이트[9]의 Download 항목에서 자신의 프로세싱 버전에 맞는 라이브러리를 다운로드 할 수도 있으나, 프로세싱3의 경우에는 다음과 같이 프로세싱 에디터를 열고서 Sketch(스케치) > Import Library...(내부 라이브러리...) 아래에 Add Library...(라이브러리 추가하기...)를 선택하여 Contribution Manager 창이 열리면 Arduino (Firmata)를 선택하고 Install을 클릭하여 설치한다.

8) http://arduino.cc/en/Main/Software

9) http://playground.arduino.cc/interfacing/processing

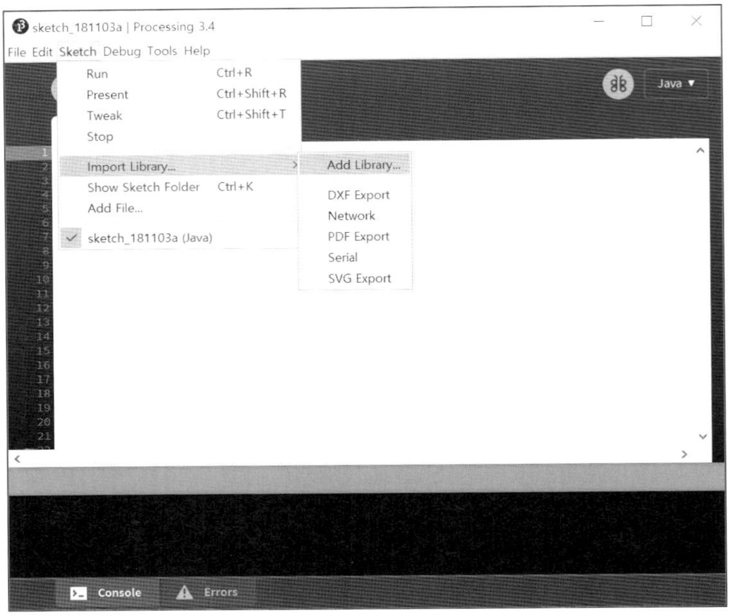

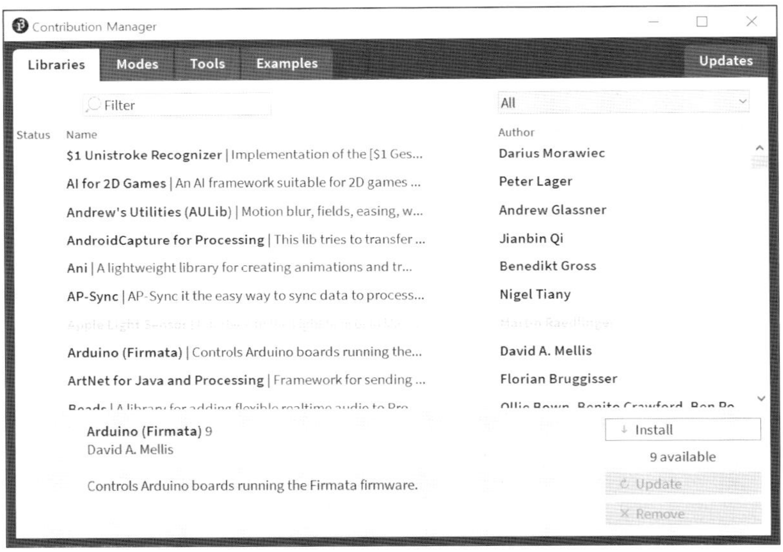

다시 한번 프로세싱 IDE 창을 열고 Sketch(스케치) > Import Library...(내부 라이브러리...)을 확인하면 다음 그림과 같이 Arduino (Firmata) 라이브러리가 설치된 것을 확인할 수 있다. Arduino (Firmata)가 생성된 것을 확인하고 클릭하면 아두이노 라이브러리가 설정되어 `import cc.arduino.*;`와 `import org.firmata.*;`가 자동으로 생성된다. Firmata는 아두이노와 프로세싱을 연동시키는 일종의 프로토콜(protocol) 라이브러리이다. 이 라이브러리는 아두이노 코드를 작성할 필요없이 프로세싱에서 아두이노 보드를 직접 제어할 수 있게 한다. 사용자가 프로세싱 에디터에 `import cc.arduino.*;`와 `import org.firmata.*;`를 직접 입력하여도 된다.

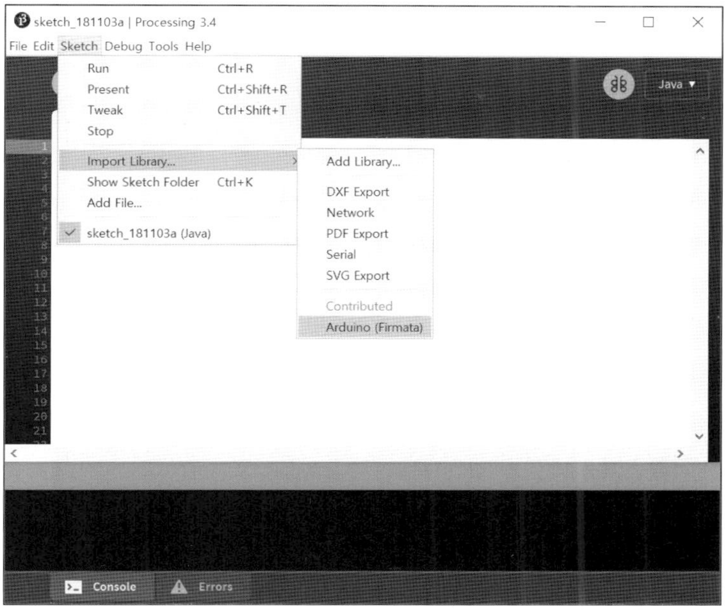

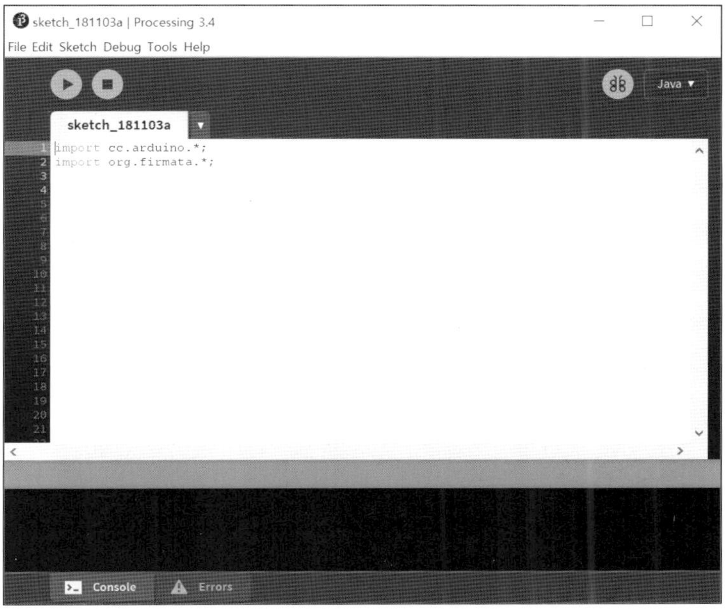

프로세싱과 아두이노 사이의 시리얼 통신을 위하여 Sketch(스케치) > Import Library...(내부 라이브러리...) 아래에 Serial을 클릭하면 `import processing.serial.*;`가 자동으로 생성된다.

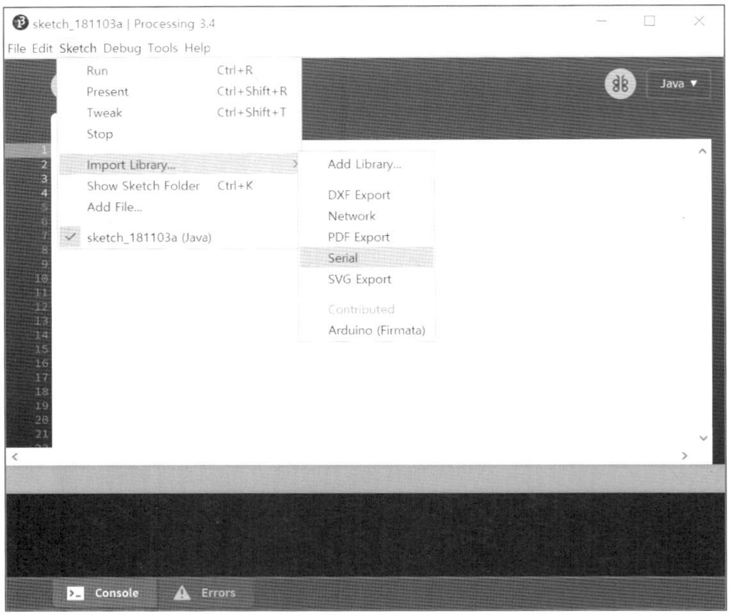

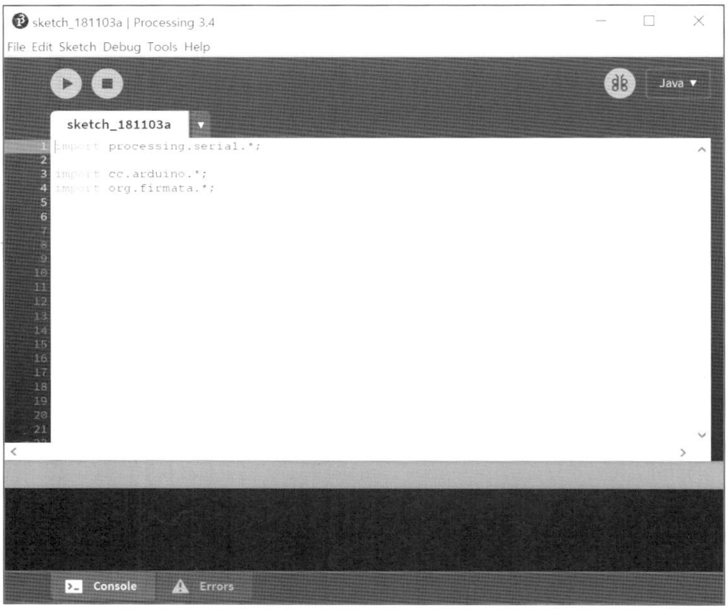

이번에는 아두이노 사이트[10]에서 다운받은 소프트웨어 패키지를 설치한 후 아두이노 에디터를 열면 다음과 같은 기본창이 설정된다. 여기서는 아누이노 에디터에 대한 설명은 생략한다.

10) http://arduino.cc/en/Main/Software

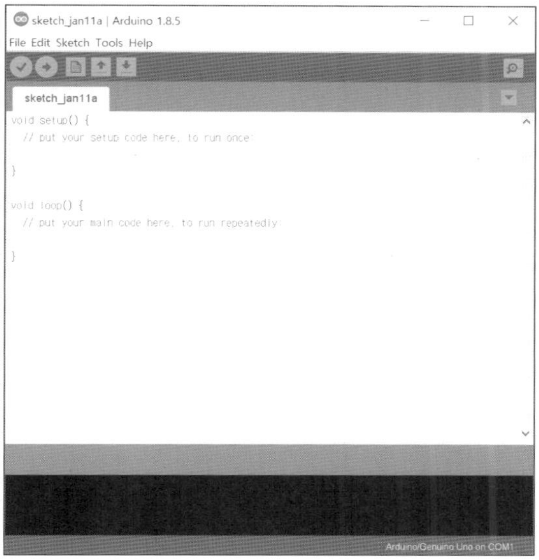

아두이노 에디터에서 File(파일) > Examples(예제) > Firmata > StandardFirmata를 클릭하여 다음 그림과 같이 StandardFirmata를 불러온다. Firmata는 아두이노를 쉽게 제어할 수 있는 일종의 프로토콜 라이브러리이다.

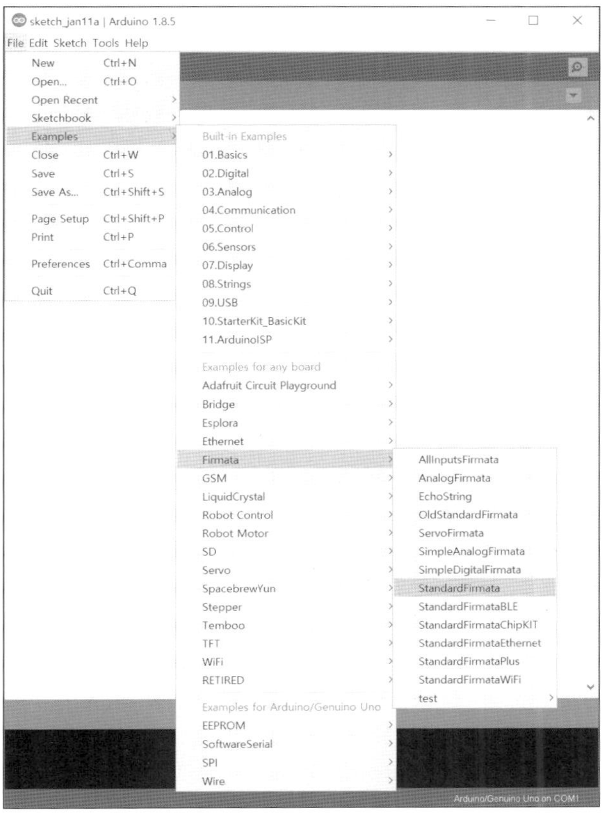

아래와 같은 StandardFirmata가 생성된 것을 확인하고, 컴파일(을 클릭)한다.

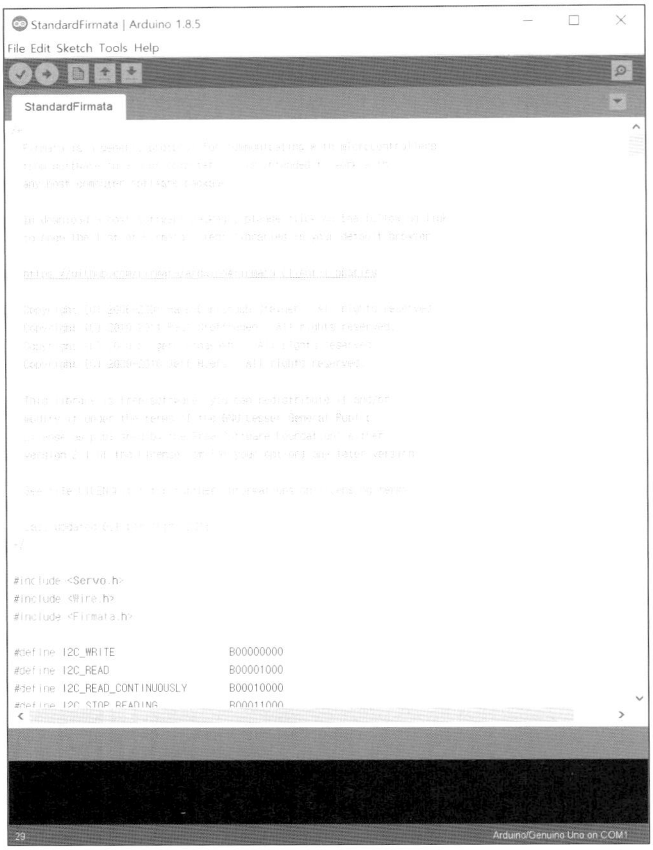

컴파일이 완료되면 IDE 창의 를 눌러 아두이도 보드에 실행 프로그램을 업로드 한다. 이 과정은 아두이노 보드의 사양에 따라 다소 시간이 걸린다. 아두이노 보드에 Firmata의 업로드가 완료되면 아두이노 쪽에서는 준비가 끝난 것이고, 프로세싱으로 아두이노 보드를 제어하기 위한 프로그램을 완성한다.

아두이노 보드에 업로드가 성공적으로 완료되면 Tools(툴) 메뉴에서 자신의 보드와 포트를 확인한다. 자동으로 설정이 안 되어 있을 경우에는 다음과 같이 보드 메니저와 시리얼 포트로 설정한다. 다음 경우에는 `Arduino/Genuino Uno` 보드와 `COM1` 포트가 선택된 것을 알 수 있다.

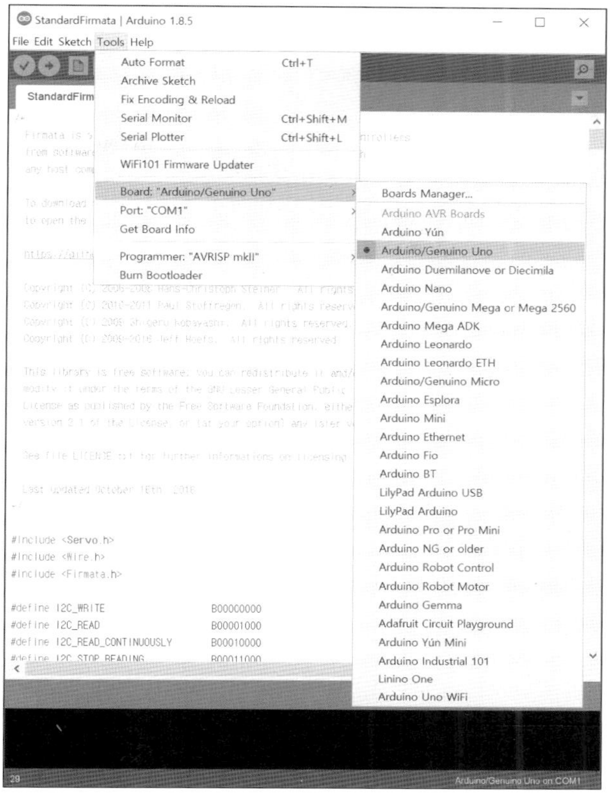
StandardFirmata | Arduino 1.8.5
File Edit Sketch Tools Help
Auto Format Ctrl+T
Archive Sketch
Fix Encoding & Reload
Serial Monitor Ctrl+Shift+M
Serial Plotter Ctrl+Shift+L
WiFi101 Firmware Updater
Board: "Arduino/Genuino Uno"
Port: "COM1"
Get Board Info
Programmer: "AVRISP mkII"
Burn Bootloader
Boards Manager...
Arduino AVR Boards
Arduino Yún
Arduino/Genuino Uno
Arduino Duemilanove or Diecimila
Arduino Nano
Arduino/Genuino Mega or Mega 2560
Arduino Mega ADK
Arduino Leonardo
Arduino Leonardo ETH
Arduino/Genuino Micro
Arduino Esplora
Arduino Mini
Arduino Ethernet
Arduino Fio
Arduino BT
LilyPad Arduino USB
LilyPad Arduino
Arduino Pro or Pro Mini
Arduino NG or older
Arduino Robot Control
Arduino Robot Motor
Arduino Gemma
Adafruit Circuit Playground
Arduino Yún Mini
Arduino Industrial 101
Linino One
Arduino Uno WiFi
#include <Servo.h>
#include <Wire.h>
#include <Firmata.h>
#define I2C_WRITE B00000000
#define I2C_READ B00001000
#define I2C_READ_CONTINUOUSLY B00010000

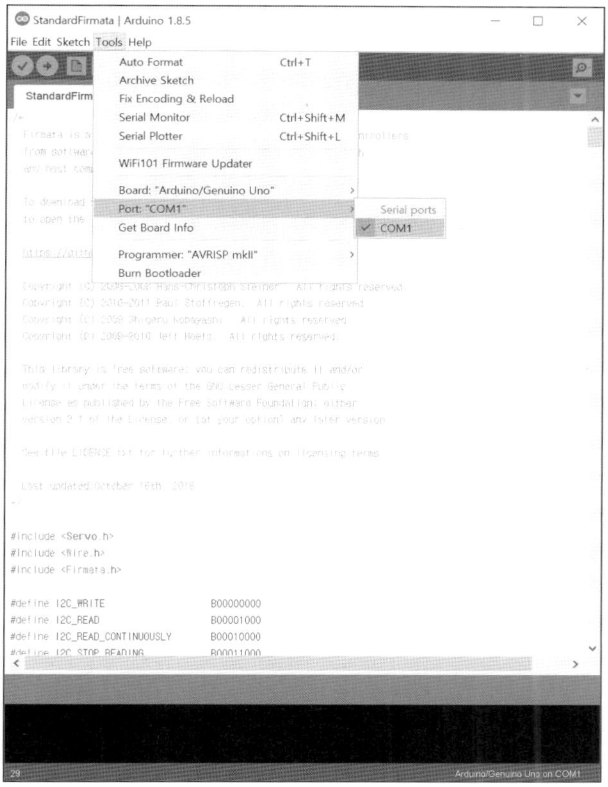
StandardFirmata | Arduino 1.8.5
File Edit Sketch Tools Help
Auto Format Ctrl+T
Archive Sketch
Fix Encoding & Reload
Serial Monitor Ctrl+Shift+M
Serial Plotter Ctrl+Shift+L
WiFi101 Firmware Updater
Board: "Arduino/Genuino Uno"
Port: "COM1"
Get Board Info
Programmer: "AVRISP mkII"
Burn Bootloader
Serial ports
COM1
#include <Servo.h>
#include <Wire.h>
#include <Firmata.h>
#define I2C_WRITE B00000000
#define I2C_READ B00001000
#define I2C_READ_CONTINUOUSLY B00010000

다음은 아두이노 보드에 기본적으로 설치되어 있는 LED를 1초 간격으로 켰다가 끄는 작업을 프로세싱에서 조절하는 예이다. 우선 import processing.serial.*;와 import cc.arduino.*;, import org.firmata.*;를 입력하여 아두이노 라이브러리를 불러오고 (자동적으로 생성되었을 경우에는 생략) 아두이노와 프로세싱 간의 통신 방법을 설정한다. 아두이노 보드에 내장되어 있는 LED는 13번 핀으로 조절이 가능하기 때문에 13번을 출력으로 지정한다. 아두이노와의 통신률은 57600으로 설정한다. 57600는 Firmata에서 기본으로 설정한 아두이노와 컴퓨터 간의 Baud rate(비트/초의 단위를 사용하는 데이터 전송 속도)이다.

아두이노와 프로세싱 간에 통신을 하려면 먼저 유효한 포트를 알기 위하여 Arduino.list()로 연결 가능한 시리얼 포트의 목록을 출력한다. Arduino.list()[0]는 첫 번째 USB 포트 번호를 나타내는 것으로 만약에 작동하지 않을 경우에는 다른 USB 포트를 Arduino.list()[1] 등과 같이 번호를 변경하여 시도해본다. 콘솔 창에 출력되는 포트 목록을 참조하여 직접 COM1, COM3와 같이 설정하여도 동일하게 동작한다. Arduino.list()[*]를 사용하거나 com*을 사용하여도 차이점은 없으나, com*을 사용할 경우에는 이중따옴표로 "com*"와 같이 묶어준다는 점을 유의한다. 이중따옴표로 포트 번호는 사용자의 아두이노 보드에 따라 다르기 때문에 최초 작업 때에 반드시 확인한다. 이번 장의 모든 예에서는 COM1을 시리얼 포트로 사용한다. 아래의 스케치 예를 실행하여 기본적으로 아두이노 보드 13번 핀 옆에 내장되어 있는 L LED가 1초 동안에 켜지고 꺼지는 것을 반복하며 깜박이는 것을 확인한다.

Arduino_1.pde

```
import processing.serial.*;                         // 아두이노 통신 방법
import cc.arduino.*;                                // 아두이노 라이브러리
import org.firmata.*;                               // firmata 라이브러리
```

```
Arduino arduino;                                        // 아두이노 변수 선언
int ledPin = 13;                                        // 내장 LED 핀 번호
void setup() {

  size(100, 100);
  println(Arduino.list());                              // USB에 연결된 포트 목록
  arduino = new Arduino(this, Arduino.list()[0], 57600);
                                                        // 아두이노 포트, 통신률 지정
//  arduino = new Arduino(this, "COM1", 57600);         // 아두이노 포트, 통신률 지정
  arduino.pinMode(ledPin, Arduino.OUTPUT);              // 내장 LED를 출력으로 지정
}
void draw() {
  arduino.digitalWrite(ledPin, Arduino.HIGH);           // LED on
  delay(1000);                                          // 1초 지연
  arduino.digitalWrite(ledPin, Arduino.LOW);            // LED off
  delay(1000);                                          // 1초 지연
}
```

15.3 digitalWrite() 함수

아두이노의 입출력 핀(pin)을 사용할 때 먼저 어떤 용도로 사용할지 결정해야 한다. 전기를 연결했다 끊는 것이 출력이고, 디지털 핀의 상태를 관찰하는 것은 입력으로 사용하는 것이다. 한 가지 유의할 점은 디지털과 아날로그는 데이터의 성격이 다르기 때문에 서로 다르게 취급하여야 한다는 것이다.

아두이노에서는 디지털 핀을 어떤 용도로 사용할지 설정하기 위한 명령어로 `pinMode`를 제공한다. 예를 들어, 13번 핀을 출력으로 정하려면 `pinMode(13, OUTPUT)`으로 설정하고, 입력으로 정하려면 `pinMode(13, INPUT)`으로 설정한다. 디지털 핀의 모드를 출력으로 설정하면 전압을 5V 또는 0V로 설정할 수 있다. 디지털 전압을 아두이노로 보내려면 `digitalWrite()` 함수를 사용한다. 예를 들어, 13번 핀의 전압을 5V로 정하려면 `digitalWrite(13, HIGH)`로 설정한다. 반면에 13번 핀의 전압을 0V로 정하고 싶으면 `digitalWrite(13, LOW)`로 설정한다. 아두이노에서 HIGH는 5V, LOW는 0V를 의미한다. 다음은 13번 핀을 출력(OUTPUT)으로 설정하고 5V(HIGH)와 0V(LOW)를 설정하는 예이다.

```
pinMode(13, OUTPUT);                    // 13번 핀을 출력으로 설정
digitalWrite(13, HIGH);                 // 13번의 전압을 5V로 설정
digitalWrite(13, LOW);                  // 13번의 전압을 0V로 설정
```

디지털 핀의 모드를 입력으로 설정할 때의 유의사항은 플로팅 상태로 인해 값이 자주 바뀌기 때문에 초기 전압을 5V 또는 0V에 고정해줘야 한다. 예를 들어, 13번 핀의 상태를 확인하기 위하여 digitalRead(13)을 실행하면 전압이 5V일 경우에는 HIGH가 되고, 0V일 경우에는 LOW가 된다. 디지털에서 HIGH는 1이고, LOW는 0이기 때문에 입력 전압이 5V이면 Input 변수의 값은 1이 되고, 입력 전압이 0V이면 Input 변수의 값은 0이 된다. 다음은 13번 핀을 입력으로 설정하고 입력전압을 읽어 들이는 예이다.

```
pinMode(13, INPUT);                     // 13번 핀을 입력으로 설정
int Input = digitalRead(13);            // 13번 핀의 전압을 읽음
```

기본적으로 작동하는 것을 확인하였으면 이제 프로세싱에서 보내는 데이터를 아두이노 보드에 전달하여 작동하는지 알아본다. 먼저 아두이노와 브레드보드(breadboard)를 이용하여 다음 그림과 같이 LED의 음(−)극을 접지(GND)에 연결하고 양(+)극에는 220Ω의 저항을 연결한다. 저항의 반대편은 출력핀인 9번(~9 pin)에 연결하면 아두이노 하드웨어의 세팅은 끝난다. 여기서 회로도는 Fritzing[11]를 이용하여 작성하였다.

반면에 프로세싱에서는 화면을 좌우로 나누어 한 쪽은 검은색으로 설정하고 다른 쪽은 흰색으로 설정한다. 출력창의 검은 부분에 마우스가 위치하면 LED가 꺼지고, 흰 부분에 마우스가 위치하면 LED가 켜지도록 아두이노를 조정하는 스케치를 만든다. 먼저 아두이노 라이브러리를 설치하고 아두이노와 프로세싱 간의 통신 방법을 설정한 후에 9번 핀을 출력 핀으로 설정한다. 프로세싱과 아두이노의 기본적인 설정을 정하고, mouseMoved() 함수로 마우스의 위치를 확인하면서 마우스가 검은 부분에 있을 경우에는 LOW(0V)를 출력하여 LED가 꺼지고, 마우스가 흰 부분에 있을 경우에는 HIGH(5V)를 출력하여 LED가 켜지게 된다. 아두이노 보드와 컴퓨터를 USB로 연결하고 다음 예 프로그램을 실행시켜 프로세싱 출력창에서 마우스가 검은 부분에 위치할 때는 LED가 꺼지고, 마우스가 흰 부분에 위치할 때는 LED가 켜지는 것을 확인한다.

11) http://fritzing.org/download/

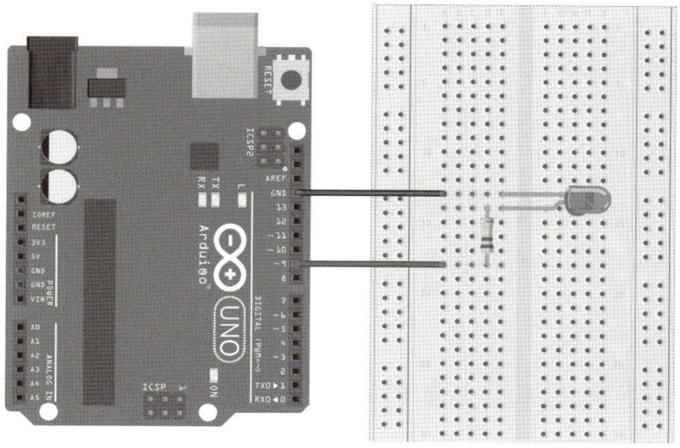

Arduino_2.pde

```
import processing.serial.*;                          // 아두이노 통신 방법
import cc.arduino.*;                                 // 아두이노 라이브러리

Arduino arduino;                                     // 아두이노 변수 선언
int ledPin = 9;                                      // 출력핀 번호
void setup() {
  size(200, 200);
  background(0);
  fill(255);
  noStroke();
  rect(width/2, 0, width/2, height);                 // 출력창의 흰 부분
  println(Arduino.list());                           // 아두이노 포트 리스트
  arduino = new Arduino(this, “COM1”, 57600);        // 아두이노 포트, 전송률 지정
  arduino.pinMode(ledPin, Arduino.OUTPUT);           // 내장 LED를 출력으로 지정
}
void draw() {
}
void mouseMoved() {
  if (mouseX < width/2) {                            // 마우스의 위치 확인
     arduino.digitalWrite(ledPin, Arduino.LOW);      // LED 꺼짐
  } else {
     arduino.digitalWrite(ledPin, Arduino.HIGH);     // LED 켜짐
  }
}
```

15.4 digitalRead() 함수

이절에서는 `digitalRead()` 함수에 대하여 알아본다. 아래의 회로와 같이 접지(GND)에 10kΩ의 저항을 연결한 후에 버튼을 연결한다. 이 연결부에서 9번 핀으로 선을 연결하여 아두이노에서 버튼 신호를 읽어 들인다. 버튼의 반대쪽은 5V에 연결한다. 버튼이 브레드보드의 가운데 골이 파진 부분에 위치한다는 점을 유의한다.

이전 상태 `pState`는 `LOW`로 설정하고, 버튼의 신호를 9번으로 받아들인다. 앞에서 설명한 것과 같이 `digitalRead()` 함수는 결과값으로 `HIGH(1)` 또는 `LOW(0)`가 나온다. 버튼이 눌려져 이전 상태인 `LOW`에서 현재 상태인 `HIGH`로 변하면 출력창의 임의의 위치에 임의의 크기와 색깔로 원을 그린다. 버튼을 누를 때마다 프로세싱 출력창에 여러 가지 색과 크기의 원이 그려지는 것을 확인한다.

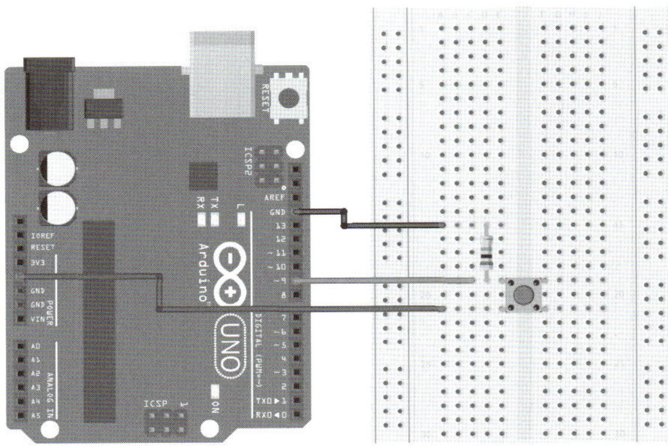

Arduino_4.pde

```
import processing.serial.*;                      // 아두이노 통신 방법
import cc.arduino.*;                             // 아두이노 라이브러리

Arduino arduino;                                 // 아두이노 변수 선언
int button = 9, State, pState = Arduino.LOW;     // 버튼 핀 번호, 전 상태 LOW 세팅
float R;                                         // 원의 반경
void setup() {
  size(400, 400);
  background(255);
  noStroke();
  println(Arduino.list());                       // 아두이노 포트 리스트
  arduino = new Arduino(this, "COM1", 57600);    // 아두이노 포트, 전송률 지정
  arduino.pinMode(button, Arduino.INPUT);        // 아두이노 입력 핀 설정
}
```

```
void draw() {
  State = arduino.digitalRead(button);          // 버튼의 현 상태
  if (pState == Arduino.LOW && State == Arduino.HIGH) { // 전상태와 현상태 확인
    R = random(50, 200);                        // 임의의 원의 반경
    fill (random(0,255), random(0,255), random(0,255), 100);
                                                // 임의의 색, 투명도 지정
    ellipse(random(0, width), random(0, height), R, R); // 임의의 위치
  }
  pState = State;                               // 상태 업데이트
}
```

15.5 analogWrite() 함수

디지털 신호가 0V(0)과 5V(1)의 값만을 갖는 것과는 다르게 아날로그 신호는 연속적인 값을 갖는다. 아두이노는 소리나 빛과 같은 아날로그 신호를 받아들이기 위하여 이러한 신호를 디지털 데이터로 변환하여 처리한다. 이러한 동작을 ADC(Analog-Digital Converter)라고 하며, 아두이노 보드에 입력의 경우 ANALOG IN이라고 표시된 A0~A5 핀들이 이 기능을 가지고 있다. 아두이노 우노의 경우 아날로그 데이터는 10 비트로 설정되어 있어서 최저전압 0V와 최고전압 5V를 1024(=2^{10})개의 전압 단계로 분할하고, 각 구간에 0~1023 숫자를 할당한 후, 입력된 아날로그 신호의 전압값에 맞게 숫자를 부여한다. 예를 들어, `int Input = analogRead(0)`의 경우는 A0핀의 상태를 확인하는 예이다. 만약 전압이 0V이면 `Input`의 값이 0이 되고, 5V이면 1023이 된다. 여기서 `analogRead()` 함수의 값으로 `0`이나 `A0` 중 어느 것을 사용하여도 상관이 없다.

또한, 아두이노는 LED의 밝기나 모터의 속도 등을 조절하기 위한 아날로그 값의 출력이 가능하다. 아두이노에서 아날로그 값을 출력하기 위해서는 아두이노가 입력받은 값을 디지털 신호로 변환해야하고, 이 값을 PWM(Pulse Width Modulation) 방식으로 출력해야 한다. PWM 출력이란 전압 신호의 pulse(전압 파형)를 이용하여 원하는 전압신호 평균값을 출력으로 만들어내는 것이다. 아두이노가 아날로그 값을 출력하는 과정을 살펴보면, 아두이노가 입력받은 신호가 5V의 전압값이라면, 이 신호는 디지털화되어서 PWM 출력 방식에 의해 duty cycle(한 펄스 중 1인 상태의 비율)이 100%이므로 255의 100%인 255를 출력하고, 2.5V의 경우에는 duty cycle이 50%인(0과 1의 상태가 반반인) 펄스를 만들어 128이 출력된다. 사실상 아두이노는 아날로그신호를 출력 할 수는 없지만 이렇게 PWM방식으로 아날로그 값의 출력이 가능하다. 즉, 아두이노의 아날로그 핀을 제어하는 것은 아날로그 핀의 전압을 0에서 5V

사이의 값으로 설정하는 것이다. 아날로그 출력의 경우에는 번호 앞에 물결무늬(~)가 있는 ~3, ~5, ~6, ~9, ~10, ~11핀을 사용한다. 예를 들어, `analogWrite(9, 128)`의 경우에는 0V부터 5V 사이를 256 단계로 나누어 처리하기 때문에 128의 경우 약 2.5V를 9번 핀으로 출력하는 것을 나타낸다. 아날로그의 경우에는 디지털과 다르게 핀모드(pinMode)를 설정할 필요가 없다. 다만 아날로그 입력 핀을 사용하는 경우에는 플로팅 상태 때문에 초기 전압을 5V 또는 0V에 고정해줘야 한다는 점을 유의한다. 아두이노 함수 및 상수의 자세한 설명은 아두이노 사이트[12]를 참조한다.

`analogWrite()` 함수를 사용하여 출력창에서 마우스를 움직이면 위치에 따라 밝기값을 읽어서 이 값으로 아두이노에 연결된 LED의 밝기를 조절하는 스케치를 만들어 본다. 저항과 LED는 `digitalWrite()` 함수의 예와 같이 구성한다. 먼저 `setup()` 부분에서 밝기가 점진적으로 밝아지는 스케치를 완성한다. 9번 핀을 출력단자로 사용하기 위하여 `analogWrite()` 함수의 핀 번호를 9로 설정하고 마우스의 현재 위치 `mouseX`의 밝기 값을 읽어 들인다. `map()`은 입력값의 범위를 특정한 범위의 값으로 매핑시키는 함수로 5개의 변수를 가지는데, 순서적으로 기준값, 기준값이 속한 범위의 최소값, 기준값이 속한 범위의 최대값, 변환하고자 하는 범위의 최소값, 변환하고자 하는 범위의 최대값을 갖는다. 예를 들어, `map(A, 0, 1023, 0, 255)`의 경우 입력변수 A가 0부터 1023 사이의 값을 갖는데, 이것을 비례적으로 0부터 255 사이의 값으로 변환한다. 그러므로, `map(i, 0, width-1, 0, 255)`은 `i`의 값을 0부터 `width-1` 사이에서 0부터 255로 매핑(mapping)시키는 함수이다. `mouseMoved()` 함수에서는 `analogWrite()` 함수와 `mouseX`를 이용하여 마우스의 현재 위치 값을 0부터 `width-1` 사이에서 0부터 255로 매핑시킨다. map은 실수형으로 반환하기 때문에 `int()` 함수를 이용하여 데이터를 정수형으로 변환한다. 출력창에서 마우스를 좌우로 움직이면 위치에 따라 아두이노에 연결된 LED의 밝기가 변하는 것을 확인한다.

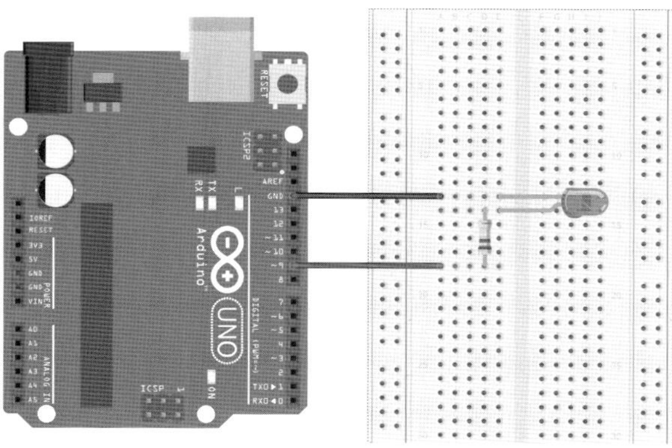

12) http://arduino.cc/en/Reference/HomePage

Arduino_3.pde

```
import processing.serial.*;                    // 아두이노 통신 방법
import cc.arduino.*;                           // 아두이노 라이브러리

Arduino arduino;                               // 아두이노 변수 선언
int i, ledPin = 9;                             // 내장 LED 핀 번호
void setup() {
  size(200, 200);
  for (i=0; i<width; i++) {
     stroke(map(i, 0, width-1, 0, 255));       // 선의 색을 0~255 지정
     line(i, 0, i, height);                    // 선 그리기
  }
  println(Arduino.list());                     // 아두이노 포트 리스트
  arduino = new Arduino(this, "COM1", 57600);  // 아두이노 포트, 전송률 지정
}
void draw() {
}
void mouseMoved() {                            // 아두이노에 그레이 값을 출력
  arduino.analogWrite(ledPin, int(map(mouseX, 0, width-1, 0, 255)));
}
```

앞의 예를 발전 시켜서 다시 analogRead() 함수를 이용하여 3가지 색을 하나의 LED로 표현하는 3색 LED를 제어하여 본다. 우선 아래와 같이 3색 LED와 저항을 연결한다. 3색 LED의 빨강색 핀을 ~9번에 연결하고, 녹색 핀을 ~10번에, 파랑색 핀을 ~11번에 각각 연결한다. 가운데 접지 핀은 GND에 연결한다.

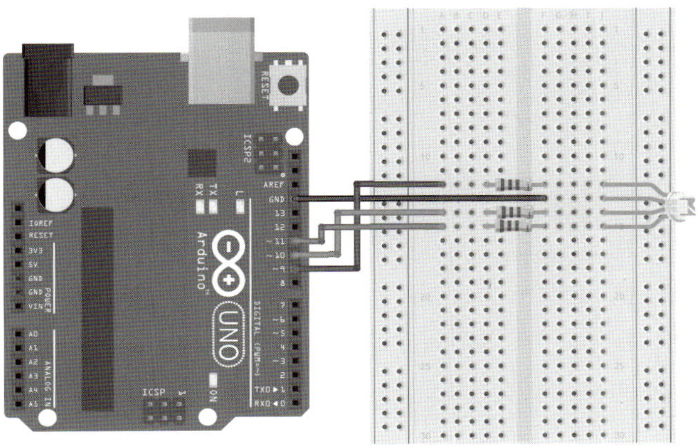

다음 스크레치 예와 같이 redPin, greenPin, bluePin을 각각 9, 10, 11로 할당한다. r 키를 누르면 빨강색 값이 증가하여 LED는 점점 빨강색이 증가하고, g 키를 누르면 녹색 값

이 증가하여 점점 녹색이 증가하고, b 키를 누르면 파랑색 값이 증가하여 점점 파랑색이 증가하게 된다. 하나의 LED에 빨강색, 녹색, 파랑색이 섞여 발광하기 때문에 다양한 컬러를 만들 수 있게 된다. LED를 초기화 시키려면 c 키를 눌려서 삼원색의 값을 0으로 설정하게 된다.

Arduino_RGB

```
import processing.serial.*;                    // 아두이노 통신 방법
import cc.arduino.*;                           // 아두이노 라이브러리

Arduino arduino;                               // 아두이노 변수 선언
int r=0, g=0, b=0;
int redPin = 9, greenPin = 10, bluePin = 11;   // 내장 LED 핀 번호
void setup() {
  size(100, 100);
  background(r,g,b);
  println(Arduino.list());                     // 아두이노 포트 리스트
  arduino = new Arduino(this, Arduino.list()[0], 57600);
//  arduino = new Arduino(this, "COM1", 57600); // 아두이노 포트, 전송률 지정
}
void draw() {
  if (keyPressed) {
    switch(key) {
      case 'r':                                // ‘r’ 키를 누를 경우
        ++r;  if (r>255) r=0;                  // r 값의 증가
      break;
      case 'g':                                // ‘g’ 키를 누를 경우
        ++g;  if (g>255) g=0;                  // g 값의 증가
      break;
      case 'b':                                // ‘b’ 키를 누를 경우
        ++b;  if (b>255) b=0;                  // b 값의 증가
      break;
      case 'c':                                // ‘c’ 키를 누를 경우
        r = g = b = 0;                         // 색상의 초기화
      break;
  }
  arduino.analogWrite(redPin, r);              // 아두이노에 빨강색 값을 출력
  arduino.analogWrite(greenPin, g);            // 아두이노에 녹색 값을 출력
  arduino.analogWrite(bluePin, b);             // 아두이노에 파랑색 값을 출력
  background(r,g,b);
  }
  delay(10);
  background(r,g,b);
  }
  delay(10);
}
```

15.6 analogRead() 함수

조도센서는 밝기를 인식하는 센서이다. 조도센서와 analogRead() 함수를 사용하여 조도값에 따라 출력화면에 입력되는 빛의 양을 보여주는 그래프를 스케치로 작성한다. 먼저 다음 그림과 같이 조도센서의 한쪽은 5V에 연결하고 다른 쪽은 10kΩ 의 저항을 연결한다. 저항의 반대편은 접지(GND)에 연결한다. 조도센서와 저항이 연결되는 점에 입력핀 A0를 연결한다. 회로의 준비가 완료되면 아두이노 프로그램으로 이전의 Firmata를 다운로드 한다.

프로세싱 스케치에서는 A0 핀에서 데이터를 바이트 단위로 읽어서 이를 출력창의 반의 크기로 매핑한다. analogRead() 함수가 반환하는 값은 0부터 1023 사이의 값이기 때문에 범위를 0부터 255로 변환한다. 출력창을 상하 둘로 나누어 상단에는 입력되는 데이터를 직접 표시하고, 하단에는 잡음 제거를 위하여 일종의 평균값을 표시하도록 한다. 또한 현재의 상태를 보여주기 위하여 상하로 이어지는 흰색선을 만들어 준다. 입력되는 조도값을 좌에서 우로 이동하면서 표시하고 오른쪽 끝까지 출력이 완성되면 반복적으로 다시 왼쪽부터 디스플레이를 시작하게 된다. 조도센서를 가리거나 열기를 반복하면 출력값이 변화하는 것을 확인할 수 있다.

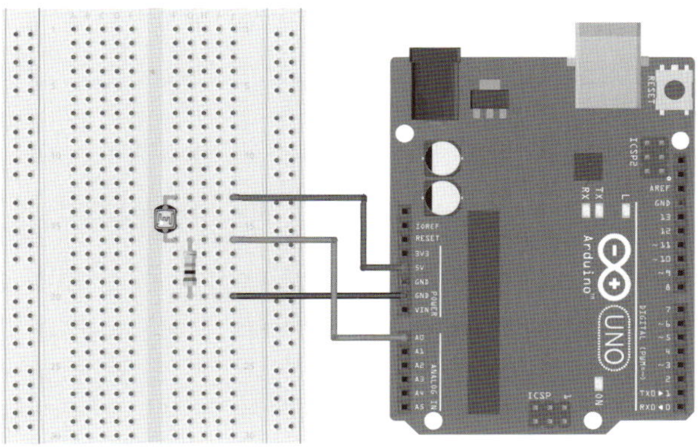
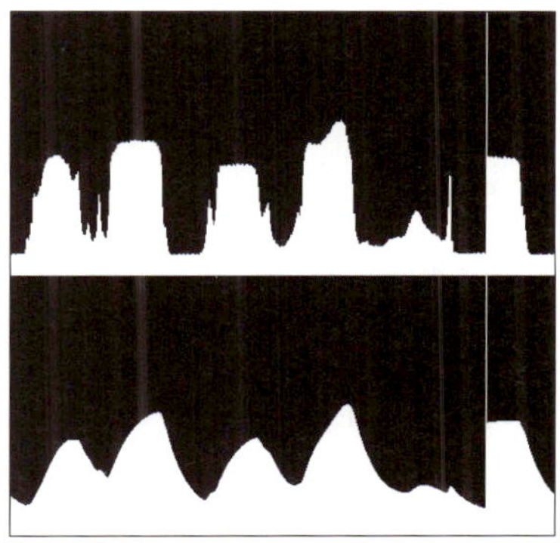

Arduino_photo_1.pde

```
import processing.serial.*;                    // 아두이노 통신 방법
import cc.arduino.*;                           // 아두이노 라이브러리

Arduino arduino;                               // 아두이노 변수 선언
float dVal, tVal, Val = 0.0;                   // 시리얼 포트로 부터의 데이터
int x;
void setup() {
  size(500, 500);
```

```
  println(Arduino.list());
  arduino = new Arduino(this, "COM1", 57600);   // COM1에 57600 전송속도
}
void draw() {
  Val = arduino.analogRead(0);                  // 아날로그 입력
  Val = map(Val, 0, 1024, 0, height/2);         // 입력 값의 매핑
  tVal = Val;
  dVal += 0.05*(tVal - dVal);                   // 일종의 평균값 연산
  stroke(0);
  line(x, 0, x, height);                        // 배경의 검은 선
  stroke(255);
  line(x+1, 0, x+1, height);                    // 현재 상태의 흰 선
  line(x, height/2, x, Val);                    // 입력 데이터
  line(x, height, x, dVal + height/2);          // 평균 데이터
  x++;
  if (x > width) {                              // 출력을 다시 원점으로 이동
    x = 0;
  }
}
```

15.7 사용자정의 함수

Firmata 라이브러리를 사용하지 않고 시리얼 통신을 이용하여 사용자가 직접 아두이노와 프로세싱의 통신을 정의할 수도 있다. 우선 다음과 같은 아두이노 코드를 작성하여 아두이노 보드에 다운로드한다. 아두이노와의 시리얼 통신률은 57600으로 설정한다. 한 가지 주의할 점은 `analogRead()` 함수가 센서로 부터 읽어 반환하는 값을 `val`에 할당하기 전에 4로 나눠야한다는 것이다. 앞에서 설명한 것과 같이 `analogRead()` 함수가 반환하는 값은 0부터 1023 사이의 값이기 때문에 데이터로 바이트를 전송하기 위하여 4로 나누어 범위를 0부터 255로 변환해야 하기 때문이다. 회로의 구성은 앞의 예와 동일하다.

- Arduino_photo_board.pde

```
int val = 0, sensorPin = 0;                // 입력 핀의 선택
void setup() {
  Serial.begin(57600);                     // 시리얼 포트와 57600 전송속도
}
void loop() {
  val = analogRead(sensorPin) / 4;         // 센서로부터 데이터 읽기
```

```
  Serial.write(val);                         // 시리얼 포트로 데이터 쓰기
  delay(100);                                // 0.1초 지연
}
```

프로세싱 스케치도 앞의 예와 유사하나 아두이노 Firmata 라이브러리를 사용하지 않기 때문에 새로운 시리얼 변수 `port`를 선언하고 이 포트를 통하여 통신하게 된다. 통신률은 아두이노 코드와 프로세싱 스케치가 동일한 값 57600을 갖도록 한다. `available()`는 새로운 바이트가 준비되었는지 확인하여 읽을 수 있는 바이트의 값을 반환하는 메서드(method)이다. `port.available()` 메서드를 사용하여 지속적으로 읽을 데이터가 있는 지 확인하면서 데이터가 있을 경우에는 이 값을 읽어서 출력창에 표시한다. 출력창에 표시되는 내용은 앞의 예와 유사하다.

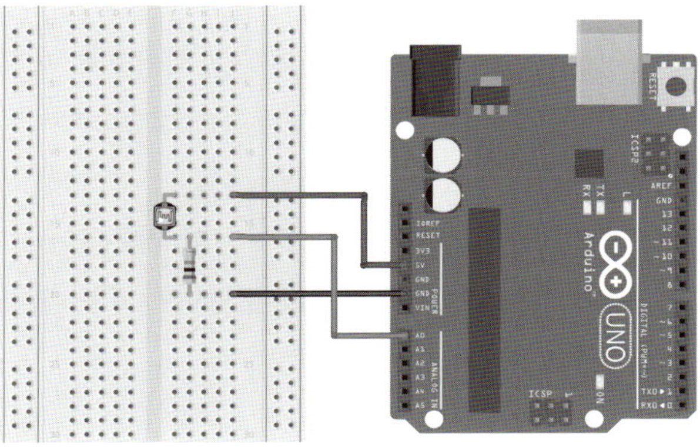

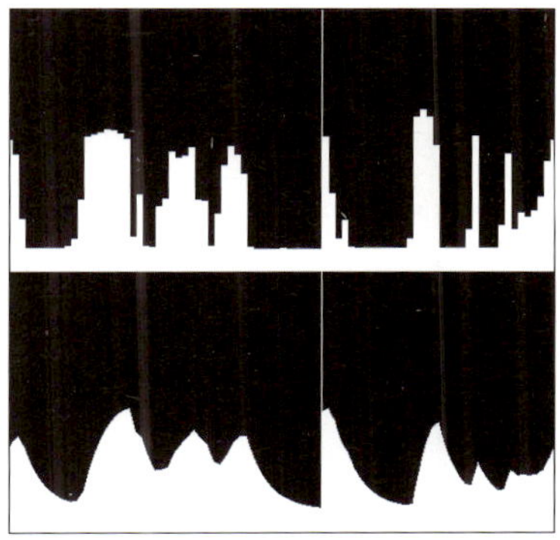

Arduino_photo_2.pde

```
import processing.serial.*;                  // 시리얼 라이브러리 사용
Serial port;                                 // 시리얼 변수 초기화
float tVal, dVal, Val = 0.0;                 // 시리얼 포트로 부터의 데이터
int x;
void setup() {
  size(500, 500);
  println(Serial.list());
  port = new Serial(this, "COM1", 57600);    // Serial 포트 초기화
}
void draw() {
  while (port.available() > 0) {             // 데이터가 있을 경우
    Val = port.read();                       // 읽어서 val에 저장
    Val = map(Val, 0, 1024, 0, height/2);    // 출력창의 크기로 변환
```

```
    println(Val);
  }
  tVal = Val;
  dVal += 0.05*(tVal - dVal);                   // 일종의 평균값 연산
  stroke(0);
  line(x, 0, x, height);                        // 배경의 검은 선
  stroke(255);
  line(x+1, 0, x+1, height);                    // 현재 상태의 흰 선
  line(x, height/2, x, Val);                    // 입력 데이터
  line(x, height, x, dVal + height/2);          // 평균 데이터
  x++;
  if (x > width) {                              // 출력을 다시 원점으로 이동
    x = 0;
  }
}
```

프로세싱과 아두이노를 함께 사용하는 것은 소프트웨어와 하드웨어의 연동을 의미하기 때문에 그 가능성이 주목된다. 앞의 예들에서 살펴보았듯이 아두이노의 통신방식은 양방향적이다. 이는 프로세싱을 통하여 여러 형태의 센서를 통제할 수 있으며 이들의 상호작용에 사용할 수 있다는 것을 의미한다. 이번 장에서는 간단한 예를 몇 개 소개하였지만 더 많은 예를 아두이노 관련 사이트들에서 만날 수 있으니 참조하여 다양한 응용분야에 적용하기 바란다.

연습문제

01 가변 저항기의 저항값을 변경하면서 아두이노와 프로세싱을 통하여 읽어 들이는 스케치를 만든다.

02 빨강, 노랑, 파랑의 LED 3개를 사용하여 프로세싱으로 제어한다.

03 마우스를 누르고 있으면 LED가 밝아지고, 마우스를 떼면 점점 어두워지도록 스케치를 만든다.

04 아두이노의 버튼을 누르면 계속해서 원이 그려지고, 버튼을 떼면 그리기가 중지되는 스케치를 만든다.

05 조도 센서를 이용하여 프로세싱 출력창에 조도에 비례하는 투명도를 갖는 원을 그려본다.

참고 문헌

1. Getting Started with Processing: A Hands-on Introduction to Making Interactive Graphics, Reas, Fry, Maker Media, Inc., 2ed., 2015.
2. Processing: A Programming Handbook for Visual Designers and Artists, Reas, Fry, The MIT Press, 2ed., 2014.
3. Learning Processing: A Beginner's Guide to Programming Images, Animation, and Interaction, Shiffman, Morgan Kaufmann, 2ed., 2015.
4. The Nature of Code: Simulating Natural Systems with Processing, Shiffman, Nature of Code 2012.
5. Processing: Creative Coding and Generative Art in Processing 2, Greenberg, Xu, Kumar, 2ed., 2013.
6. Generative Design: Visualize, Program, and Create with Processing, Bohnacker, Gross, Laub, Lazzeroni, Princeton Architectural Press, 2012.
7. Generative Art, Pearson, Manning Publications, 2011.
8. Processing 2: Creative Programming Cookbook, Vantomme, Packt Publishing, 2012.
9. Processing 2: Creative Coding Hotshot, Gradwohl, Packt Publishing, 2013.
10. Processing for Visual Artists: How to Create Expressive Images and Interactive Art, Glassner, A K Peters/CRC Press, 2010.
11. Processing, Bartmann, O'Reilly, 2010.
12. Visualizing Data, Ben Fry, 2008.
13. 디자이너를 위한 감성 프로세싱, 권지은, 예문사, 2014.
14. 야금야금 프로세싱, 심주은, 심재창, 양용칠, 카오스북, 2013.
15. Nature of Code, 다니엘 쉬프만 지음, 윤인성 옮김, 한빛미디어, 2015.

찾아보기

R

S

T

저자 소개

김형준

저자는 서강대학교 전자공학과를 졸업하고 미국 피츠버그대학교에서 공학박사 학위 후 캘리포니아대학교(UCR), 서강대학교, 고려대학교를 거쳐 현재 한세대학교 교수로 재직 중이다.

창의적 코딩

발 행 일 : 2019년 1월 24일
저 자 : 김 형 준
발 행 인 : 최 봉 조
발 행 처 : 진샘미디어
주 소 : 서울시 은평구 연서로 5길 28 부호아파트 102동 상가 5호
전 화 : 02)353-4421 / FAX 02)353-4431
홈페이지 : www.jinsaem.co.kr

신고번호 : 제311-2005-000025호
ISBN : 979-11-88791-20-0 93560

정가 25,000원

이 저서는 한세대학교 교내학술연구비 지원에 의하여 출판되었음.